지식인문학총서
(지식사회화1)

지식의 확산과 공유

[부록] 『동아일보』 소재 '구주 사상의 유래'

이 저서는 2017년 대한민국 교육부와 한국연구재단의 지원을 받아 수행된 연구임
(NRF-2017S1A6A3A01079180)

지식인문학총서
(지식사회화1)

지식의 확산과 공유

[부록] 『동아일보』소재 '구주 사상의 유래'

단국대학교 일본연구소 HK+ 사업단 기획

김세종 외 지음

발간사

　본 총서는 한국연구재단의 2017년 HK+ 인문기초학문 분야 지원 사업에 선정된 단국대학교 일본연구소의 "지식 권력의 변천과 동아시아 인문학: 한·중·일 지식 체계와 유통의 컨디버전스" 사업 수행 결과물을 정리·보급하는 차원에서 기획된 총서의 하나이다. 본 사업은 15세기 이후 20세기 초까지 한·중·일 지식 체계의 형성·변화 및 지식 유통의 메커니즘을 규명함으로써 그와 관련된 지식 권력의 형성과 지형 변화 등을 연구하는 데 목표를 두고 있다.

　지식이란 사물이나 대상에 대한 인간의 명료한 의식 전반을 일컫는 용어로, 실증적 학문 이론뿐만 아니라 때로는 종교적이거나 형이상학적 인식을 지칭하는 용어이다. 동서양의 지식 관련 담론과 서적은 이루 헤아릴 수 없을 정도로 많고 다양하다. 지식의 탄생과 진화, 지식의 체계와 구조 등에 대한 연구 성과도 마찬가지이다. 이는 인간 사회와 역사에서 지식의 영향력이 그만큼 크다는 것을 의미한다. 곧 지식은 그 자체로서 이데올로기성을 띨 뿐만 아니라 권력과 밀접한 관련을 맺고 있다는 뜻이다.

　본 연구소의 HK플러스 사업팀이 15세기를 기점으로 동아시아 지식 지형과 권력의 상관성을 키워드로 하여 한국 지식사를 규명하고자 한 의도는 한국 학문 발전사뿐만 아니라 한·중·일의 지식 교류사, 지식의 영향력, 지식 사회의 미래 등을 집중적으로 연구할 수 있는 토대를 갖추고, 이를 기반으로 본 연구소를 세계적인 지식 담론의 생산처로 발돋움하게 하는 데 있다. 본 연구소에서 다루어야 할 지식 담론은 전근대의 한·중·일 지식 현상뿐만 아니라 본 대학의 위치한 경기 동남부를 중심으로 한 각 지역의 지역학, 이를 기반으로 한 국내 각 지방의 지역학 네트워크 구축, 인접 국가인 중국과 일본의 지역학 등을 포함한다.

본 연구소의 총서는 학술총서와 교양총서(자료총서 포함)로 구분되어 있다. 학술총서는 '지식기반', '지식지형', '지식사회화'의 세 가지 연구 주제를 중심으로 연차별 1권씩 개발하는 것을 목표로 하였다.

이번 발행하는 『지식의 확산과 공유』는 본 연구소가 지향하는 지식 인문학 연구의 초석을 놓기 위한 작업으로 진행되었다. 이 책은 2부와 부록으로 구성하였는데, 제1부에서는 본 사업단의 아젠다에 관한 연구책임자(허재영)의 '지식 인문학 연구의 의미', 김세종 연구교수의 '지식의 영향력과 구성 요인', 김태훈 연구교수의 '지식 공유에 대한 체계적 이해 시도', 윤지원 연구교수의 '동아시아와 유학' 등 시론적인 연구로 구성하였으며, 제2부에서는 지식의 사회화와 관련한 실제적인 연구 논문을 수록하고자 하였다. 민현식 교수의 '한중일 지식 교류사와 어문교육의 관련성'은 본 사업단의 제1회 국내 학술대회 기조 강연 원고이며, 강문식 교수의 '여말선초 성리학의 수용과 확산', 황종원 교수의 '하린의 손문 지행관계론에 대한 옹호와 수정, 그리고 그 의미', 김세종 연구교수의 '지식사회화의 단면 고찰' 등은 지식의 영향력과 관련한 논문들이다.

부록에 수록한 『동아일보』 소재 '구주사상의 유래'는 우리나라에 소개된 최초의 본격적인 서양 철학사와 관련한 글로 1920년대 84회에 걸쳐 이루어진 연재물이라는 점에서 지식의 사회적 영향력을 탐색하는 좋은 자료라고 판단되어, 총서 간행위원회의 논의를 거쳐 수록을 결정하였다.

이번 사회화 총서 개발은 여러 가지 험난한 일이 많았다. 지식의 영향력에 대한 개념 정의나 지식 권력 연구 범위 등에 대한 다양한 의견을 수렴하는 과정이 쉽지 않았고, 학문 분야별 지식의 영향력에 대한 의견 절충에도 어려움이 적지 않았다. 그렇지만 아무리 어렵고 힘든 일일지라도 첫 걸음을 떼는 일은 매우 중요하다. 지식 사회화 총서가 나오기까지 수고해 주신 사업단의 연구교수, 연구 보조원들께 고마운 뜻을 표한다. 아울러 이 책이 간행되기까지 많은 조언을 해 주신 공동연구원 교수님, 그리고 경진출판 양정섭 사장께도 감사를 드린다.

2019년 4월 30일
단국대학교 일본연구소장(HK+ 사업 연구책임자) 허재영

목차

제2부 지식사회화 연구의 실제

[부록] 구주사상歐洲思想의 유래由來

제1부 지식의 확산과 공유·사회화

지식의 사회사와 지식 인문학 연구의 의미*

허재영

1. 서론

이 연구는 단국대학교 HK+ 사업팀의 '지식 권력의 변천과 동아시아 인문학'의 아젠다 특성화를 모색하기 위한 목적에서 진행되었다. 강봉룡(2018)에서 논의된 바와 같이, HK사업은 '아젠다 인문학', '융합 인문학', '정책 인문학'으로서의 성격을 띤다. 이 가운데 아젠다 인문학은 기존의 문·사·철 중심의 인문학 대신 아젠다를 중심으로 재구성된 인문학을 의미한다.

'지식 권력의 변천과 동아시아 인문학'은 본래 '지식 체계', '지식

---

* 이 논문은 2018년 9월 15일 단국대 HK+ 제2회 국내학술대회의 기조 강연 원고를 수정한 것임.

생산과 유통', '지식 지형', '지식의 사회화' 등과 같은 포괄적인 지식 담론에서 출발한 아젠다이다. 여기서 주목할 점은 '지식'이나 '권력'이라는 용어의 내포 의미이다. '지식'과 '권력'이라는 용어가 사용자마다 의미가 동일하지 않지만, 근원적으로 '철학' 분야의 오랜 연구 주제 가운데 하나였다는 점이다.

개념에 대한 명료한 이해는 결코 쉬운 일이 아니다. 그렇지만 학문사의 진보 과정에서 획기적인 역할을 한 데카르트적 사유 방식을 전제할 때, '명증성의 법칙'은 지식 담론을 활성화하는 데도 꼭 필요한 일이다. 이 점에서 '지식 권력'과 '인문학'에 대한 논의는 해당 아젠다를 구성하는 용어들의 개념 탐구부터 시작하는 것이 바람직해 보인다.

개념 탐구의 관점에서 철학사전류의 지식 개념은 "사물에 대한 개념적이고 명확한 의식. 객관적인 인식 내용, 인식 작용의 결과" 등을 의미한다. 개념 규정에서 김경남(2018)과 같이, '지식(知識)'이라는 용어를 구성하는 '지(知)'와 '식(識)'이 무엇인가를 좀 더 분석적으로 고찰하고자 하는 시도도 필요해 보이나, '앎'으로서의 '지(知)'와 '인식 또는 행동'을 규정하는 '식(識)'을 분석적으로 고찰할지라도, '지식'이 '인식(의식) 또는 그 결과'를 지칭하는 것임은 부정하기 어렵다. 이를 공감한다면 지식의 범주 또한 인간이 인식할 수 있는 모든 대상으로 확장될 수 있음은 자연스럽게 이해될 것이다. 막스 셸러가 『지식의 형태와 사회』에서 인지 양식에 따라 지식의 유형을 '종교적 지식', '형이상학적 지식', '실증과학적 지식'으로 나눈 것도 이러한 논리를 기반으로 한 것으로 해석할 수 있다.

문제는 '권력'에 대한 논의이다. 철학사전류를 종합할 때 '권력'이란 "인간의 인간에 대한 관계를 규제하는 힘"으로 정의된다. 막연히 '힘'이라는 유개념만을 고려한다면, 권력에 대한 논의는 인문학이나 사회

과학, 또는 자연과학 모든 분야에서 다룰 만한 과제이다. 그럼에도 '인간의 인간에 대한 관계'라는 종차는 '권력' 논의가 철학에서 출발하여 사회학으로 귀결되는 과제일 수밖에 없음을 지칭한다.

이러한 차원에서 '지식'과 '권력'을 합성한 '지식 권력' 연구는 철학에서 출발하여 사회학으로 확산되는 복잡한 과제로 이해된다. 허재영 (2018)에서는 지식 권력 연구 과제를 다음과 같이 요약한 바 있다.

(1) 지식 권력 연구 과제

ㄱ. 지식의 개념과 대상: 가치관이나 사유방식으로서의 지식, 또는 시대 사조, 학문적 결과로서의 지식(이론과 방법) 등

ㄴ. 지식의 표현 양식: 철학과 학술 언어, 표현과 전달 매체(서적, 출판)

ㄷ. 지식의 생산과 공급, 유통과 소비 메커니즘: 지식 생산자, 지식 유통자, 지식 수용자

ㄹ. 지식의 영향력 범위: 개인적 차원과 사회 또는 국가적 차원, 지식 관련 제도와 영향력(예를 들어 교육제도, 학문기관 등)

ㅁ. 공시적 연구와 통시적 연구: 공시적인 입장에서 특정 시대, 특정 국가, 특정 사회의 지식 권력. 통시적인 입장에서 특정 지식(사회방식, 이론)의 영향 관계

ㅂ. 분과 학문의 주제와 관련한 지식 권력: 언어 권력, 문학 권력, 학문 일반 권력

위와 같은 시도는 범박하게 지식 권력 현상을 망라한 것에 불과하다. 더욱이 인식에서 출발하는 지식 담론은 인식 주체에 따른 주관성(이를 확장하면 이데올로기성)을 배제하기 어렵고, 주관적이고 사변적인 인식 상태(또는 결과)에만 머물 경우 그 자체가 유용성을 갖기 어렵다.

이 점에서 지식 현상을 좀 더 체계적으로 규명할 수 있는 일정한 관점 확립이 필요하다.

이에 대한 대안은 지식에 대한 철학적 연구, 사회학적 연구 등을 종합해 볼 필요가 있다. 이 연구는 지식 권력에 대한 인문학적 접근을 목표로, 지식의 사회사(지식사회학적 관점)와 지식 인문학의 관계를 설정하는 데 중점을 두고자 한다. 이는 지식에 대한 인문학적 연구, 즉 지식 인문학의 연구 대상과 방법을 찾는 첫걸음이 될 수 있다.

2. 지식의 사회사와 지식사회학

지식의 사회사는 '지식과 사회의 관계'가 역사적으로 어떻게 변천해 왔는가를 지칭하는 개념이다. 이 용어는 '지식에 내재하는 사회적 요소'에 주목한 피터 버크(2000)에서 『지식의 사회사(A Social History of Knowledge)』라는 책명을 사용했듯이,[1] 지식사회학 연구의 한 방편으로 사용할 수 있는 용어이다. 전태국(2001: 287)에서도 나타나듯이 '지식 현상'을 '계급'이나 '이데올로기'와 연계하여 '지식의 사회학(지식사회학)'이라는 학문 분야를 창출한 사람은 막스 셸러와 카를 만하임이었다. 막스 셸러의 『지식의 형태와 사회』를 번역한 이을상(2011)은 지식사회학을 "지식의 사회적 피제약성을 연구하는 학문"이라고 정의하였다. '피제약성'이란 제약을 받는 성질을 의미한다. 달리 말해 '지식의 사회적 피제약성'은 인간이 갖고 있는 지식은 사회적 영향

---

1) Peter Burke, *A Social History of Knowledge 1*: From Gutenberg to Diderot, 2000; 피터 버크, 박광식 옮김, 『지식의 사회사』 1, 민음사, 2017.

아래 놓이며, 인간의 사고 유형도 사회적 특성을 나타내는 계급이나 신분 등의 제약을 받는다는 뜻이다.

전태국(2001)에서는 지식사회학을 "가치관이나 사고 구조, 사상 내용 등을 사회적 위치, 계급, 제도 등에 귀속시킴으로써, 사고와 사회 현실 간의 관계를 탐구하는 것을 자신의 특수한 과제로 하는 사회학의 한 분야"라고 규정한다. 이러한 진술은 지식사회학이 지식(또는 진리)의 이데올로기성을 비판하고, 사회적 상황 속에서 인간의 사고가 허위화되거나 왜곡되는 것을 탈피하고자 하는 목적성을 갖고 있었다. 이러한 관점에서 셸러는 지식사회학의 실질적인 연구 과제로 '종교사회학', '형이상학의 사회학', '실증과학의 사회학', '서양 기술과 아시아적 기술', '지식의 발전과 정치 발전', '세계대전과 유럽 지식사회학' 등을 제시한 바 있다.[2]

막스 셸러나 카를 만하임의 지식사회학이 출현한 이후, 지식 현상에 대한 관심은 일부 사회 이론가와 문화인류학자들에 의해 지속된 것으로 알려져 있다. 피터 버크·박광식 옮김(2017)에서는 푸코, 부르디외, 레비스트로스 등의 연구 경향을 종합하여 이른바 '신지식사회학'이라는 용어를 붙였는데, 이들이 말하는 지식사회학은 이데올로기성 비판보다 미시적 차원에서 지식 현상을 객관화하고자 하는 연구를 말한다. 피터 버크는 신지식사회학이 기존의 지식사회학에 비해 네가지 차원의 특징을 갖고 있다고 진술한다.

---

2) 막스 셸러, 정용도·이을상 옮김, 『지식의 형태와 사회』 1, 한길사, 2011, 130~303쪽.

(2) 신지식사회학의 강조점[3]

ㄱ. 지식의 획득과 전달에서 지식의 '구축', '생산' 또는 심지어 '제조'로 옮겨갔다. 이에 따라 사회구조는 덜 강조하고, 개인, 언어, 분류와 실험 같은 구체적 적용을 더 강조한다.

ㄴ. 지식 보유자들을 더 범위가 넓고 다양한 집단으로 보게 되었다. 실용적·국소적 지식 또는 일상적 지식을 중시하게 되었는데, 민속 방법론 학파들이 대표적이다.

ㄷ. 미시학, 곧 작은 단체나 모임, 교루망 또는 '인식론적 공동체들'의 일상적 지적 생활에 더 큰 관심을 두게 되었다. 이 점에서 '지식의 인류학'이라는 표현을 사용하기도 한다.

ㄹ. 카를 만하임 시대의 지식사회학이 계급에 중점을 두었다면, 신지식사회학은 성차(性差)나 지리(地理)에 더 많은 관심을 기울이고 있다.

지식사회학이 계급과 신분 구조에 따른 지식의 이데올로기성을 비판하는 데서 출발하여, 지식과 사회 현상에 대한 넓은 범주로 이행해가면서, 지식과 사회의 관계에 대한 논의는 그만큼 다양해질 수밖에 없었다. 피터 버크의 경우 '유럽의 지식인들', '지식의 제도화', '지식의 지리(중심과 주변부)', '지식의 분류', '지식의 통제(교회와 국가)', '지식의 판매', '지식의 획득', '정보의 신뢰성' 등을 논의 대상으로 삼았고, 과학 지식의 사회성을 규명하고자 한 데이비드 블루어(1976)[4]는 감각경험과 유물론, 인식론 논쟁 등과 함께 수학에 대한 자연주의적 접근,

---

3) 피터 버크, 박광식 옮김, 앞의 책, 21~22쪽. 이 책에서는 '신지식사회학'이라는 용어를 두 번 사용했다. 그럼에도 '두 번째 물결'이라고 표현한 새로운 지식사회학의 강조점을 네 가지로 설명했기 때문에, 이 글에서는 이를 간략히 요약 정리하였다.

4) David Bloor, *Knowledge and Social Imagery*, 1976; 데이비드 블루어·김영만 옮김, 『지식과 사회의 상』, 한길사, 2000.

논리와 수학 사상의 관계 등을 연구 대상으로 삼았다.

이처럼 지식사회학이 성립하고 발전하는 과정에서 사회학적 관점의 지식 이해는 이데올로기성 비판으로부터 지식 현상 전반으로 확대되는 경향을 보였다. 이러한 경향은 한국의 지적 사회도 마찬가지로 보인다. 한국사회사학회(2003)의 『지식 변동의 사회사』(문학과지성사)에서, 김필동은 2000년대 이후 빈번히 제기된 '지식 경제론', '지식기반 사회' 등의 논란을 배경으로 "지식의 변동을 좀 더 거시적이고 장기적인 시야에서 검토해야 할 필요성"을 낳았다고 판단하고, 이를 위해 '지식의 개념과 지식 활동의 구조', '지식 변동의 기제' 등을 규명해야 한다고 주장하였다. 그의 이론에 따르면 지식은 경제 현상의 '생산 → 분배 → 소비'의 구조와 마찬가지로, 즉 '지식의 창출 → 확산(이전) → 활용'의 구조를 갖는다. 그 속에서 세계 지식은 생산의 중심을 이루는 곳이 있는가 하면 주변부에 머무는 곳도 있다. 특히 지식 변동이 '생산과 재생산', '중심-주변'을 메커니즘으로 전개되면서 '지식 변동의 단계 간 이동'이 이루어진다고 주장했는데, 비록 도식화의 함정을 벗어나기는 어렵지만, '전통 지식과 근대 지식'을 대비하고자 한 시도는 유의미한 것으로 판단된다.

전통 지식과 근대 지식의 대비

	전통 지식(중세-근세)		근대 지식
	서양(유럽)	동양(중국·한국)	
(이론적) 지식의 속성과 존재 형태	• 교양적 지식 • 민속적 지식의 힘 공존 • 통일적 학문관 • 기독교적 세계관에 바탕을 둔 지식	• 교양적 지식 • 민속적 지식의 힘 공존 • 통일적 학문관 • 유교적 세계관에 바탕을 둔 지식	• 교양적/공리적 지식 • 민속적 지식의 힘 약화 • 분석적[分科] 학문관 • 과학적 세계관에 바탕을 둔 지식
지식 집단의 성격	• 성직자 및 학문 애호가	• 학자 관료, 독서인[士]	• 과학자, 전문 직업인

	전통 지식(중세-근세)		근대 지식
	서양(유럽)	동양(중국·한국)	
지식의 제도화 양상	• 교육기관(중세 대학) • 교회의 간접 후원 • 후원자의 출현(근세) • 사제 관계의 연결망 동호인 모임(근세)	• 교육 기관(태학, 서원) • 분산적(자립적) 개인 • 사제 관계의 연결망(학맥)	• 교육·연구기관(근대 대학, 전문학교) • 대학 외 연구 기관 대두 • 직업(교수/연구자) 집단 연구의 시스템화 • 전문 학회/ 협회의 출현 • 이론/기관에 따른 학파

이 표5)에 나타나듯이, 초기의 지식사회학으로부터 신지식사회학을 거치면서, 지식 현상에 대한 체계적인 이해 노력은 비교적 다수의 성과를 거두고 있는 것으로 파악된다. 그럼에도 지식 현상에 대한 사회학적 이해가 '앎의 본질', 즉 '인문학적 성찰'에서 어떤 가치를 갖는 것인지의 문제는 여전히 모호한 상태로 남아 있다.

3. 지식 현상과 지식 인문학

논리적으로 볼 때, 지식 권력을 포함한 지식 현상에 대한 인문학적 고찰을 위해서는 인문학의 개념과 특징에 대한 이해가 선행되어야 한다. 논자는 지식 현상에 대한 인문학적 탐구 활동을 편의상 '지식 인문학'이라고 부르고자 한다.

축자적인 의미에서 인문학은 '인문(人文)'을 연구 대상으로 하는 학문이다. 그러나 인문(人文)이 무엇인지, 그리고 인문을 연구한다는 것이 무엇인지를 명확히 규정하기는 쉽지 않다. 사전적인 의미에서 '인문(人文)'은 '인류의 문화', '인물과 문물', '인류의 질서' 등 다의적인

---

5) 김필동·한국사회사연구회 편, 『지식 변동의 사회사』, 문학과지성사, 2003, 33쪽.

의미를 갖는다.

어원적으로 '인문학'에 해당하는 영어 단어 '휴머니티(humanity)'는 로마시대 정치사상가인 키케로가 '인간에 관한 연구'라는 뜻의 'studia humanitas'를 사용한 데서 비롯되었다는 것은 널리 알려진 사실이다.6) 그러나 키케로가 사용했다는 '인문', 곧 '인간에 관한 것'이 무엇을 의미하는지는 명확하지 않다. 교육사적 관점에서 로마시대나 중세의 '자유학과'가 대부분 인문의 범주에 속했던 것으로 알려져 있으나 그 자체가 현대의 학문 체계에서 말하는 인문학의 범주와는 동일하지 않다.

이 점에서 '인문'이라는 용어의 동양적 의미를 탐구하고자 하는 시도를 살펴보는 것도 유의미한 것으로 보인다. 조동일(1997)의 '인문학문의 유래와 위치 재검토'에서는 현대의 '인문학'이라는 용어가 서양에서 비롯된 것임을 전제하면서, 동양에도 서양의 인문학에 해당하는 전통이 있었음을 밝히고자 하였다. 이에 따르면 '인문'이라는 말은 『주역(周易)』 '비괘(賁卦)'에서 "관호천문 이찰시변 관호인문 이화성천하[觀乎天文 以察時變 觀乎人文 以化成天下: 천문을 살펴 때의 변화를 알아내고, 인문을 살펴 천하의 교화를 이룬다.]"라는 표현에서 비롯되었다고 주장하였다. 이때의 '인문' 역시 현대적 의미의 '인문'인지는 알 수가 없다. 다만 조동일(1997: 211~212)에서는 『주역』 '계사(繫辭) 상', 정도전의 『삼봉집』 3 '도은문집서(陶隱文集序)' 등을 근거로 '일월성신(日月星辰)'은 '천문'이고, '산천초목(山川草木)'은 '지문(地文)'이며, '시서예약(詩書禮樂)'은 '인문(人文)'에 해당한다고 주장하였다.7)

---

6) 박영식, 『인문학 강의』, 철학과현실사, 2011, 17쪽.

7) 조동일, 『인문학문의 사명』, 서울대학교출판부, 1997, 211~212쪽. 이 책에서는 『삼봉집(三
峰集)』 卷3, '도은문집서(陶隱文集序)'의 "日月星辰 天之文也, 山川草木 地之文也, 詩書禮樂

그러나 이처럼 현대 학문의 유래를 전통 학문에서 찾고자 한 의미 있는 시도에도 불구하고, 우리가 말하는 '인문학' 또는 '인문 정신'이 무엇인지를 규명하는 일은 아직까지도 충분히 해명되었다고 보기는 어렵다. 이 점에서 현대 학문이 정착되어 가는 과정에서 '인문' 또는 '인문학'이라는 용어가 어떻게 쓰였는지를 좀 더 살펴볼 필요가 있다.

(3) 인문(人文)의 용례

ㄱ. 盖有史 以來로 各自 特種의 發展을 成ᄒ 人文의 起源은 畧 五가 有ᄒ니, 支那, 印度, 西亞細亞, 메소보다미아, 埃及 及 中央亞米利加라. 此를 通觀ᄒ면 五處의 地가 天峭不寒ᄒ고 氣候 溫暖ᄒ며 地味膏腴ᄒ야 畊耘 牧畜에 適宜ᄒ고 河川 海港에 舟楫航行의 便利가 有ᄒ며 山川 藪澤에 樹林鑛石의 利가 有ᄒ야 自然의 恩惠ᄂ 最上古 人民의 生意에 適遇흠으로뻐 他地方의 先步를 得ᄒ야 集屯邑落을 成ᄒ니 民族에 宗敎 文學이 有ᄒ고 邦家에 制度 歷史가 有ᄒ야 人文發達의 源을 作ᄒ야 尙使後人으로 企仰不及흔 偉蹟을 遺ᄒ얏도다. 此 五文明 中 獨 亞米利加의 文明은 大西洋의 烟波가 長鎖ᄒ애 最遙遠흘 後世에 至ᄒ야 비로소 世에 知케 흔 故로 其元始를 暫究키 難ᄒ나 他 四文明의 源은 皆幽遠흔 上古를 經ᄒ야 事變은 各 文明의 中圈을 成케 흔 地方에 起ᄒ야 各其 邊陲(변수)의 影響이 隣族을 風動ᄒ야 葛藤도 生ᄒ며 征戰도 開ᄒ고, 交通도 修ᄒ야 人文의 圈限漸을 逐ᄒ야 膨大히 相異케 흔 文明의 接觸을 遂ᄒ야 世界史의 大圈을 成흔지라. (以下 次號)

人之文也"라는 구절을 인용하고, 천문은 기(氣), 지문은 형(形), 인문은 도(道)로 구성되며, 이를 현대적으로 해석할 때, 천문은 자연현상, 지문은 사회현상, 인문은 인문과학에 해당한다고 주장하였다.

번역 대개 유사 이래로 각자 특별한 발전을 이룬 인문의 기원은 대략 다섯 가지가 있으니, 중국, 인도, 서아시아, 메소포타미아, 이집트 및 중앙 아메리카이다. 다섯 곳의 땅이 하늘이 높고 춥지 않으며, 기후가 온난하고 땅이 비옥하여 경운과 목축에 적당하고, 하천 바다와 항구가 배를 대고 항행하는 데 편리함이 있으며, 산천 늪과 못에 나무와 광석의 이로움이 있어, 자연의 은혜는 가장 상고시대 인민이 생활하는 데 적당하여 다른 지방보다 먼저 진보가 이루어져 읍락을 이루었으니, 민족 종교와 문학이 있고, 나라에 제도와 역사가 있어 인문 발달의 근원을 이루어 후세 사람으로 하여금 추앙하여 미치지 못할 위업을 남겼다. 이 5대 문명 중 아메리카 문명은 대서양의 연파를 오랫동안 닫아두어 가장 요원하여 후세에 이르러서야 비로소 알려졌으니, 그러므로 그 근원을 탐구하기 어려우나, 다른 네 지방의 문명의 기원은 모두 유원한 상고를 지나 역사적 변혁이 각 문명의 중심권을 이루게 한 지방에서 출발하여 각자 주변의 영향을 받아 이웃 종족의 움직임에 따라 갈등도 발생하고 정복 전쟁도 열고 교통도 발달하여 인문의 영역과 한계가 점점 넓어졌으며, 상이한 문명의 접촉을 따라 세계사의 큰 권역을 이루었다.

▷▷福城樵夫 薛泰熙, 人族 歷史의 淵源 觀念, 『대한자강회월보』 제4호, 1906.10.

ㄴ. 曾不知 卽我古聖人이 備物致用ᄒ야 立成器以爲天下利之學이 同源異派而踵事加精者라. 歐洲格致技藝가 導源於希臘ᄒ고 遞盛於羅馬而實托始於古埃及이라. 盖古世之歐羅巴洲ᄂ 榛狂未變인ᄉᆯ 亞細亞洲人이 抵希臘ᄒ야 敎以人事ᄒ호ᄃᆡ 昏蒙을 猶未盡洗ᄒ고 商之世에 灑哥洛이 從埃及來ᄒ야 建國於雅典ᄒ야 敎民禮義文字ᄒ니 是爲歐人文學之鼻祖라.

번역 일찍이 알지 못하니 즉 우리 옛 성인이 사물을 갖추어 사용하고 기기(機器)를 만들어 천하를 이롭게 하는 학문(『주역(周易)』 계

사전(繫辭傳) 상편(上篇)의 구절)을 확립한 것이 같은 근원의 다른 학파
이며 이를 계승하고 정교하게 한 것이다. 구주의 격치 기예가 희랍에서
비롯되고, 로마에서 융성한 것은 실로 고대 이집트에서 시작된 것이다.
대개 고대 구라파주는 미개하여 변화가 없었는데 아세아주 사람이 희랍
에 맞서 사람들을 가르치되, 혼몽(昏蒙)을 모두 씻어내지 못하고 상나라
때 쇄가락(灑哥洛, 미상, 아테네 건국 영웅 에레크테우스?)이 이집트로
부터 와서 아테네를 건국하여 백성들에게 예의문자(禮儀文字)를 가르치
니, 이것이 구주 인문학(人文學)의 시조이다.

▷▷廣新學以輔舊學說, 『대한매일신보』 1906.3.7.

ㄷ. 對中文化事業 三大 新施設: 日本의 對中文化事業의 一노 旣히 成
立한 것은 北京의 醫科大學이더니 今回 更히 左의 三大新事業이 主査委
員會에서 決定되얏더라.
　一. 人文學 學術研究所 及 大東洋 圖書館을 北京에 設立함
　二. 自然 化學 學術研究所를 上海에 設立함
　三. 在日 中國 留學生에 學費를 補助함

▷▷『동아일보』, 1924.2.16

앞서 살펴본 바와 같이 '인문'이라는 용어는 조선시대에도 널리 쓰
였던 단어이다. 이 말은 (3ㄱ)과 같이 '사람이 만든 것' 또는 '문명'을
뜻하는 개념이었다. 그런데 학문적 차원에서 '인문학'이라는 용어를
사용한 예는 (3ㄴ)과 같은 경우이다. 이 논설은 중국에서 활동한 서양
선교사 길버트 리드(Gilbert Reid, 1857~1927, 중국명 李佳白)의 '신학을
넓혀 구학을 보충한다'는 논설을 번역한 것8)으로, "예의 문자를 가르
치는 것"을 인문학의 개념으로 보았다. (3ㄷ)은 일제 강점기 '인문학'

이 '자연과학' 등과 대립하는 개념으로 쓰인 예이다. 이처럼 1900년대 이후 인문학이라는 용어가 학문 용어로 쓰이기 시작했을지라도, '인문학'이 '자연과학'이나 '사회과학' 등과 대립하는 한 분야로 널리 인식되기까지는 비교적 많은 시간이 더 걸린 것으로 보인다.

오늘날 인문학이라는 용어는 순수학문 가운데 '자연과학'과 '사회과학' 등과 대립하는 개념으로 사용된다. 소광희(1994)에서는 학문 분류의 기준으로 '실용성', '연구 대상', '연구 목적', '연구 방법' 등을 제시하면서, 인문학이 '자기에 대한 성찰'을 목표로 하는 학문임을 강조한 바 있다. 이는 인문학이 단순히 인간을 대상으로 연구하는 학문이 아니라(사회학도 인간을 연구 대상으로 하므로), '사유'와 '성찰'을 목표로 하는 학문이라는 뜻이다.

지식 인문학 담론을 전개하기 위해서는 인문학의 기반을 이루는 인문 정신과 전통적인 인문학에 대한 이해가 선행될 필요가 있다. 차하순(2007)에 따르면 라틴어 후마니타스는 16세기 보통 인문학의 교수나 교사 연구자를 지칭하는 말로 사용되어 18세기까지 계속되었다고 한다. 이 용어는 일반적으로 '교양' 또는 '자유교육'이라는 말과 동의어로 사용될 경우가 많았는데, 여기서 말하는 자유는 '무지'와 '편견'으로부터의 해방을 의미하는 개념이다. 이러한 차원에서 차하순(2007)은 인문학의 특징을 다음과 같이 요약한다.

(4) 인문학의 특성9)

첫째, 인문학은 가치관의 형성, 즉 '가치관 지향의 마음가짐'을 함양해

---

8) 『대한매일신보』, 1906.2.10~3.13. 7회 연재.
9) 차하순, 「전환기에서의 대학 교양 교육의 방향」, 『교양교육연구』 1~2, 한국교양교육학회, 2007 참조.

주는 분야이다. 인문학을 공부하면서 어떻게 행위를 해야 하는가의 당위성에 대해 고민하게 될 것이다. 예컨대 인문학 중 핵심 분야인 역사는 아시아의 경우 주로 도덕 교육을 목적으로 서술되었다. 가장 '역사적인 민족'이라는 말을 듣는 중국인은 고대 이래로 과거를 현재의 입장에서 바라보며 이상적인 과거에 비추어 현재를 판단하려고 하였다. 즉 역사는 도덕적 교훈의 원천으로 간주되었다.

둘째, 인문학은 개방된 상대주의, 문화적 다원주의를 지향한다. 따라서 지적·도덕적 성장기에 건전한 논쟁과 개방적인 토론을 통해 독단과 독선을 배격하는 개방적인 정신이 함양되어야 한다. 동서고금의 역사·철학·사상·종교에 관한 인문학의 고전—'위대한 서적'을 섭렵함으로써 자기 나라의 문화 전통을 이해할 뿐만 아니라, 나아가서는 인류의 정신적 유산의 다양성과 상대성을 이해할 수 있다.

셋째, 인문학은 사물에 대한 '공감적 이해'를 촉진시키는 분야이다. 인문학의 데이터는 일상적인 보통 경험에서 얻게 되며 그 논리는 일상적인 '자연스러운' 논리 또는 개인적인 '경험'과 연결되어 있다. 인문학에서는 아무것도 전문화된 조사 기술이나 고도화된 인위적 실험을 요하지 않으며, '살아 있는 체험', '일상적 경험'을 중시한다. 인문학은 모든 사람들에게 개방되고 활용될 수 있는 인간의 공통 경험, 가장 원초적이며 가장 기본적인 경험에 기반을 두고 있다. 따라서 인문학은 사물에 대한 공감적 이해를 증진시키는 분야이다.

넷째, 인문학의 방법은 기본적으로 시적(또는 문학적) 방법과 같아서 '인문학적' 상상력의 구사를 강조하는 것이다. 인문학적 상상에는 '선험적 상상'과 '지각적 상상'이 있다. 예를 들면 시저가 하루는 로마에 있었고 다른 날에는 갈리아에 있었다는 기록이 있다면, 이러한 그의 이동 과정을 알려주는 증빙 자료가 전혀 없는 경우, 우리는 시저가 '로마에서 갈리아로 여행하였다.'라고 단정해도 이는 '완벽하게 우리의 양심에 거리낌 없는 일'이다. 이는 경험적 증거에 입각한 것이 아닌 선험적 상상에 의한 것이다. 이에 대해 '지각적 상상'은 '지각의 데이터를 보완하고 확고히 하는' 상상이다. 예를 들면 이 책상의 아래, 달걀의 속, 달걀의 뒷면 등 실제로는 지각되지 않지만 실존하는 대상을 우리에게 제시해 주는 상상이라 할 수 있다.

차하순(2007)과 같이 인문학이 '가치관'의 학문이자, '건전한 논쟁과 개방적 토론'을 중시하는 학문, '공감적 이해'와 '상상력'을 중시하는 학문이라는 주장은 박영식(2011)에서도 찾아볼 수 있다. 그는 '인문학은 문학, 사학, 철학이다', '인문학은 과학이 아니다', '인문학은 인간학이다', '인문학은 상상력의 산물이다', '인문학은 자유의 학문이다'라는 명제를 중심으로 인문학이 지식의 엄격함을 숭상하는 학문이 아니라 지식을 인간다움으로 해석하는 학문이라는 점을 밝히고자 하였다. 전통적인 인문학의 대표 분야인 '역사' 연구의 '사관(史觀)'이 그러하고, '문학'에서의 상상력이 그러하며, 만학의 여왕으로 불리던 '철학'이 그러하였다. 인문학이 상상력의 산물이자 자유의 학문이라는 것은 소광희(1994)에서 "인문학의 목표는 인간 형성, 특히 자기완성이요, 그 접근 방식은 정확성이라기보다 엄숙함"이라는 주장과도 별반 다르지 않다.

이 점에서 지식 현상에 대한 인문학적 접근 방법 또는 태도를 지칭하는 개념으로 '지식 인문학'이라는 용어 사용 가능성을 제안할 수 있다. 물론 현재까지 이 용어를 학문 용어로 사용한 예는 없다. 그렇지만 김성보 외(2011)와 같이, 사회 현상에 대한 인문학적 접근 태도를 '사회 인문학'이라고 명명했듯이, 지식 현상에 대한 인문학적 접근 태도에 대해 이 용어를 사용하는 것이 지나치게 무리한 일은 아닐 것이다.

4. 지식 인문학 연구 대상과 방법

'지식 인문학'을 지식 현상에 대한 인문학적 해석을 기본으로 하는 학문적 태도를 일컫는 개념으로 사용할 수 있다면, 이 인문학은 본질적으로 지식 현상 전반에 걸쳐 적용될 수 있는 개념이라고 할 수 있다. 이는 전통적으로 인문학의 대표적인 분야로 일컬어지는 '문학', '사학', '철학'의 학문 목적이 인간을 인간답게 만들고자 하는 데 있음을 전제할 때, 각각의 분과 학문에서 공통된 요소를 추출하거나 분과 학문의 상위 요소(포괄적 개념)를 찾아내는 문제가 중요한 과제가 될 것이다. 흔히 '인문 정신'으로 일컬어지는 요소도 그 중 하나라고 볼 수 있는데, 이는 학문(지식을 탐구하는 행위)의 기본 정신으로 작용할 수 있다.

이 점에서 지식 인문학은 지식 산출을 비롯한 지식 현상 전반에 걸쳐 적용될 수 있다. 특히 지식 산출의 차원에서 동서양 학문사에 등장하는 지식의 개념과 유형, 지식 탐구의 자세 등을 논한 명저들은 대부분 지식 인문학 연구를 위한 기본서가 될 수 있다. 데카르트의 『방법서설』에서 언급한 '명증', '분석', '통합', '매거(枚擧)'의 원리는 근대 과학 지식 산출의 기반이 되었지만, 그 자체로 지식 탐구의 기본적인 태도를 일컫는다. 흔히 자연과학 분야의 하나로 착각하는 '수학'이 고대 그리스 이후 데카르트와 뉴턴을 거쳐 현대에 이르기까지 '본질적 학문'으로 간주되는 것도 수학 자체가 탐구의 기본 지식으로 작용하기 때문이다.10) 동양에서 '대학의 도'가 '명덕을 밝히고 백성을 새롭게 하며 지극한 선에 이르게 하는 것'을 목표로 하는 것도 인문의 전통이 매우 오래 전부터 확립되어 왔음을 의미하는 것으로 볼 수 있다. 장회익(2007)에서는 동양 학문의 전통을 계승 발전시킨 퇴계와 율곡의 학문을 지칭하여 '삶 중심 학문'이라고 불렀다.『성학십도』의 '대학도(大學圖)'가 "근본을 추구하고 확충하여 하늘을 체득하고 도를 다하게 되는 극치를 보여주는 것[太極圖, 西銘圖]"에서 "소학도(小學圖), 대학도(大學圖)가 나오며", "다른 육도(六圖)는 선을 밝히고 몸을 성실히 하며 덕을 높이고 일을 넓혀 가는 데 온갖 힘을 쏟게 하는 내용"을 이룬다는 설명을 바탕으로, 성현의 학문이 "학문적 탐구 노력을 통해 우주와 인간의 본질에 대한 이해를 추구하고 있으며, 이를 다시 당위성 추구와 연결하면서 현실적 삶 속에 구현하고자 한 것"이라고 해석한다.11)

지식 현상의 차원에서 지식의 출현이나 생산 현상은 전반적으로 인문학적 가치 부여가 가능한 활동이다. 사전적 의미로서의 지식 개념에 해당하는 인식 또는 그 결과는 우연성이나 검증성 여부를 떠나 인간의 삶을 위해 봉사하는 지식이 되어야 한다. 예를 들어 셸러의 분류 체계에 등장하는 종교적 지식과 형이상학적 지식을 인문학적 관점에서 재해석해야 하는 까닭도 여기에 있다. 종교 지(知)와 형이상학적 지(知)가 어떤 배경과 경로에서 출현한 것인지도 중요한 문제이지만, 그것이 우리의 삶과 어떤 관련을 맺고 있는지를 규명하는 작업

---

10) 소광희, 「학문의 이념과 분류」, 『현대의 학문체계』, 민음사, 1994, 322~324쪽에서는 학문에서 수학적인 것과 인문학의 전통으로서 역사학의 이념을 설명한 바 있다.

11) 장회익, 「삶 중심 학문의 복원을 위하여」, 『인문정신과 인문학』, 한국학술협의회, 2007, 21쪽 재구성.

은 인문학적 가치 부여에서 중요한 과제가 된다. 이뿐만 아니라 지식 형성과 산출의 차원에서 사회과학자들의 방법론 또한 인문학적 재해석이 가능하다. 특히 현대 학문이 '이론과 법칙'의 산출 및 객관성, 합리성을 지상 목표로 간주하는 경향을 고려할 때, 이러한 이론과 법칙이 우리의 삶과 어떤 관련을 맺고 있는지를 규명하는 작업은 필연적이라고 할 만하다.

이와 같은 차원에서 지식 인문학은 인간 중심적이고, 통합적이며, 객관적이고, 실천적이어야 한다. 여기서 말하는 인간 중심은 지식과 정보가 인간의 존재 가치보다 상위가 되어서는 안 된다는 뜻이며, 통합적이라는 말은 특정 분과 학문의 지식만을 다루는 학문이 되어서는 안 된다는 뜻이다. 지식 인문학이 지향해야 할 또 하나의 특성으로 객관성과 실천성을 언급하지 않을 수 없는데, 이는 사변적인 인문학의 한계를 극복하기 위해 지식 현상을 객관화하고, 그로부터 도출된 가치를 인간 삶의 질(개인적이든 사회적이든) 향상에 기여할 수 있도록 해야 한다는 의미이다.

이러한 관점에서 인문 정신을 바탕으로 '사회 인문학'을 구상하는 견해가 있음도 주목해 볼 만하다. 이 프로젝트는 '인문학의 사회성 회복'을 목표로 학문 분과의 경계, 대학 제도의 경계를 허물고 새로운 융합 학문을 창출하고자 하는 의도를 갖고 있다. 김성보 외(2011) 『사회인문학이란 무엇인가: 비판적 인문정신의 회복을 위하여』[12]라는 책명에서 알 수 있듯이, 사회인문학은 인문정신을 사회적인 차원으로

---

12) 김성보 외, 『사회인문학이란 무엇인가: 비판적 인문정신의 회복을 위하여』, 한길사, 2011. 이 책은 연세대 국학연구원 인문한국(HK) 사업단에서 계획한 것으로, 백영서 '사회인문학의 지평을 열며', 박명림 '왜 그리고 무엇이 사회인문학인가', 나종석 '매개적 사유와 사회인문학의 철학적 기초', 박영도 '사회비평으로서의 사회인문학과 경계의 사유' 등의 논문이 실려 있다.

확산하기 위한 의도가 반영된 것임을 추론할 수 있다. 특히 백영서의 '사회인문학의 지평을 열며'는 부제로 '그 출발점인 공공성의 역사학'이라는 표현을 사용하고 있다. 이 논문에는 사회인문학적 역사학이 '과학으로서의 역사학'을 넘어서 '해석으로서의 역사학'을 지향하며, 랑케 사학 이전 동양의 역사학의 중심을 이루었던 '이야기'(기전체를 대표적인 예로 듦)의 중요성을 일깨우고, 역사비평을 강화해야 한다는 저자의 주장이 담겨 있다.

통합 학문이자 인문학적 가치를 구현하고자 하는 '사회인문학'은 우리가 구현하고자 하는 '지식 인문학'과 유사한 점이나 공통 목표를 다수 포함하고 있다. 그럼에도 지식 인문학은 과거로부터 현재에 이르기까지의 지적 전통을 체계화하고, 그 과정에서 지식사회학이 의도했던 가치중립성을 보유(保有)해야 하며, 이를 인문학적 가치로 재해석해야 한다는 점에서 통합과 실천을 우선시하는 사회인문학과는 차이가 있다. 더욱이 한·중·일의 지적 전통을 망라하고, 그 대표적인 현상으로 '지식 권력의 변천 과정'을 규명하여, 인문학적으로 재해석해야 하는 당위론적 차원에서 새로운 통합 학문으로서 '지식 인문학'이 유용한 대안일 수 있음을 제안하고자 한다.

5. 결론

지식 현상에 대한 인문학적 고찰은 본질적으로 지식과 인간의 사유가 갖는 가치를 규명하는데 목표를 두는 성찰적 행위이다. 지식의 양적 팽창과 정보·통신 기술의 발달에 따른 '디지털 문화', '제4차 산업혁명' 등의 용어가 범람하는 상황에서 전통적인 인문학, 사회과학,

자연과학 등의 학문 분류 체계는 더 이상 유용한 분류 체계가 아닐 수 있다. 이러한 지적 풍토에서 근현대 학문을 이끌었던 데카르트적 사고방식이나 베이컨적 실증적 태도만으로 앎에 관한 종합적 판단을 이끌어내는 것은 무리한 일이다.

지식 현상과 지식사를 탐구하는 과정에서 전통적으로 대표적인 인문학 분야라고 판단했던 역사학이나 철학, 또는 문학이 현대의 지적 풍토에서 과연 인문학이라고 할 수 있는가라는 의문을 제기할 경우도 많다. 전통적으로 인문학의 본질은 사유와 성찰을 기본으로 하는 학문이라는 데 이의를 제기할 사람은 없을 것이다. 그러나 유물 발굴과 연대 측정에서 자연과학적 기술의 도움이 없는 고고학이 있을 수 있을까? 인공지능 컴퓨터가 시를 창작하고 신문 기사를 작성할 것이라는 예측이 만연되는 사회에서 문학은 자기성찰의 공간을 제공할 수 있을까? 이러한 질문은 지식 현상에 대한 단순 도식이나 양적 판단만으로 해답을 찾기 어렵다.

지식의 이데올로기를 극복하고자 하는 지식사회학에서 '가치관 지향의 태도'를 가미한 지식 인문학의 출현은 지식 발전사를 고려할 때 지극히 자연스러운 일이다. 이제는 한 세대를 경과한 책이지만 '인식과 실존'의 문제를 주제로 한 박이문(1982)에서는 이미 디지털 시대, 인공지능 시대의 지적 현상을 예측하는 '인문과학의 방법론'을 제시하고자 한 바 있다. 현대 학문의 대상은 "철학·문학·역사·예술을 인문과학에 묶는 것은 고전적 분류 방침"이라고 전제한 뒤, 인문학의 대상과 내용, 방법이 갖는 의미를 규명하고자 시도한다. 인문학의 대상으로서 역사학을 사회과학의 한 분야에 포함해야 한다는 견해가 존재할 정도로 대상에 따른 학문 분류는 큰 의미가 없을 수 있다. 역사나 철학, 문학 등 전통적인 인문학의 대상은 "어떤 의미를 전달하는 언어적인 대상"일 뿐이며, 그 자체가 인문학을 구현하는 것은 아니라는 뜻이다. 이 점에서 대상보다는 "인문학의 성격, 좀 더 정확히 말해 앎의 성격"이라는 문제가 중시되어야 하며, 그것은 곧 인식의 문제와 해석의 문제로 귀결된다. 인식과 해석은 가치 판단의 문제이다. 지식 현상에 대한 객관적 이해와 가치 판단을 종합하여 앎의 가치를 규명하는 작업이 지식 인문학의 핵심 과제이다.

【참 고 문 헌 】

『대한매일신보』

『동아일보』

강봉룡, 「HK사업의 목적과 방향에 대한 점검」, 『2018 인문학 진흥 특별 대토론회』, 인문한국연구소협의회, 2018.

강영안, 『인간의 얼굴을 가진 지식: 인문학의 철학을 위하여』, 소나무, 2002.

김경남, 「지식 지형의 변화에 따른 조선 후기의 종교문헌과 언어문제」, 『우리말연구』 54, 우리말학회, 2018.

김성보 외, 『사회인문학이란 무엇인가』, 한길사, 2011.

김필동·한국사회사연구회 편, 『지식 변동의 사회사』, 문학과지성사, 2003.

데이비드 블루어, 김경만 옮김, 『지식과 사회의 상』, 한길사, 2000.

막스 셸러, 정영도·이을환 옮김, 『지식의 형태와 사회』 1~2, 한길사, 2011.

박덕규, 『한국 인문학의 발전 방안』, 인문사회연구회, 2000.

박영식, 『인문학 강의』, 철학과현실사, 2011.

박이문, 『인식과 실존』, 문학과지성사, 1982.

박이문, 『통합의 인문학』, 지와사랑, 2009.

백원담 편역, 『인문학의 위기』, 푸른숲, 1999.

소광희 외, 『현대의 학문체계』, 민음사, 1994.

장회익, 「삶 중심 학문의 복원을 위하여」, 『인문정신과 인문학』, 한국학술협의회, 2007.

전태국, 『지식사회학』, 사회문화연구소 출판부, 2001.

조동일, 『인문학문의 사명』, 서울대학교출판부, 1997.

차하순, 「전환기에서의 대학 교양 교육의 방향」, 『교양교육연구』 1~2, 한국교양교육학회, 2007.

카를 만하임, 임석진 옮김, 『이데올로기와 유토피아』, 김영사, 2012.

피터 버크, 박광식 옮김, 『지식의 사회사』 1, 민음사, 2017.

허재영, 「지식 생산과 전파 수용에 따른 지식 권력 연구 방법론」, 『한국민
　　족문화』 66, 부산대학교 한국민족문화연구소, 2018.

지식의 영향력과 구성 요인*

: 삼봉의 불교 비판과 심성론을 중심으로

김세종

1. 서론

1.1. 연구 목적과 문제 제기

본 논문은 삼봉 정도전의 불교 비판과 심성론을 중심으로 지식의 사회적 영향력에 관해 고찰하는 것을 목적으로 한다.

본 논문이 목적하는 바 지식의 사회적 영향력에 대한 고찰이란 지식과 사회의 관계를 학술적으로 규명하여 지식이 사회에 미치는 영향력과 사회가 지식에 미치는 영향력을 밝히는 것이다. 지식은 필연적

* 이 논문은 한국유교학회가 발간하는 『儒敎思想文化硏究』 제75집(2019년 3월 31일 발간)에 게재된 논문 「지식의 사회적 영향력에 관한 고찰: 삼봉의 불교 비판과 심성론을 중심으로」 를 수정·보완한 것임.

으로 사회적 산물이다. 어떠한 형태의 지식이건 그것은 지식 주체가 당면한 현실적 문제에서 비롯된다. 특정 상황에 대한 문제의식은 그 문제에 대한 해명을 모색하게 하며, 그 과정에서 지식 주체는 현실 문제 상황에 대한 면밀한 이해 위에서 문제 해결을 추구한다. 그러한 추구 결과 지식 주체는 특정 영역에 대한 선도적 이해와 해결에 도달하고 그것은 비록 개인적 영역이지만 지식 주체의 지식 범위를 확대한다. 이러한 점에서 지식의 형성은 지식 주체가 당면한 현실의 문제 상황에서 비롯되며, 따라서 지식의 생성은 필연적으로 지식 주체가 당면한 사회의 산물일 수밖에 없다.

그러나 지식이 언제나 사회의 종속적 지위에 머물진 않는다. 개인적으로 형성된 특정 지식이 사회적으로 확장되어 공공의 영역에서 집단적 공감대를 형성하면 그 지식은 더 이상 한 개인의 지식이 아니라 당대 사회 특정 집단의 공적 지식으로 확장되어 사회화된 지식이 된다. 그러한 지식은 비록 사회적 산물로서 출발했지만 이제 사회를 검열하는 자정(自淨)과 자성(自省)의 척도가 되며, 사회가 나아갈 방향성을 모색하는 나침반의 역할을 하게 된다. 지식의 역할이 사회적 방면으로 확대된 이 상태에서 지식은 사회적 산물이라기보다는 사회를 선도하는 역할을 하고, 따라서 사회의 성격이 지식에 의해 형성된다. 따라서 지식과 사회의 영향력은 일방이 아니라 쌍방의 성격을 띠며 상호간의 끊임없는 긴장과 영향 속에서 지식이 발달 혹은 쇠퇴하고 사회 역시 발전 혹은 쇠퇴한다.

그러나 지식은 그것 자체로 전승되거나 생성되지 않고 언제나 지식 주체에 의해 생성되고 전승된다. 따라서 지식의 사회적 존재 양태는 지식 주체, 즉 지식인일 수밖에 없다. 게다가 사회와 집단 역시 사회적 존재로서의 사람을 전제한다는 점에서 지식과 사회라는 양자는 지식인에 의해 접점을 이룬다. 따라서 지식과 사회의 영향력 고찰은 개인적 영역의 지식을 사회적 영역으로 확산하거나 또는 사회 상황 속에서 개인적 지식을 형성해가는 주체적 지식인을 연구의 중심으로 삼아야 할 것이다. 본 연구는 이러한 지식인의 전형으로 삼봉 정도전을 꼽는다.

삼봉 정도전(鄭道傳, 1342~1398(태조7))은 고려 말의 시대상황에서 고려를 대체하여 조선왕조의 개국을 적극 주창한 인물로서, 그에 대한 후대의 평가는 그의 철학적 업적이나 사상가로서의 성과보다도 정치가로서의 역할에 주목하여 연구가 이루어져 왔다. 그러나 동아시아 유교문화권의 사회는 고시 등에 의해 관료를 선발하는 학자관료제를 표방해 왔고, 그러한 체제 하에서 관료들은 모두 전통적 지식을 숙련한 지식인들이었다는 점에서 정치가는 곧 지식인이었으며, 따라서 고려와 조선왕조 교체기의 정치가는 거의 대부분 당대 지식의 선두에 있었던 학자들이었다는 점 또한 주지의 사실이다. 따라서 지식과 사회의 접점을 이루는 지식인의 역할을 검토하기에 삼봉은 최적의 조건을 갖춘 역사적 실재로서 손색이 없다.

본 논문은 이러한 문제의식 하에 고려 말의 사회 상황에 대해 간략히 검토한다. 앞서 언급한 바와 같이 지식이 사회적 산물이라는 점에서 삼봉 개인의 지식은 당대 사회에 대한 문제의식에서 출발할 수밖에 없고, 그러한 점에서 고려 말기의 사회에 대한 검토는 삼봉이 갖춘 지식 체계의 기본적 성격을 밝힌다는 점에서 논의 전개의 기초를 이룬다. 본론에서는 먼저 삼봉의 대표적 저술인 「불씨잡변」을 분석하여 삼봉이 비판하는 불교 이론의 내용을 고찰한다. 삼봉의 불교 비판은 한·중·일 삼국에서 산출된 불교 비판이론 중 가장 체계적인 것으로 평가된다. 따라서 그 내용을 확인함으로써 삼봉의 불교 비판이 목적하는 바와 그것의 의의를 밝히고자 한다. 특히 고려왕조의 이념적 근거로서의 불교를 비판하는 삼봉의 시도에서 지식이 사회에 끼치는 영향력의 일면을 감지할 수 있을 것이다. 두 번째는 철학가·사상가로서 삼봉이 형성한 그의 성리학적 심성론의 구조를 검토한다. 삼봉은 고려 말기에 전래된 성리학을 수용한 1세대 학자군에 속하며 그 중에서도 가장 뛰어난 성리학자로 일컬어진다. 그러나 혁명에 대한 유교 문화권의 역사적 평가로 인해 철학적 성과에 대한 연구는 소략한 편이다. 본 논문에서는 삼봉의 철학체계 전체를 조망하기보다는 그가 이룩한 성리학적 심성론의 구조를 파악함으로써 지식인으로서의 자질을 확인하고자 한다. 세 번째는 삼봉 심성론의 특징 중에서 그의 지식 체계가 사회적 제도로 투영되는 정황을 확인하고자 한다. 삼봉은 익히 알려진 바와 같이 조선왕조 건국의 모든 문화적·정치적 제도를 기획한 인물이다. 지식과 사회의 관계를 상기하면 이러한 기획이 그의 개인적 지식 체계와 격리되어 수행될 수 없고, 그가 갖춘 철학과 사상적 특징이 그의 기획에 거의 그대로 투영됐으리라 기대할 수 있다. 이에 따라 본 논문은 그가 이룩한 제도의 구체적 항목보다는 그가 구상한 정치 제도의 구조와 그의 심성론에 형성되어 있는 구조적 체계에 주목하여 양자의 유사성을 검토하고자 한다.

이러한 논의가 성공적으로 수행되면, 본 논문이 목적하는 바 지식의 사회적 영향력에 대해 지식과 사회 양자가 지식인에 의해 매개되며 지식인은 지식과 사회의 긴장과 조화를 담당하는 주체적 역할을 하는 존재라는 점을 확인할 수 있을 것이다. 이와 함께 조선왕조의 건국이라는 사건은 왕조 교체라는 단순한 역사적 사건을 넘어 이념과 패러다임이 교체되는 대변혁의 사건이며, 그것은 사회를 선도하는 주도적 지식 체계의 일대 전환이라는 점에서 지식의 사회화와 사회의 지식화를 고찰할 수 있는 의미 있는 역사적 모델이 된다는 점을 확인하게 될 것이다.

1.2. 논의의 기초: 고려 말기의 사회와 성리학의 맹아

주지하다시피 성리학이 전래되기 이전의 고려사회에서 유교와 불교는 크게 대립적이지 않았던 것으로 알려져 있다. 이러한 경향은 성리학이 전래된 후에도 거의 그대로 유지되어 성리학 수용 1세대 학자들은 대개 유교에 해박한 지식인들이면서 동시에 불교와 도교에도 깊은 관심을 갖고 있었고, 또 불교의 승려들도 유교에 상당히 정통해 있었다. 그러나 고려 말기의 사회는 사회 혼란의 정비와 통합을 위해서 국가 운영과 정치 등을 위한 제도적 장치가 필요했고, 그러한 점에서 성리학은 불교나 도교에 비해 훨씬 실용적인 요소를 제공할 수 있다는 점에서 왕조 말기에 이르러 불교를 대체하여 성리학이 득세하게 된 것은 자연스러운 추세였다.

이러한 상황에서 고려사회는 새로운 유교 사상에 근거하여 국가를 정비하려는 지식인 집단이 형성되었는데, 그들은 왕조를 바꾸는 혁명을 추구하는 적극적 개혁 세력과 고려 왕조를 유지한 채 제도를 정비하려는 온건 개혁 세력으로 나뉜다. 알려진 바와 같이 전자는 혁명(개국)파, 후자는 충절파로 구분되기도 하는데, 두 세력 모두 기존 사회질서의 폐단이 가져오는 문제 상황과 그것에 대한 개선을 추구한다는 점에서 모두 기득권에 대한 반발의 입장을 취하지만 그 안에서도 혁명파와 충절파는 출신 신분의 차이를 보인다. 몽고간섭기 이후의 사회 분위기는 신분적 차이를 넘어 혼인하는 경우가 가능해졌기 때문에 부계와 모계의 사회적 신분이 다른 경우가 빈번했는데, 혁명파에 가

담한 인물들은 부계나 모계 어느 한 쪽의 신분이 낮은 경우가 많았다. 물론 혁명파에 속한 인물들 중에는 전통적인 문벌 가문 출신도 있었지만 이들은 혁명을 주도하기보다는 참여자로서 합류했다. 따라서 혁명파에 의한 조선왕조의 개국은 소수의 귀족 엘리트 집단의 기획에 의한 것이라기보다는 가문상의 약점을 지닌 채 권력의 주변부에 머물던 지식인들이 이성계라는 걸출한 인물과 연계하여 이루어낸 것으로 평가할 수 있고, 왕조 성립의 이러한 배경은 조선왕조 초기의 국가 운영 방향을 설정한다. 즉 조선은 귀족이 아니라 무신들과 백성들의 요구를 수용하고 그것을 관철시키기 위한 제도적 장치를 기획하는 방향으로 나아가게 된다.

고려 말기의 폐단을 경험한 하층 백성들이 조선 왕조에 기대하는 것은 사실 매우 간단한 것이었다. 그것은 먹고 사는 일의 경제적 측면과 수긍할 만한 합리적 신분 질서로 대별된다. 특히 경제적인 측면은 무신집권기 이후로 토지 소유의 과도한 편중 현상을 개선하여 토지 소유와 경작에 있어서 정당한 분배를 요구하는 것이었다. 신분적인 측면은 다양한 계층에서 서로의 이해관계가 노출되었는데 혁명파에 속했던 지식인들은 자신들의 능력이 제약없이 사회에 투영될 수 있기를 바라는 한편 하층 백성들은 양인으로의 신분 안정을 희망하는 것이었다. 특히 양인 계층의 확대는 조선왕조의 국가 운영을 위해서도 중요한 것이었다. 따라서 조선왕조를 개국하고 국가운영의 모든 제도를 기획한 정도전 등의 개국세력이 토지제도와 신분질서 두 방면에서 매우 합리적이고 이상적인 모델을 구상하는 것은 당연한 것이었다고 하겠다. 비록 혁명파의 이념적 제도 기획이 그대로 조선왕조의 제도로 성립된 것은 아니지만 정도전의 관심이 이 두 방면에 있었다는 점은 이와 같은 전후 사정을 배경으로 한다.

게다가 유교성리학의 이념적 명분을 따져보면 혁명은 변절로 간주되는 것으로서, 그것이 비록 맹자에 의해 긍정되고 있다 하더라도 그것은 매우 제한적인 경우에만 인정될 뿐 혁명은 변절의 의미를 더욱 크게 남기는 것이 사실이다. 공자와 맹자의 영향력을 비교할 수는 없으나 유교 이념의 본질은 공자에게 있는 것이고, 공자의 정명(正名) 이론에 비추어보면 역성혁명은 쉽게 수용되기 어려운 것이다. 따라서 유교와 역성혁명이라는 두 테제가 모순된 것임에도 불구하고 삼봉을 비롯한 개국 집단이 혁명을 택한 것은 고려 말기의 사회상황이 더 이상 방관할 수 없을 만큼 많은 폐단을 갖고 있었음을 반증하는 것이며, 그것은 제도 개혁과 함께 또는 제도의 근간을 이루는 이념으로서 불교에 대한 비판 의식으로 이어지는 것이었다.

2. 불교 비판의 의의와 목적

국가 이념으로 불교를 수용한 고려 사회에서 불교는 왕으로부터 백성들에 이르기까지 광범위한 영역에서 고려 사회의 저변을 이루고 있었고 고려의 문화는 불교 이념 위에 형성되어 있었다고 해도 과언이 아닐 만큼 고려와 불교는 뗄 수 없는 것이었다. 고려 말기에 사찰과 승려들에 의해 자행되는 문화적 악습과 사회적 폐단들이 큰 것임에도 불구하고 사람들의 의식 속에서 불교는 혁신하고 자정(自淨)되어야 할 것일 뿐 다른 이념으로의 대체는 상상할 수 없는 것이었다.

당시의 불교가 사회에 미치는 악영향의 크기는 당대 불교의 영향력에 비례하는 것이었는데, 정치적 측면에서는 문벌 귀족 가문과 결탁하여 정치권력을 행사했고, 경제적 측면에서는 고리대금업을 자행하고 광대한 토지를 소유하는 등 불교 자체가 가진 종교적 이념으로서의 역할이 쇠퇴되고 사회에 기생하는 형태로 변모해 있었다. 12세기와 13세기에 지눌(知訥, 1158~1210)이 시도한 수선사(修禪社) 운동이나 선종 계열의 조계종을 창시하여 선·교(禪·敎) 통합을 도모한 것도 불교의 이러한 악습과 폐단을 시정하려는 자구책의 일환이었다.

그러나 고려 말기에 중국에서 수입된 성리학을 접한 일군의 지식인들은 성리학에서 사회체제 정비의 가능성을 보았고, 특히 삼봉은 성리학에 대한 폭넓고 심화된 이해를 바탕으로 유교 이념이 불교 이념을 대체할 수 있다는 믿음을 찾은 것으로 보인다.[1] 이러한 믿음의 결과 삼봉은 몇 차례에 걸쳐 불교 비판서를 저술한다. 첫 번째는 고려 말기 우왕 원년에 저술한 「심문천답」으로서 유교의 천인감응론을 통해 불교의 인과응보설을 비판했지만 다소 소극적인 수준에 머문다. 두 번째는 조선왕조 건국 후 태조 3년(1394)에 저술한 「심기리편」이다. 심·기·리는 각각 불교와 도교와 성리학을 상징하는데 불교와 도교의 한계를 비판적으로 서술한 후 성리학을 통해 양자의 오류를 비판하는 저술이지만 역시 비판의 강도가 미진하다. 세 번째는 조선왕조 태조 7년(1398), 그의 말년 대작인 「불씨잡변」이다. 이 문헌은 그가 죽기 직전에 저술한 것으로서 불교가 한·중·일에 전해진 기천년의 역사에서 가장 철저한 불교 비판으로 칭해지는데, 삼봉 스스로도 '이 글의 내용이 지금 당장 시행되지 않더라도 후세에 전해질 수만 있다면 죽

---

1) 정도전에 대한 종합적 연구의 시초는 한영우의 『鄭道傳思想의 研究』(서울대학교출판부, 1973 초판)가 대표적이라 할 수 있다. 한영우는 정도전의 사상적 성취를 정치 개혁의 이념적 도구로 보아 그의 배불론이 사회·경제·윤리사상의 종속적인 위치에 있다고 보았다. 그러나 김용옥이 지적한 바와 같이 정도전은 사회개혁자로서 정치적 감각을 먼저 키운 것이 아니라 새로운 패러다임 속에 이루어진 학문적 언어 속에서 새로운 사유(New Thinking)를 먼저 성숙시켰다고 보아야 할 이유 역시 충분하다. 김용옥, 『삼봉 정도전의 건국철학』, 통나무, 2004, 22쪽.

어서도 편안할 것'[2]이라고 술회할 만큼 기대와 자부에 찬 것이었다. 또한 한영우는 이 문헌의 역사적 의의를 "하나의 왕조가 건국되는 과정에 이처럼 이전 왕조의 이데올로기를 철저히 비판·청산하면서 새로운 이데올로기를 확립하는 것은 흔한 일이 아니며, 조선왕조는 이런 점에서 볼 때 정치·사회 혁명과 사상혁명을 동시적으로 수행하였다는 점에서 커다란 의미를 지닌다고 하겠다."[3]라고 평가함으로써 이 문헌이 갖는 역사성에 주목했다. 본 논문은 불교이론의 핵심에 해당하는 윤회설과 인과설에 대한 비판에서 삼봉의 불교 비판에 담긴 철학적 의미와 당대 사회에 대한 비판 의식을 검토하고자 한다.

2.1. 윤회설 비판

인도에서 기원한 불교가 윤회에 대한 이론을 구축하는 것은 기실 생사(生死)의 문제에 대한 대중의 의문과 두려움을 해명하기 위한 것이었다. 즉 윤회란 사후에 대한 무지(無知)에서 야기되는 막연한 두려움에 대해 생명의 반복된 연속성의 이론을 통해 사후 세계에 대해 설명함과 동시에 반복적인 생사의 과정에서 현생은 전생의 결과이자 후생의 원인이라는 종교관을 연결함으로써 현세의 세속 윤리를 세우고 정치·신분질서의 안정을 꾀하는 것이었다. 요컨대 윤회는 생과 사의 문제, 구체적으로 죽음 이후의 세계에 대한 해명과 동시에 생명이란 무엇인가라는 물음에 대한 해명을 포괄한다. 삼봉이 불교 비판

---

2) 『三峯集·佛氏雜辨』「佛氏雜辨序(權近)」: "觀於此則儒佛之辨. 曉然可知. 縱不得行於時. 猶可以 傳於後. 吾死且安矣." 이후 『三峯集』의 인용은 『三峯集』 표기를 생략한다. 또한 『佛氏雜辨』의 인용에 있어서도 이후에는 세부적 편명만을 기재한다.

3) 한영우, 『鄭道傳思想의 研究』, 서울대학교출판부, 1983 개정판, 53쪽.

서를 저술하면서 그 첫 머리를 윤회에 대한 비판으로 시작한다는 것은 불교가 구축한 윤회적 질서의 세계관이 불교 이론의 가장 근본적인 것이라는 점을 감지하고 있었기 때문으로 보인다. 예문을 보자.

사람과 物이 생하고 생하여 무궁한 것은 바로 天地의 조화가 쉬지 않고 운행하기 때문이다. 원래 태극이 動하기도 하고 靜하기도 하여 陰과 陽이 생겨난다. 陰과 陽이 변하고 합함에 五行이 갖추어진다. 이에 무극·태극의 眞과 음양·오행의 精이 묘하게 합해 엉기면서 사람과 物이 무궁히 생겨난다. 이미 생겨난 것은 지나서 과거[過]가 되고 아직 생겨나지 않은 것은 와서 계속[續]된다. 過와 續 사이에는 한 순간의 정지도 용납될 수 없다.

부처의 말에, "사람이 죽어도 정신은 멸하지 않으므로 태어남에 따라 다시 형체를 받는다."고 하였으니, 이에 윤회의 설이 흥기했다. 『주역』에, "시원으로 거슬러 올라가 종말을 돌이켜본다. 그러므로 死生의 설을 안다."고 했다. 또 "精氣는 物이 되고, 游魂은 變이 된다."고 했다. 先儒들이 해석하기를, "천지의 조화가 비록 무궁히 生하는 것이지만 모임이 있으면 반드시 흩어짐이 있고, 태어남이 있으면 반드시 죽음이 있다. 그 시원을 거슬러 올라가 그것이 모여서 생겨나는 것임을 알 수 있다면 분명 그것이 나중엔 반드시 흩어져 죽게 될 것임을 알 수 있다. 생겨남이 氣化의 스스로 그러함으로부터 얻게 된 것이어서 애초에 太虛 속에 깃들어 존재하는 精神 같은 것이 없다는 것을 알게 된다면 죽음도 氣와 함께 흩어져서 冥漠 속에 머물 형상같은 것이 다시 없다는 것을 알게 된다."라고 했다.[4]

---

4) 「佛氏輪迴之辨」: "人物之生生而無窮. 乃天地之化. 運行而不已者也. 原夫太極有動靜而陰陽生.

인용문은 「불씨잡변」의 첫 주제인 「불씨윤회지변」의 첫 구절이다. 윤회설의 핵심은, 하나의 생명이 그 정체성을 거의 유지한 채 다른 세계에서 다른 생으로 태어난다는 것으로서 그 내용은 생사의 반복 과정을 말하는 것이지만 철학적으로 중요한 것은 그것이 불교라는 종교가 전제하는 세계관을 내포하고 있다는 점이다. 흔히 육도윤회(六道輪廻)라고 일컬어지는 여섯 종류의 세상이 존재하고 생명체는 현재 생애의 업에 따라 행복하거나 고통스러운 세상에 태어난다는 것이다. 그러나 삼봉은 상식적인 선에서 윤회설에 제기될 수밖에 없는 물음을 통해 윤회설의 허구를 비판한다.

지금 불씨 윤회의 설로 보면, 血氣를 가진 것들은 저절로 정해진 숫자를 가지고 있다. 세상에 태어나거나 죽어도 다시 늘거나 줄지 않는다. (…중략…) 우리의 현실을 보면, 왕성한 시대를 만나면 인류가 번성하고 鳥獸와 어류와 곤충 역시 번성하지만, 쇠퇴한 시대를 만나면 사람과 사물이 모두 줄어들고 鳥獸와 어류와 곤충 역시 줄어든다. 이는 사람과 만물이 모두 天地의 氣의 所生이므로 氣가 왕성하면 일시에 번성하고 氣가 쇠하면 일시에 줄어든다는 것을 분명하게 밝힌다.[5]

陰陽有變合而五行具. 於是無極太極之眞. 陰陽五行之精. 妙合而凝. 人物生生焉. 其已生者往而過. 未生者來而續. 其間不容一息之停也. 佛之言曰. 人死精神不滅. 隨復受形. 於是輪廻之說興焉. 易曰. 原始反終. 故知死生之說. 又曰. 精氣爲物. 游魂爲變. 先儒解之曰. 天地之化. 雖生生不窮. 然而有聚必有散. 有生必有死. 能原其始而知其聚之生. 則知其後之必散而死. 能知其生也得於氣化之自然. 初無精神寄寓於太虛之中. 則知其死也與氣而俱散. 無復更有形象尙留於冥漠之內."

5) 「佛氏輪廻之辨」: "今以佛氏輪廻之說觀之. 凡有血氣者. 自有定數. 來來去去. 無復增損. (…中略…) 自今觀之. 當盛世. 人類蕃庶. 鳥獸魚鼈昆蟲亦蕃庶. 當衰世. 人物耗損. 鳥獸魚鼈昆蟲亦耗損. 是人與萬物. 皆爲天地之氣所生. 故氣盛則一時蕃庶. 氣衰則一時耗損. 明矣."

삼봉의 윤회설 비판은 이와 같이 상식적인 관점에서 제기되는 의문을 지적한다. 생명 현상이 반복적으로 지속된다는 것은 세계의 시초부터 지금까지 생명체 전체의 숫자에 변동이 있을 수 없다. 즉 새로 창조되는 생명도 없고 소멸되는 생명도 있을 수 없다. 그러나 당대의 현실을 보거나 통시적 관점에서 역사를 돌이켜보더라도 생명체의 전체 숫자가 일정하게 유지된다는 것은 허구일 수밖에 없다고 삼봉은 강변한다.

이러한 비판에 이어 삼봉이 제시하는 대안은 성리학이 설명하는 기(氣)의 세계관이다. 앞선 인용문에서 밝히고 있듯이 삼봉은 주돈이의 『태극도설』을 적극 활용하여, 무극으로부터 태극의 동정(動靜)에 따른 음양(陰陽)의 생성, 음양의 변합(變合)에 따른 목화토금수 오행의 생성과 순환, 그리고 무극·태극으로부터 오행의 응취에 따른 남녀·인물(男女·人物)의 생성을 설명했다. 성리학의 세계관에서는 생사의 반복도 인정될 수 없는 것이지만 그러한 반복 속에서 동일한 정체성을 지속한다는 것은 결코 인정될 수 없다. 심지어 삼봉은 동질성의 반복이 불가한 것임을 인간이 호흡하는 가운데 들이마신 공기와 내쉰 공기가 결코 같을 수 없고, 가을에 떨어진 나뭇잎이 뿌리로 돌아가 다음 해 봄에 다시 이파리로 피어날 수 없으며, 우물에서 퍼내어 사용한 물이 그대로 다시 우물로 모여들 수 없다는 점을 들어 윤회설이 제안하는 동질성의 지속적 반복이 허구임을 설파했다.

이와 같이 삼봉의 윤회설 비판은 철저하게 상식적이고 합리적인 관점을 취하는 것인데, 여기에는 두 측면에서 불교 비판의 사회적 의의를 추론케 한다. 첫째는 당시의 불교를 대하는 백성들의 태도에 대한 일침이다. 삼봉은 불교에 경도된 당시 사회의 비상식적 종교성을 개탄한다.

天道는 善한 자에게 福을 내리고 간사한 자에게 禍를 내린다. 人道는 선한 자에게 賞을 주고 악한 자에게 벌을 준다. 사람의 마음먹기는 바름과 바르지 않음이 있을 수 있고 행동은 옳고 그름이 있기 때문에 禍와 福이 각각 그 부류에 따라 응한다. (…중략…) 불씨는 사람의 바름과 바르지 않음, 옳음과 그름을 따지지 않고 말하기를 '우리 부처에게 귀의하면 禍를 면하여 福을 얻을 수 있다.'고 한다. 이는 비록 열 가지 악행을 범한 惡人이라 하더라도 불교에 귀의하면 禍를 면하고, 비록 道를 가진 선비라 하더라도 불교에 귀의하지 않으면 禍를 면할 수 없다는 것이다. 가령 그 설이 헛되지 않다 하더라도 모두 사사로운 마음에서 나온 것이지 公道는 아니다.6)

지금 삼봉이 비판하는 것은 백성을 계몽하여 사회와 개인의 윤리의식을 고취시키는 건강한 종교로서의 불교가 아니라 자정(自淨)과 자성(自省)을 상실한 고려 말기의 불교이고, 비판의 핵심은 비상식적 이론에 대해 자각 없이 경도된 태도에 대한 일침이다. 삼봉은 합리적이고 상식적인 관점에서 누구에게나 수긍되고 인정될 수 있는 새로운 이념을 성리학에서 발견했고, 그로써 사회적 폐습이 된 불교를 대체하기를 기획하고 있는 것이다.

불교 비판의 두 번째 의의는 새로운 세상의 비전에 관한 것이다. 예문을 보자.

예전에 어떤 중이 나에게 물었다. "만약 지옥이 없다면 사람들이 무엇

---

6) 「佛氏禍福之辨」: "天道福善而禍淫. 人道賞善而罰惡. 蓋由人操心有邪正. 行己有是非. 而禍福各以其類應之. (…中略…) 彼佛氏則不論人之邪正是非. 乃曰歸吾佛者. 禍可免而福可得. 是雖犯十惡大憝者. 歸佛則免之. 雖有道之士. 不歸佛則不免也. 假使其說不虛. 皆出於私心而非公道也."

이 무서워 악행을 못하겠는가?"

내가 대답했다. "군자가 善을 좋아하고 惡을 싫어하는 것은 좋은 색을 좋아하고 악취를 싫어하는 것과 같이 마음 속으로부터 나오는 것이지 무엇을 위해서 그러는 것이 아니다. 한 번이라도 惡名을 갖게 되면 그의 마음이 마치 시장에서 매질을 당한 것처럼 부끄러울 것인데 어찌 지옥에 관한 설을 듣고서 악행을 하지 않는 것이겠는가?"[7]

종교적 윤리관은 흔히 현세에서 선행을 독려하고 악행을 금지하는 수단으로 사후 세계에서 겪을 행복과 고통을 제시한다고 오해받는다. 그러나 건강한 종교는 사후 세계의 일을 통해 현생에서의 윤리도덕을 강요하지 않는다. 삼봉에게 있어 고려 말의 불교는 사후 세계에서 받을 고통을 내세워 현세의 윤리를 강요하고, 그 중심에 윤회설이 자리한다. 이러한 맥락에서 윤회가 설정하는 반복적 세계관은 결코 새로운 세계로의 진보를 상정하지 못한다. 삼봉이 추구하는 새로운 세상은 합리와 상식에 더해 모든 백성들에게 보다 나은 삶이 보장되는 진보된 세상이다. 불교의 윤회설은 새로운 진보를 창출할 이론적·이념적 근거가 결코 될 수 없다. 삼봉의 윤회설 비판은 단순히 불교 이론을 성리학 이론으로 대체한다는 표면적 의의에 머물지 않고 합리적 사유에 기반하여 더 나은 사회로 나아가고자 하는 이념적 기획을 내포한다고 보아야 한다.

---

7) 「佛氏地獄之辨」: "昔有僧問予曰. 若無地獄. 人何畏而不爲惡乎. 予曰. 君子之好善惡惡. 如好好色. 如惡惡臭. 皆由中而出. 無所爲而爲之. 一有惡名至. 則其心愧恥. 若撻于市. 豈待地獄之說然後不爲惡乎."

2.2. 인과설 비판

삼봉의 입장에서 보면, 윤회설의 본질은 '생명은 어디에서 오고, 죽음 이후는 어떻게 되는가' 즉 생명과 죽음이라는 현상에 대한 문제의식의 표출이었다면, 인과설은 윤회설의 연장선에서 '생명체의 태생적 차이는 어디에서 기인하는가'라는 문제의식을 기저에 깔고 있다. 즉 인간과 금수, 어류와 곤충 등의 태생적 차이, 그리고 같은 인간이라도 현명함과 어리석음, 귀함과 천함, 장수와 요절 등의 현실적 차이에 대한 질문이 인과설의 문제의식이었다. 삼봉의 인과설 비판은 이 지점에 집중된다.

어떤 사람이 말하기를, "그대가 불씨 윤회의 설을 비판한 것은 지당하다. 그대는 사람과 物이 모두 음양오행의 기를 받아 생겨난다고 말했다. 그런데 사람은 지혜로움과 우둔함, 현명함과 어리석음, 가난함과 부유함, 귀함과 천함, 장수함과 요절함 등의 차이가 있고, 物은 사람에게 길들여져 일만 하다가 죽는 놈, 그물과 주살의 해를 면치 못하는 놈, 크기와 힘이 달라 서로 잡아먹히는 놈 등이 있네. 하늘이 物을 生함에 하나하나 부여해준 것이 어찌 이리 편중되어 고르지 못한 것인가? 이로써 보면 석씨가 말한 '살아생전에 지은 선악에는 보응이 있다'는 말이 그럴 싸한 것이 아닌가? 또 살아생전에 지은 선악을 因이라 하고 훗날의 보응을 果라고 했으니 이 말 역시 근거가 있는 것 아니겠는가?"라고 하기에 이렇게 대답했다.

"(…중략…) 이른바 음양오행이라는 것은 교차하고 번갈아 운행하여 획일적이지 않다. 그러므로 氣라는 것은 통함과 막힘, 치우침과 바름, 맑음과 탁함, 두터움과 얇음, 높음과 낮음, 깊과 짧음의 차이를 갖는다.

사람과 物이 생겨날 때 그 때가 적당하여 바르고 통하는 것을 얻으면 사람이 되고, 치우치고 막힌 것을 얻으면 物이 된다. 사람과 物의 귀천이 여기에서 나뉜다. 또 사람에게 있어서도 맑은 것을 얻은 자는 지혜롭고 현명하지만 탁한 것을 얻은 자는 둔하고 어리석으며, 두터운 것을 얻은 자는 부유하지만 얇은 것을 얻은 자는 가난하며, 높은 것을 얻은 자는 귀하지만 낮은 것을 얻은 자는 천하며, 긴 것을 얻은 자는 장수하지만 짧은 것을 얻은 자는 요절하니, 이것이 대략이다."[8]

인과설에 대한 비판은 삼봉의 철학에서 기의 세계관이 더욱 분명하게 나타난다. 인과의 핵심 내용은, 현실 세계의 사건이 우연히 일어난 일이 아니라 이전의 어떤 원인[因]에 의한 결과[果]라는 것이다. 그리고 그 원인과 결과는 윤회의 세계관에 따라 이전 생애의 원인에 의한 이번 생애의 결과일 수 있으며, 또한 그것은 오류의 가능성이 애초에 상정되지 않는 것으로서 하나의 원인에는 하나의 결과가 분명하게 보장되는 일인일과(一因一果)의 필연성을 함축한다.

삼봉의 인과설 비판은 바로 이 일인일과의 필연성에 대한 부정이다. 기로 구성되는 현실세계는 직선적 필연을 상정할 수 없다[交運迭行. 參差不齊]. 하나의 결과는 그것을 낳기까지 무수한 원인들이 결합되어 있으며, 또 여러 원인들의 집합체는 단지 하나의 결과만이 아니라

---

8) 「佛氏因果之辨」: "或曰. 吾子辨佛氏輪廻之說. 至矣. 子言人物皆得陰陽五行之氣以生. 今夫人則有智愚賢不肖. 貧富貴賤壽夭之不同. 物則有爲人所畜役. 勞苦至死而不辭者. 有未免網羅釣弋之害. 大小强弱之自相食者. 天之生物. 一賦一與. 何其偏而不均如是耶. 以此而言釋氏所謂生時所作善惡. 皆有報應者. 不其然乎. 且生時所作善惡. 是之謂因. 他日報應. 是之謂果. 此其說. 不亦有所據歟. 曰. (…中略…) 夫所謂陰陽五行者. 交運迭行. 參差不齊. 故其氣也有通塞偏正淸濁厚薄高下長短之異焉. 而人物之生. 適當其時. 得其正且通者爲人. 得其偏且塞者爲物. 人與物之貴賤. 於此焉分. 又在於人. 得其淸者智且賢. 得其濁者愚不肖. 厚者富而薄者貧. 高者貴而下者賤. 長者壽而短者夭. 此其大略也."

다양한 결과를 도출할 수 있다. 따라서 삼봉에게 있어 불교의 인과설은 마치 윤회설의 전생과 현생의 관계처럼 인정될 수 없는 허구의 이론일 뿐이다.9) 게다가 인과설이 설명하고자 하는 근본적인 문제의식, 즉 같은 부류 내에서 지혜로움과 어리석음, 장수와 요절 등과 같은 개체적 차이를 어떻게 설명할 것인가의 문제에 대해 인과설은 합리적 설명이 아니라 전생과 현생의 윤회설로 돌아갈 뿐이다.

삼봉이 제기하는 기의 세계관에서 이 문제는 역시 기의 영역에서 설명된다. 우선 사람[人]과 만물[物]의 차이는 기의 응취에 있어 정·편(正·偏), 통·색(通·塞)으로 설명된다. 사람은 정(正)하고 통(通)한 기의 결과이며 만물은 비교적 치우치고[偏] 막힌[塞] 기의 결과이다. 게다가 같은 부류 안에서도 지우(智愚), 현불초(賢不肖), 부빈(富貧), 귀천(貴賤), 수요(壽夭)의 차이 역시 기의 청·탁(淸·濁), 후·박(厚·薄), 고·하(高·下), 장·단(長·短)의 차이가 가져온 결과일 뿐이다. 이러한 설명은 성리학 전통의 기(氣)적 세계관이며, 삼봉이 당시에 취할 수 있는 가장 객관적이며 합리적인 해설이다.

그러나 인과설 비판의 의의는 여기에 머물지 않는다. 인과설은 모든 사회 관계에서 발견되는 윤리를 '가합(假合)'으로 설명하여 윤리가 필연적으로 가져야 하는 위계질서를 손상시킨다.

---

9) 인과설에 대한 삼봉의 비판은 분명 허점을 갖고 있다. 음양오행의 相應·相感이라는 원칙은 多因에 의해 多果가 도출되는 현상 세계에서 一因一果를 주장하는 사유보다 훨씬 이성적이고 합리적일 수 있다. 그러나 가상의 인물이 제기하는 질문에는 인간과 物이 갖는 근본적인 차이의 원인, 즉 그것이 氣의 通塞·偏正·淸濁·厚薄·高下·長短의 차이가 가져오는 결과라고 한다면 그러한 차이를 낳은 궁극적인 원인이 무엇인가에 대한 의문이 제기되어 있지만 삼봉의 답변에는 이에 대한 구체적 답변 없이 '非有意而爲之', 따로 의도를 갖고 그렇게 되는 것이 아니라고 설명한다. 이는 인간과 物의 차이를 낳는 근본적인 원인을 우연성으로 놓아두는 태도에 지나지 않는다. 삼봉의 다른 글에서 天人相感이 긍정되고 있기 때문에 심각한 우려는 없으나 적어도 이 문헌 안에서 삼봉의 답변은 부족한 면이 있어 보인다.

대개 부모는 나와 同氣이고, 人은 나와 同流이며, 物은 나와 同生이다. 그러므로 仁心의 확산은 부모로부터 人을 거쳐 物에 이른다. (…중략…) 그러므로 말하기를 '부모를 친하게 대하고서 백성을 사랑하고, 백성을 사랑하고서 만물을 아낀다.'고 하니 이것이 儒者의 道이다. (…중략…) 불씨는 그렇지 않다. (…중략…) 사람에 대해서는 월나라 사람이 굶주리면 음식을 보내 그를 먹이고자 하고, 진나라 사람이 추위에 떨면 옷을 보내 그를 입히고자 한다. 이른바 보시라는 것이다. 그러나 부자지간처럼 지극히 가까운 사이나 군신지간처럼 지극히 공경스러운 관계에 대서는 반드시 끊어 버리려 하니 과연 무슨 의도인가? 또 사람이 스스로 무겁게 삼가는 것은 부모와 처자가 있기 때문에 고려하는 것인데 불씨는 인륜을 假合이라고 여겨 자식이 부모를 부모로 여기지 않고 신하가 군주를 군주로 여기지 않는다. 은혜와 의리가 쇠퇴하여 부모 보기를 길거리의 지나는 사람처럼 보고 군주 보기를 어린애 보듯 한다. 근본과 원류를 일찌감치 잃어버렸다.10)

삼봉이 인과설을 통해 비판하고자 하는 불교의 면모는 바로 여기에 있다. 삼봉은 이른바 형이상학적 허구에 기반하여 귀족들의 기득권을 지탱하고 배타적 권한을 유지하기 위해 모든 합리성을 폐기한 불교를 비판한다. 삼봉이 제시하는 것은, 기의 차이가 가져오는 태생적 차이는 곧 부모와 타인에 대한 심정적 차이의 근거가 된다. 이에 따라

---

10) 「佛氏慈悲之辨」: "蓋親. 與我同氣者也. 人. 與我同類者也. 物. 與我同生者也. 故仁心之所施. 自親而人而物. (…中略…) 故曰. 親親而仁民. 仁民而愛物. 此儒者之道. (…中略…) 佛氏則不然. (…中略…) 其於人也. 越人有飢者. 思欲推食而食之. 秦人有寒者. 思欲推衣而衣之. 所謂布施者也. 若夫至親如父子. 至敬如君臣. 必欲絶而去之. 果何意歟. 且人之所以自重愼者. 以有父母妻子爲之顧藉也. 佛氏以人倫爲假合. 子不父其父. 臣不君其君. 恩義衰薄. 視至親如路人. 視至敬如弁髦. 其本源先失."

부모에 대한 태도와 타인에 대한 태도는 달라지는 것이 당연하고 그것은 자연적으로 선후의 질서를 상정한다. 정치가 질서를 전제하는 한 사회윤리는 질서 유지의 축이 되어야 한다. 삼봉은 불교의 인과설이 부모와 자식, 군주와 신하 사이의 본질적인 선후 질서를 폐기한다고 비판하고, 기(氣)적 세계관의 성리학 이론을 제시하여 사회 윤리의 근간을 확립하고자 한다.

삼봉이 그리는 사회는 허구가 아니라 실제의 사회이며, 현세의 원인을 전생으로 돌리거나 현세를 후생의 원인으로 간주하려는 회피적 사유를 버리고, 현실 안에서 합리적 사유를 통해 원인과 결과를 고려하는 객관적 사유를 요구하는 것이다. 삼봉이 건국하려는 조선왕조는 추상적이고 자의적인 원칙에 의해 운영되는 것이 아니라 객관적이고 합리적인 태도 하에 보편적인 기준에 의해 모든 계획이 수립되고 운영되어야 한다는 것이다. 불교의 인과론은 객관적 보편성을 보장하지 못하며, 따라서 그것은 조화로운 사회를 지탱할 건강한 이념이 될 수 없다고 삼봉은 판단한 것이다.[11]

---

11) 불교에 대한 삼봉의 비판에 대해 건강한 불교 이론이 대응하지 못할 리 없다. 삼봉의 불교 비판에는 독단적 해석이 존재한다. 그러나 삼봉의 불교 비판은 첨예한 학술 논쟁에 목적이 있기 보다는 사회를 지탱하는 이념에 대한 성찰과 비판이며, 그것은 고려사회의 폐단을 키워 국가 결속력을 거의 와해시켜 더 이상 사회와 국가로서의 기능을 상실하게 만들어가는 사회 이념으로서의 불교이다. 그 점이 인정될 때라야 삼봉의 불교 비판, 나아가 삼봉의 철학과 사상이 갖는 사회적 의의가 바르게 가늠될 수 있을 것이다.

3. 삼봉 심성론의 구조

유교의 전통이 당왕조와 북송 시기를 거치면서 주희에 의해 성리학으로 정립되는 과정에서 전통 유교와 신유교로서의 성리학이 갖는 결정적 차이 중 하나는 심과 성에 대한 이론적 정교화 기획이라 볼 수 있다. 특히 성리학은 기존 이기(理氣) 중심의 우주론과 성정(性情) 중심의 심성론을 일관된 구도로 통합함으로써 우주적 원리[天道]와 심성의 근원[人道]에 대한 통일된 원칙을 구상했고, 그러한 전통은 심을 중심으로 인간에 대한 철학적 사유의 정초를 닦은 것으로 평가된다. 따라서 중국으로부터 성리학을 수용한 14세기 조선의 1세대 성리학자들 중에서 삼봉이 갖는 성리학에 대한 철학적 이해의 정도는 심·성·정에 대한 이해와 심성론과 이기론의 결합에 대한 이해의 깊이에서 가늠될 수 있다. 게다가 삼봉이 성리학의 이념에 입각하여 조선왕조의 기틀을 다졌다는 점에서 보면 그가 갖춘 지식의 체계(system)와 구조(organization)는 어떤 형태로든 그의 건국 기획과 연관을 가질 수밖에 없을 것으로 추측된다. 여기에서는 삼봉 심성론의 특징과 그의 철학적 이념이 사회적으로 투영되는 현장을 검토하고자 한다.

3.1. 심(心)과 성(性)의 구분

정도전 심성론의 성격은 심과 성을 명백히 구분하는 데에 있으며, 그것은 심과 성의 관계를 모호하게 여긴 고려 말기의 불교 이념에 대한 비판 속에서 드러난다. 우선 정도전은 심을 다음과 같이 규정한다.

心은 사람이 하늘로부터 얻어 태어나는 氣이며, 비고 신령스러워 어둡지 않아 한 몸의 주인이 된다. 性은 사람이 하늘로부터 얻어 태어나는 理이며, 순수하고 至善하여 한 마음에 갖추어져 있는 것이다. 대개 心은 知가 있고 爲도 있지만 性은 知도 없고 爲도 없다. 그러므로 '心은 性을 다할 수 있으나 性은 제 心을 검속할 줄 모른다.'고 말한다. 또 일컫기를 '心은 性과 情을 통괄한다.'고 한다. 또 일컫기를 '心은 神明의 집이요, 性은 그것이 갖춘 理이다.'고 한다. 이를 보면 心과 性의 구분을 알 수 있다.[12]

정도전의 심론에서 심과 성의 구분은 그의 언어가 보여주고 있는 바와 같이 분명하게 구분된다. 그 기원에서부터 심은 기에 속하지만 성은 이에 속하며, 심은 유지유위이지만 성은 무지무위이다. 이러한 특성에 기인하여 정도전은 심과 성의 관계를 다음 세 가지로 규정한다.

① 심은 성을 다할 수 있으나 성은 제 심을 검속할 줄 모른다.
[心能盡性. 性不能知檢其心.]
② 심은 정과 성을 통괄한다.
[心統情性.]
③ 심은 신명의 집이요, 성은 그것이 갖춘 이(理)이다.
[心者. 神明之舍. 性則其所具之理.]

이러한 정리는 모두 심과 성의 관계를 규정하는 것이지만 ①은 심

---

12) 「佛氏心性之辨」: "心者. 人所得於天以生之氣. 虛靈不昧. 以主於一身者也. 性者. 人所得於天以生之理. 純粹至善. 以具於一心者也. 蓋心有知有爲. 性無知無爲. 故曰. 心能盡性. 性不能知檢其心. 又曰. 心統情性. 又曰. 心者. 神明之舍. 性則其所具之理. 觀此. 心性之辨可知矣."

의 유지유위와 성의 무지무위의 성격에 기인하여 성에 대한 파악과 인지는 심에 의해서만 가능하다는 것을 보여준다. ②는 ①의 맥락 위에서 심의 주재성이 강조된다. 특히 심통성정(心統性情)은 장재(張載)가 처음 사용하여 유교성리학 심성론의 핵심을 이루게 된 용어로 서 심과 성과 정이 심의 주재 하에 유기적 관련을 맺고 있음을 표명한다. 정도전의 심론 역시 이러한 기초 위에서 심과 성의 구분을 시도한다. ③ 역시 심은 신명(神明)으로 표기되는 인간의 지적 특수성의 본질이며, 성은 그 안에 내재된 이(理)임을 강조한다. 이와 같은 세 가지 정리는 심과 성의 관계, 심의 주재적 특성 등을 고려하면 심통성정이라는 용어로 다시 정리될 수 있고, 이는 정도전 심론의 특성이자 정도전이 당대 성리학의 핵심 개념 위에서 자신의 철학을 형성하고 있음을 알게 한다.

그러나 정도전이 자신의 심론을 이와 같이 명확하게 규정하는 것은 단순히 철학적 완성도를 위해서만이 아니라 앞서 거듭 밝힌 바와 같이 불교이론에 대한 비판을 목적으로 하고 있다는 점을 상기하면 그의 심론은 불교 심론과의 비교를 통해 불교 이론의 허구성을 밝히는 방향으로 진행된다.

우리 유가의 학설에서는 '心을 다하여 性을 안다'라 했는데 이는 心에 근본하여 理를 궁구한다는 것이다. 불씨의 설에서는 '心을 관찰하여 性을 보니, 心이 곧 性이다'라 했는데 이는 다른 하나의 心을 가지고 여기 하나의 心을 본다는 것이니, 心이 어찌 둘이겠는가! (…중략…) 또 우리 유가의 학설에 '방촌 사이에 허령불매하여 여러 이치를 갖추어 만사에 응한다'고 했는데, '허령불매'한 것은 心이요, '여러 이치를 갖추고 있는 것'은 性이요, '만사에 응하는 것'은 情이다. 오직 나의 心이 여러 이치를 갖추고 있기 때문에 事物을 만나 그것에 응함에 각각 마땅함을 얻지 못함이 없다. 그래서 사물의 當否를 처리하면서 사물이 모두 나에게서 명령을 듣는 것이다. 이러한 우리 유가의 학문은 안으로는 자기의 身心으로부터 밖으로 사물에 이르기까지 시작에서 말미에 이르기까지 하나로 관통한다. (…중략…) 불씨는 '空寂한 靈知는 緣을 따라 변하지 않는다'고 했는데, 이른바 理라는 것이 그 속에 갖추어져 있지 않기 때문에 사물이 옴에 막힌 것은 끊어내어 제거하고자 하고 트인 것은 따라 순응하고자 한다. 끊어내어 제거하는 것도 본래 이미 그릇된 것이지만 따라 순응하는 것도 역시 그릇된 것이다. 그들의 말에 이르기를 '緣을 따라 넓은 곳에 풀어 놓고, 性에 맡겨 소요한다.'고 하는데 사물이 스스로 하게 맡겨둘 뿐 그것의 시비를 가늠하여 그에 따라 처리하지는 않는 것이다.[13]

정도전이 인용하고 있는 진심지성(盡心知性)의 방법론은 본심궁리(本心窮理)로 귀결된다. 그리고 그 구체적인 구조가 심·성·정을 구분하여 각각 허령불매(虛靈不昧), 구중리(具衆理), 응만사(應萬事)로 정리한 것이다. 심통성정의 구조에서 성은 여러 이치를 갖춘 것으로 정의되고 정은 만사에 응하는 작용으로 정의된다는 점은 심통성정의 구조에서 심이야말로 성과 정을 통괄하고 성과 정을 드러내는 유일한 역할을 하며, 그런 점에서 심이 아니면 성과 정은 그것의 의미를 드러내지 못한다. 따라서 심은 성과 정을 포괄하며 그런 점에서 심에 근본함으

---

13) 「佛氏心性之辨」: "吾儒之說曰. 盡心知性. 此本心以窮理也. 佛氏之說曰. 觀心見性. 心卽性也. 是別以一心見此一心. 心安有二乎哉. (…中略…) 且吾儒曰. 方寸之間. 虛靈不昧. 具衆理應萬事. 其曰. 虛靈不昧者. 心也. 具衆理者. 性也. 應萬事者. 情也. 惟其此心具衆理. 故於事物之來. 應之無不各得其當. 所以處事物之當否. 而事物皆聽命於我也. 此吾儒之學. 內自身心. 外而至於事物. 自源徂流. 一以通貫. (…中略…) 佛氏曰. 空寂靈知. 隨緣不變. 無所謂理者具於其中. 故於事物之來. 滯而欲絶而去之. 達者欲隨而順之. 其絶而去之者. 固已非矣. 隨而順之者. 亦非也. 其言曰. 隨緣放曠. 任性逍遙. 聽其物之自爲而已. 無復制其是非而有以處之也."

로써 이(理)를 궁구한다는 본심궁리의 방법론이 해명된다. 따라서 '심을 관찰하여 성을 보니, 심이 곧 성이다[觀心見性, 心卽性也]'라고 말하여 심과 성을 관찰[觀, 見]의 대상으로 상정하거나 심과 성의 구분을 흐릿하게 표현하는 불교의 심성론은 혹세무민의 전형이고 그것의 역사적 실증이 불교 이념의 폐단이 노출된 고려 말기의 사회였던 것이다. 이러한 면에서 정도전은 불교와 유교를 각각 허(虛)와 실(實), 이(二)와 일(一), 간단(間斷)과 연속(連續)14) 등으로 대비시켜 불교 이론의 허구를 드러냈다. 결과적으로 정도전의 구상에서 심은 성과 정을 통괄하는 것이며, 지각과 행위의 측면에서 심은 중심적 역할을 담당하는 것으로 이해된다.

3.2. 성과 이(理)의 관계

정도전은 불교에서 성을 '작용(作用)'으로 보는 것15)에 반대한다. 성리학의 토대 위에서 정도전은 성과 작용을 다음과 같이 설명한다.

性은 사람이 하늘로부터 얻어 태어나는 理이고, 作用은 사람이 하늘로부터 얻어 태어나는 氣이다. 氣가 모인 것이 形質이 되고 神氣가 된다. 心의 精爽, 耳目의 聰明, 手足의 執奔 등 모든 知覺과 運動은 모두 氣이다. 그러므로 말하기를 '形이 일단 생겨나면 神이 知를 발한다.'고 하는 것이니, 사람에게 일단 形氣가 있게 되면 理는 形氣 가운데에 갖추어진다.16)

---

14) 「佛氏心性之辨」: "故曰. 釋氏虛. 吾儒實. 釋氏二. 吾儒一. 釋氏間斷. 吾儒連續."
15) 「佛氏作用是性之辨」: "愚按佛氏之說. 以作用爲性."
16) 「佛氏作用是性之辨」: "蓋性者. 人所得於天以生之理也. 作用者. 人所得於天以生之氣也. 氣之凝聚者爲形質爲神氣. 若心之精爽. 耳目之聰明. 手之執足之奔. 凡所以知覺運動者. 皆氣也. 故曰. 形旣生矣. 神發知矣. 人旣有是形氣. 則是理具於形氣之中."

인용문에 의하면 성은 이(理)일 뿐이고, 작용은 기일 뿐이다. 그리고 앞서 심론의 논의에서 보았듯이 기는 심에 해당한다. 따라서 정도전의 심성론에서도 〈성=이〉이고 〈심=기〉이며 기는 모든 작용을 포함한다. 이와 달리 성을 작용이라고 설명하는 불교의 이론은 여전히 심과 성을 구분하지 못하는 한계를 안고 있을 뿐이다.

주자 역시 말했다. "만약 作用을 性으로 여긴다면 사람이 칼을 잡고 마구 휘둘러 사람을 죽이는 것도 감히 性이라고 말하겠는가? 理는 形而上에 해당하고 氣는 形而下에 해당한다. 불씨는 스스로 더없이 높고 신묘한 이론이라 하면서도 도리어 形而下로써 性을 말하니 가소롭구나."17)

한편 이와 기를 각각 성과 심, 형이상과 형이하로 나누어 배속시키는 정도전은 이러한 이분법적 구도를 도(道)와 기(器)의 구분까지 연장하여 철학적 사유의 심화를 보여준다.

道는 理이자 形而上의 것이다. 器는 物이자 形而下의 것이다. 道의 큰 근본은 하늘에서 나와서 어느 物도 (道) 없는 것이 없고 어느 때이건 그러하지 않은 경우가 없다. 身心에 나아가면 身心의 道가 있고, 가깝게는 父子·君臣·夫婦·長幼·朋友 관계에 나아가고 멀리는 天地萬物에 나아가도 각각 자신의 道를 갖지 않은 경우가 없다. (…중략…) 우리 유가의 학문이 이 때문에 心으로부터 身을 거쳐 人과 物에 이르기까지 각각 제 性을 다하면 通하지 않음이 없다는 것이다. 道는 비록 器에 섞이지 않으

---

17) 「佛氏作用是性之辨」: "朱子亦曰. 若以作用爲性. 則人胡亂執刀殺人. 敢道性歟. 且理. 形而上者也. 氣. 形而下者也. 佛氏自以爲高妙無上. 而反以形而下者爲說. 可笑也已."

나 역시 器에서 떨어질 수도 없는 것이다.18)

　인용문은 몇 가지 중요한 점을 선언한다. 우선 도와 이(理)가 형이상
으로 묶이고, 기와 만물은 형이하로 분류된다. 게다가 도는 만물 안에
깃든 것이며, 또한 부자, 군신 등으로 대표되는 모든 인간관계에도
도가 깃들어 있고 나아가 천지만물 모든 것에 도가 깃들어 있다고
선언한다. 이는 형이상 철학의 보편성을 긍정하는 것이며, 결국 특수
와 보편이라는 철학적 심화를 이미 파악하고 있었던 것으로 추론되는
지점이다. 게다가 보편과 특수의 관계를 정도전은 "도(道)는 비록 기
(器)에 섞이지 않으나 역시 器에서 떨어질 수도 없는 것[道不雜於器,
亦不離於器.]"이라고 설명함으로써 성리학에 정통해 있음을 스스로 드
러내 보인다. 형이상과 형이하에 대한 이러한 분류에 의거해 개념어
들을 구분하면 다음과 같은 표로 요약된다.19)

形而上	性(具衆理)	理	道	道不雜於器
形而下	情(應萬事)	氣(=作用)	器(=物)	道不離於器

---

18) 「佛氏昧於道器之辨」: "道則理也. 形而上者也. 器則物也. 形而下者也. 蓋道之大原. 出於天. 而無
　　物不有. 無時不然. 即身心而有身心之道. 近而即於父子君臣夫婦長幼朋友. 遠而即於天地萬物.
　　莫不各有其道焉. (…中略…) 此吾儒之學所以自心而身而人而物. 各盡其性而無不通也. 蓋道雖
　　不雜於器. 亦不離於器者也."
19) 표에서 性은 心이 아니라 情이 대응된다. 정도전의 문헌에서도 흔히 心과 性이 쌍으로
　　거론되기 때문에 性과 心의 대비를 상상할 수 있다. 그러나 만약 性과 心을 대비시키면
　　형이상과 형이하, 理와 氣의 대비 등에 연속성을 가질 수는 있으나 道와 器의 대비에는
　　비견되기 어렵다. 器는 父子·君臣 등의 관계와 天地萬物을 포괄하기 때문에 心 자체가
　　여기에 대비될 수는 없다. 오히려 '應萬事'로 정의되는 情은 事와 物의 속성에 해당하기
　　때문에 器의 맥락에 비견될 수 있다. 게다가 心이 性과 情을 통솔한다는 心統性情의 맥락에
　　서 보아도 心은 단순히 형이상의 性에 대비되어 형이하의 자리에 놓일 수는 없어 보인다.

4. 삼봉 심성론의 특징: 심성론의 제도화

4.1. 정치권력의 건설

권력은 소수에게만 배타적으로 소유될 뿐이며, 권력의 독점적·배타적 속성이 상실되어 대중화되면 그것은 권력의 소멸을 뜻한다. 그런 점에서 권력은 언제나 기득(旣得)과 미득(未得, 혹은 不得)의 구분을 전제하며, 따라서 권력이 포함된 사회는 '권력의 부여'와 '부여된 권력의 제한'이라는 역설적 속성을 동시에 고민할 수밖에 없다.

흔히 알려진 민주주의는 그 본래의 형태가 모든 시민의 참정권을 전제하고 있다는 점에서 권력 부여의 한 형태를 띤다. 구체적으로 말하면 모든 시민에게 동등한 정치적 지위와 권한이 부여되어 있지만 소수의 대표자를 선정하여 그들에게 모든 시민의 정치적 권한을 일정한 조건 하에 양도하는 제도이다. 따라서 민주주의는 권력 부여의 한 형태이며, 그것이 사회와 국가라는 범위 안에서 정치라는 이름으로 발달한다. 게다가 권력의 부여에는 언제나 권력의 남용에 대한 우려가 반드시 포함된다. 따라서 부여된 권력의 정당한 시행과 독점적 전횡을 방지하기 위해서는 권력의 견제장치가 반드시 필요하고, 그것의 성과에 따라 권력의 유지와 적합성이 판가름된다. 이런 점에서 현대사회의 민주주의는 정치권력의 근거를 국민 개개인이 국가의 주인이라는 점과 주인으로서 갖는 배타적 권한에 두고 있으며, 국민 개인의 주권을 특정인에게 양도함으로써 특정인과 집단에게 권력을 제한적으로 부여하는 체제이다. 그리고 부여된 권력은 헌법과 법률에 의해 제한됨으로써 그 권력의 정당성과 타당성 및 유지와 존속을 가능케 한다. 이런 점에서 민주주의와 입헌주의는 권력의 부여와 제한이라는 두 속성을 역설적 긴장 속에서 조화시키며 국가 운영의 두 기둥이 된다. 이것이 현대사회의 이른바 정치권력의 이념적 근거이다.[20]

고려에서 조선으로의 교체 과정에서 왕조 건국의 모든 이념적·제도적 형태를 마련한 삼봉의 철학은 역사학과 정치학 일각에서 그의 철학이 정치 변혁의 도구적·종속적 지위를 가질 뿐이라는 점을 역설하지만, 정치에 종속적인 지위로서의 철학은 표면적 활용이라는 한계를 가질 수밖에 없다는 점에서 삼봉의 철학은 분명 정치적 이념의 수단이 아니라 새로운 왕조 건설을 위한 패러다임 혁명을 일으킨 추동력의 근거가 그의 철학이었다고 추론하는 것이 더욱 설득력을 갖는다고 생각한다. 즉 철학과 제도라는 양자의 선후 문제에서 삼봉의 왕조 건국은 철학을 통해 제도를 갖출 수 있었다는 것, 즉 개인의 지식과 이념의 기초 위에서 체제의 건설과 문물의 정비가 가능했다는 점을 시사한다. 특히 권력의 부여와 제한이라는 측면에서 삼봉의 이념적 근거는 『맹자』의 민본과 혁명 사상을 모범으로 삼고, 그러한 이념의 구체적 제도화는 『주례』를 모델로 삼고 있다는 점은 삼봉의 성리학 이해 정도와 더불어 유교 전반에 대한 폭넓은 지식 편람을 엿보게 한다. 이런 점에서 삼봉 철학체계의 특징은 단순히 사변적 깊이에만 있는 것이 아니라 추상적 지식을 현실적 제도로 구체화하려한 데에 있다는 점을 먼저 인정해야 할 것이다. 그러한 전제 위에서 삼봉의 철학적 특징과 그의 지식 체계가 제도화되고 있는 점을 검토해야 할 것이다.

정치권력이 백성에 근본한다는 삼봉의 이론은 삼봉 개인의 독창이

---

20) 민주주의와 입헌주의의 특징에 대해서는 김용옥, 앞의 책, 11~12쪽에 자세하다.

아니라 유교 전통의 정치적 이념이고, 그 구체적인 내용을 삼봉은 다음과 같이 표명한다.

　　백성들은 지극히 연약하지만 힘으로 겁박할 수도 없고 지극히 둔하지 만 지혜로 속일 수도 없다. 그들의 마음을 얻으면 그들이 복종하겠지만 그들의 마음을 얻지 못하면 그들은 떠난다. 복종과 떠남 사이에 털끝 만큼의 틈도 용납되지 않는다. 그러나 그들의 마음을 얻는다는 것은 사 적인 의도로써 구차스럽게 해서도 안 되는 것이요, 정당하지 않은 방법 으로 명예를 구하여 그들을 오게 해서도 안 된다. 역시 仁으로써 할 뿐이 다. 임금은 天地가 萬物을 낳는 마음으로 제 마음을 삼고 不忍한 정치를 행하여 천하의 사람들로 하여금 모두 기뻐하여 마치 부모를 바라보듯 한다면 편안하고 부유하며 존귀하고 영화로운 즐거움을 길이 누려 위태 롭고 멸망하며 전복되고 실추되는 근심이 없게 될 것이다.[21]

　　삼봉은 정치권력의 정점인 임금의 권력이 백성들의 마음을 얻었는 가 아닌가에 따르는 것으로 선언하고, 그 구체적인 방법으로 임금 개인의 인(仁)을 제시한다. 이러한 구도는 『맹자』의 향기를 진하게 느끼게 한다. 맹자에게 있어 임금의 지위는 백성과 사직 다음이고,[22] 그러한 임금의 의무는 여민동락(與民同樂), 즉 왕도(王道)정치의 모범적 형태인 인정(仁政)일 뿐이다. 맹자에게서 이미 임금과 백성의 관계가 구체적으로 정리되어 있고, 또 임금이라는 지위의 유지는 전적으로

---

21) 『朝鮮經國典』「正寶位」: "下民至弱也. 不可以力劫之也. 至愚也. 不可以智欺之也. 得其心則服 之. 不得其心則去之. 去就之間. 不容毫髮焉. 然所謂得其心者. 非以私意苟且而爲之也. 非以違道 干譽而致之也. 亦曰仁而已矣. 人君以天地生物之心爲心. 行不忍人之政. 使天下四境之人. 皆悅 而仰之若父母. 則長享安富尊榮之樂. 而無危亡覆墜之患矣."
22) 『孟子』「盡心下」: "民爲貴, 社稷次之, 君爲輕."

백성에 대한 임금의 역할에 따른 것으로 선언되어 있다. 삼봉은 이러한 전통에 따라 임금에게 위임되는 권력의 전제 조건을 다음과 같이 설정한다.

『易』에서 말했다. '성인의 大寶는 位이고, 천지의 大德은 生이다. 무엇으로 位를 지키는가! 仁이다.' (…중략…) 그러므로 말하기를 '천지는 만물을 낳는 것으로 마음을 삼는다.'고 한다. 이른바 만물을 낳는 마음이 바로 천지의 大德이라는 것이다. 임금의 지위는 높고 귀한 것이지만 천하는 지극히 넓고 백성은 무수히 많다. 한 번이라도 그들의 마음을 얻지 못하면 아마도 크게 걱정할 일이 생겨나게 될 것이다.[23]

위의 인용문에서 삼봉은 임금 지위 보전의 유일한 길이 임금 자신의 인(仁)임을 강조한다. 그러나 이 선언은 그 이면에 '임금이 인정(仁政)을 베풀지 않으면 실위(失位)하게 될 것'이라는 점을 내포함으로써 맹자가 선언한 혁명의 가능성을 전제한다. 이러한 서술은 임금 자신의 도덕성 확보가 임금 지위라는 정치권력의 형성과 유지에 필수적이라는 점과 함께 사회적 권력 유지의 근거를 개인의 윤리적 수양으로 연결시켰다는 점에서 정치와 윤리의 접점을 이루는 것이며, 이 역시 『대학』의 8조목이 가리키는 바 격물에서 정심과 수신을 거쳐 평천하에 이르는 유학의 직선적 도식을 삼봉 자신이 처한 상황과 자신의 지식 체계 안에서 재구성하고 있음을 알게 한다.

한편 권력의 근거와 유지가 이러한 이념적 근거를 가지고 있다면

---

23) 『朝鮮經國典』 「正寶位」: "易曰. 聖人之大寶曰位. 天地之大德曰生. 何以守位. 曰仁. (…中略…) 故曰天地以生物爲心. 所謂生物之心. 卽天地之大德也. 人君之位. 尊則尊矣. 貴則貴矣. 然天下至廣也. 萬民至衆也. 一有不得其心. 則蓋有大可慮者存焉."

이제 삼봉에게 중요한 것은 부여된 권력을 어떻게 견제하고 제한할 것인가의 문제라고 할 수 있다. 엄밀하게 말해서 삼봉이 기획한 조선 왕조의 이념적 기틀에서 왕권을 견제할 구체적 장치는 없다고 말할 수 있다. 유교가 기본적으로 전제하는 권력에 대한 견제는 공자의 정명(正名: 君君臣臣父父子子)에서와 같이 자정(自淨)적인 노력을 요구하는 소극적 방법과 맹자가 제시한 혁명(革命)의 적극적 방법이 있다. 그러나 정명은 체제 질서의 확보라는 점에서 긍정적이지만 실제적 견제를 담보할 수 없다는 한계가 있고, 혁명은 실제적 견제를 가능하게 하지만 혁명이라는 사건이 긍정되기 힘들다는 한계를 가지고 있다.24) 따라서 삼봉은 왕권의 직접적 견제 장치 대신 새로 건설할 정치 시스템을 통해 왕의 권한 자체를 매우 축소해 놓는 방향을 택했다.

司徒 이하는 모두 冢宰의 소속이니, 敎典 이하 역시 冢宰의 직책이다. 총재 자리에 적합한 인물을 얻으면 六典이 거행되고 百職이 잘 닦여진다. 그러므로 '임금의 직책은 재상 한 사람을 論定하는 데에 있다.'고 말했으니, 冢宰를 이른 것이다. 총재는 위로는 임금을 받들고 아래로는 百官을 통솔하여 萬民을 다스린다. 그 직책이 크다. 또 임금의 자질은 어둡기도 하고 밝기도 하며 강하기도 하고 약하기도 해서 동일하지 않

---

24) 맹자가 제시한 혁명 이론의 정당성은 백성들에 의해서만 확보된다. 즉 민본의 이념 하에 民意가 반영된 혁명만이 정당성을 획득할 수 있다. 조선왕조가 이전 고려왕조를 革命한 것을 두고 삼봉은 맹자의 혁명 이론을 따라 民本에 근거를 두고 있는 것으로 선언했고, 그것은 혁명 당시에 얼마간의 지지를 받았던 것으로 보인다. 그러나 유가철학에서 뿐만 아니라 모든 정치적 이념에서 혁명은 그 부담감이 없을 수 없다. 실례로 고려와 조선의 교체기에 신흥 조선왕조를 긍정하지 않고 고려왕조에 충절을 지킨 이들이 조선시대에는 충신으로 추앙받고 왕조 교체의 주도적 역할을 담당했던 삼봉은 그들에 비해 낮은 대우를 받았다는 점이 이를 증명한다. 게다가 유가의 전통에서 백이숙제의 고사는 혁명에 대한 윤리적 부담감을 매우 크게 확장해 놓았다.

지만 그들의 장점을 순종하고 그들의 단점을 바로잡으며 옳은 일은 받들고 옳지 않은 것을 막아서 임금이 中道의 영역에 들게 해야 한다. 그러므로 '相'이라고 말하는 것이니 보좌하여 돕는다는 뜻이다.[25]

임금은 광대한 토지와 무수한 백성을 전유하니, 그들에게서 나는 賦가 어찌 임금 자신의 소유가 아니겠으며, 나라에서 사용하는 經費가 어찌 임금 자신의 소용이 아니겠는가. 그러므로 '임금은 사적인 재산을 갖지 않는다.'고 말한다. (…중략…) 『주례』에서 상고해보면 각각 담당관리가 있어서 물품의 출입과 회계를 맡게 했으나 오히려 임금이 사치스러운 마음이 생겨나 소비에 절도가 없게 되거나 또는 담당관리가 간교하게 속여 재물을 축내게 될까 염려했다. 이에 총재가 그것을 총괄하여 제어하니 비록 임금이 사적으로 쓰는 것이라 하더라도 실제로는 담당관리의 경리를 통하도록 했다.[26]

위의 두 인용문에 의하면 임금의 권한은 크게 축소되는 반면 재상(총재)의 권한은 매우 확대된다. 특히 국가 운영의 모든 경비가 임금이 아니라 총재의 통제 하에 놓이게 되어 임금의 경제권을 거의 봉쇄한다. 게다가 정치적 역할에서도 임금은 총재 한 사람의 선발에 관여할 뿐임을 명시하고 총재는 임금을 보좌하여 돕는다는 명목 하에 국가의

---

25) 『朝鮮經國典』「治典 總序」: "司徒以下皆冢宰之屬. 則教典以下. 亦冢宰之職也. 冢宰得其人. 六典擧而百職修. 故曰人主之職. 在論一相. 冢宰之謂也. 上以承君父. 下以統百官治萬民. 厥職大矣. 且人主之材. 有昏明强弱之不同. 順其美而匡其惡. 獻其可而替其否. 以納於大中之域. 故曰相也. 輔相之義也."

26) 『朝鮮經國典』「賦典 上供」: "人君. 專土地之廣. 人民之衆. 其所出之賦. 何莫非己分之所有. 凡國之經費. 何莫非己分之所用. 故曰人君無私藏. (…中略…) 考之周禮. 各置司存以掌其出入會計之數. 尙慮人主侈心之生而費之無節. 掌吏肆其姦欺而失於滲漏. 於是. 以冢宰擙而制之. 雖似人主之私用. 實通於有司之經理."

모든 대소사에 관여한다. 이로써 임금의 현실적 권한과 권력은 대폭 축소되고 그 역할은 대부분 총재에게 위임된다. 이렇게 함으로써 삼봉은 고려 말기에 직접 목도한 세습군주 혹은 세습된 권력이 필연적으로 초래할 수밖에 없는 권력의 부패를 방지하려는 장치를 기획한 것으로 보인다. 삼봉의 이러한 정치적 기획은 한영우가 말한 바, '세습군주에게 절대권이 부여될 수 없다는 것은 바꾸어 말하면, 왕은 절대자가 아니기 때문에 세습되어도 무방하다는 의미로도 해석될 수 있다.'27)로 정리될 수 있겠다. 삼봉은 왕권의 세습 자체를 부정한 것이 아니라 세습되는 왕권 자체를 축소함으로써 세습의 전통을 긍정함과 동시에 세습되는 권력의 부패를 방지하려 했고, 동시에 정치 권력을 총재에게 집결시킴으로써 '현인(賢人)에 의한 정치'라는 유교적 이상을 변형된 방법으로 달성시키려 한 것으로 보인다.

4.2. 심성론의 제도적 투영

삼봉의 심성론은 심통성정이라는 장재의 명제로 요약된다. 앞선 정리에서와 같이 삼봉은 형이상과 형이하의 이분법적 구도 속에 성[具衆理]과 정[應萬事], 이와 기(=作用), 도와 기(=物)를 배속시키는데 여기에 심통성정의 명제를 결합하면, 심은 이와 기를 통솔하며, 또 도(道)와 기(器)마저도 통솔하고, 결과적으로 도불잡어기(道不雜於器)·도불리어기(道不離於器)라는 이율배반적 원칙을 동시에 관철시키는 중추가 된다. 따라서 심은 모든 철학적 탐구의 핵심이자 인간 개인의 물리적 중추이며, 개인적 윤리와 사회·국가 윤리의 접점에서 모든 윤리를

---

27) 한영우, 앞의 책(1983), 135쪽.

구현하는 보루이자 윤리의 원리를 내재한 곳이 된다. 이러한 점에서 심은 삼봉 철학의 기저를 이룬다.

게다가 삼봉이 선언하고 있듯이 심은 유지유위이지만 성은 무지무위하다.[28] 이는 성으로 대표되는 형이상의 가치들은 그것이 근원이자 본질적인 것이지만 그것은 무지무위한 것으로서 현실세계에 직접적인 영향을 미칠 수 없다. 그러한 가치들은 모두 심에 의해서만 구체화되며 현실적으로 파악·인지될 수 있는 것이다.[29]

그런데 이와 같이 심의 주재성을 적극 강조하고 심의 철학적 역할을 확보하고 있는 삼봉의 심성론은 그가 기획한 정치권력의 제도적 기획과 상당히 유사한 면이 나타난다. 즉 삼봉의 철학체계에서 심의 위상은 그의 정치적 기획에서 총재(재상)의 위상과 거의 동일하다. 특히 심이 가장 높은 정점에 위치하지는 않으나 형이상과 형이하의 중간에서 양자의 긴장과 조화의 책무를 담당하는 가장 중요한 역할이 부여되고 있는 것은 왕과 백성, 임금과 신하 사이에서 양자의 긴장과 조화로운 국정 운영을 책임지고 있는 총재의 역할과 거의 같다. 특히 임금의 현실적 권한을 극도로 축소시키고 총재의 권한을 대폭 확장하고 있는 점은 심과 성의 관계와 동일하다고 말할 수 있다. 이러한 점에서 삼봉의 심성론이 심(心)중심체계라고 한다면 그의 정치제도론은 총재(冢宰)중심체제라고 말할 수 있고, 이러한 점에서 총재를 중심으로 하는 정치이론은 거의 그대로 심성론으로 탈바꿈하며, 그러한 맥락에서 정치이론에 대한 이해는 곧 심성론에 대한 이해로 직결될 수 있다. 일례로 삼봉은 총재의 임무와 역할을 다음 네 가지로 요약했다.

---

28) 「佛氏心性之辨」: "心有知有爲. 性無知無爲."
29) 「佛氏心性之辨」: "心能盡性. 性不能檢其心."

正己(자기 몸을 바르게 한다): 제 몸이 바르면 道가 처자에게 행해지고, 제 몸이 바르지 못하면 처자에게조차 행할 수 없다. 至親도 오히려 그러할진대, 하물며 임금이겠는가. 그러므로 輔相의 業은 자신을 바르게 하는 것보다 더 큰 일이 없다고 하는 것이다.

格君(임금을 바르게 한다): 사람을 그르다고 탓할 것이 못 되고, 정치를 나쁘다고 비난할 것 없다. 오로지 大人만이 임금의 그른 마음을 바로잡을 수 있으니, 임금이 어질면 어질지 않을 자가 없으며, 임금이 의로우면 의롭지 않을 자가 없다. 한 번 임금을 바르게 하면 나라가 안정된다. 그러므로 보상의 업은 임금을 바르게 하는 것보다 더 큰 일이 없다고 하는 것이다.

知人(인재를 안다): 인재를 알아보는 것은 堯舜이 중히 여긴 바였다. 皐陶와 禹의 성스러움을 알아보아 등용하지 못하고, 四凶의 악함을 알아보아 물리치지 못하였다면, 비록 仁하다 해도 천하를 화평하게 다스리지 못했을 것인데, 하물며 그만 못한 사람이겠는가. 그러므로 보상의 업은 인재를 아는 것보다 더 큰 일이 없다고 하는 것이다.

處事(일을 잘 처리한다): 하루 동안에 마주하는 일의 기미가 천만 가지에 이르는데, 진실로 한 가지라도 실수가 있게 되면 곧 화란이 일어난다. 그러므로 옛날에 일을 잘 처리하는 자는 반드시 기미에서 삼갔으니, 이른바 쉬운 데에서 어려운 일을 생각하고, 작은 일에서 큰 일을 이룬 것이다. 그러니 기미를 아는 군자가 아니면 누가 능히 살펴 처리하여 실수에 이르지 않게 할 수가 있겠는가. 그러므로 보상의 업은 일을 잘 처리하는 것보다 더 큰 일이 없다고 하는 것이다.[30]

---

30) 『經濟文鑑 上』 「相業」: "正己: 其身正. 道行於妻子. 其身不正. 不能行於妻子. 至親尚然. 況其君乎. 故曰. 輔相之業. 莫大於正己.

格君: 人不足與適也. 政不足與間也. 惟大人. 爲能格君心之非. 君仁莫不仁. 君義莫不義. 一正君

삼봉이 재상의 임무로 규정하는 정기, 격군, 지인, 처사 등은 그대로 심의 임무와 역할에 비견될 수 있다. 정기는 기(己)를 심으로 바꾸어 '정심(正心)'에 해당하고, 격군의 군(君)은 형이상자의 이(理)와 성으로 대체될 수 있는데 성 자체가 구중리자(具衆理者)이고 격(格)은 심의 적극적이고 인위적인 노력에 해당하므로 격군은 곧 '본심궁리(本心窮理)'에 해당한다. 지인의 인(人)과 처사의 사(事)는 자기 바깥 외계의 대상을 가리키므로 지인·처사는 심의 관점에서는 외계 대상과의 만남이며 이는 작용으로서의 심과 기로서의 활동이기 때문에 정이자 응만사(應萬事)에 해당된다고 할 수 있다. 이와 같이 정치적 기획에 의한 재상의 임무 설정은 그대로 심성론의 기초인 심통성정의 구도에서 심이 갖는 임무에 비견된다. 이러한 내용에 따라 삼봉 철학의 심성·이기론의 구조에 임금과 총재의 관계를 투영하면 다음과 같이 정리될 수 있을 것이다.

形而上	性 (具衆理)	理	道	道不雜於器	君
心					冢宰
形而下	情 (應萬事)	氣 (=作用)	器(=物)	道不離於器	臣(民)

而國定. 故曰輔相之業. 莫大於格君.
　知人: 知人. 堯舜所重. 不知皐禹之聖而擧之. 四凶之惡而斥之. 雖有其仁. 不能平治天下. 況其下者乎. 故曰輔相之業. 莫大於知人.
　處事: 一日之內. 事幾之來. 至於千萬. 苟或一事之有失. 則禍亂生焉. 故古之善處事者. 必於幾而謹之. 所謂圖難於其易. 爲大於其細者也. 然非知幾君子. 孰能審而處之. 使不至於失也. 故曰輔相之業. 莫大於處事."

5. 결론

본 논문은 삼봉 정도전의 불교 비판과 심성론을 중심으로 지식의 사회적 영향력에 관해 고찰하는 것을 목적하여 고려 말기의 상황 검토를 토대로 불교 비판의 의의와 목적, 삼봉 심성론의 구조, 삼봉 심성론의 특징 등을 논의했다. 이러한 결과 본 논문은 삼봉의 철학 체계에서 지식의 사회적 영향력에 대해 다음과 같은 사유를 도출·확인할 수 있었다.

첫째, 지식과 사회가 맺는 관계는 일방이 아니라 양방향적인 것인데, 지식이 사회화된다는 것은 지식 자체가 갖는 권력의 측면에서 보면 자체적인 모순을 함축한다. 구체적으로 말하면 개인적 지식이 공적인 지식으로 확대된다는 것은 지식의 확산을 뜻하는데, 동서고금을 막론하고 지식은 그것을 가진 자와 가지지 못한 자 사이에 힘과 권력의 불균형을 초래한다. 지식권력은 그러한 불균형을 통해서 형성되는 것인데, 만약 지식의 사회화가 성공적으로 수행되어 사회 모든 구성원이 동일한 지식을 갖게 되거나 혹은 누구나 동일한 지식에 접근할 수 있게 된다면 지식의 불균형은 소멸되고, 따라서 그러한 사회에서 지식은 권력이 될 수도 없고 정치권력의 도구가 될 수도 없다. 따라서 지식 사회화의 이상적 모델은 결과적으로 지식권력 자체를 소멸시킨다. 달리 말하면 지식 불균형으로 인해 발생하는 모든 권위적·권력적 불균형을 소멸시킨다.

둘째, 불교의 윤회설과 인과설에 대한 삼봉의 비판은 생사(生死)의 두려움과 현실적 불평등의 문제를 방관하거나 양산하는 불교 이념에 대한 비판이며, 그것을 성리학적 세계관에 의해 현실적·객관적·합리적으로 해명하는 데에 특징이 있다. 특히 불평등의 원인을 인과의 법칙으로 해설하고 나면 현실사회의 불평등 구조를 개혁할 아무런 동기도, 또 그 동기의 타당성조차도 애초에 차단된다. 즉 불평등의 원인을 전생 혹은 전전생으로 돌리면 현세의 불만을 개혁할 명분이 없다. 그것은 개인적 업보의 결과일 뿐이기 때문이다. 이러한 이념 위에서 사회적 신분제도는 지배와 피지배의 계층적 구분이 너무도 공고하게 유지된다. 또 그러한 사회에서 지배권력의 부패 역시 너무도 일반적인 것이다. 따라서 삼봉의 불교 비판은 그것이 합리성과 객관성을 취한다는 점에서 철저하게 개혁의 이념적 정당성을 제공한다. 삼봉의 입장에서 부패한 권력을 바로잡기 위해서는 불교 이념의 정화가 아니라 새로운 객관적 이념이 필요했고, 성리학의 기(氣)적 세계관은 그러한 요구를 충족하는 것이었다. 따라서 사회의 정상화를 꾀하는 삼봉에게 있어 불교 이념은 일소(一掃)하지 않으면 안 되는 것이었고, 그에 따라 '혁명'은 선택의 문제가 아니라 필수적인 것이었으며, 유교적 가치관에서 혁명이 가지는 부정적 평가를 감수하고서라도 그것을 수행할 수밖에 없었던 것으로 보인다.

이러한 맥락에서 보면 삼봉의 철학 사상이 그의 혁명을 위한 수단으로 이해될 수는 없다. 철학 사상이 철두철미하지 않으면 역사적 부담을 감수하는 혁명은 결코 추진될 수 없다. 특히 역사적 평가를 중시하는 동아시아 유교문화권의 전통에서 혁명의 주동자가 된다는 것은 너무도 큰 모험이기 때문이다. 따라서 삼봉의 역성혁명의 동기이자 그를 역성혁명으로 이끈 추동력은 민본을 중심에 두는 그의 철학이라 해야 할 것이지 그의 혁명을 위한 수단이 철학이라고 할 수는 없다. 시대를 이끌어가는 자에게 철학은 자신의 의도를 관철시키기 위한 도구가 아니라 그 자신의 철저한 철학과 그 철학을 구현하는 그의 태도가 그의 삶을 이끈다. 성리학적 맥락에서의 수양은 그러한 관점에서 이해되어야 하며, 앎과 실천 관계의 올바른 모델이 된다.

셋째, 삼봉이 기획하는 국가관과 역사관의 핵심은 '합리성'과 '발전'이다. 고려를 혁명하고 새 나라를 건국하는 것은 궁극적으로 '합리적 이념에 의한 사회의 발전'을 수행하는 과정적 의미로 이해되므로 결국 새왕조 건국의 정당성이 확보되는 것이다. 왕조교체의 정당성과 명분 찾기는 역대 동아시아의 왕조 교체에서 흔한 일인데, 삼봉의 정당성 확보 시도가 다른 사례에 비해 갖는 특징은, 다른 시도는 혁명 주체의 태생적 우월성이나 천(天)에 의한 사명감을 강조하는 등 다소 미신적 내용을 포함하지만 삼봉의 시도는 '발전'이라는 과정적 역사관의 관점에서 이전 왕조보다 발전된 사회를 추구한다는 매우 합리적이고 실질적인 정당성 확보를 시도한다는 점이다. 여기에서 삼봉의 혁명을 가능하게 했던 이론적 근거로서 삼봉 성리학의 성격(역사관)을 읽을 수 있다. 유가는 조직된 시스템에 의해 더 나은 사회를 만들려는 이상을 끊임없이 설파한다. 다양한 상황과 왕조 교체의 현장에서 이러한 역사관은 언제나 각 상황에 맞는 방식으로 추진되지만 그러한 방법론적 다양성이 귀결되는 최종 목표는 요순시대라는 공통의 보편적 이상사회라는 점이고, 그것이 미래가 아니라 과거의 것이라는 점에서 성리학의 혁명은 '복고'와 '보수'의 성격을 갖는다. 즉 성리학적 역사관은 역사발전론의 입장에서는 목표를 위한 방법·과정에서는 유동적이고 유연한 방법으로 체계와 제도의 설립을 추구하지만 그 방법과 과정을 통해 도달하고자 하는 이상을 과거에 둠으로써 보편과 특수의 문제(온고와 지신의 문제, 법고와 창신의 문제), 본체와 실용의 문제를 융합시킨다. 삼봉의 윤회설 비판과 성리학적 세계관 제시는 삼봉 자신의 성리학적 역사관을 그 기저에 깔고 있으며, 이러한 점이 바로 지식이 사회에 미치는 영향력의 전형적 사례를 보여주는 것이다. 즉 삼봉에게 유교성리학적 지식이 형성되어 있지 않았다면 삼봉은 결코 새왕조를 건설할 이념적 동기도, 사상적 확신도, 제도적 구상도 꿈꿀 수 없었을 것이다.

넷째, 지식과 사회의 관계는 유교 전통에 입각할 때 전혀 새로운 이론이 아니다. 『대학』에 제시된 8조목(격물, 치지, 성의, 정심, 수신, 제가, 치국, 평천하)은 그것 자체로 이미 개인적 지식(격물과 치지)이 사회에 확산(치국과 평천하)되는 일련의 과정을 보여준다. 즉 지식과 사회 사이를 이격시키지 않는다. 서론에서 밝힌 바와 같이 지식과 사회의 접점이 지식인이라는 점은 지식인의 사회적 책무가 개인적 지식을 공적 영역으로 환원하는 것이며 『대학』은 그러한 과정이 결코 분절된 과정적 의미가 아니라 하나로 관통된 일련의 작용임을 선언한다. 따라서 지식의 사회적 영향력이란 지식인의 사회적 역할을 고려하는 것이며, 유교 전통의 지식인에게 부여되는 역할이란 다름 아니라 개인의 윤리적 완성을 통해 사회윤리의 완성[內聖外王]이라는 수양의 측면에서 고찰될 수도 있는 것임이 확인된다. 이러한 점에서 보면 본 논문이 주목하는 삼봉의 불교 비판 중에서 윤회설과 인과설은 각각 '모든 생명은 어떻게 존재하고 죽음 이후는 어떻게 되는가', '인간과 그 외 생물의 차이, 인간 내에서도 각자의 차이의 원인은 무엇인가' 등의 물음에 대한 불교적 해명이고, 이에 비해 삼봉 철학의 핵심인 심성론이 근본적으로 해명하고자 하는 질문은 '인간은 어떤 존재이고 어떻게 살아야 하는가'라는 점으로 비교해볼 때, 불교 이론이 갖는 물음은 존재론적 탐구에 그칠 뿐이지만 삼봉의 질문은 존재론과 윤리론을 결합했다는 특징을 갖는다. 즉 존재의 시원에 대한 의문이 아니라 존재가 어떻게 사는 것이 바른 삶인가라는 수양론적 관점을 제시한다. 따라서 삼봉의 철학은 앞서 밝힌 바와 같이 지식인의 사회적 책무를 투철하게 내포하고 있으며, 그것은 개인의 윤리적 수양이 국가 운영의 원리와 다를 수 없음을 함축한다. 이러한 맥락에서 삼봉 심성론의 구조와 그가 기획하는 정치제도의 구조가 같을 수밖에 없는 것은 당연한 이치라 하겠다.

참 고 문 헌

『三峯集』

『孟子』

정도전, 민족문화추진화 옮김, 『(國譯) 三峯集』, 민족문화추진회, 1995.

김용옥, 『삼봉 정도전의 건국철학』, 통나무, 2004.

변태섭, 『高麗政治制度史研究』, 一潮閣, 1971.

양승무 외 6인, 『宋代心性論』, 아르케, 1999.

최상용, 「정치가 정도전 연구」, 『아세아연구』 제46집, 고려대학교 아세아
    문제연구소, 2003.

한영우, 『鄭道傳思想의 研究』, 서울대학교출판부, 1983 개정판.

'지식 공유'에 대한 체계적 이해 시도*

: 동아시아 지식사 조망을 위한 이론적 고찰에 대한 제언

김태훈

1. 머리말

지식은 생산된 후 유통·공유·소비되는 일련의 과정을 거친다. 이러한 과정 속에서 지식은 권력화되면서 공고한 토대를 구축해 나간다. 소비된 지식은 소멸하는 것이 아니라 또 다른 새로운 지식 생산의 토대로 기능하기도 하고, 무형의 지식이 사회 구성원들의 삶의 테두리를 형성하는 방식으로 구현된다는 점에서 의미를 지닌다. 이처럼 지식은 확산되면서 권력화 과정을 거쳐 그 사회에 구현되는데, 이것이 지식의 사회화 과정이다. 요컨대 지식이 생산된 이후 유통—공유—

---

 * 이 논문은 한국아시아학회가 발간하는 『아시아연구』 제22권 제2호(2019.5.31)에 게재한 논문을 수정·보완한 것임.

소비되는 체계·과정을 '지식의 사회화'라고 정의할 수 있겠다.[1]

'지식 사회화'에 대한 검토는 대개 유통·확산·공유의 과정, 혹은 지식이 제도·풍습 등으로 구현되는 양상에 대한 접근을 통해 이루어진다. 15세기~20세기 전반 동아시아 역사를 조망하면, 한·중·일 각국은 시기에 따라 지식의 국제적 유통·수용을 통하여 사회 변혁과 체제의 정비를 이루기도 하고, 지식의 확산과 공유를 통하여 사회 저변에까지 특정한 지식 체계가 지향하는 이데올로기를 구현하는 모습들을 보였다. 그리고 이질적 문명의 권역이었던 서구의 근대 지식이 밀려왔을 때 저항하거나 부분적으로 수용하여 기존 지식과 융합하는, 혹은 극단적으로 서구화를 지향하는 등등, 다양한 대응을 보이기도 하였다.

20세기 전반까지 진행되었던 지식의 유통과 수용, 공유·구현의 결과가 현재 우리가 딛고 서 있는 지식 기반의 원형이며, 흔히 '전통적'이라고 일컫는 문화로서 우리 삶을 규정하고 있다. '지식'에 관한 통찰을 시도할 때, 지식은 지식 그 자체의 순수한 모습으로 사회구성원들의 삶을 규정하는 힘을 갖게 되는 것이 아님을 전제해야 한다. 지식은 유통·확산을 거쳐 다수의 사회구성원들에게 '비균질적으로 공유'됨으로써 비로소 힘을 지닌다. 전근대 동아시아 지식사(知識史)를 통시적으로 고찰하여 현재 우리가 당면한 지식 관련 과제를 해결하고 지식의 생산과 공유·구현에 관한 비전을 우리 사회에 제시하기 위해서는 시기(時期), 특정 지식체계, 지역 등등을 기준으로 삼아 지식 관련 소재에 관한 개별적 접근과 각론 연구가 이루어져야 한다. 그리고 한편으로는 그러한 각론을 도출하려는 시도에 앞서, '지식 사회화'에 관한

---

[1] '지식 사회화'라는 용어 사용은 이 글의 제언으로, 지식이 생산된 이후 단계인 지식의 유통 및 확산, 공유 등의 과정을 포괄하는 개념으로 '사회화'를 제시한다. 이에 관해서는 말미에 좀 더 구체적으로 다시 언급하도록 하겠다.

일반론에 대한 연구자들의 사유와 변증이 선행될 필요성이 제기된다. 그러한 연역적 접근이 선행됨으로써, 후속되는 각론적 접근이 연구소재나 기존 연구에서 제시되어 있는 시선에 매몰될 위험을 덜게 될 것이다.

지식 사회화와 관련한 일반론 제시는 많은 연구에서 시도되었다. 그러나 그 연구들 가운데 지식 관련 연구를 수행하는 데 만족할 만한 수준의 공고한 이론을 제시하는 경우는 매우 드물다. 일반론의 생산 역시 사실상 역사 속의(혹은 현재 진행되고 있는 현실 속의) 특정한 장면들을 집적하고 관찰함으로써 이루어진 것이지, 순결한 '태고의 이론'을 계승하면서 자가발전한 결과물일 수 없다. 따라서 후속되는 각론 연구에 힘을 실을 수 있는 일반론을 생산하고 제시하려면, 이론의 모색을 위해 이루어지는 사유와 변증을 촉진할 소재나 장면을 15세기 이후 진행된 동아시아 국가별/국제적 지식의 유통과 한중일 각국 내부의 지식의 확산과 공유의 과정에서 탐색하는 것이 유리하다고 할 수 있다.

이 글은 기존의 참고가 될 만한 저명한 지식 사회화에 관한 연구와 이론을 참고하면서 동아시아에서 전개된 15세기 이후 지식의 생산－유통－공유－구현을 보여주는 숱한 장면들 중 몇몇을 동원하여 필자 나름의 개성과 시각을 지닌 일반론을 제시하는 시도가 될 것이다.

전지구적 차원의 근대화가 서구 주도로 전개되었던 만큼, 동아시아의 근대, 그리고 근대 지식 체계 형성 역시 서구 사회가 제시한 방향으로 진행되고 포섭되었다. 20세기 후반 이후 우리 사회에서도 큰 관심을 가지고 그 방향성의 모색에 부심해온 이른바 '동아시아학'의 경우, 극언하자면 대개는 20세기 이후 미국의 세계 전략적 관점에서, 혹은 서구 제국주의 연장선상에서 자신들의 이익 극대화 추구에 적합한 방법과 방향을 구축해왔다고 하겠다. 물론 20세기 후반기에 급속한 성장을 이룬 동아시아 사회는 최소한 동아시아학 범주에 속하는 여러 학문 분야의 각론적 연구에서는 분명 주체·주인으로서 입지를 확보한 것으로 보인다. 그럼에도 불구하고 담론 제시, 흔히 다학제적 연구를 수행하는 데 필요한 이론적 토대나 방법론 등에서는 탐구의 대상이 동아시아학의 범주에 속하는 것일지라도 여전히 서구 의존적 경향을 탈피했다고 보기 어렵다. 동아시아 지식사에 관한 수많은 연구 역시 동아시아 지식사를 조망하고 사유·변증하여 추출해낸 일반론·이론을 활용하고 있는 것 같지는 않다.

사유와 변증을 촉진할 사례들을 동아시아 지식사에서 탐색해내는 훈련이 필요하다. 일례로 버크는 '원치 않는 이주(displacement)'에 의한 지식 확산의 사례로(긍정적인 일례들) 미국에 정신분석학이 도입되고 영국에 예술사가 도입된 등의 사례를 활용한다.[2] 동아시아에서 유사한 사례를 찾기는 매우 쉽다. 굳이 발굴해내지 않아도 역사상 존재하는 많은 지점에서 발생했던 이주에 의한 정치적·문화적 파동은 이미 많이 학습되고 있다. 다만, 그것들이 '지식의 이동·확산'과 연관지어져 충분히 고찰되었다고 보기는 힘들고 그에 대한 조망을 통해서 설득력 있는 일반론을 추출하려는 시도가 드물었다고 하겠다.

그러므로 동아시아적 지식 생산과 유통의 특질과 보편성을 동시에 찾아내고, 필요할 경우 특정한 현상을 설명할 수 있는 개념어를 생산해내는 것에 부지런하고 또한 용감해야 한다. 피상적이고 왜곡된 지식 투성이겠지만, 얕은 필자의 안목으로 15~19세기 동아시아 지식사

---

2) 피터 버크, 이상원 옮김, 『지식은 어떻게 탄생하고 진화하는가』, 생각의날개, 2015, 155~156쪽.

를 개관하면서 제기되는 의문들에 답하면서 논지를 전개하고자 하는 작업에 착수한 이유이다. 한편, 개념어를 시론적(試論的)으로 사용하면서 논지를 전개해나갈 것이다. '지식'이라는 단어도 마찬가지려니와 '지식 공유' 등의 용어는 사실 경영학이나 행정학 분야 등, 조직 관리의 필요성이나 최소의 자원으로 최대의 효율 창출을 위한 전략을 제시하는 연구에서 활용되는 용어이다. 문·사·철(文史哲)을 막론하고 국내 인문학 분야의 연구에서 '지식 공유'라는 개념어가 주제어로 검색되는 연구는 좀처럼 찾기 힘들다. 지식사 연구들이 담론의 형성 과정이 생략된 채 진행되어온 일면이 여기서도 보인다. 기존의 서구 지식사를 모델로 한 연구는 크게 참고가 된다. 다만, 절대적으로 신봉하거나 그들이 제시한 '보편적' 기준에 적합한 사례를 동아시아 지식사에서 증명해낼 의무가 부과된 것이 아니다. 필요한 경우 새로운 조어를 시도해야 하는 이유이다.

2. 지식 유통·확산의 매커니즘

지식 사회화의 결과·결론이 지식의 구현이라면 출발점은 지식의 생산이다. 지식의 생산과 지식 생산 기반·토대에 관해서는, 효율적·체계적 고찰을 위해 별개의 연구 영역으로 분리하는 것이 바람직하다. 그러므로 이 글에서는 지식이 생산된 이후 유통되는 단계부터를 검토 대상으로 한다. 지식 확산의 매커니즘에 대한 탐구는 ① 확산의 기반이 되는 사회 조직이나 기구·기관, 매개체, 경로 등에 대한 검토에서 출발하는데, 이는 기계장치에 비유하면 각 부품의 구성이나 상호 연계성에 대한 구명이다. 그리고 탐구의 후반부는 상호 연계성에 대한 연구를 심화하고 ② 확산을 추동하는 작동원리까지를 구명하는 것으로 이어져야 한다. 이 부분은 기계장치가 멈추어 있지 않고 열기를 뿜어대며 움직임을 만들어내는 부품간의 연계성과 힘의 전달을 구명하는 데 비유될 만하다. 최종 목표가 작동원리를 포함하는 매커니즘의 구명이기는 하나, 여기에서는 일차적으로 지식 확산의 과정이 진행되는 사회적 네트워크에 대한 전반적 조망과 특정 지점(부품)에 대한 이해의 제고를 목표로 한다.

　지식 유통의 양상이나 사실들은 다수 구명되었고 재구성되어 있다. 다만 지식의 유통이 어떠한 조건에서 활성화되는가, 지식의 유통은 상호 격차와 불균형 속에서 발생하는가, 균형 속에서 발생하는가, 지식의 유통은 좋은 결과를 만들었는가 등등 자유분방하게 제시되는 담론들에 대해 답해 줄 수 있어야 한다.

2.1. 지식 확산의 층위

　지식 확산에 관한 논의는 국내적 범주의 지식 확산과 국제적 유통을 통한 지식 확산을 층위를 구분하여 볼 필요가 있다. 지식 확산의 층위는 15~19세기 동아시아 국가들을 대상으로 하는 연구라면, 국내 범주와 국제적 범주를 구분할 필요성은 확실히 존재한다. 체제상의 차이를 감안하더라도 한·중·일 삼국간 정치적·행정적·물리적 경계가 분명하였으며, 언어를 포함한 문화적 견지에서 보더라도 각국의 입장에서 볼 때 내부와 외부의 경계는 뚜렷하였다고 할 수 있다. 그러한 분명한 경계는 지식의 유통이라는 문제 역시 지식의 외부로부터의 유입과 일국내의 유통을 구분함으로써 좀더 체계적으로 이해하게 만드는 요인이다. 물론 국가간의 지식 유통, 즉 국제적 유통은 동아시아적 공통의 지식 토대라는 차원에서도 많은 이야기가 생산될 여지는 충분하다. 여기에서는 지식의 유통·확산을 국제적 유통과 확산, 그리고 국내적 확산의 층위의 순으로 검토한다.3)

지식의 국제적 유통은 일국의 시야에서 보면 지식의 확산으로 체감된다기보다 신지식의 창출에 버금가는 파장으로 여겨지기도 한다. 일국의 견지에서 보면, 외부로부터의 지식 유통(수입)은 매우 제한된 경로를 통해 이루어졌다. 전근대 동아시아에서 개인이 자국의 공간을 넘어 타국의 인물과 교류하는 것은 흔치 않았다. 지식인들이 일국을 넘어 지적 교류를 하는 경우는 더욱 제한적이었다.4) 조선후기 연행사(燕行使)나 통신사(通信使)와 같은 '사행(使行)'은 그러한 제약을 뛰어넘는, 지식인들의 국제적 만남과 교류가 대규모로 이루어지는 장이었다. 사절단 파견을 통한 직접적 교류 외에는 서적의 유통이 또 하나의 통로가 되었다. 서적을 매개로 지식과 정보를 섭취하고, 섭취한 지식·정보를 가공하여 재생산하고 유통시켰다. 그러나 17~19세기 동아시아 삼국간 지식 교류가 미증유의 활황을 구가하는 통로가 되었던 그러한 사행 역시 현대인의 눈으로 보자면 매우 제한적인 장이라 할 것이다. 지식 유통의 제한적 통로, 즉 사행에 참여한 지식인들이 수입하는 지식은 일반적 유통 시장에서 통용되는 선택 가능하고 대체 가

---

3) 지식의 국내 확산보다 국제적 유통을 먼저 검토하는 데에는 한국사 연구자인 필자가 지니고 있는 일종의 강박이 작용하는 것일 수도 있다. 동아시아 지식사를 조망하면서, "외부에서 생산된 지식이 국제적 유통을 거쳐 국내에 수용되고, 다시 국내적 층위의 유통과 확산을 거치고 공유됨으로써 우리 사회의 역사적 변화를 추동했다"는 도식을 당연한 듯이 전제하기 때문이다. 그러한 도식은 체계적 인식에 분명 도움 되는 것이 사실이지만, 역방향의 지식 확산에 대한 조망을 방해한다는 점에서는 그 편향성에 대한 비판 제기도 얼마든지 가능하다고 여겨진다.

4) 진재교, 「동아시아에서의 서적 유통과 지식의 생성: 임진왜란 이후의 인적 교류와 서적의 유통 사례를 중심으로」, 『한국한문학연구』 41, 2008, 74쪽.

능한 대상이 아니었다. 그렇게 국제적 유통을 거쳐 수용된 지식은 많은 경우 국내의 학문적 방법론이나 학풍에 커다란 영향을 끼치게 된다. 14세기 후반의 성리학의 수용이나 18세기 고증학의 수용은 제한적 유통 경로와 큰 파급력이라는 공통점을 지닌다. 특히 흥미로운 것은 여말선초 성리학의 수용 과정에서 보이는 경로 의존성과 선택적 수용이라는 특징들이다. 이색(李穡, 1328~1396)으로 대변되는 고려 말 지식인들은 원(元)에 유학하고 원 조정에서 시행하는 과거에 입격하기 위해서 (심학(心學)이 아닌) 성리학을 학습하였고 성리학은 곧 그들의 지식 기반이 되었다. 그리고 그들이 주도한 신유학의 수용은 곧 성리학의 수용과 동의어가 되었던 것이다.

국제적으로 유통된 지식이 수입국에서 수용되어 안착하기까지는 꽤 까다로운 시선을 통과해야 한다. 예를 들면 17~19세기 한·일 양국 사이에는 그 이전에 경험하지 못했던 활발한 지식 교류가 이루어진다. 상호간의 역사 지식 유통 역시 그 시기 한·일간 지식 교류의 한 가닥이었다. 일본 역사에 대한 지식은 끊임없이 수입되었음에도 불구하고 조선시대 내내 별다른 관심을 얻지 못한다. 신공황후(神功皇后)의 삼한정벌설(三韓征伐說) 등 민감하고 충분히 관심을 가질 만한 역사 지식들이 유통되었음에도 말이다. 전통적으로 유가 사회의 역사 서술 목적은 '귀감'으로서, '반면교사'의 거울이다. 과거의 치란을 조명하면서 교훈을 얻는 대상으로서 일본의 역사는 아직 의미를 지니지 못한 것이 이유라고 하겠다. 몇몇 단편적 일본사 지식이 18세기 당시의 일본에 대한 정보를 보충하는 자료로서 의미를 지닐 뿐이었다. 이는 역사를 연구하고 학습하는 가치가 당대에는 귀감으로서의 역사, 본받을 만한 역사로서 인식되었기 때문이다.[5) 지식 유통의 국제적 경로가 제한적이고 또 유입된 지식이 희소성을 지니더라도, 그 지식의 내부적 수용은 무분별적으로 이루어지는 것이 아니라 엄격한 필터링을 거쳤던 셈이다.

동아시아 지식사 연구에서 지식의 국가간·국제적 유통은 비중 있는 연구 테마임에 분명하다. 일국사적 견지에서 보면 국제적 지식 유통과 수용은 곧 신지식의 창출과 사실상 동의어라는 점을 상기하면 더욱 그러하다. 이 대목에서도 동아시아 지식사의 조망을 통한 일반론의 추출이라는 과제의 중요성을 되새기게 된다. 피터 버크는 16세기부터 장거리 이동이 이루어진 서구의 책들을 소재로 지식의 국제적 확산을 설명한다. 서구의 경우 16세기 이후에야 인쇄술이 확산되었고 그것을 기반으로 한 지식의 이동을 피터 버크가 말하고 있는 것이다.[6] 그에 비하면 동아시아 사회에서 지식의 국제적 유통은 훨씬 빠른 시기에 전개되었다. 한국사에서 그 사례를 탐색한다면 대각국사 의천(1055~1101)이 송에 유학하고 1086년 귀국하면서 가져왔던 3,000여 권의 천태종 서적을 들 수 있을 것이다. 한편, 지식 확산의 유형에서 피터 버크는 '사물을 통한 확산'[7]을 소항목으로 설명하고 있다. 거기에는 바위와 식물 등등 물건·사물과 함께 '서적'이 거론된다. 그러나 동아시아적 시각에서 보자면 서적 교류는 명백히 상위의 항목으로 승격시켜야 하는 대상이다.

한편, 지식의 국제 유통을 논할 때 우리 스스로의 변방의식이나 또 상대적 우월의식에 빠져서는 곤란하다. 15~19세기 동아시아 지식

---

5) 김태훈, 「17~19세기 한·일간 역사 지식 유통과 역사 서술」, 『역사와 담론』 89, 호서사학회, 2019, 97~98쪽.

6) 피터 버크, 이상원 옮김, 앞의 책, 157쪽.

7) 위의 책, 156쪽. 제국주의 시기 혹은 그 이전 대항해 시대 서구 관점의 탐험과 발굴에 의한 지식 생산 모델은 동시기 동아시아사에서, 특히 한국사의 견지에서는 그다지 큰 비중을 두어 적용하기 어렵다.

사의 견지에서 보면 특히 '중국 → 한국'으로의 지식 교류에서 그 일방향적 인식이 두드러진다. 이는 "지식은 변방에서 중심으로 뿐 아니라, 반대 방향으로도 이동"한다는 피터 버크의 비판을 전적으로 수용함으로써 인식의 균형을 맞춰야 하는 대목이다. "선진 지식·문물이 중국에서 생산되어 한국을 거쳐 일본에 이른다"로 도식화되다시피한 전근대 지식사·문화사에 대한 인식의 편향성은 특히 17~19세기 동아시아에서 지식의 국제적 유통의 실체적 구명을 위해서는 극복해야 할 도식이라 여겨진다.

다음으로, 지식 확산의 국내 층위에 관한 검토이다.

하나의 국가 단위 내에서 지식이 확산되는 층위를 구분하자면 다음과 같이 4단계로 상정할 수 있다. ① 개인, ② 조직·기관·기구, ③ 사회·지역, ④ 국가 등 4개 층위이다. 대개의 경우 물리적 범위는 ①에서 ④를 향해 갈수록 확대된다. 지식 확산의 속도, 전사회적 지식 공유의 달성 여부 등을 관찰할 때 편의적이고 유용하게, 그리고 과정을 체계적으로 이해하는 데 도움이 되는 구분이다. 다만, 인위적·도식적 구분 방법으로서의 한계를 지닌다. 특히 동아시아 삼국 중 조선의 경우 중앙집권화의 농도가 짙은 만큼, 지식 확산 과정에서 ③지역사회의 층위가 무의미하다시피 한 경우도 있지 않을까 짐작된다.

위에서 제시한 ①~④의 지식 확산의 국내적 층위는 이어서 검토할 지식 확산의 경로와 사실상 내용이 중복된다. 따라서 구체적 내용은 2.2. 지식 확산의 경로에서 다룬다.

2.2. 지식 확산의 경로

지식 확산의 경로(혹은 매개)로는 것은 개인간의(특정 집단 내의) 교유, 교육, 출판을 비롯한 유통 전반 등이다. 이는 국내적 층위의 확산이며, 국제적 층위의 확산은 외교 사행 중에 인적·물적 교류를 통해서 이루어졌다. 국제적 층위의 확산은 앞서 국제적 확산과 유통에서 다루었으므로 그 전반을 재론하지는 않고, 미처 논하지 않은 전쟁 및 디아스포라만을 지식 유통의 국제적 경로로서 검토한다.

첫째, 지식 확산 경로로서 '교유'에 대한 검토이다.

교유의 양상은 14세기 말~15세기 초의 시점에서는 정치 활동과 직결되어 개방적인 구조를 띠면서도 물리적 힘이 동원된 과격성을 띠기도 하였다. 18세기 이후 두드러지는 시사(詩社) 결성을 통한 지식·지향의 공유와 대비해보면 흥미롭다. 18세기 중인층을 비롯한 이른바 '위항인(委巷人)들의 시사 운동'은 선행 연구들에서 '문화 운동'으로 명명되었다는 점을 고려하면 양자 사이의 대비점이 좀 더 명확해진다. 다만 선행 연구들에서도 충분히 밝히고 있는 바, 18세기의 문화 운동이라고 할지라도 실상 그 지향점은 중인층의 신분상승이나 통청운동(通淸運動)을 통한 청요직(淸要職) 진출이라고 해석되는 만큼, 양자 모두 각각의 역사성이 부각된다는 점에서 공통된다.

지식인들간의 교유는, 그것이 이루어지는 시공간을 불문하고 지식의 국내적 확산과 유통의 첫 단계일 가능성이 매우 높다. 이는 현재 우리가 경험하는 학술적 지식의 확산·유통 및 공유와도 사실상 같은 매커니즘으로 진행된다고 보인다. 즉 특정 분야의 학술적 지식은 대개의 경우 연구자들을 중심으로 형성되는 커뮤니티에서 유통되고 가치를 공인 받는 과정을 첫 단계로 거치게 되는 것과 일치한다.[8] 지식 유통의 경로로서 가시적인 조직이나 현상들—교육 기관이나 출판에

---

8) 물론 예외적으로 미디어를 통해 '설익은' 지식이나 연구가 과대 포장되기도 한다.

의한 유통 등이 이에 해당할 것이다—에 비해 상대적으로 소홀하게 다루어져 온 것이 사실이다. 하지만 교육 기구·기관, 나아가 교육 시스템의 변화가 매우 보수적으로 일어나는 것에 반해 지식인들간의 교유는 가변성을 지니고 있으며, 그에 대한 탐구를 통해 특정 집단의 정치적·사회적 지향을 파악할 수 있다는 점에서 지식권력과 지식 공유의 연관성을 구명한다거나 하는 문제에서는 필수적으로 초점을 맞추어야 하는 소재이다.

앞서 거론한 14세기 말~15세기 초의 사례와 18세기의 사례는 교유를 통해 집단화한 이들의 정치적 지향이나 지식의 실천 방향을 조명하기에 적합한 것이었다. 그러나 지식 확산의 첫 단계로서 지식인들의 교유가 지니는 역사성이나 역사적 성격은 그에 국한된 것일 수는 없다. 상대적으로 주목하지 않았던 지식인 교유의 제양상을 구명해나감으로써, 각각의 역사성을 내포한 다양한 교유의 상(像)이 제시될 필요가 있다. 그렇게 함으로써 지식 확산의 매커니즘을 실체적으로 구명할 수 있는 단서들을 확보할 수 있을 것이다.

둘째, '교육'을 통한 지식의 확산이다.

교육은, 정치권력을 수반한 정책 추진을 통한 특정 지식의 확산—구현과 더불어, 최소한 20세기말까지는 가장 강력하면서 효율적인 지식 확산의 경로였다고 할 수 있을 것이다. 서원, 향교, 서당, 의숙, 학당, 번교, 학교 등은 각 교육기관이 포괄하는 지역적 범위, 교육의 대상, 커리큘럼 등에서 상호 차별성을 지닌다. 커리큘럼 문제를 부각해보자면, 국가의 관리 임용과 얼마나 밀접한 관련을 지니는지의 문제에서 한·중·일 국가 간의 차이가 발생하는데, 이는 정치권력—지식권력간 상호 합일성 문제와 직결되기도 한다.

지식 확산의 경로·매개로서 교육 혹은 교육 시스템, 그리고 교육

기관·기구는 시기적 요인에 의한 가변성이 매우 낮다고 하겠다. 왕조 교체기에 국가 체제를 정비하면서 비로소 눈에 띄는 변화를 보이는 것이 교육 시스템이라고 해도 과언은 아닐 정도이다. 이는 현대 한국 사회의 학제가 초등·중등·고등·대학의 6·3·3·4 체계가 요지부동으로 유지되는 것을 보면 어느 정도 감을 잡을 수 있기도 하다. 따라서 지식 확산의 매개로서 교육의 문제는 체제론적 시각에서 본다면 변혁기·체제전환기의 정치적·이데올로기적 지향을 보는 것에서 더 나아가지 못할 위험마저 있다.

셋째, 지식 확산의 주요 매개로서 '출판'에 관한 검토이다.

출판은 기술의 발달, 상업 유통의 발달과 궤를 같이 하는 주제임을 전제로 많은 연구가 진행되어왔다. 17세기 이후 두드러지는 동아시아 전반의 출판문화 활성화는 그러한 연구의 결과 재구성된 시대상이다. 다만 한국의 경우 국가 주도의 출판이 큰 비중을 차지했던 만큼, 출판을 통한 지식 확산의 근저에 이윤추구라는 목적이 있다는 식의 일반화의 오류는 경계해야 한다. 국가적 출판사업의 경우 국가 이념의 확산, 선진 지식의 보급, 왕권 강화 등의 목적을 지니는 것이었다. 상업적 출판은 이윤추구가 최우선인 경우가 일반적이다. 상업적 출판과 관련해서 주목할 만한 대목은 출판이 지식의 확산으로 이어지는 경우 뿐 아니라, 이미 확산되어 있는 지식이 출판물에 담기는 내용 및 지식을 규정하는 경우도 있다는 사실이다. 『풍신수길보(豊臣秀吉譜)』, 『태합기(太閤記)』와 함께 에도시대 일본의 임진왜란 관련 3대 문헌의 하나로 지칭되는 『조선정벌기(朝鮮征伐記)』[9]에 관한 연구에서 다음과 같은 분석이 눈길을 끈다.

---

9) 김시덕, 『그들이 본 임진왜란』, 학고재, 2012, 39쪽.

"『조선정벌기』에서 흥미로운 또 다른 점은 호리 교안이 히데요시의 허점을 폭로하는 데 참여하지 않았다는 것이다. 확실히 그에게나 그의 이야기를 일종의 상업적 모험으로서 인쇄한 출판업자에게나 이것은 선택이었다. 히데요시는 폭군이나 미치광이가 아닌, 시종일관 합리적이고 신중하고 사려 깊은 최고 사령관으로 그려졌다."[10]

위의 분석에 따르면 『조선정벌기』의 저자인 호리 교안은 에도시대 일본인들에게 새로이 해석된 히데요시의 상(像)을 제시했다거나 혹은 한번쯤 되짚어 보아야 할 히데요시의 공과를 균형 있게 서술하고 드러내지 않았던 것이다. 오히려 이미 널리 공유되어 있었던, 독자들이 바라는 히데요시의 상에 부합하는 창작물을 생산하여 유통시켰던 것이다. 출판이 지식의 확산 매개가 아니라 공인된 지식·인식의 확인 도구로 역할한 사례라고 하겠다.

출판을 통한 지식의 확산이나 정보 공개는 위에 언급한 국가 주도의 편찬, 상업적 출판 외에도 체제에 저항하는 정치·사회적 목적 달성을 위해서도 이루어진다. 도참설·비기의 유포 등이 먼 역사 속의 사례라면, 1970~80년대 민주화 투쟁을 과정에서 동원되었던 출판이라는 정보전달의 매개는 우리 시대의 일례이다.

'출판=지식 확산의 매개'라는 공식이 성립하기 위해서는 특정한 출판물이 다수의 사회구성원들에게 읽혀야 한다는 조건이 붙는다. 그러나 국가적 편찬물의 경우 왕실이나 중앙정부, 관공서에 비치되기는 하지만 사회구성원 다수의 '독서'가 수반된다고 보는 것은 확실히

---

10) W. J. 보트, 「『조선정벌기』 속의 임진왜란」, 『임진왜란, 동아시아 삼국전쟁』, 휴머니스트, 2007, 283쪽.

무리다. 출판이 고도의 정치적 행위로서 이루어지기도 하는데, 김부식이 주도하여 편찬된 『삼국사기(三國史記)』가 그러하다. 12세기 전반 고려는 두 차례 큰 내분을 겪게 되는데, 개경파 귀족의 권력 독점과 왕권과 외척권력의 충돌로 빚어진 1126년 이자겸의 난이 그 하나이다. 또 다른 하나는 개경파와 서경파 간의 권력 투쟁이 대여진 정책이라는 외부 변수와 얽히면서 발생한 1135년 묘청의 난이다. 이때 묘청의 난을 진압한 관군 사령관이 김부식이었다. 김부식은 난을 진압한 이후 10년에 걸쳐 수십 명의 관료·학자를 동원하여 『삼국사기』를 편찬했다. 그 삼국사기는 다소 노골적으로 삼국 중 신라 중심 사관을 표방하고 있다. 경주 김씨인 김부식 자신의 세력 기반과도 관련이 있는 것이고, 묘청의 대외정책상 모험주의를 경계하는 의도도 내포된 것이었다. 『삼국사기』의 편찬은 이처럼 그 자체가 지식 확산의 직접적 매개가 되었다기보다는, 국가의 정책 방향과 이데올로기적 지향을 선도·선점하는 도구가 되었다고 할 수 있다. 이처럼 특정 출판물이 지식 확산에서 지니는 힘은 독자의 수와 별개인 경우가 얼마든지 있다는 점에 유의해야 한다.

넷째, '원치 않는 이주(移住)' 또한 지식 확산의 경로로 주목할 만하다.

전쟁을 통한 유이민의 발생과 그들이 매개가 된 지식의 유통과 확산은 제법 부피감 있는 소재이다. 그리고 사실 이는 좀 더 엄밀하게는 전쟁 상황 중에 이루어지는 국제적 지식 유통과 전쟁의 결과로서 발생하는 이산·이주에 의한 지식의 유통을 구분해볼 수 있다. 이들 문제에 접근하는 것은 복잡한 정치적 해법이 요구되는 일이다.

전쟁은 동시에 다량의 지식이 일거에 유통되는 '지식 장(場)'의 공간을 만들어낸다. 지식사에 대한 고찰을 위해 역사적 파동이나 유민들의 발생 요인을 동아시아 지식사에서 탐색함으로써 더욱 구체적인 사례를 확보해나가고 공고한 이론을 마련할 것이 요구된다. 15~19세기 동아시아에서 소재를 찾자면 가장 각광 받는 것은 역시 임진왜란이라고 하겠다.11)

임진왜란기 도공들의 이주, 명 지식인들의 조선 유입, 명말·청초 도공들의 이주, 좀더 거슬러 올라가자면 10세기 당제국 붕괴 이후 고려사회의 업그레이드 과정에서 활약했던 쌍기의 이야기 등은 이주와 이산에 의한 지식 확산 과정의 사례일 것이다. 최근 들어 연구가 활성화된 소재가 임진왜란 이후 인적 이동에 의한 지식 유통인데, 동아시아 질서 재편기에 발생한 명나라 유민의 유입은 조선 학계와 학인에게 적지 않은 충격과 새로운 지식과 정보는 물론 새로운 지적 토대를 구축하고 형성시키는 문화적 배경이 된다.12)

3. 지식의 공유와 구현: 학술 지식을 중심으로

지식의 하위 범주를 유형화하는 일반적인 방식은 '학술적 지식'과 '실용·기술·산업 지식'으로 양분하는 것이다. 이 글에서는 학술적 지식과 관련하여 지식의 공유와 구현이라는 주제를 다루고자 한다. 한국 학계를 기준으로 보면 '지식 공유'라는 용어는 경영학 분야의 연구에서 쓰이는 경우가 압도적이다. 경영학 분야 외에도 행정학 등에서도 자주 다루어지는 주제이다. 시스템의 효율을 높이기 위해서, 궁극

---

11) 관련 연구로 다음 2건을 들 수 있다. 우경섭, 「조선후기 귀화 한인(漢人)과 황조유민(皇朝遺民) 의식」, 『한국학연구』 27, 2012, 333~365쪽; 우경섭, 「조선후기 지식인들의 남명왕조 인식」, 『한국문화』 61, 2013, 133~155쪽.

12) 진재교, 앞의 논문, 80~81쪽.

적으로 최대의 성과를 거두기 위한 목적에서 지식의 '공유'가 연구 테마로 중요하게 다루어지고 있다고 하겠다. 그렇다면 조직이나 사회 구성원들 사이의 특정 지식에 대한 공유를 과연 효율 극대화와 일치시킬 수 있을까. 또 현대의 경영이나 행정 분야가 아닌 역사 속의 지식을 조망하는 데에도 같은 원리가 적용될 수 있을까. 그리고 지식의 공유는 그 내용과 사회적 공유 범위에서 어디까지 공유 가능할까 등등의 의문이 차례로 제기된다.

3.1. 지식의 '공유(共有)'와 '구현(具現)'

일반화의 오류를 범할 가능성을 인정하면서 도식화하자면, 최종적으로 '사회적 공유'를 달성한 지식(특히 학술적 지식)의 원전 지식(原典知識)[13]을 공유한 계층을 '지식권력'이라고 할 수 있을 것이다.

한 국가 혹은 사회내에서 지식의 공유는 균질적으로 이루어지지 않는다. 사회를 구성하고 있는 계급, 계층, 직업군 등 다양한 그룹들은 동일한 지식을 제각각의 모습으로 수용하고 '공유'한다. 사회적 공유를 달성한 지식의 경우, 원전 지식을 향유하고 보유한 그룹은 지식권력이다. 그 범주를 벗어나는 순간 지식은 분량이 축소되고, 많은 경우 이해하기 쉬운 언어·용어로 번역·대체되고, 논리적 비약이 이루어지거나 논리적 설명이 아예 생략된 채 특정한 지식의 본령만 절대적인 선(善)으로, 당위로 강조되는 모습을 띠기도 한다.

---

13) 원전 지식은 필자의 조어이다. 지식이 확산되기 이전에 확산의 동력을 확보하려면 다량의 텍스트를 토대로 하는 '원전 지식'이 필수적이다. 중세의 학술적 지식을 대상으로 할 때 그 원전 지식을 보유·향유한 이들은 관료·학자이며, 그들은 대개 유교 경전(=원전)에 대한 광범위한 독서를 기반으로 하는 원전 지식을 보유하고 있는 계층이었다. 그 원전 지식이 사회적으로 확산되는 과정은 결코 원전 지식 그대로일 수 없다.

그러한 균질적이지 못한 지식 공유의 양상은 특정한 지식을 기반으로 하는 특정한 지식 권력의 출현으로 이어지게 된다. 특정한 지식의 공유 범위를 일단 한 국가로 상정할 경우, 원전 지식을 보유하고 있는 지식 집단은 애당초 원전 지식을 모든 국민이[14] 공유하기를 바라지는 않았을 것이다. 그리고 그것은 사실상 어떠한 경우든 불가능하다.

지식의 확산─공유가 중심부와 주변부에서 매우 비균질적으로 진행된다는 명제를, 가령 한국 불교에 관한 이야기를 통해 좀더 분명히 이해해볼 수 있을 것이다.[15] 한국 고대·중세 불교는 국가를 경영하는 가장 핵심적 종교·사상이었다. 불교 종파는 크게 교리의 연구·설파 위주의 교종(敎宗)과 참선 구도를 추구하는 선종(禪宗)으로 나뉘는데, 고대 불교에서는 어디까지나 교종이 중심축이었다고 할 수 있다. 삼국시대 신라 불교의 정점에 위치한 인물이 바로 원효(617~686)이다. 원효에 관해서는 동굴 속 해골 물 일화가 우선 떠오르긴 하지만, 민중 속으로 파고들어 불교 대중화에 투신한 업적이야말로 무엇보다 그를 빛나게 하는 부분이다. 원효는 『금강삼매경론』과 『대승기신론소』를 비롯하여 무려 90여 종 200여 권의 방대한 저술을 남겼다. 그가 남긴 많은 저술은 당시 동아시아 불교 전반의 학설과 이슈를 포괄하고 있었고, 그 수준 또한 요즘 말로 표현하자면 '세계 최고' 수준이었다. 그러한 그가 불교를 대중화하면서(불교를 확산하고 기층민과 '공유'하면서) 대중들에게 전달했던 것은 방대하고 도저히 독서나 이해가 불가능한 불경이 아니라 '나무아미타불 관세음보살'이라는 짤막한 염불

---

14) 국민은 근대적인 용어이긴 하지만, 국가 구성원 일반을 지칭하는 용어로서 전통시대 용어인 '백성(百姓)'보다는 지칭하는 대상이 광범위한 동시에 명료하다. 그러므로 여기서는 국가 구성원 일반을 지칭할 때 '국민'을 사용한다.

15) 이하 불교와 관련해서는 『이이화의 이야기 한국불교사』, 이이화, 불광출판사, 2018의 내용을 바탕으로 논지를 전개한다.

한 구절이었다. 미타 경전에 대한 여러 주석을 통해서 모든 중생이 불성(佛性)을 가지고 있으므로 성불(成佛)할 수 있다는 가능성을 확인한 원효가 불교 교리를 대중과 '공유'하는 방법이었다.

지식 공유 수준의 격차와 비균질적 속성을 인정한다면, 그렇다면 원전 지식을 보유·향유하고 있는 지식 집단이 추구하는 지식 공유는 어떠한 모습일까. 또 자신들이 선점한 지식의 사회적 공유를 통해서 얻는 것은 무엇인가. 위에서 예시한 원효의 사례 역시 그 단서가 된다. 이제 14세기말 한국사의 전면에 등장하게 되는 신흥 계급인 여말선초 사대부의 신유학 수입·수용과 확산 전략을 들여다보자. 원효가 기층민 모두를 성불할 수 있는 존재로 신뢰하였듯이, 신진사대부 역시 백성들을 교화함으로써 이 땅에 유교적 이상을 실현할 수 있다고 파악하였다. 즉 백성들을 유교적 지식의 '공유' 상대로 본 것이다.[16]

이성적 인식의 범주에서 공유되던 지식은 법과 제도, 풍습 등으로 화(化)하여 다른 형태로 표현되고 나아가 사회 구성원의 삶을 규정하는 요소로 자리잡게 된다. 이처럼 지식이 법·제도·풍습 등으로 변용되어 사회구성원들이 체감할 수 있게 되는 과정을 설명할 때 필자가 동원하고자 하는 개념어가 '구현'이다. 지식권력의 층위에서 특정 지식이 충분히 공유된 단계에서, 또는 그것이 사회구성원 전반으로 확산된 이후 지식은 구현의 과정으로 접어들게 된다.

지식권력(혹은 정치권력)의 층위에서 특정 지식이 공유되고 공인된 다음 지식은 법과 제도로서 구현된다. 이에 해당하는 사례는 고려말·조선초 성리학의 수용 과정에서 쉽게 찾을 수 있다. 신진사대부에

---

16) 신유학의 수용과 확산 과정에 대해서는, 마르티나 도이힐러, 이훈상 옮김, 『한국의 유교화 과정』, 너머북스, 2013 참조.

의해 수용된 성리학이 국학으로 채택되고 조선 건국 후 체제정비 과정에서 고스란히 법과 제도로 구현되었던 것이 바로 그에 해당한다.17) 대개 15~16세기에 향촌사회(鄕村社會)에서 진행되었던 유교적 인식의 확산과 유교적 풍속의 정착은 사회구성원 일반이 좀더 확실히 체감하게 되는 지식 구현의 과정이었을 것이다.

지식은 이처럼 공유와 구현의 과정, 즉 '사회화'를 거치면서 존재 양태를 바꾸기도 하면서 사회구성원들의 삶을 규정하는 데까지 이르게 된다. 사실 전환의 시기에 지식 담론이 활성화되는, 또는 되어야 하는 이유가 여기에 있다고 하겠다. 한편, 필자는 당초 지식의 사회적 공유를 통해서(지식 공유의 토대 위에서) 지식의 구현이 이루어진다는 관점에서 지식의 '공유'와 '구현'을 바라보았다. 즉, '지식의 확산·공유 → 지식의 구현'이라는 도식을 가지고 있었던 셈이다. 그러나 공유를 촉진하기 위한 수단으로 논리나 개념의 형태로만 존재하던 지식을 법과 풍습, 제도의 모습을 변용시킨 사례를 접함으로써, 공유—구현 간 선후관계의 도치(倒置)를 염두에 두게 되었다.18) 이어지는 지식 공유 과정에 대한 검토에서 이에 관한 부연·예시가 이루어진다.

3.2. 지식 공유의 과정에 대한 이해 심화

앞서 언급하였듯이, 어떠한 지식 권력이든 원전 지식의 온전한 공유가 가능하다고 생각하는 이들은 없었을 것이다. 지식의 독점으로

---

17) 지식 구현은 좀더 유형(有形)의 결과물을 남기기도 하는데, 15세기 국가 건설 과정의 '지식 구현'은 수도 한양의 건설 과정에서도 전개되었다. 이에 관해서는 홍순민, 『우리 궁궐 이야기』, 청년사, 1999 참조.

18) 현단계에서는 지식의 '공유'와 '구현'을 차별화하는 것이 적절할지, 공유가 구현을 포괄하는 것으로 이해하는 것이 체계적 이해에 도움이 될 지는 좀더 고민해보아야 할 과제이다.

권력을 유지하려는 입장이든 지식의 공유로 권력의 중심에 서고자 했던 입장이든, 지식인들은 현실적으로 원전 지식의 전사회적·균질적 공유가 가능하다고 여길 만큼 비현실적인 존재들이 아니었다. 그렇다면, 그러한 지식 공유의 비균질적 속성을 전제한다면, 지식 공유의 과정상에서 그것을 가능케 하는(비균질적 공유를 촉진하는) 장치·동력으로 주목해야 할 것은 무엇일까.

지식 공유의 과정·매커니즘에 대한 이해는 '2.2. 지식 확산의 경로'에서 교유·교육·출판 등에 대한 검토를 통해 살펴본 바이다. 이하에서는 지식 공유 과정에서 추가로 검토되어야 할 개념 및 현상에 대해 살펴보고자 한다.

첫째, '교화(敎化)'의 개념이나, 교화의 전개 양상에 대한 체계적 이해가 필요하다는 점을 역설하고자 한다. 교화는 그 자체가 지식 공유의 목적이 되기도 하고, 때로는 지식의 전사회적 공유를 위한 수단으로서 언급되기도 한다.

지식이나 지식사를 체계적으로 이해하기 위한 이론서들 가운데, 개념어를 조어하는 과정에서 동아시아 지식사의 사례를 활용하거나 설명하기 위한 탐색 과정에서 생산된 용어들은 사실상 찾아보기 힘들다. 예를 들어 '교화'는 지식 공유와 확산, 구현을 이해하는 데 빠질 수 없는 용어이다.19) 이는 서구적 '계몽'만으로 온전한 설명이 불가하다. 한국사의 견지에서 '교화'가 주목되는 시기는 15~19세기, 즉 조선시대로 사실상 한정되어 있는 인상을 준다. 즉 '교화'에 관한 연구의 대상 시기는 그 상한이 조선 건국으로 제시되는 경향을 보인다. 여말

---

19) '교화' 개념에 관한 사적 접근은 이석규, 「조선초기 '교화'의 성격」, 『한국사상사학』 11, 1998 참조.

선초 성리학 수용과 국가 건설 과정의 산물로 '교화'를 바라보는 것이다.[20]

이렇게 보면 지식 공유를 이해하기 위한 개념어로서 '교화'를 활용하기 위해서는 선결과제가 주어진 셈이다. 교화의 용례(用例)를 충실히 수집하고 분석함으로써 교화의 주체/객체/목적/방법을 체계적으로 이해하는 것이다. 이는 『조선왕조실록』을 비롯하여 DB로 구축되어 있는 자료들에 대한 검색과 분석을 통해서 어느 정도 달성 가능하리라 여겨진다. 그리고 조선시대 이전에(고려시대까지) 백성을 교화의 대상으로 보았는가의 문제도 구명해야 하는 주요 과제이다.

둘째, 지식 공유는 평화롭게만 이루어지지 않으며, 심지어 공유의 과정에서 상당한 폭력성이 드러나기도 한다는 점을 지적하고자 한다. 즉 지식을 공유하게 되는 사회구성원 모두가 수혜자(受惠者)인 것은 아니라는 점이다.

사회구성원 전체를 신유학 지식의 공유 대상자로 인정한 신진사대부(신유학자)들이 모든 사회구성원들의 신유학 지식 공유를 위해 택한 방법 중 한 가지는 '법제화'였다. 상·장례(喪葬禮)에서 불교적 풍습을 일소하고 유교적 방식을 정착하기 위하여, 즉 신유학 지식의 공유와 구현을 위해 『경국대전』은 다음과 같은 강제 규정을 두었다. 4품 이상 관료의 경우 3대 봉사(三代封祀), 6품관 이상은 2대 봉사, 그 이하 하급 관료 혹은 무관직자의 경우 1대 봉사를 강제하고 있는 것이다.[21] 기존에 공유된 사회적 지식을 새로운 지식 체계로 대체하기 위해서 그러한 강제적 수단을 동원했던 것이다.

---

20) 최봉준, 「14~15세기 성리학의 수용과 조선적 문명교화론의 탄생」, 『역사비평』 124, 2018 참조.

21) 마르티나 도이힐러, 이훈상 옮김, 앞의 책, 3장.

일반적으로 유교적 풍습의 보급은 '사대부층이 주도하여 백성을 교화시키는' 과정으로 이미지화되어 있다고 하겠다. 그런데 지식 공유를 위해 상당히 강제적이고 폭력적인 수단이 동원된 위 사례는 그 대상이 지식인층 내부였다는 점에서 더욱 주목된다. 그 과정이 예상 외로 험난했던 것은 제사를 받드는 문제가 곧 상속의 문제와 결부되어 있었기 때문이었다. 『주자가례』에서 제시하는 종법(宗法)·제사 계승의 원칙(우선 순위)이 종래 한국 사회의 상속 서열과 일치하지 않았던 것이 주요 원인이었다. 지식의 공유와 구현이 결코 형이상학적, 관념적 차원의 문제에 국한되는 것이 아님을 분명히 알 수 있는 대목이다. 즉 성리학적 이념의 공유가 상속이라는 경제적·현실적 문제와 충돌하고 있는 것이다. 거꾸로 말하자면 성리학적 이념의 공유는 종래와는 다른 방식으로 사회구성원들의 삶을 규정해나가게 될 것이었다.

위 사례를 통해 되짚어봐야 할 또 하나의 문제는 지식의 '공유'와 '구현'의 상관관계이다. 법제화를 지식의 구현으로 본다면, 위 사례가 『주자가례』에 투영된 성리학적 이념·질서의 완전한 공유를 위해 제사에 관한 법제화를 시도한 것인 만큼, 지식의 '공유 이후의 구현'이 아닌 '구현을 통한 공유 시도'라고 정리할 수 있다.

셋째, 지식 공유 과정에 보이는 '시차(時差)' 역시 짚고 넘어가야 할 문제이다.

한 사회내의 지식 공유가 내용의 측면에서 비균질적 속성을 지니고 있다는 사실, 즉 중심부(지식권력)와 주변부 간의 격차가 발생한다는 점은 앞서 언급하였다. 중심부-주변부의 상이함은 공간적 차이이다. 그런데 지식 공유에서는 그러한 공간적 요인에 의한 차별성만 발생하는 것이 아니다. '시차'라는 시간적 요인도 고려되어야 한다.

이를 엄밀한 의미에서 시차라고 지칭하기에는 무리가 따르겠지만,

'세대간 격차'로 인해 초래되는 지식 내용의 상이함은 지식 공유 과정을 검토할 때 유의해야 할 요소이다. 세대간 지식 내용의 차별성은 지식 유통의 범주, 가치 있는 지식의 기준, 학술적 경향 등을 변화시키고 결정한다. 18세기 한국사에서 사례를 탐색하자면, 17세기까지의 숭명반청적 사고·전통적 화이관(조선중화주의적 인식)에서 문화상대주의(북학)으로 선회하는 과정에서는 세대간 지향과 세계관, 인식의 차이가 가장 크게 작용한 요인이 아닐까 한다.

한편, 중심부로부터 주변부로의 지식의 확산·공유 역시 시차라는 요소를 염두에 두면서 검토할 필요가 있다. 즉 한 덩어리의 지식을 집중적으로 고찰하여 그 공유의 과정을 분석해낼 때 '시차'를 고려해야 한다. 15세기는 국가의 체제를 신유학적으로 바꾸는 시기였다면, 일국내에서 주변부로의 지식 공유 작업은 매우 더디게 진행되었다고 표현할 수도 있다. 백성에 대한 '교화'가 그러하다. 물론 지식 권력은 정치권력을 획득하는 순간 매우 저돌적으로 그 과정을 진행한다. 그리고 그것은 교육제도의 개편, 국가주도의 출판(보급형 윤리교과서 포함) 등 다방면에서 동시다발적으로 진행되지만, 모든 전장(戰場)에서 승리하지 못한다, 결코. 이에 관해서는 선행 연구의 다음과 같은 분석이 주목된다.

"지배층이 백성 교화에 본격적인 관심을 갖기 시작한 시기는 16세기부터였다. 이런 추세 속에서 길재 추숭에도 백성 교화에 대한 관심이 영향을 미치기 시작했다. 그 결과 이웃에 살던 약가가 길재에게 감화를 받아 수절(守節)하였다는 이야기가 만들어졌다. 길재 이야기와 약가 이야기가 길재의 교화와 약가의 감화라는 내용으로 하나의 이야기 속에 등장하게 된 것이다."[22)

위 인용문은 '백성의 교화'라는 목표를 달성하기 위한 본격적인 전투 수행이 조선 건국 후 1세기가 경과한 16세기의 시공간에서 펼쳐졌음을 말하고 있다.

3.3. 지식 공유와 지식권력: 지식권력의 전략, 공유 혹은 독점

원전 지식을 보유한 '지식권력'이 지식의 공유를 위하여 동원하는 수단이라든지(교화, 법제적 수단 등), 사회구성원 다수가 지식을 공유하게 되는 과정에서 나타나는 현상들(원전 지식의 희석화, 시차 발생 등)에 대해 검토해보았다. 이제 좀더 본질적인, 선결되어야 하는 과제가 남았다. 마냥 그 과정이 평화롭지도 않은(모든 구성원들이 바라지도 않는) 지식 공유를, 지식권력은 왜 밀어붙이려 하는가의 질문이 남는 것이다. 즉 "원전 지식을 보유한 지식 권력은 그 지식을 왜 공유하려 하는가"의 질문이다. 논리적 흐름상에서 가장 먼저 제기되면서도, 가장 논증이 어려우며 가장 외면 받는 질문이기도 하다. 여기서는 가장 난해한 이 질문에 답하는 대신 '공유'와 '독점'이라는 대비되는 개념을 동원하여 원전 지식을 둘러싼 지식권력의 상반된 전략을 검토한다. 이는 지식의 확산·공유를 필연적으로 일어나는 지식의 속성으로 치부해버리려 할 때, 최소한의 제동을 걸어줄 것이다.

원전 지식을 보유한 지식권력의 첫 번째 전략은 지식의 '공유'이다. 전근대 동아시아 사회의 지식체계 가운데 국가 관념이나 시대사상으로 자리매김했던 것은 유·불·선(儒佛仙, 혹은 儒佛道)이 대표적이다. 그들은 대체로 '○도(道)' '○교(敎)' 등으로 표현되는 만큼, 이데올로기적

---

22) 김훈식, 「조선 후기의 길재 추숭과 백성 교화」, 『역사와 경계』 92, 2014, 72쪽.

인 지향이 노골화되어 있는 지식·사상체계였다. 고금과 동서양을 막론하고 시대를 규정하는 지식체계는 지향을 내포하고 있음으로 해서 당연하게도 이데올로기적 일면을 지닌다. 다만 동아시아 지식체계의 경우 문화적 특성으로 인해 사회윤리로서의 성격이 한층 강력하게 투영되어 있었던 점은 분명해 보인다. 신유학자들이 지식 공유를 통해서 얻고자 했던 것은, 다소 이상적이게도, 다름 아닌 '공유 그 자체'였다고 할 수 있을 듯하다. 물론 매우 투철한 신유학의 신봉자들의 경우이다. 또 다른 전략은 지식의 공유가 사회의 변동을 추동하고 그 중심에 자신들이 위치함으로써 변동의 주도권을 획득하는 동시에 정치권력을 획득하는 것이었다는 분석도 가능하겠다.

지식의 유통에서 그 지식이 국가의 지식, 즉 '국학(國學)'으로 수용된 경우에는 매우 유리한 고지를 점령하게 된다. 동아시아에서 전통시대 국가권력은 출판이나 정보 전달 면에서 독점적이라고 할 만한 지위에 있었다.

지식권력의 두 번째 전략은 '독점'이다. 언뜻 원전 지식을 보유한 지식권력으로서는 지식의 사회적 공유(물론 비균질적 공유이다)가 최우선의 전략이라고 생각하기 십상이다. 그러나 지식권력에는 공유만이 '답'은 아니다. 오히려 매우 배타적인 '독점'을 통해서 지식권력(혹은 정치권력)으로서의 우월적 지위를 유지하는 전략을 구사하기도 한다. 멀리 눈을 돌려 보자면, 원 황실(元皇室)에서 사실상 특권화된 종교로서 라마 불교를 신봉한 것이나, 청조(淸朝)의 만주족이 팔기제(八旗制)에 기반한 기인문화(旗人文化)를 유지한 것 등이 독점의 사례가 될 수 있겠다.[23] 이민족으로서 중원을 지배한 몽골족이나 만주족은 특정

---

23) 마크 C. 엘리엇, 이훈·김선민 옮김, 『만주족의 청제국』, 푸른역사, 2009 참조.

종교 지식이나 생활 문화 및 공간을 독점하거나 배타적으로 구획함으로써 자신들을 피지배민족인 한족(漢族)과 구별 짓고자 했다. 위의 사례들이(특히 후자의 경우) 이 글에서 다루고자 하는 '지식'과는 이질적으로 느껴지는 일면이 있는 것도 사실이다. 하지만 종교 지식의 경우, 논자에 따라서 지식의 주요 카테고리의 하나로 위치 지우기도 하는 만큼[24] 전자의 경우 충분히 유효한 독점의 사례가 될 수 있을 것이다.[25] 후자, 즉 청대 만주족의 기인문화 역시 사회·조직의 운용 지식이라는 측면에서 본다면 지식 독점의 일례로 그다지 부적합해 보이지는 않는다.

위 두 사례의 공통점은 소수집단인 유목민족이 압도적 다수인 한족을 지배했던 장면을 배경으로 한다는 것이다. 다수의 피지배층과는 이질적이거나 혹은 호응을 얻지 못하는 정치권력이 지식의 '공유'보다는 '독점'을 택한 경우라고 하겠다. 물론 이러한 도식, 인과관계 설정이 향후 동아시아 지식사에 대한 연구의 축적에 의해 얼마나 설득력 있게 통용될 수 있을지는 미지수이며, 전혀 설득력 없는 도식으로서 폐기될 가능성도 얼마든지 있을 것이다.

4. 맺음말

각론 연구 성과들의 총합이 최종적으로 '15세기~20세기 전반 동아

---

24) 지식을 분류하면서 주요한 하위 범주로서 종교 지식을 부각한 학자로서 막스 셸러를 들 수 있을 것이다. 막스 셸러, 정영도·이을상 옮김, 『지식의 형태와 사회』 1·2, 한길사, 2011 참조.

25) 다만, 지식의 유형화에서 종교 지식을 다루는 비중은 연구의 대상 시기와 지역에 따라 차등을 두어야 한다고 생각된다.

시아 지식사'라는 광범위한 테두리를 구축하게 된다. 각론 연구는 문헌의 연구, 교육기관의 연구, 사상적 지향에 관한 연구 등등 그야말로 다양하고 광범위하다고 하겠다. 지식의 확산과 공유라는 특정 주제로 국한하더라도 그 광범위함이 몇 분의 1로 줄었다고 하는 것이 의미가 없을 정도로 여전히 총합으로 제시될 연구 영역은 광범위하다.

이 글에서 상정하고 있는 각론 연구의 영역은 지식사 연구의 제분야 가운데, 지식의 유통·확산·공유·구현 등의 범주이다. 지식사 가운데 이 범주를 '지식의 사회화(社會化)'라는 용어로서 지칭할 수 있지 않을까 한다. 이는 서두에서 밝힌바, 동아시아 지식사를 조망하는 데 연구 영역을 획정하여 체계적 연구를 진행하기 위한 개념어 제시의 일환이다. '사회화'의 뜻 가운데 "사적(私的)인 존재나 소유를 공적(公的)인 존재나 소유로 바꾸어 감. 또는 그런 일"[26]이라는 정의가 있을뿐더러, 일상적으로나 학술적 차원에서나 '지식의 사회화'라는 용어가 지식의 확산·유통과 공유까지를 포괄하는 개념어로서 통용되기에 무리가 없다는 판단에서 나온 제언이다.

인문학 분야에는 '학술적 교류', '지적 교류', '지식 유통' 등으로 표현되는 지식의 국내적/국제적 유통과 확산의 과정과 아울러, 한 사회에서 더 넓게는 동일한 국제적 권역에서 지식이 사회 구성원들이 공유하는 가치가 되는 과정에 대한 연구가 존재한다. 이 범주에 대한 연구가 곧 동아시아 지식사를 대상으로 하는 '지식 사회화'라는 연구 테마에 대한 접근이다.

사적(史的) 고찰은, 현실 문제를 해결하기 위해, 현재까지 축적되어 온 방대한 데이터를 가장 효율적으로 활용하는 방법이다. 그런데 과

---

26) 국립국어원 표준대사전(https://stdict.korean.go.kr/main/main.do, 검색일: 2019.4.30).

거 민족주의적 자긍심의 발로로서 고유성과 독자성에 천착하던 시기가 있었다. 하지만 역사 인식에서 사회 변동을 검토할 때 외부 요인은 부수적으로 다루어서는 안되는 그야말로 본질적 요소이다. 외부와의 소통과 외부 지식의 수용과 변용은 우리 사회의 지식 기반, 한국인들의 삶을 규정하는 기본적 요소였다. 15세기 이후(특히 17세기 이후) 동아시아 국가간 교류는 일찍이 없었던 활성화된 모습을 보이는데, 지식의 국제적 유통 또한 예외가 아니었다. 요컨대 외부와의 소통은 자아의 정체성과 질적 변화를 추동하는 매우 본질적인 요소이며, 지식의 국제적 유통은 지식사를 조망하는 데 주요 축이기도 하다.

이처럼 일국사적 시야를 넘어서 동아시아적 지평에서 지식사를 조망하려는 연구를 축적해가는 것이, 현재 우리에게 부과된 지식 관련 과제를 해결하고 지식의 생산과 공유·구현에 관한 전망을 제시할 수 있는 사적 고찰의 방향이 될 것이다. 지식 관련 담론을 왕성하게 생산하고 역사 속에서 소재를 발굴하여 각론 연구를 병행하는 것이 동아시아 지식사 연구의 방향이 아닐까 한다. "지식 권력은 그 지식을 왜 공유하려 하는가?"[27]와 같은 본질적인 의문에 기초한 문제의식을 부각하면서도, 개별적 사례 연구를 지향하는 성과들이 다수 제출되어야 한다고 생각된다.

연역적, 귀납적 고찰을 통하여 지식사의 관점에서 동아시아 역사와 전통, 문화를 이해하는 작업은 현재 우리가 딛고 서있는 지식 전통, 지식의 토대를 비추는 일이다.

---

27) 이는 어디까지나 일례일 뿐이다. 보다 핵심적이고 생산적인 질문은 얼마든지 제기될 수 있다.

참 고 문 헌

김경호 외, 『동아시아 역사상 문화교류와 상호인식』, 성균관대학교출판부, 2017.

이이화, 『이이화의 이야기 한국불교사』, 불광출판사, 2018.

이화인문과학원, 『동아시아 지식 네트워크와 근대 지식인』, 소명출판, 2017.

마르티나 도이힐러, 이훈상 옮김, 『한국의 유교화 과정』, 너머북스, 2013.

마에다 쓰토무, 조인희·김복순 옮김, 『에도의 독서회』, 소명출판, 2016.

마크 C. 엘리엇, 이훈·김선민 옮김, 『만주족의 청제국』, 푸른역사, 2009.

막스 셸러, 정영도·이을상 옮김, 『지식의 형태와 사회』 1~2, 한길사, 2011.

이언 F. 맥닐리·리사 울버턴, 채세진 옮김, 『지식의 재탄생』, 살림, 2009.

피터 버크, 이상원 옮김, 『지식은 어떻게 탄생하고 진화하는가』, 생각의날개, 2015.

피터 버크, 박광식 옮김, 『지식의 사회사』 1~2, 민음사, 2017.

김문식, 「조선시대 중국 서적의 수입과 간행: 『사서오경대전』을 중심으로」, 『규장각』 29, 2006.

김태훈, 「17~19세기 한·일간 역사 지식 유통과 역사 서술」, 『역사와 담론』 89, 호서사학회, 2019.

김훈식, 「조선 후기의 길재 추숭과 백성 교화」, 『역사와경계』 92, 2014.

민병희, 「성리학과 동아시아 사회: 그 새로운 설명 틀을 찾아서」, 『사림』 32, 2009.

박수밀, 「조선의 중국 서적 유입 양상과 그 의미: 서반과 유리창의 존재를 중심으로」, 『동아시아문화연구』 50, 2011.

박훈, 「19세기전반 熊本藩에서의 '학적 네트워크'와 '학당'의 형성」, 『동양사학연구』 126, 2014.

박훈, 「19세기 전·중반 사무라이 정치화와 '학적 네트워크': 미토번과 사쓰마번을 중심으로」, 『동양사학연구』 132, 2014.

신정근, 「유교 지식인의 '사회' 개선의 의의: 선진시대에서 송대까지 유교지식인을 중심으로」, 『동양철학연구』 26, 2001.

윤주필, 「한국 고전문학에서 본 중국 산동과 강남의 체험과 인식」, 『열상고전연구』 44, 2015.

이석규, 「조선초기 '교화'의 성격」, 『한국사상사학』 11, 1998.

이정철, 「조선시대 사림의 기원과 형성 과정」, 『조선시대사학보』 73, 2015.

정옥자, 「규장각의 지식기반사회적 의의와 동아시아문화」, 『규장각』 29, 2006.

정호훈, 「『규장총목』과 18세기 후반 조선의 외래지식 집성」, 『한국문화』 57, 2012.

진재교, 「동아시아에서의 서적의 유통과 지식의 생성: 임진왜란 이후의 인적 교류와 서적의 유통 사례를 중심으로」, 『한국한문학연구』 41, 2008.

진재교, 「18·19세기 동아시아와 지식·정보의 메신저, 역관」, 『한국한문학연구』 47, 2011.

최봉준, 「14~15세기 성리학의 수용과 조선적 문명교화론의 탄생」, 『역사비평』 124, 2018.

후마 스스무(夫馬 進), 「조선통신사와 일본의 서적: 고학과 교감학의 저작과 고전적을 중심으로」, 『규장각』 29, 2006.

동아시아와 유학(儒學)*

윤지원

1. 유학 지식권력의 탄생

중국 사상사 발전의 흐름 속에 유학(儒學)은 매우 특수한 위치를 차지한다. 유학은 봉건사회 후기의 통치 사상으로 한 대 중기부터 17세기까지 긴 세월 중국을 지배해온 지식권력의 핵심 이였다. 유학은 일국이나 특정한 시기에만 국한된 것이 아닌, 동아시아 지역에서 장기간에 걸쳐 지속적으로 (1) 사회의 삶의 방식, (2) 사회의 구조와 체계, (3) 가치와 문화를 구성하는 방식으로 작용하였다.[1]

---

* 이 글의 2.1. 현대 신유가 부분은 윤지원, 「唐君毅文化哲學淺析」, 『中國學論叢』56집, 한국중국문화학회, 2017의 일부분을 발췌 정리하였음.

[1] 민병희, 「性理學과 동아시아 사회: 그 새로운 설명 틀을 찾아서」, 『사림』 제32호, 수선사학회, 2008, 6쪽.

1.1. 한대 초기 황로사상(黃老思想)과 유학(儒學)

한나라는 전국 혼란기를 통일시킨 진나라의 뒤를 이은 국가이다. 진나라는 법가를 국가의 통치이념으로 채택하였다. 그들은 유학을 배척 하였으며 오직 법가만을 인정했다.[2] 법가의 사상으로 통치하던 진나라가 그 폐단으로 멸망한 뒤 건립된 한나라는 초기 경제적으로나 정치적으로 매우 혼란 하였다. 당시 한나라의 위정자들은 국가 재정과 백성을 안정시켜야 했고 이를 위해 황로사상(黃老思想)을 채택하였다. 그러나 이후 국가가 안정기에 들어서면서 유학(儒學)과의 정치적 이념경쟁에서 패배한 황로사상(黃老思想)은 독자적인 국가의 정치이념으로 선택되지 못하고 역사의 무대에서 사라지게 된다.

긴 전쟁 이후 새로운 국가의 형성으로 한나라는 정치적 혼란과 경제적 궁핍에 직면해 있었다. 당시 경제적 어려움에 대하여 『사기(史記)』는 다음과 같이 서술한다.

천자라고 할지라도 털 빛깔이 같은 네 마리의 말이 끄는 수레를 갖출 수 없었으며, 어떤 장군들은 겨우 소가 끄는 수레 밖에 탈수가 없었고 백성들은 저축이라고는 거의 할 수 없는 지경이었다.[3]

---

2) 『史記』「秦始皇本紀」. "진의 전적이 아닌 것은 모두 태워버리고, 박사관에서 주관하는 서적을 제외하고 천하에 있는 시, 서 및 제자백가의 저서들은 모두 지방관에게 태우게 하고, 감히 두 사람이 시, 서를 가지고 논하는 자는 저잣거리에서 사형시켜 백성들에게 본보기를 보이며, 옛것으로 지금을 비난하는 자는 모두 멸족시키고 이 같은 것을 보고도 검거하지 않는 관리는 같은 죄로 다스리십시오. 다만 불태워 없애지 않는 책은 의약, 점복, 종수에 관계된 서적뿐이니, 만약 법령을 배우려는 자가 있다면 관리를 스승으로 삼게 하십시오." 당시는 법가사상만을 배우게 하였다.

3) 『史記』「平準書」卷30, "自天子不能具鈞駟, 而將相或乘牛車, 齊民無蓋藏".

한나라는 초기 진나라의 폭정으로 피폐 해진 전국을 안정시키고 다스릴 수 있는 사상이 필요했고 이때 등장한 것이 황로사상이었다. 황로사상은 무위(無爲)를 주장하며 가혹하게 적용된 법과 피폐 해진 사회·경제 질서의 회복을 추구하였다. 이는 폭력과 물질 수단으로서의 상벌, 즉 법률만으로 사회와 경제 질서를 유지하고자 한 것에 따른 부작용을 해결하기 위한 최선의 방법이었다. 한초 위정자들은 무위(無爲)의 정치를 행하려 했고 이는 황로사상(黃老思想)의 기본 입장이었다. 당시 조참과 같은 황로사상가(黃老思想家)들은 법 체제를 간소화했으며 절약과 청결·무위(淸淨無爲)를 주장하였다.

한의 위정자들은 진나라의 실패[4]를 거울삼아 진나라의 법술사상이 아닌 황로도(黃老道)의 법사상(法思想)을 제국통치의 지침으로 운용하였다. 『사기』에 의하면 한나라 문제(文帝)는 연좌제도의 실효성과 타당성을 부정하고 이 법을 관리들에게 검토하도록 하여 폐지시켰으며[5] 친히 조서를 내려 이전까지 있어온 육형의 폐지를 명했다.[6] 법치를 유연하게 적용하여 민심과 민생의 안정을 위하여 최선의 노력을 하였던 것이다. 또한 그는 솔선수범하여 근검한 모습을 보였는데 『한서(漢書)』에는 이 사실을 다음과 같이 서술하고 있다.

효문황제는 고대의 절제와 검소함을 본받아서 궁궐에는 하녀가 십여 인에 불과했으며 마굿간에는 말이 백여 필에 지나지 않았다. 효문황제

---

4) 진나라가 법을 매우 강력하고 엄격하게 실행했기 때문에 민심을 잃게 되었다고 생각한 한나라의 위정자들은 법 체제의 간소화에 힘썼다.

5) 『史記』「孝文本紀」卷10, "法者, 治之正也, 所以禁暴而率善人也. 今犯法已論, 而使毋罪之父母妻子同産坐之, 及爲收帑, 朕甚不取".

6) 『史記』「孝文本紀」, "夫刑至斷支體, 刻肌膚, 終身不息, 何其楚痛而不德也, 豈稱爲民父母之意哉! 其除肉刑".

의 옷은 두터운 비단옷이며 신발은 풀을 엮었고, 그릇에는 옥이나 금은
과 같은 장식은 없었다.[7]

황로사상(黃老思想)은 개국 초기 피폐한 경제사정과 한고조 유방이
특정 사상을 지지하지 않았고, 전국말기 이후『여씨춘추(呂氏春秋)』나
『회남자(淮南子)』와 같은 통합적 학문의 발전 속에서 여러 학문을 두루
포괄하고 있는 장점 등을 통해 국가의 통치이념이 될 수 있었다. 하지
만 황로사상(黃老思想)은 어려운 경제상황의 회복과 유학자(儒學者)들
의 계속된 공세 속에서 새로운 변화를 모색해야만 했다. 또한 당시
점점 커지고 복잡해져가는 제국의 기구와 정세 역시 황로사상(黃老思
想)이 해결하기 어려운 지경에 이르고 있었다.

대규모의 상인들은 수탈을 자행했고 각 지역 제후들은 세력을 양성
중앙 조정에 저항하였으며 서북 변경의 흉노족의 위협도 거세져 갔
다. 이러한 모든 상황은 황로(黃老)의 무위(無爲)[8] 정치를 통해 해결하
기에는 그 이념의 특성상 빠른 대처를 기대하기 힘들었다. 중앙 집권
화와 왕권의 절대화라는 시대적 요청에 부응하지 못하고 안정된 시기
의 국가 통치 이념으로서의 부족함을 드러낸 황로사상(黃老思想)은 어
떤 형태로든 유위(有爲)의 정치로 나아가야 한다는 절실한 변화가 필
요했다. 하지만 이에 적응하지 못하고 한 무제의 등장과 함께 그 정치

---

7) 『漢書』「貢禹傳」, "孝文皇帝, 循古節儉, 宮女不過十餘, 廏馬百餘匹. 孝文皇帝, 衣綈履革, 器亡金
   銀之飭".
8) 황로도가에서 이야기하는 무위사상은 노장의 무위사상과 다르다. 노장의 무위는 개인적으
   로 각자가 억지가 없고 자연스러운 행위를 일상생활에서 원칙으로 삼고 행해야 하는 것을
   말하며 정치적인 면에서도 법령과 인의를 모조리 배제하여 분란을 초래하는 근원을 없애
   는데 중점을 둔 것이다. 황로도가의 무위는 노자의 소국과민 하는 형태나 민을 구속하는
   제반 문물제도를 부정하지 않고 이미 수립되어 있는 한나라의 통치형태를 철저히 지키고
   유지하여 한나라를 보호하려는 정치적 무위이다.

적 지위를 유학(儒學)에 내주게 된다.

한대 유학자가 등용되기 시작한 것은 숙손통(叔孫通)과 육가(陸賈)로부터이다. 숙손통은 미천한 신분이었던 유방이 한나라의 황제로서 갖추어야 할 권위가 무엇인지를 가르쳐 주었고 육가는 인의(仁義)로써 나라를 다스릴 것을 주장하였다. 숙손통은 노(魯)나라에서 예(禮)를 가르치던 유학자였다. 그는 예를 통해 황제와 신하가 다름을 지적하고 황제가 취해야 할 권위를 가르쳤다. 다음은 숙손통과 고조의 대화이다.

오제는 음악을 달리하였고 삼왕은 예법을 달리 하였습니다. 예법은 시대와 인정에 따라 간략하게 하기도 하고 꾸미기도 하는 것입니다. 그러한 까닭에 하, 은, 주의 예가 이전의 예를 따르면서 줄이고 보충한 것임을 알 수 있다고 한 것은 바로 고금의 예와 진나라의 의법을 결합하여 말하는 것 입니다. 바라건데 고대의 예와 진나라의 의법을 결합하여 한나라의 예를 만들고자 합니다.[9]

선비라고 하는 자들은 함께 천하를 취하여 진취적인 일을 같이 하기에는 어렵지만 함께 성업을 지키기에는 적당합니다. 원하건데 노의 여러 선비들을 불러 신의 제자들과 함께 조정의 의례를 정하게 해주십시오.[10]

이와 같은 내용은 육가와 고조와의 대화에서도 찾아 볼 수 있다.

---

9) 『史記』 「劉敬叔孫通列傳」, "五帝異樂, 三王不同禮. 禮者, 因時世人情爲之節文者也. 故夏、殷、周之禮所因損益可知者, 謂不相複也. 臣願頗采古禮與秦儀雜就之."

10) 『史記』 「劉敬叔孫通列傳」, "夫儒者難與進取, 可與守成.臣願征魯諸生, 與臣弟子共起朝儀."

육가는 고조에게 시경과 서경을 경전으로 삼아 무와 함께 문으로 즉 인의로 세상을 다스릴 것을 주장한다.

나는 말 위에서 천하를 얻었소. 어찌 시경 상서 따위에 얽매이겠소! 육가가 말하였다. 말 위에서 천하를 얻으셨지만 어찌 말 위에서 천하를 다스릴 수 있습니까 옛날 은 탕왕과 주 무왕은 역도로 천하를 얻었지만 민심에 순응하여 나라를 지키셨으니 이와 같이 문무를 함께 사용하는 것이 국가를 길이 보존하는 방법입니다. (…중략…) 당시에 진나라가 천하를 통일하고 인의를 행하고 옛 성인을 본받았다면 어떻게 폐하는 천하를 차지할 수 있었겠습니까11)

한대 유가는 황로사상가(黃老思想家)들과의 대립을 통해 황제의 정통성 확립을 위해 노력하였다. 한나라는 전쟁을 통해 이룩한 나라였고 때문에 전쟁에 의해 국가를 잃지 않기 위해서는 그 정체성의 확보가 무엇보다 우선시되었다. 유학은 한대 초기부터 바로 이러한 부분을 해결하기 위하여 노력하였다.

앞서 살펴본 바와 같이 황로사상(黃老思想)의 본질적 특징은 무위이며 이는 기존의 틀을 유지하며 순응하는 것이었다. 그들의 무위는 한대 초 황제와 군사력과 재력을 바탕으로 강력한 힘을 보유한 제후간의 균형을 유지시켜 주었다. 즉 정국의 안정을 목표로 스스로의 특권을 유지하려는 황제와 건국공신과 제후국간의 가장 이상적인 정치 이념이었던 것이다. 하지만 이 같은 황로사상은 중앙집권화를 통

---

11) 『史記』「酈生陸賈列传」, "乃公居馬上而得之, 安事詩書! 陸生曰, 居馬上得之, 寧可以馬上治之乎? 且湯武逆取而以順守之, 文武並用, 長久之術也. …… 鄉使秦已並天下, 行仁義, 法先聖, 陛下安得而有之?"

해 절대 황권을 추구하는 입장에서는 올바른 통치이념일 수 없었다. 한초 황로사상을 통해 정국은 안정되었고 경제적으로도 풍요롭게 되었다. 하지만 제후국들은 경제력을 바탕으로 병력을 증강하였고 강력한 군사력으로 모반을 시도하였다. 이러한 현실에 직면한 황로사상은 어떠한 해결책도 제시할 수 없었다. 황로사상의 한계(限界)는 황제의 권력과 제후와의 힘의 균형이 유지되는 상황에서만 유의미한 것이었다. 즉 두 세력의 힘의 균형이 무너진 현실 앞에 황로사상은 무기력할 수밖에 없었다.

이와 같은 위기를 극복하기 위해 새로운 통치이념이 요청되었다. 새로운 통치이념은 막강해지는 제후들의 세력으로부터 황제의 권력을 유지 안정화할 수 있어야 했으며 이를 바탕으로 통치권의 확립을 이루어야 했다. 황제는 통치권의 확립을 위해 새로운 법제를 확립하고 황권을 강화시키기 위한 제도를 마련하기 위한 이론으로써 유학(儒學)을 선택한다.

지식은 항상 현실에 비추어 실현된다. 그리고 권력은 자신의 정당성을 확보하기 위해 지식을 채택한다. 때문에 그것이 아무리 우수한 지식이라도 그것을 실현해 줄 수 있는 집단에 의해 선택되어야 하며 강력한 권력은 자신들의 정당성을 뒷받침해 줄 수 있는 지식을 얻어야만 그 권력을 유지해 나갈 수 있다. 때문에 지식은 권력을 지향하고 권력은 지식을 확보하려 한다.

황로사상은 강력한 군주권의 확보를 위한 힘이 부족했을 뿐만 아니라 한 나라 국가 형성의 정당성을 제시하지 못했다. 하지만 유학은 새로운 통치 수단으로써 제후국이나 신권을 단순한 법으로의 통제가 아니라 덕으로의 통제로 묶었다. 결국 황로사상은 내적으로 다른 학문과의 대결을 위해 학문으로서의 변화를 추구하지 못했으며 외적으

로는 시대권력의 요구에 부응하여 정세에 맞게 변화지 못하고 역사의
무대에서 쓸쓸히 사라지게 된다.

1.2. 무제(武帝)와 동중서(董仲舒)

무제가 집권하기 이전부터 유학은 정책적으로 시도되고 있었으며
무제 즉위 초기부터 유학적 소양을 지닌 관리들이 대거 등용된다.
하지만 황로사상의 신봉자였던 두태후에게 이들은 모두 파직 당하고
만다. 두태후의 사후 무제는 본격적으로 구현(求賢)[12]을 실시하였고,
이는 공식적으로 유가의 정치무대 진출의 길을 열어주게 되었다. 사
실 무제의 구현은 유가만을 대상으로 한 것은 아니었다. 다음은 무제
가 스스로 책문을 내리는 의도를 밝힌 것이다.

　　짐이 선왕들의 존귀한 지위와 훌륭한 덕을 이어받아 그 지위를 영원히
전하고 그 덕을 한없이 베풀고자 하나, 책임은 크고 지켜야 할 것은 무겁
다. 이런 까닭에 아침부터 밤까지 마음이 편할 틈이 없고, 오래도록 만사
의 근본을 생각해 보았으나 오히려 미처 살피지 못한 것이 있을까 두렵
다. 그러므로 사방의 뛰어난 지식인들에게 문호를 여니, 군과 국의 책임
자와 제후의 능력이 뛰어나고 덕행이 방정하며 학문을 잘 닦은 선비를
공정하게 천거하라. 대도의 요체와 지극한 핵심을 듣고자 함이다.[13]

무제는 권력의 대립을 통해 선택된 군주였으며 기존의 정치집단

---

12) 求賢은 漢의 건국 이래 정치를 주도한 공신세력을 대신할 인재를 발탁하고, 정치참여의
　　기회를 찾는 文學之士들을 조정으로 유입하기 위하여 실시한 것이었다.

13) 『漢書』 卷56 「董仲舒傳」.

즉 두태후를 대표로하는 황로세력에 의해 항상 권력의 제한을 받았다. 때문에 무제는 그들을 견제할 새로운 이념을 원했고 중앙집권적인 전제 정치를 확립, 권력의 항구성을 추구하려 하였다. 두태후의 죽음은 그러한 그에게 구현이라는 길을 선택할 수 있는 기회를 제공했다. 구현의 과정 중 유학은 다음과 같은 몇 가지 이유로 인해 두각을 나타낼 수 있었다.

첫째 황로사상을 대체할 정치 이론의 필요성
무제가 즉위하였던 시기는 무위정치로부터 유위정치로 옮겨가는 과도기였다. 대내적으로는 제후의 세력을 억압하여 중앙집권적 관료국가를 건설해야 했으며 대외적으로는 흉노를 축출해야 하는 절박한 현실에 직면해 있었다. 유가사상은 이러한 현실에 시대에 역행하는 황로사상과는 달리 예교로써 사회를 건설할 것을 주장하며 형법과도 배치되지 않는 정치이론을 가지고 있었다.

둘째 진나라 멸망의 원인으로 생각되는 법가의 정치이론과의 차별성
유가 정치사상의 기반은 "위정이덕(爲政以德)"으로 법가의 엄중 형벌(嚴重刑罰)의 극권 정치(極權政治)와 차별성을 갖는다.

셋째 유위정치(有爲政治)의 기반으로써 정통성과 합법성의 근거의 필요성
유가는 당시 정권이 백성들에게 신임을 받을 수 있는 정치적 이론의 기반을 제시하였으며 한 건국이후 60년이 지난 무제 즉위 초까지도 문제시되고 있던 고조의 전통성의 문제를 해결할 수 있는 사상적 배경을 가지고 있었다.14)

원시유가의 이상은 덕치를 실현하는 것이다. 덕치 실현의 주체는 지식인이며 덕치는 지식인의 정치참여를 기반으로 한다. 당시 문학지사를 중심으로 한 사인계층의 임관 및 정치 참여는 유학의 이론에 의하면 당연한 것이었다. 유학의 이론은 정치에 참여한 사인계급을 유덕자 지배론에 근거하여 지배계층으로서의 우월적 지위를 보장하였고 이후 유학은 사인계급에 점차 그 영향력을 확장하게 된다.

당시 유학자 가운데 가장 영향력 있는 이론을 제시한 사람은 동중서였다. 그는 현량대책문(賢良對策文)에서 삼론을 제시 유위정치의 이론 근거를 제공하였다. 그는 먼저 "경화론(更化論)"을 제안하여 무제의 전면적 개제를 위한 이론 기반을 구축하였고 "유위론(有爲論)"을 통해 무위정치에서 유위정치로의 변화를 추진했다. 그리고 "삼통론(三統論)"을 제출 "경화론(更化論)"과 "유위론(有爲論)"의 근거를 마련하였다. 또한 그는 천인 감응론(天人感應論)을 바탕으로 한제국의 정통성과 합법성을 제공하였다. 동중서는 말한다.

신은 삼가 춘추의 글을 살펴보아 왕의 단서를 구하려 하였는데 그것을 정에서 얻을 수 있었습니다. 정은 왕의 다음에 있으며, 왕은 춘 다음

---

14) 『漢書』 卷88 「儒林傳」에 보이는 儒學者 원고와 黃老學者 황생의 논쟁은 당시 한고조의 정통성의 문제가 무제 즉위 초까지도 논란이 되고 있었음을 보여준다. 황생은 말한다. "탕왕과 무왕은 천명을 받은 것이 아니라 그 군주를 살해한 것이다." 원고가 말한다. "그렇지 않다. 걸과 주가 폭군이었기 때문에 천하의 민심이 모두 탕과 무에게 귀의하였고 탕과 무는 천하의 민심편에 서서 걸과 주를 주멸한 것이며, 걸과 주의 백성들이 그 군주의 말을 듣지 않고 탕과 무에 귀의하였기 때문에 부득이 자립한 것뿐이다. 이것이 천명을 받은 것이 아니고 무엇인가?" 황생일 말한다. "관은 아무리 낡아도 반드시 머리에 써야 하며, 신발은 아무리 새 것이라도 반드시 발에만 신어야 한다. 왜냐하면, 상하의 분이 정해져 있기 때문이다. 그러니 걸과 주가 아무리 도를 잃었다고는 해도 군주이며 탕과 무는 아무리 성인이었다고 해도 신하일 뿐이다." 원고가 말한다. "만약 그대의 말대로라면 고황제가 진을 대신하여 천자에 즉위한 것도 잘못이 아닌가?"

에 있습니다. 춘이란 천이 하는 바이며, 정은 왕이 하는 바입니다. 따라서 춘왕정월의 뜻은 위로는 하늘의 뜻을 계승하고 아래로는 그것으로써 자신의 행위를 바르게 하여 왕도의 단서를 바르게 하여야 한다라고 말하는 것입니다. 그러므로 왕은 그 하려고 하는 바를 마땅히 천에서 단서를 찾아야 합니다. 천도 가운데 가장 중요한 것은 음과 양에 있습니다. 양은 덕에 해당하고 음은 형에 해당합니다. 형은 죽이는 것을 주로 하고 덕은 살리는 것을 주로 합니다. 그러므로 양은 언제나 한 여름에 있어 생육과 양장을 맡고, 음으로 하여금 들어가 지하에서 잠복해 있다가 때때로 드러나 양을 돕도록 합니다. 양은 음의 도움을 받지 못하면 또한 혼자서 한 해를 오나성할 수 없지만, 끝내 양은 한 해를 완성하는 것으로써 이름 하는데, 이것이 천의 입니다. 왕은 천의를 계승하여 일하므로 덕에 의해 교화에 맡기지 형에 의해 맡기지 않습니다. 형이 그것에 맡김으로써 세상을 다스릴 수 없음은 음이 그것에 맡김으로써 한 해를 완성할 수 없음과 같은 것입니다. 정치를 하면서 형벌에 맡기는 것은 천에 순종하지 않는 것이므로 선왕은 그것을 하려하지 않았던 것입니다.

천의 영, 이것을 명이라고 말합니다. 명은 성인이 아니면 행할 수 없습니다. 날 때부터의 성질 이것이 성입니다. 성은 교화하지 않으면 완성되지 못합니다. 사람의 욕심, 이것이 정입니다. 정은 법도가 아니고는 절제가 어렵습니다. 그러므로 임금은 위로부터 천의를 받아서 명을 따릅니다. 아래로 향해서는 힘써 가르침을 밝혀 백성을 감화시켜 완성시킵니다. 법도의 마땅함을 바로잡고 상하의 차등을 구분합니다. 이것으로써 욕심을 막습니다. 이 세 가지를 바로잡으면 정치의 근본이 이루어지는 것입니다.[15]

동중서는 황제의 지위를 하늘과 감응할 수 있는 절대 권력으로 상정했다. 그에 의하면 황제는 하늘과 감응할 수 있고 하늘에 일정한 작용을 할 수 있는 지위를 가졌다. 즉 한의 황제는 황제이면서 동시에 천하의 통치자였던 것이다. 이 같은 동중서의 천에 대한 이해는 이전의 유학에서는 볼 수 없었던 황제에 대한 이론적 접근을 통해 황제와 천자를 일치시키고 있다. 그리고 이를 바탕으로 황제를 하늘의 명을 받은 군주로 성인과 동류로 이야기한다. 결국 무제(武帝)는 그가 얻고자 하는 해답, 즉 자신의 지위의 절대성을 보장받았고, 동중서를 비롯한 유학자(儒學者)들은 자신들의 지식을 실현시킬 권력을 확보하게 된다.

2. 근대 이후 유학의 변천

19세기 이후 서양문화의 격류 속에 2천 년 간 중국의 지식권력으로 전통문화를 주도해온 유학은 급격한 붕괴에 직면하게 된다. 이 과정은 5.4신문화운동 이후 인문주의와 과학주의의 대립을 통해 진행되었다. 과학주의자들은 중국문화의 결점을 공격하고 서구 과학지식을 찬양하며 서구의 과학지식으로 중국을 변화시키려 했고, 인문주의자들은 중국문화의 가치를 찬양하고 서구사상의 부작용을 폭로하며 상호 긴장을 고조시켰다.

1958년 현대 신유학자들에 의해 전개된 신유학운동은 이러한 대립에 새로운 바람을 불어 넣었다. 그들은 객관적 시점에서 유학의 결점

---

15) 『漢書』 卷56 「董仲舒傳」.

을 반성하고 서구 지식의 장점을 인정 유학의 도덕 가치를 바탕으로
서구의 과학주의의 합리적 요소를 융합하였다. 그리고 중국당대유학
의 현대적 형태의 완성을 위하여 노력하였다.

2.1. 현대 신유가

서양문화의 유입과 전통문화와의 갈등은 5.4운동의 기폭제가 되었
다. 그리고 이를 계기로 일련의 학자들은 중국 전통문화에 대한 재해
석을 바탕으로 서양의 문명을 받아들여 연구하기 시작했다. 그들은
전통문화에 대한 반성과 서양문화의 주체적 수용을 통해 중국의 현대
화를 실현하고자 하였다. 그들은 서양 물질사회의 가장 큰 문제를
도덕문제로 보았고, 유가의 도덕형이상학을 본체로 서양철학의 방법
을 도입하여 전통중국철학의 새로운 방향을 설정하고자 하였다.16)
이러한 중국철학의 연구를 주도했던 철학가들을 현대 신유가(現代新
儒家)라 부른다.

1958년 1월1일, 20세기 중국사상계에 거대한 영향을 미친 선언문이
발표된다. 그 제목은 '중국 문화에 관해 세계 인사들에게 삼가 알리는
선언: 중국학술연구 및 중국문화와 세계문화의 앞날에 대한 우리의
공통인식'이었다. 1957년 미국을 방문한 탕쥔이(唐君毅)는 미국에 정
착한 장쥔마이(張君勱)를 방문 서양학자의 중국문화에 대한 잘못된
연구 방식 및 관점을 바로잡기 위해 연명하여 하나의 선언문을 발표
하기로 결의한다. 이를 위해 장쥔마이(張君勱)는 당시 대만에 있던 머

---

16) 現代新儒家는 儒家의 內聖에 해당하는 도덕 형이상학을 본체로 삼고 理智를 작용으로 과학·
민주의 新外王 사업을 이끌어 내려 했다. 韓强, 『現代新儒學心性理論評述』, 遼寧出版社,
1992, 8쪽.

우쭝산(牟宗三)과 쉬푸콴(徐復觀)에게 서신을 보내 의견을 구하고 唐君毅에게 초안을 작성하도록 한다. 탕쥔이(唐君毅)는 초안을 장쥔마이(張君勵), 머우쭝산(牟宗三), 쉬푸콴(徐復觀)에게 보내 검토하게 하고 그들의 의견을 청취하여 선언문을 최종적으로 완성한다. 그리고 마침내 이듬해 1월 1일 탕쥔이(唐君毅), 머우쭝산(牟宗三), 장쥔마이(張君勵), 쉬푸콴(徐復觀) 4인의 연명으로 『민주평론(民主評論)』과 『재생(再生)』 두 잡지에 동시에 선언문을 발표한다.

탕쥔이(唐君毅)가 완성한 문화선언(文化宣言)[17]은 4만여 자 총 12장으로 구성되어 있으며, 그 내용은 중국문화의 과거와 현재에 대한 기본 인식과 그 앞길에 대한 전망, 그리고 중국의 학술문화와 중국문제를 연구함에 있어 마땅히 지향해야 하는 방향 및 그들의 세계문화에 대한 기대와 희망이었다.

전언에서 그들은 중국의 문화가 세계적인 중요성이 있음에도 불구하고 당시 세계의 인사들이 중국문화를 사망한 것으로 간주, 중국문

---

17) 唐君毅, 『中華人文與當今世界下』, 臺灣學生書局의 끝 부분과 張君勵, 『新儒家思想史』 下冊 끝부분에 부록으로 文化宣言의 전문이 실려 있다. 그 목차는 다음과 같다. 1장 전언—우리가 이 선언을 발표하는 이유. 2장 세계인들이 중국의 학술과 문화를 연구하는 세 가지 동기와 방법 그리고 그 결점(중국의 학술문화를 연구하는 동기는 첫째: 傳教하기 위함, 둘째: 중국문물에 대한 호기심, 셋째: 중국의 정치와 경제 및 국제정세에 대한 현실적인 이해관계에 대한 주의). 3장 중국의 역사와 문화의 정신생명에 대한 긍정. 4장 중국철학사상이 중국문화 가운데서 갖는 지위 및 그것과 서양철학의 차이점. 5장 중국문화 가운데서의 윤리도덕과 종교정신. 6장 중국 심성지학의 의의. 7장 중국의 역사와 문화가 장구한 까닭. 8장 중국문화의 발전과 과학(중국의 문화는 서양의 민주주의와 과학사상을 흡수할 필요가 있다. 그 방법은 외재적으로 첨가하는 방법이 아닌 내재적으로 중국문화의 이상 그 자체를 신장시켜야 한다. 그들은 다음과 같은 주장을 한다. 첫째, 중국인들은 심성론을 통해 자신이 도덕실천의 주체가 되어야 함을 자각해야 한다. 둘째, 중국인들은 정치적으로 하나의 정치의 주체가 되어야 함을 자각해야 한다. 셋째, 중국인들은 자연세계와 지식세계에서 인식의 주체 및 실용기술의 활동주체가 되어야 한다). 9장 중국문화의 발전과 민주제도의 확립. 10장 중국 현대정치사에 대한 우리의 인식. 11장 서양문화에 대한 우리의 기대와 서양이 동양에서 배워야 할 지혜. 12장 세계 학술사상에 대한 우리의 기대.

화의 근본정신을 탐구하려 하지 않는 것을 선언의 이유로 밝히고 있다. 그들은 중국의 역사와 문화는 무수한 세대의 중국인들이 그 생명과 심혈을 기울여 이룬 것이며 일종의 객관적 정신생명의 표현이기 때문에 중국문화의 생명성을 긍정해야 한다고 주장한다. 그들에게 있어 정신생명의 핵심은 중국철학이다. 그들은 중국문화의 특징을 다음과 같이 정의한다.[18]

① 중국문화는 뿌리는 하나이다.

현대 신유가(現代新儒家)는 중국 문화의 정신생명에서 기타 문화와 철학의 관계는 나무의 지엽과 근간의 관계라고 말한다. 이것이 그들이 말하는 중국 문화의 일본성(근본이 하나인 특성)이다. 일본성은 중국문화가 그 본원에서 하나의 문화체계임을 말한다. 그들은 고대 중국의 상이한 문화지역을 긍정하며, 이러한 다양한 문화들이 고대문화의 전통 승계를 방해하지 않았다고 말한다. 중국의 역사에서 정치적으로는 비록 분열과 통일이 있었지만 문화와 학술사상의 커다란 흐름에는 어떠한 영향도 미치지 못했다는 것이다. 이는 도통의 전승이다. 이를 바탕으로 그들은 중국 문화의 이해를 위해서는 반드시 그 철학의 핵심에 대한 이해가 선행되어야 하며, 중국 철학을 제대로 이해하려면 다시 그 철학의 문화적 의미로부터 이해해야 한다고 주장한다.[19]

② 중국문화는 종교성을 가지고 있다.[20]

---

18) 牟宗三, 김병채 외 옮김, 『모종삼 교수의 중국철학 강의』, 예문서원, 2011, 224~225쪽.
19) 위의 책, 230~234쪽.
20) 牟宗三, "종교는 문화를 창조하는 동력이며 그 문화의 특색을 결정하는 주요인이다"; 唐君毅 "종교는 인간의 정신을 향상시키고 발전시키는 매우 중요한 요소이다". 現代新儒家는

중국인과 세계의 인사들에게는 중국 문화가 사람과 사람 사이의 윤리도덕은 중시하지만, 종교를 중시하지 않는다는 오랜 시간 보편적으로 유행하던 중국 문화에 대한 견해가 있다고 말한다. 현대 신유가 (現代新儒家)에 의하면 중국의 윤리도덕은 인간의 내재적 정신생활에 근거하고 있으며 이 가운데 종교적인 초월의 정서가 포함되어 있다. 단지 중국문화는 일본성을 그 특성으로 하기 때문에 중국의 고대문화에 독립된 종교문화의 전통이나 사제조직과 같은 전통은 찾아 볼 수 없다. 즉 중국 중국인에게 있어 종교적 초월정서나 종교정신은 그들의 윤리도덕과 그 문화적 유래가 같기 때문에 그들의 윤리도덕정신과 합일되어 나뉠 수 없었다고 주장한다. 그들의 인생철학과 도덕실천이라는 측면에서 보면 그 안에도 분명하게 종교적 초월정서가 포함되어 있다는 것이다. 중국의 사상가들의 중시했던 천인합덕 천인합일 천인불이 천인동체에서 천의 관념이 가리키는 바가 현실적인 개인의 자아와 인간관계를 초월해 있으며 살신성인 사생취의 등의 인의 가치가 개인생명의 가치를 초월한다는 사실을 표현하고 인의라는 도(道) 그 자체에 대한 절대적 신앙이 있음을 주장한다.21)

③ 중국문화의 핵심은 심성론이다.

심성지학은 사람이 마땅히 지켜야 할 도리의 본원을 논증하는 학문

과학과 민주로 대변되는 근대문명을 창조하고 고도성장한 서양 문화의 힘이 바로 기독교라는 종교에 있다고 생각한다. 만일 중국 문화에 종교적 초월정서가 없다면, 중국 문화는 근본적으로 발전과 성장의 가능성이 없는 구시대 유물에 불과하게 된다.

21) 唐君毅에 의하면 중국의 철학과 도덕 및 정교 정신은 모두 직접 원시의 천을 공경하는 정신에서 이끌어져 나왔다. 그러므로 중국문화는 결코 종교가 없는 것이 아니라 종교가 인문에 융합되고 포섭된 것이다. 이를 종교의 인문화 현상이라 부른다. 중국문화정신의 정수는 인간본성에 내재하고 있는 "仁心"에 의거 자연과 인생을 관찰, 초월하고, 이를 삶속에서 실현하여 인문세계를 변화시키는 것에 있다.

이며 이것이야말로 중국문화의 핵심이며, 또한 천인합덕 사상의 진정한 근본이다. 심성론은 인간의 도덕을 실천하는 기초이다. 이러한 심성론은 형이상학 체계를 포함하는데 그 형이상학이란 칸트의 이른바 도덕형이상학에 가까운 것으로. 도덕실천으로써 증명되고 실현되는 형이상학이다. 그것은 일반적으로 먼저 객관적인 우주에 하나의 궁극 실재가 존재한다고 가정하고, 경험이성에 근거하여 추리 증명하는 형이상학이 아니다. 현대 신유가(現代新儒家)는 중국의 심성론이 인간 생활의 내부와 외부 그리고 사람과 하늘을 서로 통하게 하며, 사회윤리, 예법, 내심수양, 종교정신, 형이상학 등에 두루 통하여 그것들을 하나의 체계로 묶어낸다고 주장한다.22)

문화선언(文化宣言)을 통해 현대 신유가(現代新儒家)가 원했던 것은 중국인들이 주체적 변화를 통해 서양문화를 흡수하고 중국 문화가 건강하게 발전하는 것이었다. 때문은 그들은 문화선언을 통해 다음과 같이 주장한다.

인격이 더 높은 단계에 이르고 민족의 정신생명이 더욱 발전해야 한다는 요구는 중국인이 자각적으로 도덕실천의 주체가 되어야 한다는 명제 자체에 의해 이루어지는 것이다. 이는 또한 중국 민족의 객관적 정신 생명이 발전하는 과정에서 원래 요구되는 것이기도 하다.23)

---

22) 現代新儒家에 의하면 중국의 심성론은 인성의 도덕실천에 기초하며, 이 심성론에 포함되어 있는 형이상학 또한 도덕실천을 통하여 실증되는 형이상학이다. 그러므로 이러한 실천은 반드시 내재적 깨달음을 통하여 실천이 이루어지게 되며, 이들은 서로 상호보완적이다. 그리고 내재적 깨달음은 확장되어 인성의 도덕실천에 대한 의지는 무한하게 된다. 무한 확대된 도덕실천의 의지는 天地萬物과 일체가 되는데 이를 통해 우리의 심성은 天과 통하게 된다. 이는 유가에서 말하는 "性理卽天理", "本心卽天心"이다.

2.2. 유교 자본주의

전통사회에서 합리성과 근대적 진보성을 확보했던 중국은 근대화의 대열에서 낙오하게 된다. 유학이 가지고 있는 통일국가의 이상, 정치의 도덕화, 그리고 윤리체계는 근대화의 걸림돌이 되었으며 이러한 특징은 경쟁시스템과 합리적 과학정신을 배양하는 데 장애가 되었다. 정치는 도덕으로 인해 이익을 추구하는 경제 발전을 정신적으로 제약하였다. 독일의 사회학자인 막스베버는 유학의 이 같은 점을 지적한다. 그는 기독교의 캘빈주의가 발전시킨 청교도적 윤리와 경제적 합리주의가 자본주의 정신을 낳았다고 말한다. 그리고 유교사회의 이상적 인간상인 군자(君子, noble man)는 전문적 직업인이 되기보다는 완성된 인격체를 지향하기 때문에, 서양이 산업혁명에서 경험한 것과 같이 전문지식을 습득하여 세상을 변환시키기보다는 세상에 적응하는데 더 관심을 두어, 동양의 유교적 전통에서는 자본주의의 발달을 기대할 수 없다고 주장한다.24)

2차 세계대전 이후 일부 동아시아 국가들은 매우 짧은 시간 비약적 경제 성장을 이룩한다. 이에 대해 몇몇 학자들은 그 원인을 유교와 자본주의의 상호관계성 측면에서 찾았으며 이는 다시금 유학이 주목받는 계기가 되었다. 이들은 기본적으로 유교를 자본주의 발전의 장

---

23) 唐君毅는 중국의 심성론이 본래 윤리학뿐만 아니라 형이상학과 종교정신(초월정신)을 포함하고 있으며 또한 인간의 주체를 도덕실천 주체에만 국한시키는 것이 아니라 그 발전과정에서 새로운 주체 예컨데 정치의 주체, 실용기술의 활동주체로 변화할 수 있는 가능성을 충분히 내포하고 있다고 주장한다.

24) Max Weber의 비판은 論語, 第2篇 爲政, 第12章에 나오는 '君子不器'를 비판한 것으로 보인다. 이 표현은 군자는 어떤 목적을 위한 수단이 되어서는 안 되며, 군자가 되는 것 자체를 목적으로 삼아야 한다는 뜻임.

애물로 생각한 베버의 이론에 반대하는 입장이었다.

베버의 이론에 동의하지 않으며 유교자본주의론을 처음 제기한 학자는 미국의 허먼 칸(H. Kahn)이었다. 그는 2차 세계대전 후 동아시아에서 성공적 경제개발을 수행한 국가들의 공통점이 유교문화권이라는 점에 착안, 유교가 동아시아 경제발전의 추진력이라고 주장했다. 그의 주장에 따르면 유교사회에서 무엇보다 우선되는 것은 가족, 교육, 자아실현에 대한 욕구, 책임에 대한 의무이며, 이와 같은 특징이 인간관계, 협동, 위계질서의 중요성을 강조하는 조직의 특징과 결합하게 되면 근대자본주의에 적합한 문화를 창조한다는 것이다. 칸은 프로테스탄트 윤리와는 다르게 유교의 윤리가 헌신과 충성 그리고 책임감을 고양시키고 나아가 조직의 역할에 있어 동일성을 강조하는 데 서양의 문화보다 적합하다고 주장한다. 그리고 그의 이 같은 주장은 보겔(Ezra F. Vogel)이나 피터 버거(Peter L. Berger)[25]와 같은 학자들에 의해 본격적으로 확산되기 시작한다.

버거는 동아시아 경제발전의 바탕에는 유교윤리가 작용한다는 이론을 체계화시켰으며, 동아시아가 서양과 다른 독자적 현대화의 길을 걷고 있다고 생각했다. 그리고 보거는 산업적 신유교주의를 제시하였다. 이들은 반자본주의의 특수성을 반 개인주의와 집단주의에서 찾았고 동아시아의 경제발전의 원인이 서구의 합리주의나 개인주의에 있는 것이 아닌 유교적 이념과 가치로부터 도출된 행동양식에 의해 구성된다고 주장했다.

---

25) 유교 윤리로 인해 동아시아의 현대화가 이루어지지 못한 것으로 주장하는 베버의 논리에 버거는 황권이 무너진 후 유교 사상이 민중들의 노동 윤리로서 현대화에 기여했다는 논리로 대응한다. 이철승, 「'유교자본주의론'의 논리 구조 문제」, 『중국학보』 51집, 한국중국학회, 2005, 378쪽.

서양학자들의 유교에 대한 이 같은 주장26)은 동양의 학자들에게도 유교에 대한 새로운 발견을 촉진시켰다. 일본의 모리시마 미츠오(森嶋通夫)는 영국의 자본주의가 신교자본주의라면 일본의 자본주의는 유교윤리를 바탕으로 한 유교자본주의라 생각했다. 그는 서구의 자본주의가 청교도적 윤리에 근거했다는 베버의 주장에 대해 일본의 자본주의는 유교윤리를 기반으로 하는 유교자본주의라 생각했다. 또한 시마다 겐지는 청교도주의와 자본주의의 결합이 가능하다면 송대 신유학의 인욕을 억제하는 금욕주의와 자본주의도 결합될 수 있다고 생각했다.27)

중국의 경우 유교 전통의 현대적 계승을 주장하며 전통 문화 본위론의 관점을 견지하던 일련의 학자들은 서구 중심주의의 극복과 동아시아의 약진이라는 세계적 변화 속에서 동아시아 경제 발전에 대한 문화적 해석을 시도한다. 그 가운데 두웨이밍(杜維明)은 동아시아지역의 산업화는 서구의 그것과는 다르다는 점을 강조하며 아시아적 가치가 동아시아 경제성장의 원동력이 되었다고 주장한다.28) 그에 의하면 동아시아 지역의 문화특징은 정부와 밀접한 기업, 교육중시, 대가족 관념, 윤리적 사회 망, 신뢰를 바탕으로 하는 사회, 집단의식, 저축습관, 강한 문화적 동질감 등이다.29) 위잉스(余英時)는 청나라 상인들의

---

26) 맥팔콰르(Roderick MacFarquhar)는 사업화의 초기 서양의 개인주의가 적절하게 작용하였다면 대량산업화의 시대에는 유교의 집산주의가 더 적합할 수 있을 것으로 생각했고, Tai. Hung-Chao는 동아시아 경제발전의 새로운 모델로서 가족관계와 조화를 중심으로 하는 정서적 모델을 제시하였으며, Levy, Marion는 강한 국가와 가족주의에서 만들어지는 집단의식이 물질적 풍요를 추구하는 현세 지향적 종교의 금욕주의와 결합 동아시아의 경제발전의 기반이 된 것으로 생각하며 동아시아 경제 발전에 있어 유교의 긍정적 역할을 강조한다.

27) 김홍경, 「유교자본주의론의 형성과 전개」, 『동아시아문화와 사상』 제2호, 열화당, 1999, 15~17쪽.

28) 杜維明, 「培育文化中國」, 『崩離與整合: 當代智者對話』, 東方出版中心, 1999, 1~3쪽.

생활윤리가 유교윤리를 바탕으로 하고 있다는 것을 논증했고 청중잉(成中英)은 전통 유교사상의 현대적 재해석을 통해 현대 자본주의 사회의 윤리적 재건설을 시도하였다.[30] 유교적 문화전통 안에서 유교식 현대화의 근거를 모색하려는 이들의 노력은 서구 지식권력을 통한 산업화의 길과 차별화되는 유교문화권의 자기 문화정체성의 확인에서 시작된 것이었다.

3. 동아시아와 유학(儒學)

중국에서 발원하여 근대화 이전까지 동아시아 3국을 지배했던 대표적 사상인 유가 사상의 가장 큰 특징은 '공동체성'의 강조였다. 때문에 유교는 그 종교적 윤리의 실천에 있어 수치라는 강력한 비공식적 압력과, 상호적인 역할과 관계에 의존하고 있다. 이는 막스 베버의 연구와 같이 유교윤리가 인간을 자연발생적, 혹은 사회적 상하관계에서 '정의되는 관계' 속에서 행동하게 했다는 해석에 기반 한다.[31] 그러나 이렇게 단일한 유교적 특성은 동아시아 3국에서 사회적, 정치적, 문화적 배경에 따라 각기 다르게 발전하며 근대화의 과정에서 서로 다른 영향력을 행사하게 된다.

---

29) 조준현 외 4인, 「동아시아의 경제발전에서 유교문화의 역할과 유교자본주의론의 비판적 재평가: 집단주의와 평등주의를 중심으로」, 『인문연구』 53집, 2007.

30) 이철승, 앞의 논문, 379쪽 참조.

31) 막스 베버, 박성수 옮김, 『프로테스탄티즘 윤리와 자본주의 정신』, 문예출판사, 2010.

3.1. 동아시아에 대한 유학(儒學)의 영향

중국과 한국에 대한 공통적 영향은 정치적 전제성의 강화라고 볼수 있다. 유교문화는 종교의 차원이기 이전에 정치 철학이자 지배 이데올로기였다. 특히 중국과 한국에서 장기간에 걸쳐 지배이념으로 통용되었다. 광활한 영토와 농경문화로 인해 중국에서는 그들만의 독특한 봉건제가 성립되었고, 봉건제가 쇠퇴하고 제국시대가 오자 봉건제는 '아시아적 관료주의'라는 독특한 형태로 대체된다. 이때 충(忠)과 효(孝)를 바탕으로 인(仁)과 의(義)의 실천, 즉 의식화된 역할과 관계로서의 예(禮)의 실천을 강조한 유교는 '계층구조, 복종, 상호의존' 등의 도덕적 공동체적 유대관계를 바탕으로 한 아시아적 관료주의의 바탕이 된다. 당시 유교윤리는 권력계층의 집권유지에 가장 효과적인 도구였으며, 국가와 긴밀하게 결부되어 지식권력의 핵심이 되었다.

유교 이념의 바탕을 토대로 한층 더 강화된 정통주의적 입장을 지녔던 조선에서는 지배계층을 비롯해 민간에까지 유교 이념의 영향력이 강하게 지배하였다. 실제로 조선은 중국과 달리 영토가 좁았기 때문에 정치체계의 동질성을 유지하기가 더 용이했다. 유교의 발원지인 중국에서조차도 민중 생활에서는 불교나 도교가 훨씬 '생활밀착형' 종교였던 데 반해, 한국에서 유교사상은 훨씬 더 근본주의적으로 해석되고 적용되었다. 따라서 정치적 전제성에 있어서도 일본이나 중국에 비해 훨씬 더 강력한 전제 정치가 이루어 졌다.

반면 일본에서는 유교윤리가 중국이나 한국과 같이 큰 영향력을 갖지 못했던 것으로 보인다. 섬나라라는 지형적 특성 때문에 중국이나 한국과 일정한 거리를 둘 수밖에 없었던 일본의 상황은 강력한 유교윤리의 지배를 방해하는 효과를 초래했다. 때문에 일본에서의 유교 문화는 그 영향력이 미미했을 뿐만 아니라 중국이나 한국에서 나타난 유교의 역할과는 다른 모습으로 사회 변화를 이끌게 된다. 도쿠가와 말에서 메이지시대에 이르기까지 일본 내부에서 감지된 산업적 중간계층의 형성 움직임은 유교윤리와 결합되어 대중을 전통으로부터 해방시키는 역할을 하게 된다.

유학은 동아시아의 근대화에도 거대한 영향을 행사한다. 중국과 한국에서 유교 문화적 요인들은 정치적 전제성을 강화시켜 근대국가의 성립을 늦추었으며, 동시에 자본주의 발전을 저해시키는 결과를 가져왔다. 특히 중국과 한국에서 두드러지는 아시아적 관료제는 강력한 중앙집권제 실시를 통해 상인계급의 성장을 방해하고, 시장경제의 발전을 저지하였으며, 이 모든 제약들로 인해 경제체제가 자본주의로 이행하는 것을 막았다. 오히려 공동체를 중시하고 공공의 이익을 사익보다 우선했던 중국의 유교윤리는 사회주의로의 이행을 보다 쉽게 만들었다.

중국과 유교 문화를 상당부분 공유하고 있는 한국에서는 더욱 강력한 유교문화의 확산과 심화 과정이 이루어졌다. 특히 과거제도를 통해 이러한 정치적 목표들이 달성되었으며, 이 같은 사회 제도들이 고착화될수록 중국보다 훨씬 심각한 전제 정치가 시행되었다. 또한 자연스럽게 자본주의화 또는 근대화 과정에서도 한참 뒤쳐지게 되었다. 때문에 한국은 서구문물을 수용하고 근대 신문을 도입하는 과정에서도 서구를 직접 모델로 삼은 것이 아니라 이미 서구의 것을 수용한 중국과 일본을 모델로 삼아 그들의 도움을 받아야 했다.

동아시아 3국 중 가장 빠르게 근대화를 달성한 일본의 경우, 유교윤리를 받아들였지만 일본은 에도시대를 거치며 길러진 자본주의적 요인과 유교윤리가 적절히 혼합되어 신속한 근대화가 가능했다. 무엇보다도 장자상속의 원칙, 가업의 계승 풍토 등이 자연스럽게 사유재산제로 확대되었으며, 사·농·공·상의 분화와 계급 세습이 일본에서는 오히려 전문성 강화로 이어졌다. 특히 에도시대 무사 계급이 등장하면서 사회적 중간계급이 크게 성장하였다. 이들은 유교의 공동체적 윤리를 '멸사봉공'의 정신으로 이어받아 초기에는 천황에 대한 충성으로, 근대화 이후부터 현재에 이르기까지는 기업에 대한 맹렬한 충성으로 지켜왔다. 따라서 일본의 자본주의는 빠른 속도로 성장·발전하였다. 이 밖에도 일본의 '실력 위주 문화'나 '장자를 제외한 차자들의 독립(분가)문화'가 중국의 혈연주의, 서열주의와 대치되는 일본 문화의 특징을 탄생시켰다.

3.1. 세계화 시대 유학의 가치

인간 욕망의 충족을 위한 베이컨의 앎에 대한 명제는 경험적 지식의 기반이 되었으며, 과학적 지식과 기술 발전에 혁신적인 성과를 가져왔다. 베이컨에 의해 현상적 사실에 대한 엄밀한 분석과 그것에 기초한 가설들의 실험적 증명을 학문의 방법으로 추구하는 과학적 방법이 근대 학문의 근본원칙으로 성립하게 되었다. 이러한 과학적 방법의 팽창은 경험적 지식의 대상이 될 수 없는 윤리원칙 또는 가치들을 과학성이 결여된 무가치한 것으로 정의했다.

근대 계몽주의 이후 도구적 이성은 자연과학적 실증주의의 방법을 통해 사회 생산력의 진보를 이룩했고 결과적으로 자본주의 사회의 생산력 발전에 결정적인 공헌을 하였다. 자본주의 사회의 발전과정을 베버는 소박한 자연적 분업의 단계에서 노동 분업의 무한한 합리화의 과정이라고 말한다. 노동 분업의 합리화는 노동 과정의 기계 도입을 가져왔고 최근 200년간 이를 통해 인류가 발전시켜온 생산력의 증가는 거의 무한한 것이었다. 그리고 이를 바탕으로 세계는 하나의 권역으로 재편되고 있다. 문제는 이러한 변화 속에 우리가 직면한 현실이다.

노동 과정의 극단적 합리화를 통해 인간은 오직 합리적·수단적으로만 조작되었고, 이로 인해 자신의 이상을 주체적으로 실현해 가는 자기 본연의 삶을 살아갈 수 없게 되었다. 자본주의 사회에서 모든 인간의 관계는 생산수단의 관계로 나타난다. 그리고 자본주의 사회의 인간은 사회의 끊임없는 이윤추구의 활동 속에서 인간 본연의 가치 즉 스스로의 삶을 목적으로 살아갈 기회를 차단당하고 인간성의 상실과 도덕과 정신의 타락을 경험하게 되었다. 그뿐 아니라 엄청난 과학기술의 진보는 21세기 인류를 새로운 문제에 봉착하게 하였다. 인간의 기술은 지구상의 모든 생태계의 균형을 유지 또는 파괴할 수 있는 힘을 가지게 되었고 인간은 기후변동 및 에너지 변환의 순환운동을 바꿔 놓고 있다. 산업폐기물, 교통수단의 매연, 오존층의 파괴, 미세먼지 등 우리는 매 순간 인류 생존의 위기에 노출되어 있다. 인간의 삶에 본질적인 가치의 문제를 배제하고 합리성만을 추구해온 근대의 도구적 이성은 생명체로서 인간이 건강한 삶을 살아갈 수 없게 생활환경을 극단적으로 파괴하고 있다. 지금 우리는 서양의 도구적 이성 중심의 근대화를 벗어나 새로운 길을 찾아야 한다.

유학은 이러한 현실로부터 우리의 탈출을 도와줄 수 있을까? 우리는 유학의 현대적 가치를 다음과 같은 두 가지 측면에서 찾을 수 있고 생각된다.

3.1.1. 유가적 윤리관과 유가공동체

18세기 이후 전 세계를 지배해 온 근대이성의 도구적 폭력성에 의해 인간은 소외되었고 결국 인간성의 상실과 도덕적 타락을 경험하였다. 또한 계량적 합리성을 기반으로 한 자본주의적 생산관계는 인간과 자연의 소외를 심화시키고 있다. 인간의 목적론적 본성이 부정되고 있는 현실에서 어떠한 도덕적 담론도 다른 사람의 행동을 규제할 보편적 규범성을 확보할 수 없으며, 오직 구성원들이 공동의 인간선을 추구하는 공동체의 맥락에서만 자연스러운 보편적 윤리개념이 확보 될 수 있다. 즉 계몽주의 이후 개인주의적 자유주의로 인해 발생하는 도덕원리의 혼란은 오직 개인들의 행위가 구체적으로 전개되는 공동체와의 연결 속에서 스스로의 윤리적 근원을 찾음으로서 해결될 수 있다. 유교의 윤리는 개인들의 이해관계보다는 공동체의 화합과 조화를 추구한다. 리더는 배움과 반성적 사유를 강조하며 공동체 안에서의 역할과 주위 사람들에 대한 배려를 강조한다. 즉 유교의 윤리는 개인을 공동체 안에서 자기가 실현해 내야 할 역할을 통해 규정하는 일종의 유기체적 세계관에 뿌리를 두고 있으며 이는 현대사회인간성의 상실과 도덕과 정신적 타락을 경험하는 인간들에게 의미 있는 대안이 될 수 있다.

3.1.2. 유가 생태학

농업이 기본 산업이었던 유교사회에서 인간과 자연은 서로 친화적이었다. 농업이 그렇듯 변화하는 자연 운행과의 순조로운 조화가 인간사회가 이룩해야 하는 목표였다. 동양에서 자연은 늘 변화하는 생명적 유기체로 이해되었다. 그리고 그 변화의 존재원인으로서 선험적으로 내재하는 도는 자연과 인류 도덕의 근원으로서 절대적 권위가부여되었다. 때문에 유가는 일찍부터 자연과 인간의 가치론적 합일을주장하였다. 자연운행의 법칙성과 끊임없는 성실성은 자연의 질서였으며 또한 군자가 실천해야 하는 인류질서였다. 그리고 자연의 쉼없는 운행은 인간의 도덕적·이상적 행위의 전범이었다. 이와 같은사상은 주자에 이르러 우주의 유기체적 생명관에서 출발 도덕 형이상학으로 발전하게 되고 12세기 이래 동양의 유교전통 속에서 지배적영향력을 발휘하게 된다.

　인간은 자연환경 속에서 스스로의 자리를 만들며 살아가는 유기적생명체이다. 때문에 우리는 자연과 친화적인 관계를 재정립해야 한다. 서구에서 시작된 근대 도구이성은 자연의 생명을 위협하였고 그결과 생태학적 위기라는 비극적 현실을 초래하였다. 이를 위해 근대이성의 자연 지배적인 태도를 수정, 인간과 인간 그리고 인간과 자연간의 관계를 새롭게 정립해야 하며, 새로운 생태 윤리를 정립하는데 있어 유교의 윤리학은 우리에게 새로운 방향을 제시해 줄 수 있다.

참 고 문 헌

『史記』

『漢書』

김홍경, 「유교자본주의론의 형성과 전개」, 『동아시아문화와 사상』 제2호, 열화당, 1999.

로저 T. 에임스, 「유교와 사회발전」, 『동양사상과 사회발전』, 동아일보사, 1996.

민병희, 「性理學과 동아시아 사회: 그 새로운 설명 틀을 찾아서」, 『사림』 제32호, 수선사학회, 2008.

미조구치유조, 「일본의 경제발전과 전통요소」, 『동양사상과 사회발전』, 동아일보사, 1996.

牟宗三, 김병채 외 옮김, 『모종삼 교수의 중국철학 강의』, 예문서원, 2011.

이철승, 「'유교자본주의론'의 논리 구조 문제」, 『중국학보』 51집, 한국중국학회, 2005.

막스 베버, 박성수 옮김, 『프로테스탄티즘 윤리와 자본주의 정신』, 문예출판사, 2010.

조준현 외 4인, 「동아시아의 경제발전에서 유교문화의 역할과 유교자본주의론의 비판적 재평가: 집단주의와 평등주의를 중심으로」, 『인문연구』 53집, 영남대학교 인문과학연구소, 2007

최진석, 「장자 지식과 놀이」, 『동양철학연구』 64집, 동양철학연구회, 2010.

허재영, 「지식 생산과 전파·수용에 따른 지식 권력 연구 방법론」, 『한국민족문화』 66집, 부산대학교 한국민족문화연구원, 2018.

杜維明, 「培育文化中國」, 『崩離與整合: 當代智者對話』, 東方出版中心, 1999.

唐君毅, 『中華人文與當今世界下』, 臺灣學生書局, 1991.

張君勱, 『新儒家思想史』 下冊, 人民大學出版社, 2006.

韓強, 『現代新儒學心性理論評述』, 遼寧出版社 1992.

제2부 지식사회화 연구의 실제

한중일 지식 교류사와 어문교육의 관련성*

: 문맹과 불통의 문제와 극복을 중심으로

민현식

1. 한중일 지식 교류의 생명력과 폐쇄의 파괴력

　한중일은 한자문화권의 역사적 전통을 바탕으로 동아시아 문명사를 일구어 왔다. 3국은 문명사의 전파와 수용사에서 문화적 창출과 전달과 향유의 관계가 다양한 분야에서 이루어져 왔다. 기본적으로는 중국을 기지로 삼아 조선과 일본을 향해 한자문화의 전래와 유교, 불교, 도교의 종교문화, 왕조 및 제후 제도의 정치제도가 전래된 것을 대표적으로 들 수 있다. 기타 생로병사의 통과의례와 같은 민속문화, 의식주를 둘러싼 일상생활문화의 전래도 삼국의 의식주 생활에 다양

---

* 이 원고는 단국대학교 일본연구소 HK+ 사업단에서 주최한 제1회 국내 학술대회의 기조 강연을 수정한 것임.

한 영향 관계를 주었다.

한중일 삼국은 평화 시에 상호 호혜적 교류 관계에서는 긍정적 전파자와 수용자의 관계를 이루어 왔으나 전쟁 시에 상호 대립의 국면에서는 침략과 약탈의 야만 관계나 식민 지배와 종속의 관계를 보여왔다. 고려 말까지는 중국 문물이 조선을 거쳐 일본으로 건너가는 중국 우위의 동진(東進) 즉, 우향적(右向的) 문화 교류가 있었다면 임진왜란 시기부터는 일방적으로 수용만 하던 일본이 문화 수용의 통로를 다변화하여 유럽, 중국과 직교역을 확대하면서 자체 국력을 키워 조선을 침략하는 지경에 이르렀으니 조선은 과거의 문화 전달자로서의 우월감을 갖기 어렵게 되었으며 이후부터는 일본으로부터 문물을 수입하는 처지가 되었고 중국과 일본 사이에 끼어 붕당정치로 인한 부국강병 및 외교 정책의 실패로 좌고우면(左顧右眄)하는 나라로 전락하였다.

임진왜란 이후 조선왕조가 각성하여 내치 개혁과 외교 강화를 통해 중국과 일본을 제어할 정치 외교적 개혁을 추진했어야 하는데 국내적으로는 실학이 빛을 보지 못하고 국제적 안목의 책략가도 없어 사색당쟁만 심화된 채 국내 정쟁으로 경제 부흥도 이루지 못하고 농정이 실패하여 호남을 중심으로 한 각지 농민의 저항에 직면해 동학 운동으로 폭발함으로써 나라가 사분오열되어 스스로 고립하다 쇄국정책으로 패망의 길을 걸어 결국은 일본의 식민지로 전락하였다. 이것은 한중일 지식 이동의 생명력과 폐쇄의 파괴력이 조선 땅에서 극명하게 실현되었음을 보여 준다. 양국 사이에 끼여 고단한 왕조 국가의 경영을 할 때 권력 유지를 위해 국경을 폐쇄하고 쇄국정책을 하다가는 결국에는 왕조가 패망할 수밖에 없음을 보여 준다.

개화기(계몽기) 이래로는 현대까지 문화와 문명 기술의 전파자가 과거의 중국이 아닌 오늘의 일본이 되어 이제는 서진(西進), 즉 일본 우위의 좌향적(左向的) 문화 교류가 조선과 중국을 향해 전개되고 있고 최근에는 북핵(北核) 위기가 겹쳐 한국은 백년 전 고립무원의 신세처럼 4강에 둘러싸여 국내적으로는 내분된 정치 상황에서 한국의 존망이 우려되는 위기가 전개되고 있다. 이 사태가 매우 불안한 것은 북한이 핵인질이 된 한국을 상대로 민족공조 전략으로 나와 한국을 핵인질로 삼고 자유민주주의 체제의 해체와 한미동맹 해체로 한국을 적화시킬 전략을 찾고 있고, 제2의 베트남 패망 사태가 한국에서 전개될지도 모른다는 위기감이 나타나기 때문이다. 이러한 한중일의 문명 교류의 역동적 양상은 다양한 부문에서 탐구되겠지만 우리는 학문적 주체성이 가장 대표적인 어문학 분야의 한국어학 분야로 좁혀 외래학문의 유입이 한국어학의 수용과 전파에 어떤 영향을 끼치는지 살펴보고자 한다.

2. 지식 교류 정체(停滯)의 결과: 문맹과 불통의 심화

한·중·일 삼국은 서로 긴장과 협력과 갈등 속에서 역사를 일구어왔다. 이 교류사가 순조로울 때는 서로 번영을 가져왔고 교류가 순조롭지 못할 때는 불행한 역사가 이루어졌다. 근현대로 좁히면 한중일 교류사에서 빨간불이 켜진 것은 가운데 있는 조선이 서세동점(西勢東漸)의 시대에 쇄국정책을 펼치면서 고립되고 안으로 권력투쟁에만 몰입한 때이다. 그럼으로써 조선은 세계정세를 읽지 못하고 중세 봉건적 세계관에 갇혀 근대화를 추진하지 못하여 왕조는 패망하고 일본 식민지로 전락하는 치욕을 겪었다.

중국 관원들이 조선의 개화방책을 소개하려고 개화방략서로 '조선책략(朝鮮策略)', '해국도지(海國圖志)', '영환지략(瀛環志略)'과 함께 '이언(易言)'을 추천하였고 이 중에 '이언'은 조선 시대 최후의 언해본으로 나와 사대부에 전파되었으나 얼마나 그 효과가 있었는지는 알 수 없다. 조선 패망의 분명한 이유는 지식교류사의 관점에서 쇄국 정책이란 것이 선진 지식교류의 차단을 가져온 것이고 이것이 세계사의 흐름에 역행하는 정책이라 왕조 멸망과 식민지 전락이라는 치명적 결과를 가져온 것이라 하겠다.

지식교류의 중단이 가져온 왕조의 패망과 조선의 우물안개구리 상태는 박은식(1915)의 표현을 빌리자면 국체(國體)가 망해 '국백(國魄)'을 빼앗긴 상태이었다. 그러나 '국혼(國魂)'은 남아 '국혼'을 유지한 덕분에 우리가 식민지 시대를 벗어날 수 있게 되었는데 '국혼'의 핵심은 '국어'와 '국사'를 통한 '국어의식'과 '국사의식'의 대각성(大覺醒)에서 찾을 수 있을 것이다. 이러한 대각성이 있었기에 식민지로 전락하는 국치(國恥)와 일제의 민족 말살 정책 속에서도 민족어와 한글을 보전할 수 있었다.

우리는 조선 패망의 요인을 언어와 관련해서는 '문맹'과 '불통'의 2대 현상으로 요약할 수 있다.[1] 우선 근대적 교육 제도와 투자가 이루어지지 않으니 조선의 교육은 전통적 서당, 향교, 성균관으로 상향화하여 입신출세와 과거급제 지향의 한자 및 경전 중심의 관념적, 비실용적 교육이라 산업 혁명 시대의 근대화에 기여할 수 없는 교육이었다.[2] 따라서 실용적 공교육 기관이 발달하지 못함으로써 백성의 문맹

---

[1] 망국의 언어적 원인을 '문맹'과 '불통'에 둔 논의는 민현식(2016) 참고.

[2] 최현배의 회고 글에 따르면 서당에서 14세(1907) 봄까지 지루한 천자문, 사략, 통감 암기 교육받다가 울산 하상면에 사립 日新학교가 세워져 신학문을 배울 때의 기쁨을 회고하고

상태가 극심했다. 문맹 심화는 교육 인력을 육성하지 못하고 계몽된 백성을 길러내지 못하니 근대 산업화에 뒤져 정치, 경제, 외교, 국방 등 모든 분야에서 국력이 뒤쳐질 수밖에 없었다. 조선 말 문맹 상태가 어느 정도인지 통계를 잡기 어려우나 낫 놓고 기역자도 모르는 문맹자가 80~90% 수준이었을 것으로 보고 있다(정진석, 1999). 1922년 1월 5일자 동아일보 사설은 '교육(敎育)에 철저(徹底)하라. 첫재 학교를 세우고, 둘재 취학(就學)에 열심(熱心)하라'라는 제목으로 백성의 문맹 실태를 "신문 한 장은 고사하고 일상 의사소통에 필요한 서신 한 장을 능수(能手)하는 자가 역시 100인에 1인이면 다행이라 하겠도다."라며 다음과 같이 참담한 조선의 문맹 상태를 증언하고 있다.

朝鮮人 一千七百萬中에 자기의 姓名을 能히 記하는 자가 얼마나 잇스며 讀하고 書하고 數할 줄을 知하는 자가 얼마나 되며 더욱이 事物의 理를 정당히 理解하는 자가 얼마나 되며 普通常識을 具備하야 일개 市民의 資格을 完有하는 자가 幾何이나 되는고 일천칠백만의 반수가 婦女라 하면 팔백오십만이 곳 그것이라 此中에서 書信 한 장은 고사하고 諺文 一字를 能通하는 자가 幾何인고 百人에 一人이라 하면 혹 誇張이 안일가 하며 그 他半數인 男子중에서라도 大部分을 占領하는 農民의 知識을 擧하야 論之할것 갓흐면 新聞 한 장은 고사하고 日常 意思疏通에 필요한 書信 한 장을 能修하는 자가 亦 百人에 一人이면 多幸이라 하겟도다 然

있다. "양 숫자도 배우고 체조도 일본말도 배웠다. (…중략…) 산술은 특히 나의 좋아하는 학과이었다. (…중략…) 극히 어려운 사칙문제(유일정 저, 〈초등산술교과서〉사칙잡제 중급 종단)를 날날이 분석하여 털끝만한 모호와 의심도 남기지 않고 밤이 깊도록 나의 필기장에 정리하였다. (…중략…) 나는 이 산술공부에서 나의 공부하는 태도와 방법을 세웠고 일생의 학문 연구의 근본을 닦았던 것이라고 생각하고 있다." 「나의 걸어온 학문의 길」(사상계 1955년 6월호, 『나라사랑』 10집, 1973; 허웅, 1993) 참고.

則大體로 論之하면 朝鮮의 一般民衆은 大部分이 文字에 盲目이라 할 수 잇나니

일본이 근대화와 더불어 서구 문물을 번역 수용하여 학문과 교육을 발전시켜 문맹 퇴치를 하고 근대국가로 도약한 것에 비한다면 우리는 일제하에서도 문맹 상태에서 헤매고 있었다. 그래서 동아일보와 조선일보가 1920년대 말부터 수년간 문맹퇴치의 농촌계몽운동을 벌였으니 당시 상황을 이광수의 '흙'(1930), 심훈의 '상록수'(1935)에서도 문학적으로 형상화한 것을 엿볼 수 있다. 일제강점기의 문맹퇴치 운동은 조선어학회 수난사건(1942)과 함께 성공적 항일 문화민족운동이었다.

일제강점기 문맹퇴치 운동과 광복 후 미군정기(美軍政期: 1945.9~1948.8)의 조선어학회의 전국적인 한글강습회, 그리고 대한민국 건국(1948.8.15) 후의 초등학교 의무교육 덕분에 1950년대에는 문맹률이 10%대로 급격히 감소되어 오늘날 대한민국이 10대 무역대국에 드는 한강의 기적을 이루게 되었으니 한글의 기적이 한강의 기적을 이루었다고 하겠다.[3]

이런 문맹 상태와 더불어 조선의 각종 차별은 불통사회를 만들고 불통사회는 불신사회를 만들어 망국에 이르게 하였다. 사농공상의 차별, 적서(嫡庶) 차별 등 온갖 차별의 심화가 권력투쟁과 얽혀 왕정이 백성 착취 기구로 전락해 농민의 소요가 일어나 민심이 흉흉할 뿐이었다. 그리하여 가장 큰 봉기로 동학혁명이 일어났고 이는 청일전쟁의 도화선이 되어 조선 왕조의 멸망을 재촉하였다.

---

3) 일제강점기 이래 대한민국의 문맹퇴치 운동의 흐름은 이응호(1974), 허재영(2004), 엄훈(2012) 참고.

봉건적 신분 차별 제도와 가부장적 권위주의 체제로 인해 나타난 국민의 갈등, 대립, 증오, 분열, 불신의 총체적 불통 현상의 사례는 다음과 같다. 군신간의 권력 암투와 모략은 분열과 불통을 낳는 등 왕정 체제, 지방 권력, 가족 구조, 교육 체제 등 모든 사회 조직의 근간이 가부장적인 수직적 권위주의의 일방적 소통 체제를 기반으로 하여 온 나라의 소통이 원활하지 못하였다. 즉, 군신(君臣) 불통, 문무(文武) 불통, 반상(班常: 양반과 평민)의 상하 불통, 남녀 불통, (적서 차별, 처첩 갈등을 기반으로 한) 가족 불통, (지역 차별을 기반으로 한) 경향(京鄕) 불통, (사대주의적 사고에 길들여진) 외교 불통은 총체적 소통 체제의 붕괴를 보여 준다.

이러한 민족적 고질의 불통 문제를 날카롭게 지적한 이는 헐버트(Homer Bezaleel Hulbert, 1863~1949)로 '대한제국멸망사(The Passing of Korea)'(1906)에서 한국인의 토론 문화를 비판하고 있다. 그는 "한국인의 대화가 싸우는 사람들 같고 한국인의 회의는 투사들의 결전장 같아 합리적 결론에 이르기 어려우며 목소리 큰 사람이 이기는 악습이 있다"라고 평가하였다(신복룡, 2010: 15·16).

현대 한국사회에 와서도 이런 불통 문제는 별반 개선되지 않고 남북 불통으로 인한 분단 고착화와 여야 정쟁에서 보듯 여야 불통의 정치적 고질로 반복되고 있다. 국치의 일차적 책임은 외세에 앞서 우리 자신의 불신, 증오, 분열에 따른 총체적 불통에 있었다. 개화기는 이런 언어적 불통이 한자와 한글의 갈등에서 보듯 문자 불통, 문체 불통의 모순까지 극명하게 드러낸 시기였다. 당시 사회 개혁 문제로 고민한 유길준, 주시경, 이승만 등이 문체 문제에 관심을 가짐도 당대의 정치 상황과 무관하지 않다.

문맹퇴치로 교양 있는 백성이 형성되고 봉건 질서가 사라져 활발한 소통과 인간관계가 형성된다면 문명은 꽃피울 수밖에 없는데 조선 후기에 우리는 쇄국정책으로 지식 교류를 활발히 하지 못하였고 결과는 왕조의 멸망과 백성의 식민지화라는 비극으로 끝났다. 이 비극은 분단과 동족상잔으로 심화되어 오늘에 이른다. 따라서 한중일 삼국교류사에서 어느 한 나라라도 지식 교류의 중단은 불행한 결과를 초래함을 알 수 있는데 오늘날 한반도가 여전히 불통 상태로 대립하고 있으니 북한의 고립과 폐쇄정책이다. 북한이 핵개발로 남한을 인질로 잡고 체제를 보장하라고 미국에 요구하는데 북한의 쇄국정책이 가져올 필연적 결과는 붕괴일 수밖에 없으니 지식교류사의 흐름에 비추어 본다면 부정적일 수밖에 없다. 반인류 독재의 북한 체제가 존재하는 한 한중일은 상호 불신 대립이 지속될 수밖에 없고 안정적 번영은 요원하다.

3. 중국 지식의 마지막 영향: 조선 최후의 언해본 '이언(易言)'[4]

3.1. '이언(易言)'의 저자와 배경

한문본 '이언'은 중국 개화파의 대가인 정관응(鄭觀應, 1842~1921)이 중국의 개화 방책을 밝힌 책이다. 광서(光緒) 원년(1875)에 나온 것을 1880년 가을 수신사(修信使) 김홍집(金弘集)이 일본에 다녀오면서 주일(駐日) 청국(淸國) 공사관(公使館) 참찬관(參贊官) 황준헌(黃遵憲)에게서 '조선책략(朝鮮策略)'과 함께 기증 받은 책이다.[5] 이 책은 '조선책략',

---

4) '이언'에 대한 논의는 민현식(2008)의 '해제' 부분을 참고.

'해국도지(海國圖志)', '영환지략(瀛環志略)'과 함께 개화 지식인들에게 영향을 준 외서로 '이언'이 가장 영향력이 컸으며6) 한학의 대가 강위(姜瑋)는 중국에 가서 저자와 만나 토론도 하고 왔다. 1883년 한문본을 복간(復刊), 배포했고 직후에 간행된 것으로 보이는 언해본도 간행하였으니 대중 계몽의 의도가 있었다. '해국도지', '영환지략'은 언해되지 않았으나 '이언'만이 언해되어 이 책의 가치를 보여 준다(이광린, 1969ㄴ: 417).

정관응(鄭觀應)은 자(字)가 정상(正翔), 호(號)는 도재(陶齋), 별호(別號)는 기우생(杞憂生)으로 불린다.7) 1842년 7월 24일 광동성(廣東省) 향산(香山, 현 中山市)의 학자 집안에서 태어나 16세 때 동자시(童子試)에 낙제 후, 아버지의 지시로 사업을 배우러 상해로 가서 買辦(중국의 외국 공관에서 중국 상인과의 거래 중개를 맡기고자 고용한 중국인)의 길을 걷기 시작했다. 영국 선교사 존 프라이어(John Fryer, 중국명 傅蘭雅, 1839~1928)가 경영하는 영화서관(英華書館)에서 영어를 배웠고 외국인 회사,

---

5) 『매천야록(梅泉野錄)』 1권 경진년(1880) 10월 조에 기록하기를, "김홍집(金弘集)은 일본에서 돌아와 '易言' 2책을 진상하였으며, 그 내용은 지금 부강을 꾀하는 길은 반드시 서양의 제도를 배워 서양의 기술을 익혀야 한다는 것이다. (…중략…) 이 책은 황준헌이 일본에서 갖고 다니던 것을 김홍집이 입수하여 고종의 일독을 대비한 것이다. 그것은 고종이 천하대세를 살펴 국정을 상하에 자문케 하려는 목적이 있을 뿐이며 어떤 사의(私意)가 있는 것은 아니었다. 그러나 식견이 천박한 선비들은 김홍집이 천주교의 서적을 진상한 것으로 오판하여 그를 공격하는 여론이 분분하였다."라고 기록되어 있다. 국사편찬위원회 편(1955) '梅泉野錄'과 黃玹 著·金滂 譯(1994) '(完譯) 梅泉野錄' 참고.

6) 1882년 임오군란 후에 임금에 대한 상소들에는 '이언'의 내용을 많이 참조하였다고 한다. 『승정원일기(承政院日記)』 고종 19년 12월 22일조의 윤선학(尹善學) 상소문에는 '臣看中國人所編易言冊子 可謂治世之要訣……始知天下事'라 하여 '易言'을 읽어 천하의 일을 알게 되었다고 했다. 동년 8월 23일조의 池錫永 상소문에도 '凡自强禦侮之策 具載於易言一部書 臣不敢贊進焉.'이라 하여 국가 부강책이 '이언'에 모두 실려 있으니 신이 감히 구구하게 진언할 필요가 있겠는가고 말하고 있어 그 영향의 정도를 알 수 있다(이광린, 1969ㄴ: 414).

7) 그에 대한 전기는 중국의 유명한 사학자 白壽彝(1999) 교수의 '中國通史'(총 22권) 11권 '近代前篇' 14장 '鄭观应'에 잘 정리되어 있다.

관영기업에서 근무하면서 국제정세와 무역에 눈을 떠 상인, 경영자가 되어 중국의 부국강병을 위해 노력하였다.

근대 개량주의자인 정관응은 부국강병의 이상을 '구시게요(救時揭要)'(1862)에서 처음 제시한 이래 '이언(易言)'(1880)을 보이고 이를 계속 증보해 '성세위언(盛世危言)'(1894), '성세위원 후편(盛世危言後編)'(1909)을 내었는데, '이언'은 1880년 전후의 상황에서 국가 개혁을 제안한 시무서로 우리나라에 전래되어 언해된 것이다. 아울러 서구 의회민주주의의 영향을 받아 입헌군주제의 도입을 주장하고, 정치·경제·외교·국방·문화 등 다방면에 걸쳐 개혁 방안을 '이언'에서 제안하였다. '易言'이라는 제목은 '시경(詩經)'의 '소아편(小雅篇)'에 있는 말로 쉽게 따라서 말하지 말라는 뜻의 "無易由言"이라는 구절에서 따온 것인데 자신은 쉽게 이야기하고 있다는 겸손의 뜻이 담겨 있다.

3.2. 한문본 및 언해본 '이언'의 서지와 내용

한문본 '이언'은 상하(上下) 2책(冊)이며 중국에서는 36편 본과 20편 본이 발간되었다. 전자는 1880년에 나오고, 후자는 36편을 줄여 편집한 것으로 1882년에 나왔다. 국내에 전하는 것은 36편 본으로 서울대 규장각, 연세대, 고려대, 서강대, 국립중앙도서관에 완본이 전하는데, 한문본은 서울대 규장각에서 마이크로 필름본의 열람이 가능하고 국립중앙도서관본도 인터넷상에서 한문본의 원문 열람이 가능하다.

언해본 '이언'은 4권 4책으로 연세대, 서강대, 국립중앙도서관, 일본 천리대에만 초간본으로 보이는 완본이 전하고, 국립중앙도서관의 또 다른 고본과 한국학중앙연구원의 고본으로 권4가 빠진 권1~권3이 따로 전한다. 연세대 및 국립중앙도서관 권1~권4 완본, 국립중앙도서관 및 한국학중앙연구원의 권1~권3은 인터넷상에서 원문 보기가 가능하며 서울대 규장각에는 언해본 서책은 없으나 한국학중앙연구원과 언해본 권1~권3의 마이크로 필름본을 같이 열람할 수 있게 되어 있고, 한글디지털박물관에서도 국립도서관의 권1~권3을 스캔하여 공개하고 있다.

'이언' 언해의 과정은 '고종실록', '승정원일기' 등의 자료나 '이언' 언해본 속에 따로 밝히고 있지 않아 한글본의 간년(刊年)은 미상(未詳)이나 이광린(1969ㄴ)에 따르면 '이언'에 관심이 컸던 때가 1880년대 초이므로 1883년 한문본 복간 직후 언해가 된 것으로 보인다.

정관응이 중국 근대화를 처음 제창한 사람은 아니지만, 처음으로 이론과 실천을 결합시키고 중국의 근대화 노선을 전면적으로 모색한 사람이라고 할 수 있다. 정관응의 근대화 사상은 크게 정치, 경제, 교육의 3대 체계로 정리할 수 있다.

첫째, 정치 제도에서 그는 내치와 외치의 경우, 내치에서는 의회제도를 도입하여 의정원(議政院)을 설치하고 민심을 반영하는 입헌군주제를 실시하는 것이 중국 근대화의 선결 조건이라고 보았다. '이언'에서 '론 공법'을 첫 장으로 제시한 것은 정관응이 국제 외교를 중시해 만국공법(萬國公法)의 수용을 중시한 때문이다. 만국공법을 통해 세계가 화해의 국면으로 접어들고 병란도 점차 감소될 것으로 전망하였다.

둘째, 경제 제도에서 그는 '공상입국(工商立國), 부강구국(富强救國)'에 목표를 두고 근대산업민주주의 국가 건설을 향한 이론적 근거를 제시하였다. 정관응은 남보다 일찍 체계적인 경제 근대화의 내용, 방법, 목적을 논의하였으니 '이언'에 나오는 '론 셰무(稅務), 론 샹무(商務), 론 기광(開鑛), 론 화거(火車), 론 뎐보(電報), 론 기근(開墾), 론 긔긔(機器),

론 션정(船政), 론 주은(鑄銀), 론 우정(郵政), 론 챠관(借款)' 등의 내용은
그의 경제 개혁과 산업 발전의 구체적 청사진을 보여 준다.

부(富)의 확보를 위해 무역, 광산 개발, 각종 기계 도입 문제를 거론
하였다. 이러한 부국강병론은 관중(管仲, ?~기원전 645)의 부국강병론
과 통하며 관중의 패도정치 사상에 영향을 받은 것으로 보인다. 실제
로 정관응은 '독관자유감(讀管子有感)'이란 단시(短詩)를 남겼는데 "非
富不能强 非强不能富 富强互為根 當國宜兼顧"라는 20자의 짧은 시 속
에 그의 '富'와 '强'에 대한 집념을 볼 수 있다. 실제로 '이언'에는 관중
의 사상을 담은 관자(管子)에서 인용한 구절이 다음과 같이 나온다.

- 고인(古人)이 말슴을 두디 군스는 정(精)흔 디 잇고 만혼 디 잇지 아니
  ᄒᆞ며 쟝슈는 모략에 잇고 용밍에 잇지 아니ᄒᆞ다 ᄒᆞ니(古人有言 兵在精
  而不在多 將在謀而不在勇, 론련병, 3:56ㄱ)
- 관지(管子ㅣ) 말슴을 두디 창름(倉廩)이 실(實)ᄒᆞ여야 례졀을 알고 의
  식이 죡ᄒᆞ여야 영욕(榮辱)을 안다 ᄒᆞ니(管子有言 倉廩實而知禮節 衣食
  足而知榮辱, 론렴봉, 4:27ㄱ)

셋째, 인재 육성의 교육 제도를 중시해 '이언'의 '론 양학(洋學)'에서
는 서학(西學)을 중시하고 격치(格致)를 제창하며 '론 고시(考試)'에서는
신식(新式) 인재의 양성에 관심을 기울였고 인재 양성의 제도와 방법
을 설계하였으며 인재와 문화를 근대화시키고자 탐구하였다. 그는
국가의 부강과 과학 기술, 인재 양성과의 내적 관계를 중시해 유명무
실한 글을 숭상하고 고전에만 의존하며 서학을 거부하는 풍토를 개탄
하고 신식 학교를 설립하고 과학 기술형의 실용적 인재를 양성하는
데 앞장섰다. 문화 개혁을 위한 정신 개혁, 생활 도덕, 종교 문제에

대한 견해는 '론 아편(阿片), 론 허비(虛費), 론 전교(傳敎), 론 과족(裹足)' 등에 나타난다.

한마디로 정관응은 실천가로 진리를 추구한 사람이며 한평생을 '부강구국(富强救國)'을 위한 중국 근대화의 실현에 진력하였다. '이언'의 바탕은 애국주의 정신으로 정관응은 'ᄌᆞ셔'에서 밝히듯, 중국의 진로는 "일언이폐지ᄒᆞ고 뎨일은 스스로 강ᄒᆞ게 ᄒᆞ는 것만 ᄀᆞᆺ지 못ᄒᆞ니(一言以蔽之曰 莫如自强爲先)" 오직 '자강(自强)'에 있다고 보았다. 그의 '자강'은 양무파가 주장하는 일방적 군사 공업 흥성의 '자강'이 아니라 본국 자본주의 상공업 경제를 발전시키자는 주장이다. 자본주의 경제를 발전시키는 구체적 방법으로 상인에게 기업 경영의 자주권을 주면 수탈 정치는 피할 수 있다고 하였다.

'이언'이 완성된 후, 정관응은 원고를 홍콩에 있는 유명한 변법자강론자(變法自强論者)이며 중국 언론의 선구자, 중국 고전의 영역(英譯) 학자인 왕도(王韜)에게 보냈다. 왕도는 이 원고를 읽고 감탄하여 그가 주관하는 중화인무총국(中華印務總局)에서 발간케 하였다. 왕도는 서문을 광서 원년(1875)에 쓰고, 발문도 광서 6년(1880)에 써서 그의 오랜 관심을 알 수 있다. '이언'은 '시국을 구하는 양약(救時之良藥)'이라는 평가를 받았고 나중에 조선, 일본에 전해져 우리 지식인들에게 큰 영향을 주었다. 왕도(王韜)는 발문에서 정관응이 바꾸려고 한 것은 그릇[器]이지 도(道)가 아니라고 밝히고 있다. 그런 점에서 '이언'은 동도서기(東道西器)의 정신을 담은 서적으로 평가할 수 있다.

'이언'의 내용 체계를 보면 한문본이 상하 2권 2책인 것과 달리 언해본 '이언'은 4권 4책이며 다음의 순서로 내용이 구성되어 있다.[8]

---

8) 한문본과 한글본은 협주의 빈도에서 큰 차이를 보인다. 한문본은 세 곳만 협주를 달았으나

(1) 권1(총 63쪽): 〈셔〉, 〈ᄌ셔〉, 〈권1〉의 순으로 되어 있다.

〈셔〉(序): 광셔(光緖) 원년(1875)에 쓴 왕 도(王韜)의 서문

〈ᄌ셔〉(自序): 정관응의 서문

〈이언 권지일(易言 卷之一)〉: 권1에는 9개 편이 수록되었다.

론 공법(公法), 론 셰무(稅務), 론 아편(阿片), 론 샹무(商務), 론 기광(開鑛), 론 화거(火車), 론 뎐보(電報), 론 ᄀᆞᆫ(開墾), 론 치한(治旱)

(2) 권2(총 57쪽)

〈이언 권지이(易言 卷之二)〉: 9개 편에 부록 1편 총 10편이 수록되었다.

론 긔긔(機器), 론 션졍(船政), 론 주은(鑄銀), 론 우졍(郵政), 론 염무(鹽務), 론 유력(游歷), 론 의졍(議政), 론 고시(考試), 부(附)론 양학(洋學), 론 리치(吏治)

(3) 권3(총 65쪽)

〈이언 권지삼(易言 卷之三)〉: 총 7편이 수록되었다.

론 변방(邊防), 론 교셥(交涉), 론 젼교(傳敎), 론 츌ᄉ(出使), 론 슈ᄉ(水師), 론 화긔(火器), 론 련병(練兵)

(4) 권4(총 75쪽)

〈이언 권지사(易言 卷之四)〉: 총 11편과 〈발(跋)〉이 수록되었다.

론 민단(民團), 론 치하(治河), 론 허비(虛費), 론 렴봉(廉俸), 론 셔리

한글본은 곳곳에 언해자가 독자의 이해를 돕고자 창의적으로 협주를 빈번하게 붙였다. 존귀자에 대한 구두법상의 높임법 표현으로 중국 황제나 조정에 대한 예우로 존귀자 앞에 빈칸으로 띄우는 '궐자법(闕字法: 자 띄움법)'은 한문본에서 곳곳에 지키고 있다. 그러나 언해본에서는 중국 왕에 대해 궐자법을 지키지는 않았다.

(書吏), 론 쵸공(招工), 론 의도(醫道), 론 범인(犯人), 론 셔류(棲流), 론 챠관(借款), 론 과족(裹足)

〈발〉(跋): 광서(光緒) 6년 중원절일(中元節日)에 쓴 왕도(王韜)의 발문

이상과 같이 '이언'은 광범위한 영역에 걸친 대작이다. 조선말 최후의 언해본으로 개화기 국어 전반에 걸쳐 귀중한 모습을 전해 주므로 위 자료에는 제목만 보아도 중국계 신문물 제도 어휘가 많이 직역되어 있어 이런 중국계 신용어에 대한 우리의 수용 양상 연구에 도움이 된다.

4. 지식 교류와 문체 갈등[9]

훈민정음 창제로 문명 교류 전달자에서 창조자의 역사가 새로 시작되었다. 이것이 가능케 된 원인은 세종의 호학 탐구 정신과 집현전 사대부 엘리트의 왕조 건국의 기초를 튼튼히 하려는 문화적 사명감이 작용한 것으로 설명할 수 있다. 비록 최만리 반대 상소와 같은 보수 원로층의 반발이 있었지만 반대 상소에 대한 세종의 강한 반박에서 볼 수 있듯 훈민정음 창제 보급에 대한 자신감과 의지가 강하게 작용하여 훈민정음 창제, 동국정운 편찬으로 어문 정책을 정비하고 용비어천가 편찬으로 왕조의 정통성을 내치로 과시할 수 있게 되었다. 또한 세종의 문화 창조 명령은 세종 때의 삼강행실도 한문본의 간행을 토대로 성종 때에는 언해본의 출간도 이루어지고 성종 때에는 사

---

9) 문체 갈등과 주요 서재필, 이승만, 주시경 등 인물의 공적은 민현식(2016)를 참고.

대모화에 따라 두시언해와 같은 중국 문학의 언해화, 내훈과 같은 중국 여성들의 교양 덕목을 간추린 여성 교육서가 나와 중국 문화의 능동적 수용과 변용은 계속되었다.

그 후 문자 문화는 문체적 계층화 속에서 다음과 같은 양상으로 다중 병행 구조의 발전을 해 왔다. 이러한 문체 갈등은 개화기에 이르러 조선 왕조의 내부 갈등과 개항의 압력 속에 문체 문제가 대두된다. 1895년 1월 17일 고종이 개혁 선언서로 홍범(洪範) 14조를 한문·한글·국한문혼용의 3종 문체로 선포했는데 한글체를 보였지만 그 뒤 한글 공문서의 실천은 이루어지지 못했다. 당시에는 실제로 한문, 이두, 국한혼용, 한글체의 4대 문체가 계층별로 쓰였으니 온전한 소통이 어려웠다.

한문체	海東六龍飛 每事天福
이두체	海東六龍伊 飛爲賜 每事天福伊時尼
한글체	해동 육룡이 ᄂᆞ르샤 일마다 천복이시니
전통국한혼용체	海東 六龍이 ᄂᆞ르샤 일마다 天福이시니
cf. 개화국한혼용체	海東 六龍이 飛ᄒ샤 事마다 天福이시니
일한혼용체	海東 六龍は 飛び 事ごと 天福である

한문체는 역사, 교육, 행정의 주도적 문체로 쓰였다. 이두체는 관리의 실용 문체로 쓰였다. 전통 국한혼용체는 경전의 번역본이나 시가(詩歌)에 쓰였고 1980년대까지 언론과 학문의 대표적 문체로 쓰였다. 한글체는 편지, 소설, 가사, 부녀와 아동용 교육서에 쓰이다가 개화기에 기독교 개화파가 성경 번역, 신문과 교과서 문체로 적극적으로

사용하며 문맹퇴치의 도구로 사용한다.

개화 국한혼용체는 유길준(兪吉濬)이 스승 후쿠자와 유기치(福澤諭吉)의 일한혼용체로 된 저서 '서양사정(西洋事情)'(1866)을 편역해 '서유견문(西遊見聞)'(1895)이란 지리 교과서를 출판할 때 등장한다. 일한혼용체에서 일본어 조사와 어미만 한글로 바꾸는 변종 혼용체로 유길준 등이 유행시키지만 언문불일치가 심해 대중화하지 못하고 언론 1면의 정치 보도문, 논설이라든가, '기미 독립선언서'(1919) 등에서 지식인의 문체로 40여 년 쓰이다가 소멸된다. 이는 일본의 일한문체가 유길준의 서유견문 문체로 나타나 그 영향이 문체 침략으로 나타난 것으로도 볼 수 있다. 급기야 강제 한일합방 후 나온 다음의 총독부 관보 1호는 일한혼용체의 문체 침략과 접수가 끝났음을 보고하고 있다. 이 글이야말로 총 한 방 쏴 보지 못하고 나라가 망한 한민족 최고 치욕의 글이라 하겠다(좌측은 총독부 관보 1호. 우측은 조선어 역문 부분).

[총독부 관보 1호: 1910.8.29. 國恥日] 한민족 최고 치욕의 글

(ㄱ) 朕東洋ノ平和ヲ永遠ニ維持シ帝國ノ安全ヲ將來ニ保障スルノ必要ナルヲ念ヒ又常ニ韓國カ禍亂ノ淵源タルニ顧ミ曩ニ朕ノ政府ヲサテ韓國政府ト協定セシメ韓國ヲ帝國ノ保護ノ下ニ置キ以テ禍源ヲ杜絶シ平和ヲ確保セムコトヲ期セリ (조선총독부 관보 1호)

(ㄴ) 朕이東洋의平和를永遠히維持하야帝國의安全을將來에保障하는必要를念하며又常히韓國이禍亂의淵源됨을顧하야曩者朕의政府로하야韓國政府와協定케하고韓國을帝國의保護之下에置하야써禍源을杜絶하고平和를確保함을期한흔 지라 (조선총독부 관보 1호 譯文)

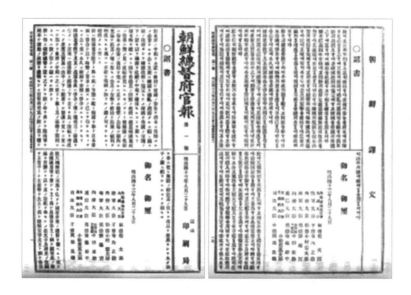

　이후 개화 국한혼용체는 일제 강점기 일본어 공용어 사회에서 일한 혼용체와 공존하면서 언론의 정치, 경제면을 중심으로 지속되는데 시나 소설 문학과 신문 잡지의 문화 문예 지면에서는 용비어천가 식의 전통 국한문체나 순국문체가 자리 잡아 한글와 전통 혼용체의 생명력은 지속될 수 있었다.

　위와 같이 표기법이 소통의 최소 기본 요건인데 혼란스러운 표기법 상황이라 이의 통일된 표준화가 필요하였다. 정부수립 후 '한글전용에 관한 법률' 제6호가 나와 비로소 대한민국에서 공문서의 한글체를 선언해 한글체가 근대국가 형성에 본격적으로 기여하게 되었다. 1990년대 컴퓨터 문서편집(word processor) 프로그램이 보급되면서 한글체 사용은 모든 분야에서 압도적 대세로 정착하였다. 요컨대 세종의 문자 혁명은 한글이란 씨앗을 심었지만 개화기에 와서야 한글 중심의 문체 혁명을 기독 개화파가 선도하여 1세기 만에 컴퓨터 혁명에 힘입어 성공적으로 이루어지게 되었다.

5. 지식 교류와 국어학의 학문적 양상 변화

조선 말까지 우리의 어문정책이나 연구는 한자의 음훈 연구가 중심
이고 연구서도 한자 음과 훈에 대한 운서 연구가 중심이었다. 임진왜란
이후 근대국어 시기에는 양명학, 고증학의 발달로 백과사전적 사전
편찬이 많아져 이수광의 '지봉유설(芝峯類說)'(1614), 이익의 '성호사설
(星湖僿說)'(영조대), 권문해의 '대동운부군옥(大東韻府群玉)'(1798), 이성
지의 '재물보(才物譜)'(정조대), 유희의 '물명류고(物名類攷)'(순조대), '언
문지(諺文志)'(1824), 이규경의 '오주연문장전산고(五洲衍文長箋散稿)'(헌
종대)이 나오고, 기초어휘집으로 정양의 '어록해(語錄解)'(1657), 남이성
의 '어록해(語錄解)'(1669), 신이행의 '역어유해(譯語類解)'(1690), 홍순명
의 '왜어유해(倭語類解)'(1709), 현문항의 '동문유해(同文類解)'(1748), 이
억성의 '몽어유해(蒙語類解)'(1768), 홍명복 등의 '방언집석(方言集釋)'(1778),
이의봉의 '고금석림(古今釋林)'(1789), 정약용의 '아언각비(雅言覺非)'(1819)
등이 나와 어휘 사전의 편찬이 활발히 이루어졌다.

개항 이후 국어에 대한 관심은 한자의 음훈 중심에서 조선어와 한글
정서법 확립으로 관심이 옮겨오면서 서구적 관점의 조선어 문법 연구
로 바뀌기 시작한다. 한글이 이제는 시가, 소설, 언간과 같은 감성적
문체로 머물지 않고 천주교, 개신교 성경 자료는 물론 헐버트의 '사민
필지'(1889), 서재필의 '독립신문' 창간(1896.4.7)으로 교과서, 신문과 같
은 이성적 지성의 문체로 격상되어 지적 한글 혁명이 시작된다.

독립신문에 실린 주상호의 '국문론'(1896), 이봉운의 '국문정리'(1897),

지석영의 '신정국문(新訂國文)'(1905), 김규식의 '대한문법'(1908), 주시경의 '국문문법'(1905), '국어문전음학'(1908), '국어문법'(1910), '말의 소리'(1914), 유길준의 '대한문전'(1909) 등을 거쳐 대한제국 학부 '국문연구소'에서 '국문연구의정안(國文研究議定案)'(1909)이란 보고서를 만들어 다음과 같이 국어 문제를 종합적으로 다룬다.

① 국문의 淵源
② 字體와 발음의 연혁
③ 초성 8자 ㆁ ㆆ ㅿ ◇ ㅱ ㅸ ㆄ ㅃ 復用 當否(否)
④ 초성 6자 병서 ㄲ ㄸ ㅃ ㅆ ㅉ ㆅ
⑤ =창제·폐지 當否(否)
⑥ 종성 ㄷ, ㅅ과 ㅈ, ㅊ, ㅋ, ㅌ, ㅍ, ㅎ 종성 통용 當否(O)
⑦ 자모 7음 청탁 구별 여하(5음과 淸, 激, 濁音으로 구별)
⑧ 四聲표 用否와 高低(사성표는 不用하고, 長音 左肩 一點)
⑨ 字母 音讀과 字順, 行順(자모 음독: ㆁ 이응, ㄱ기윽, ㄴ니은, ㄷ디은, ㄹ리을, 미음, 비읍, 시읏, 지읒, 히읗, 키윽, 티읕, 피읖, 치읓, 아, 야, 어, 여…… 으, 이, ㆍ)
⑩ 철자법(훈민정음 例義대로 乃舊綴用, 모아쓰기 채택, 풀어쓰기 불용)
   *풀어쓰기 문제 제10회 논의안에 '텨ㄴ하태펴ㅇ' 예가 있음.

특히 유길준의 '대한문전' 등 다수의 문법서들은 서구의 문법 연구의 영향을 받은 일본어 문법서의 영향을 받아 애국계몽주의적 어문관을 바탕으로 한국어의 문자 표기, 음운, 단어와 품사, 문장 등에 대한 기술로 시야를 넓혀 간다.[10]

이런 변화는 일본의 개항 요구와 서구 열강과의 조약을 통해 외교관, 선교사, 상인의 내한이 가능해지면서 나타났다. 선교사의 내한은 한국 기독교 전교와 정착에 큰 역할을 하게 되었다. 특히 외교관이나 선교사들의 한국어와 한글에 관한 관심은 국어에 대한 다양한 호기심을 일으켜 외국인에 의해 문법서와 사전 편찬이 이루어졌으니 로스 목사의 'Corean Primer(조선어 초보)'(1877), 리델 신부의 '한불자전'(1880), '한어문법'(1881), 언더우드 선교사의 '한영문법'(1890, 1914), '한영자전-영한자전'(1890), 게일 선교사의 '한영자전'(1897, 1911, 1931)이 대표적이다. 헐버트는 한글을 미국 학술지에 소개하고 '한국어 드라비다 방언 비교어법'(1906)과 같은 계통론적 연구도 제시한다. 이때 침략자의 문화 전령인 일본인 학자들도 내한하여 한국문화를 탐구하게 된다. 주요 일인들의 내한 연구를 정리해 보면 다음과 같다.

前間恭作(1868~1942), 韓語通, 1909. 5. 東京
高橋亨(1878~1967), 韓語文典, 1909.6, 東京
金澤庄三郞(1872~1967), 일한양국어동계론, 1910.1, 東京
朝鮮總督府, 朝鮮語法及會話書, 1917. 京城

특히 小倉進平(1882~1943)은 동경대 언어학과 출신으로 1907년 대학 졸업 후 내한해 통감부와 총독부에서 일하고 경성제대가 설립된 후에는 조선어문학부 교수가 되어 조선인 제자를 기른다. 다음은 그의 업적으로 한국어학 연구의 직접 뿌리가 된다.

---

10) 근대 이래 구체적 국어학의 학문적 계보와 국어학사적 변천사의 연구는 최경봉(2016)을 참고하라.

朝鮮語學史, 1920, 11. 東京

鄕歌及吏讀의 硏究, 1929.3, 京城

朝鮮語方言의 硏究(상·하), 1944.9. 東京

경성제대 조선어문학부에서 배출된 조선인 제자들은 해방 후 한국 어문학계를 이끌어 가게 된다(김민수, 2011: 1~24).

1929. 1회. 조윤제; 1930. 2회. 이희승, 서두수;

1931. 3회. 김재철, 이재욱, 양주화(이상 조문), 김태준(중문);

1933. 5회. 이숭녕; 1934. 6회. 방종현;

1936. 8회. 김형규, 구자균, 손낙범, 이정호, 정형용;

1938. 10회. 김사엽; 1939. 11회. 고정옥 등

전술한 개화기 이래로 조선어문 연구는 일본 언어학, 일본 문법학 의 영향을 받게 된다. 그 영향 관계는 다음과 같다(김민수, 1980: 264).

大槻文彦(1897, 廣日本文典) → 高橋亨 → 안확(1923, 수정 조선문법), 최 재익, 박중화 등

이완응(1926, 朝鮮語發音及文法)… 심의린(1936, 중등학교 조선어문법)

山田孝雄(1922, 日本文法講義: 서구 문법 바탕으로 지은 일본 최초의 학 문 문법서) → 최현배(1930, 조선어의 품사분류론; 1937, 우리말본)

松下大三郞(1924, 標準日本文法) → 정열모(1927, 조선어문법론), 홍기문 (1927, 조선문전요령), 박승빈(1931, 조선어학 강의요지)

특히 최현배와 함께 주목받는 이는 박승빈이다. 그는 보성전문 교장도 역임하였는데 일본에서 학업을 쌓은 변호사 출신으로 국문법 연구에 관심을 가져 그의 문법서 '조선어학'(1935), '간이조선어문법'(1937)은 일본어의 동사 활용 방식과 유사한 용언 활용을 하여 일본 어문법의 영향을 강하게 받았다.

주시경의 서거 후 권덕규 등 제자들이 1921년 12월 '조선어연구회'를 결성해 1927년 '한글'지를 창간하고 1929년 10월 조선어대사전 편찬위원회를 결성해 사전 편찬의 대장정에 돌입한다. 125차례의 회의를 거쳐 '한글 맞춤법 통일안'(1933)이 나오고 '사정(査定)한 조선어 표준말 모음'(1936)이 나와 사전 편찬의 표기 방향을 잡게 된다.

당시에 총독부가 형태주의 표기법을 도입해 받침이 늘어난 '언문철자법'(1930)을 공포하고 조선어학회도 형태주의 표기법을 확대하려고 하자 1931년 12월 박승빈은 '조선어학연구회'를 결성해 1934년 2월 '정음'지를 창간해 음소주의 표기법인 조선의 10종성 표기법으로 돌아갈 것을 주장해 양 학파가 1930년대 초 맞춤법 논쟁을 원색적으로 격렬하게 전개하였다. 그러나 언론계, 학계, 교육계가 조선어학회의 이론을 따르는 것으로 논쟁은 일단락된다. 여기서 우리는 일제시대의 상황에서도 경성제대의 관학에서도 인재가 길러졌으나 주체적 응전도 나왔으니 연희전문학교의 정인보, 최현배, 홍이섭과 같은 지사형 국학자들에 의해 국학 연구 진흥이 이루어졌음도 기억해야 한다.

특히 어문학에서 주목받는 이는 최현배이다. 최현배는 관비유학생으로 히로시마 고등사범에 유학해, 교토대 철학과에서 교육학을 공부하고 귀국해 연희전문 교수가 되어 조선어 연구에 전념하고 조선어학회의 이론가로 활동하였으며, 조선어학회 수난사건(1942)의 핵심 주동자로 지목되어 고초를 겪고 이희승과 함께 옥중에서 해방을 맞는

다. 그는 교토대학 유학 시 조선 민족의 대각성을 위해 '조선민족갱생의 도'란 논설을 지어 1926년에 66회에 걸쳐 동아일보에 연재하여 민족의 정신적 질병을 진단하고 해결도 도모한다.[11] '우리말본'(1929~1937, 1975)이 문법서로 전무후무한 기념비적 업적이라면 '조선민족갱생의 도'(1930)는 민족의 진로를 향한 정신적 대각성을 위한 교육 개혁의 대청사진이었다. 그는 민족적 질병과 민족적 쇠약증으로 크게 구별하여 우리의 의식을 진단하였다. 오늘날 이중에 얼마나 개선되었는지 정밀한 분석이 필요하지만 상당수는 아직도 유효하여 의식 개선이 필요한 것으로 보인다.

(1) 민족적 질병: 의지의 박약/용기 없음(피난 갈 생각만 하고 쳐들어오는 것을 막을 생각 안 하는 민족. 적의 총검 아래에서 살 줄은 알았으되 치욕 앞에서 죽을 줄은 몰랐다)/활동력의 결핍(게으르고 놀고먹는 풍조. '隱者의 나라, 仙人의 나라' 표현의 문제)/물품 제조에 손을 더럽히지 않으려 하고 農工商을 천시한 나라/외래품의 범람/의뢰심의 많음(돈 있는 친족 의뢰)/조상 의뢰 신앙(明堂 의식)(잘 되면 내 탓 못되면 조상 탓)/사대주의/저축심의 부족(사치 허영)/성질의 음울함(과거 지향적. 과거 자랑)/제사 문화 과다/신념의 부족함/자존심의 부족(양반은 죽어도 곁불은 안 쬔다)/도덕심의 타락(공공 의식 타락)/아편중독/분열(국채보상운동은 부유층 불참과 일제 방해로 실패)/정치경제적 파멸(농촌 경제의 파멸. 소작농. 일본의 경제 침탈)

(2) 민족적 쇠약증의 원인: 이조 500년간의 惡政/사상 자유의 속박(유교

---

11) 이 글은 동아일보 연재 후 1930년에 책으로 나오고 1962년에 재판을 낸다. 이 책은 최현배의 독립운동 혐의의 책으로 죄를 뒤집어씌우는 데 이용되기도 하였다.

독점의 폐단. 유학도 다양한 유교 학파를 이루지 못하고 독선 붕당화. 원래 儒란 人+需로 사람에게 필요한 것 공급한다는 뜻. 유학 숭상하면서도 논어 주석서가 다양한 일본에 못 미침. 조선의 쇄국과 종교 탄압)/자각 없는 교육(중국 역사 철학 지식 중심 교육. 평생 왜 읽는지 모르고 암송. 자기 나라 역사에 무지)/한자의 해독: 한문 숭상. 평생 한문 학습/양반 계급의 횡포/繁文縟禮(번문욕례)의 縲絏12)/文弱의 죄. 尙武精神의 쇠퇴/불합리, 불경제의 일상생활 방식(草家 문화. 산림황폐/자급자족 가정경제 수준/의복 문제, 백의민족(백의는 貧寒, 무활동, 노쇠, 비애, 여성성의 상징. 자주 빨래해야 하고 수공이 많이 간다)13)/仙人國이란 평가/색채어는 많은데 염료는 미발달. 대갓, 장죽의 불편. 조선 여성의 가사노동 과중/조혼의 폐해: 자녀를 부모의 부속품으로 알아. 자녀 교육보다 자녀 결혼시켜 며느리 손에 밥 먹는 것이 최후 안락. 가문 번성의 수단으로 早婚 선택. 조혼은 정신적으로나 생물학적으로도 안 좋고 低能, 不姙, 무老, 가정불화, 蓄妾 촉진. 冠童之別(어른 아이의 구별)/나이 자랑하기/미신의 성행(사주팔자. 음양오행. 택일, 풍수, 방위, 작명, 미신 민속) 등

최현배(1962)는 '기독교와 한글'이란 논문에서 한글과 기독교의 관계에 대해서도 다음과 같이 정리하였다.

---

12) 번문욕례(繁文縟禮): 번거롭고 까다로운 규칙과 예절. 누설(縲絏): 죄인을 묶던 노끈.
13) 白衣 숭상의 유래에 대해 심리적 원인(청백, 청빈 숭상. 청백리), 민족 자존심(타국의 화려한 옷 빛깔 거부), 상례 풍속의 장기화 탓, 불교의 西方淨土 사상, 정결무구 사상 유래설 등이 있다.

[한글이 기독교에 준 공덕]

ㄱ. 배우고 쓰기 쉬운 한글 덕분에 기독교 전파가 쉬웠다.

ㄴ. 배달겨레에게는 하느님 경배 사상이 있어 왔는데 기독교가 신을 '하느님'이라 표현하여 거부감을 갖지 않았으며 기독교가 전통신앙과 합일할 수 있었다.

[기독교가 한글에 준 공덕]

ㄱ. 한글을 민중 사이에 전파하였다. 교회에서 한글을 가르쳐 신지식을 접하게 되니 '어리석은 백성이 날로 쓰기에 편하게 하고자 한' 세종의 뜻이 성공한 사례이다.

ㄴ. 목사의 언행 따라 교인이 달라지고 산간마을에도 지역 계몽자, 지도자가 되어 갔다.

(지도자 배출: 이승만, 김구, 안창호, 이상재, 조만식, 김규식 등)

ㄷ. 한글에 대한 존중심을 일으키고 한글을 지키는 마음을 길렀다. 일제 말 억압 속에서도 교회는 설교와 찬송가를 유지하여 한글과 국어를 지켰다.

ㄹ. 한글의 과학스러운 가치를 인정하였다. 외국인 선교사들이 한글의 가치를 세계에 알렸고 그 영향으로 국어학자들이 배출되었다.

ㅁ. 배달의 말글을 세계에 널리 전파하였다. 선교사들의 한국 관련 연구들이 세계로 한국과 한글을 알렸다. (헐버트, 언더우드, 게일 등)

ㅂ. '한글만 쓰기'(한글 전용)의 기운을 조성하였다. 성경 배포 사업은 한글전용에 기여하였고 전통 성서문체를 확립하였다.

6. 문맹과 불통의 극복: 교회의 문맹퇴치 운동과 만민평등의 복음

문맹과 불통을 깨려는 적극적, 체계적 운동은 중국과 일본을 통해 수용된 기독교(가톨릭과 개신교)에 의해 나타났다. 천주교 자료도 언해되어 한글이 계몽의 도구로 쓰이고 개신교도 배재, 이화, 경신, 정신학당과 같은 근대 학교를 세워 교육 계몽으로 백성의 문맹퇴치 운동을 앞장서므로 이런 노력은 곳곳에 애국 계몽과 신앙 운동으로 설립되는 교회와 기독학교에서 한글교육을 행하여 가장 조직적, 대중적, 체계적으로 행하였다.

이로써 1919년 3.1운동기에는 1500만 인구에 2%의 기독교인이 형성되면서 교회가 조직적으로 만세운동을 전국적으로 주도할 정도로 세력이 형성되었다. 이런 애국 문맹퇴치 운동은 러시아의 브나로드 운동에도 견줄 만하지만 한국은 식민지 치하에서 이루어진 점이 다르다. 이 운동은 1920년대 말부터 1930년대에 동아일보, 조선일보가 주도하여 본격화하였으니 전술한 대로 이광수의 '흙', 심훈의 '상록수'에서 작품화하기도 하였다.

문맹 퇴치와 함께 불통을 해소하려는 노력도 강력한 원동력은 교회이었다. 모든 차별 제도와 관습에 기인하는 불통은 성경이 말하는 만민평등의 인권에 따라 자연히 약화되거나 사라질 수밖에 없었다. 군신불통, 남녀불통, 부부불통, 적서차별, 사농공상 차별 등 이런 온갖 차별은 성서의 가르침에 위배되므로 초기 교회는 만민평등의 정신으로 백성들의 불통을 막고 소통에 기여하였다. 이러한 현상은 유럽에서 종교개혁(Reformation)을 통해 평민어로 성경을 번역하여 민중을 일깨우고 르네상스(Renaissance)로 근대문명을 발전시켜 2R이 읽기(Reading) 혁명을 일으키고 평민층을 일깨워 왕권과 귀족과 사제의 권력을 낮추고 평민층의 권력을 인권의 이름으로 의회민주주의를 통해 발전시키게 된 것과 동일한 현상이 한국에서도 벌어졌음을 보여준다. 이러한 소통의 도구로서 기독교의 전래 과정에서 한·중·일 세 나라가 어떤 역할을 하였는지 정리할 필요가 있다.

6.1. 중국에서

영국 선교사 로스(J. Ross), 매킨타이어(J. Macintyre)의 만주 선교와 단동에서의 조선인 전도가 1870년대 말부터 하나 둘 열매를 맺어 성경 번역이 이루어져 서상륜, 백홍준, 이응찬 등 의주 출신 조선 청년들이 '예수셩교 누가복음젼셔'(1882), '예수셩교 요안늬복음젼셔'(1882) 등 중요한 신약성서의 쪽복음을 번역하고 인쇄해 조선으로 유입시켜 전도가 이루어졌으며 드디어 이들을 모아 신약성경 합본인 로스본 '예수셩교젼셔'(1887)도 나온다.

문맹퇴치에 한글 성경이 중요한 역할을 하였으니 조선인 서상륜 등은 성경 판매를 하는 전도자인 권서(勸書)가 되어 성경 판매를 하며 복음을 전한다. 서상륜은 의주를 피해 황해도 소래마을로 가서 가정교회를 이룬다. 이들의 복음을 받은 김성섬의 부인 안성은은 마을을 복음화한다. 김성섬 집안은 독립운동가 집안이 되어 애국자들이 다수 나온다.[14] 언더우드가 올 때 서울에는 300여 명의 조선인 신자 모임이

---

14) 김성섬의 첫째 부인(사망)의 소생 김윤방의 딸 김마리아(독립장: 애국부인회)
김성섬의 둘째 부인 안성은의 소생 장남 김필순(세브란스 1회 의사, 애족장).
김필순의 아들이 중국 유명 배우 김염.
안성은의 1녀 김구례와 남편 서병호(애국장: 서상륜 동생 서경조 목사의 차남, 최초 유아세례자). 서병호 아들 서재현(애국장).
안성은의 2녀 김순애(독립장: 임정 애국 부인회 활동)와 남편 김규식(임정 활동: 대한민국장).
안성은의 3녀 김필례(근우회 창립, 정신여중고 이사장: 모란장).

형성되었다고 한다(대한성서공회, 1993, 제1권: 116). 이들에게서 한국 최초의 조직교회인 '새문안교회'가 1887년 9월 27일 탄생한다.

6.2. 일본에서

1882년 임오군란 때 명성왕후 민비를 업어 피신한 이수정(李樹廷)은 그 공로로 수신사 박영효의 비공식 수행원으로 가서 농업 유학을 가는데 동경에서 농학을 공부하던 중 스승 쓰다센(津田仙)의 집에 걸린 족자의 마태복음 5장 산상수훈에 나오는 팔복(八福) 말씀에 깊이 감명 돼 스승이 선물로 준 신약성경을 받아 읽으며 세례도 받고 김옥균이 데려온 30여 명의 조선인 유학생에게 영향을 끼쳐 유학생 신앙 공동 체를 갖는다. 그리고 이 성경을 조선에도 전해야겠다는 소명감으로 현토(懸吐) 성경을 펴내고 '신약마가전복음셔언ᄒᆞ이'(1885)를 단독 언해 해 미국 선교부 지원으로 6000부를 출간한다.

이수정은 일본에 와 있던 미국 선교부에 건의해 조선에 복음 전파 할 선교사를 보내달라고 청원하여 이에 따라 미국 선교사 언더우드, 아펜젤러가 1884년 말 미국을 출발해 1885년 1월 하순 요코하마에 도착해 동경에서 이수정을 만나 조선 정세를 묻고 마침 갑신정변을 피해 도피한 김옥균, 박영효, 서재필, 서광범 등도 만나고 서광범에게 서 한국어도 배우고 4월 5일 조선으로 오는데 이수정의 '마가복음서 언해'를 가져와 선교사가 피선교국의 번역 성경을 갖고 들어가는 새 역사를 썼다.

6.3. 조선에서

언더우드는 미국 공사이자 선교사인 제중원 의사 알렌을 도와 복음 전파를 모색한다. 서상륜이 전도한 사람들 중 14명이 언더우드 사택에 모여 언더우드 집례로 첫 조직교회를 만든 것이 새문안교회이다. 이날 모임에 만주에서 온 로스 선교사가 참여해 남북 합작의 성격을 보여 준다.

언더우드는 로스본 성경이 평안 방언을 많이 포함해 중부권의 거부 반응을 의식해 새로 성서 번역을 추진해 1887년 '성서번역자회'를 조직하고 이수정의 마가복음을 다시 새로 번역해 사용하기도 한다. 1892년부터 본격적으로 추진하여 1900년 신약을 완역하고, 1910년 구약을 완역해 신구약 '성경젼셔'(1911)를 발행한다. 이 성경 번역은 중국어 한문 성경, 영어, 라틴어, 희랍어, 히브리어 성경까지 동원한 대역사이었고 오늘날 한글 성경은 개화기 이래 안정적 문체를 보여 주고 있다.

'성경젼셔'의 완간은 30년 만에 한국어가 수려한 언문일치, 한글전용체 성경의 옷을 입고 탄생하는 순간이었다. 이러한 성경 번역으로 일제의 조선어 말살 정책 속에서도 한국 교회는 한국어 예배를 지킬 수 있었고 한글 성경은 한국어의 피난처, 구원의 방주 역할을 하였다. 다음 번역본의 비교는 현대 성경 문체가 100년 전 한국어와 크게 변하지 않은 안정성을 보여 준다.

① 마가 1:1
[로스 87] 하나님의아달예수키리쓰토복음의처음이라
[이수정 85] 神신의子ᄌ耶穌基督예슈쓰크리슈도스의福音복음이니그쳐

음이라

[언더우드 87] 샹뎨의아들예수그리스도복음이니그처음이라

[1900] 하느님의 아들 예수 크리스도 복음의 시작이니

[1911] 하느님의 아들 예수 그리스도 복음의 시작이니

[1938] 하나님의 아달 예수 그리스도 복음의 시작이라

[1952] 하나님의 아들 예수 그리스도 복음의 시작이라

[1998] 하나님의 아들 예수 그리스도의 복음의 시작이라

② 마가 1:4

[로스 87] 들에밥팀례를베풀고회기의밥팀례를뎐ᄒ여써죄를샤케ᄒᄂ요안ᄂᆞ닐으니

[이수정 85] 約翰요한네쓰가드을에셔洗禮밥테슈마를베푸러뉘웃쳐곳치는洗禮밥테슈마를傳전ᄒ야ᄒ여금罪죄의赦사ᄒ믈엇게ᄒ니

[언더우드 87] 요한이들에셔세례를베푸러뉘웃쳐곳치ᄂᆞᆫ세례를젼ᄒ야ᄒ여곰죄샤흠을엇게ᄒ니

[1900] 뷘 들에서 셰례 주ᄂᆞᆫ 요한이 와셔 뉘웃쳐 곳치ᄂᆞᆫ 셰례를 젼파ᄒᆞ매 이ᄂᆞᆫ 죄 샤흠을 엇게 흠이니

[1911] 요한이 니르러 광야에셔 셰례를 줄ᄉᆡ 회기ᄒᆞᄂᆞᆫ 셰례를 젼파ᄒᆞ야 죄 샤흠을 엇게 ᄒ니

[1938] 셰례요한이 니르러 광야에서 죄샤함을 밧게 하는 회개의 셰례를 젼파하니

[1952] 세례 요한이 이르러 광야에서 죄 사함을 받게 하는 회개의 세례를 전파하니

[1998] 세례 요한이 광야에 이르러 죄 사함을 받게 하는 회개의 세례를 전파하니

이상에서처럼 100년 전의 성경 번역은 소설, 언간의 한글전용체와 달리 경전 문체에서 언문일치, 평민 애용의 한글전용체, 띄어쓰기 시행과 같은 파격적 실천을 보여 현대 한국어 특히 언문일치의 문어체, 번역체, 한글전용체 형성에 중요한 전범을 보여 주었다. 이러한 언문일치 한글전용체의 수용과 발전은 한글문화를 통한 언어 정체성 확립과 조선어학회를 중심으로 한 어문 민족주의 형성에 큰 기여를 하였다.

6.4. 미국에서

이 시기에 이수정과 별도로 동서양 학문을 섭렵한 본격적 서구형 지식인은 서재필에서부터 시작된다. 19세에 일본 육사에 가서 1년간 수학한 그는 갑신정변 때 국방장관 후보였다고 한다. 서재필은 갑신정변(1884) 실패 후 대역죄로 몰려 친족과 처자식이 몰살당한 채 미국으로 망명하여 의학을 공부해 한국 최초의 의학박사가 된다.

청일전쟁 후 집권한 박영효의 요청으로 1895년 가을 귀국한 후 고종의 후원으로 민중 계몽을 위한 '독립신문'(1896.4.7)을 창간한다. 서재필의 민주주의 이상을 배재학당에서 받든 제자는 정치 분야의 이승만, 어문 분야의 주시경을 들 수 있다. 그는 청년 인재들에게 의회민주주의와 자주독립 정신을 고취하는데 이승만은 한글 계몽정신을 논설체로 구현해 '독립정신'(1910)이란 개화 방략서를 발행하고 후에 하와이에서 독립운동을 할 때에도 한글체의 '태평양잡지'를 창간해 실천하며 정부수립 후에는 한글전용 법률 6호를 만들어 한글전용의 이상을 추진하였다.

서재필은 배재학당에서 서구 민주주의를 가르쳐 민주주의 토론 훈

련을 시켰다. 당시 배재학당 학생회의 이름인 '협성회'에서 행한 토론 주제는 다음과 같다.15)

○본회 셜립ᄒ후로 토론ᄒ 문제가 삼십삼인ᄃᆡ 여좌홈
○一 국문과 한문를 석거 씀이가홈 ○二 학도들은 양복을 닙음이가홈
○三 안ᄒᆡ와 ᄌᆞ민와 ᄯᆞᆯ을 각죵 학문으로 교육홈이 가홈 ○四 학원들은 ᄆᆡ일운동홈이 가홈 ○五 녀인들을 ᄂᆡ외 식히지 아님이 가홈 ○六 국즁에 도로를 슈리홈이 가홈 ○七 우리나라죵교를 예수교로 홈이 가홈 ○八 노비을 쇽량홈이 가홈 ○九 우리나라 텰로놋ᄂᆞᆫ 것을 외국 사ᄅᆞᆷ의게 허급지 아님이 가홈 ○十 우리 회원들은 인민을 위ᄒᆞ야 가로샹에 나가 연셜홈이 가홈 ○十一 회원들은 이십셰 안으로 혼인을 ᄒ지말ᄆᆡ 가홈 ○十二 우리 나라에서 쓰ᄂᆞᆫ 자와 말과 져울을 쏙 갓치 홈이 가홈 ○十三 국민이 이십셰 된쟈ᄂᆞᆫ 일졔히 병뎡으로틱 홈이 가홈 ○十四 셔울과 인쳔 ᄉᆡ이 텰도놋ᄂᆞᆫᄃᆡ 학도를 보ᄂᆡ여 쟝졍과 놋ᄂᆞᆫ규칙을 빅홈이 가홈 ○十五 각쳐에 공원ᄃᆡ를 셜립ᄒ야 인민을 양싱 식힘이 가홈 ○十六 목욕간를 집집마다 두어 몸을 졍결케 홈이 가홈 ○十七 ᄉᆞ농공샹 학교을 셰워 인민을 교육 홈이 가홈 ○十八 각 곡식죵ᄌᆞ를 외국샹품 죵ᄌᆞ를 구ᄒᆞ야 심음이 가홈

〈협성회보 2호, 추가 토론 주제〉 토론ᄒ 문제 젼호 련속
○十九 병인들은 외국 의약으로 치료 홈이 가홈 ○二十 산소를 풍슈지슐노 구치 말고 집집 마다 맛당ᄒ 곳을 사 두고 씀이 가홈 ○二十一 무론

---

15) 협성회 회보(協成會 會報)는 1898년 1월에 배재학당(培材學堂)의 학생회인 협성회가 한글전용체 신문으로 창간하였다. 1898년 4월에는 '매일신문'으로 이름을 바꾸고 일간으로 발간하다가 1899년 4월에 폐간되었다.

모물ᄒ고 매미 홀시에 외느리 아니 흠이 가홈 ○二十二 각항 문ᄌ를 왼
편 에셔 시작 ᄒ여 씀이 가홈 ○二十三 넌디 에 츌입 ᄒᄂᆫ 외국 사름
의게 디셰 을 만히 밧음 이 가홈 ○二十四 우리 나라 에셔 샹하 의원을
셜립 홈이 정치 샹에 급션 무로 결졍홈 ○二十五 군디 애 호령 ᄒᄂᆫ 말을
본국 말노 씀이 가홈 ○二十六 의관 졔도를 복구 홈이 가홈 ○二十七
각부에 잇ᄂᆫ 고문관들을 한 이 지나 거든 다시ᄂᆫ 외국 사름으로 쓰지
아님이 가홈 ○二十八 유의 유식 ᄒᄂᆫ 인민의게 졔죠소를 챵셜 ᄒ여 줌
이 가홈 ○二十九 우리 회즁 에셔 일쥬일 간 회보 를 발간 홈 이 가홈
○三十 정부 에셔 인ᄌᆡ 를 틱용 ᄒ랴면 과거 를 보임 이 가홈 ○三十一
흉년 을 당 ᄒ야 곡식을 외국 으로 슈츌치 못 ᄒ게 홀 방칙 은 셰를 만히
밧음이 가홈 ○三十二 긔항 을 만히 ᄒᄂᆫ 것이 나라 에 유익 홈 ○三十三
신문 국을 각쳐 에 비셜 ᄒ야 인민 의 이목 을 널님 이 가홈.

위 토론 주제를 보면 당시 시대상을 알 수 있고 오늘날의 주제로도
가능한 것이 많이 보인다. 서재필의 한글 계몽정신을 어문 분야에서
이은 제자는 주시경이었다. 주시경은 스무 살 청년으로 배재학당 시
절 정동 독립신문사에서 독립신문의 교정을 보면서 국어문제에 눈을
뜨고 국어 연구에 일생을 바친다. '국어문전음학'(1908), '조선어문
법'(1910) 등의 문법서를 저술하고 국문연구소(1907) 위원으로 참여해
말글 연구에 힘을 기울이고, 남대문 옆 상동(尙洞)교회 부설 '조선어
강습원'과 기타 여러 남녀 학교에서 몸을 돌보지 않고 국어와 국사를
청소년들에게 가르치고 조선어학회의 전신인 '국어연구학회'(1908.8)
를 만든다.16) 1910년 국치(國恥) 후에는 105인 사건으로 일제의 지식

16) 종래에는 조선어학회의 연원을 주시경 사후 제자들이 결성한 1921년 12월 3일 창립의

인 탄압이 극에 달하자 조국을 떠날 생각으로 고향 선산에 하직하고 다녀온 후 1914년 7월 27일 급환으로 38세에 작고한다.

그때 주시경 선생에게 배운 10대 청소년들이 최현배, 장지영, 이병기, 김윤경, 염상섭 등으로 이들이 장차 일제시대의 어문민족주의 운동을 이끌고 조선어학회를 만들어 우리 말글을 지키거나 문인으로 활동한다. 특히 주시경은 작고 전 수년간 조선말 어휘를 수집하여 사전을 만들려고 해 '말모이' 사전 집필을 시작하였는데 급서로 뜻을 이루지 못하였다.

그 후 주시경의 제자들이 1921년 12월 '조선어연구회'(1927년 조선어학회로 개명)를 결성하여 주시경의 뜻을 다시 이루고자 하였다. 그 결과 1927년 '한글'지가 창간되고, 1929년 조선어대사전 편찬위원회가 108명의 발기인으로 결성되어 125차례 회의 끝에 '한글 맞춤법통일안'(1933)을 완성하고, 9,547개의 표준어를 선정한 '사정한 조선어표준말모음'(1936)을 만들어 사전 집필을 추진한다. 그 후 1942년 총독부가 치안유지죄, 임시정부내통죄를 조작해 조선어학회 탄압에 들어가는데 1942년 10월 1일 사전 원고가 압수되고 회원 수십 명이 종로경찰서에 체포되어 고문을 받기 시작한다.

조선어학회 수난사건으로 33인이 기소되어 함흥형무소로 이첩되어 각종 고문 속에 재판이 진행되는데 이윤재, 한징 두 분은 옥사

'조선어연구회'에 두었다. 그런데 1907.7.1~9.3. 제1회 '하기 국어 강습소' 운영(강사: 주시경, 졸업생 25명), 1908.7.7~8.31. 제2회 '하기 국어 강습소' 운영(강사: 주시경)을 계기로 1908년 8월 31일에 '국어연구학회'를 창립(회장: 김정진)한 데서 100돌 역사의 연원을 둔다. 이 학회는 1911년 9월 3일에 학회 이름을 '배달말글몯음(朝鮮言文會)'으로 바꾸며, '강습소'도 '조선어강습원'으로 바꾸며, 1913년 3월 23일에 학회 이름을 '한글모'로 바꾸고(회장: 주시경), 1914년 4월에 다시 '조선어강습원'을 '한글배곧'으로 바꾸었으며 1921년 12월 3일에 '조선어연구회'로 재출발하게 된다. 한글학회 50돌 기념사업회 엮음(1971), 한글학회 누리집 www.new.hangeul.or.kr 참고.

순국하였다. 일부는 풀려나고 광복 전까지 갇혔던 분이 최현배, 이희승, 정인승, 정태진 등 몇 분이었다. 해방 후 이분들이 무너진 조선어학회를 재건하고 전국에 한글강습회를 열고 대학에 국어국문학과, 국어교육과를 열어 교사와 학자를 키워 오늘의 국어국문학 분야의 기초가 수립되었다. 이분들이 다시 원고를 찾아 한글학회 '큰사전' 1, 2, 3권을 내고 6.25로 중단되었다가 수복 후 다시 계속하여 1957년까지 '큰사전' 4, 5, 6권이 완간된다.

서재필의 계몽 민족주의를 장차 대한민국의 말글 정책으로 구현한 사람은 배재학당의 제자 이승만이었다.17) 이승만은 배재학당 학생회인 '협성회'와 서재필이 만든 '독립협회'를 통해 서재필의 자주독립과 계몽정신을 계승한다. 배재학당 학생회보인 '협성회보'를 발전시킨 최초 일간지 '매일신문'을 창간해 독립신문처럼 한글체로 발행하고 자주독립, 만민평등, 자유민권의 논설을 발표하여 청년 언론인으로 필명을 날린다. 1898년에는 23세의 청년 이승만이 고종의 내정개혁을 요구하며 종로에서 횃불 시위를 벌인 '만민공동회'에서 뛰어난 연설을 통해 시위를 주도하다 반역죄로 투옥되어 종신형을 받았으나 감형되어 한성감옥에서 6년간 옥고를 치른다.

옥중에서는 문맹자인 죄수들을 모아 한글 강습을 하고 배재학당에서 배운 영어를 바탕으로 '영한사전'을 집필하였으며 수십 편의 한글체 논설을 '제국신문' 등에 발표해 한글 논설체의 선구자로 필명을 날린다. 그 후 이승만은 이런 사상의 편력과 필력으로 1904년 석방되던 해 2월부터 6월까지 한글체의 '독립정신'(1910)이란 개화 방략서를

---

17) 이승만 대통령의 논설집 '독립정신'(1910)은 이승만(1910, 2008) 참고. 이승만 대통령의 생애는 유영익(2013) 등 참고.

집필하여 그 후 이 원고를 미국으로 반출해 1910년 L.A.에서 발간한다. 1904년 러일전쟁으로 일본이 승리한 후 일제의 조선합병은 더욱 노골화해 옥고를 치르던 이승만은 조선에서 영어를 제일 잘하였다는 평가를 받았기에 그 재주를 아낀 민영환의 배려로 풀려나 조선의 독립을 호소하러 고종의 밀서를 갖고 29세의 나이로 미국에 밀사로 파견된다. 그러나 이미 일본의 조선 합병은 기정사실화하여 일본의 방해로 이승만의 대미 외교는 큰 성과를 내지 못하자 미국에 남아 유학을 하여 조지 워싱턴 대학(학사), 하버드 대학(석사)을 거쳐 프린스턴 대학에서 영세중립 외교를 주제로 쓴 '미국의 영향을 받은 중립법(Neutrarity As Influenced by the United States)'이라는 논문으로 1910년 5월에 유학 5년 만에 박사까지 마쳤다.

이승만은 1910년 10월 6년 만에 귀국하는데 이미 조국은 일제의 식민지가 되었다. 귀국 후 YMCA를 거점으로 전국 순회전도에 전념하는데 마침 일제가 식민통치 장애세력인 서북지역의 기독교계 중심의 애국지사, 청년학도들을 탄압하고자 600여 애국인사들을 데라우치 총독 암살 모의죄로 날조해 대거 검거한 후 105인을 기소한 소위 105인 사건을 벌이자 이승만도 체포 위기에서 선교사 도움으로 미국으로 탈출해 하와이를 거점으로 독립운동을 시작한다.

3.1 운동 시기에 이승만은 상해임시정부 초대 대통령으로 부름 받고 상해로 갔다가 다시 하와이로 와서 미주지역에서 외교 독립 노선에 입각한 항일독립운동을 벌이고 광복 후 귀국하여 좌우 투쟁을 극복하고 대한민국을 세우는 데 진력하고 초대 대통령이 된다. 1948년 한글날(10.9)에는 법률 6호를 제정해 공문서 한글전용정책을 국가 말글 정책의 기본으로 수립하였고 최현배 선생이 초대 정부의 말글 정책을 맡아 초기 말글 정책의 기틀을 다진다.[18]

광복 후에 한국은 문맹률 78% 수준의 문맹사회이어서 한글 계몽의 당위성은 여전히 시대적 요구이었다. 더욱이 당시는 아직 한자 중심의 국한혼용체 시대였고 1990년대에 와서야 실현된 한글전용은 당시로는 아직 요원한 상황이었는데도 40여 년 앞선 미래의 한글전용시대를 예견하고 그 기틀을 놓은 것이다. 다음의 법률 6호는 2005년 국어기본법으로 폐기, 대체된다.

[법률 6호(한글전용에 관한 법률)]: 대한민국의 공용문서는 한글로 쓴다. 다만, 얼마동안 필요한 때에는 한자를 병용할 수 있다. 〈1948.10.9.〉
[국어기본법] 14조(공문서의 작성) ① 공공기관 등의 공문서는 어문규범에 맞추어 한글로 작성하여야 한다. 다만, 대통령령이 정하는 경우에는 괄호 안에 한자 또는 다른 외국문자를 쓸 수 있다. 〈개정 2009.3.18.〉
② 공공기관 등이 작성하는 공문서의 한글 사용에 관하여 그 밖에 필요한 사항은 대통령령으로 정한다. 〈개정 2009.3.18.〉

위 국어기본법 14조항은 정부수립 이래로 정부의 기본 문자정책인 '공용문서의 한글전용 정책'을 계승하고 있다. 이는 달리 말하면 정부가 공용문서가 아닌 언론, 학계의 문체에 대해서는 강제하지 않고 자율에 맡긴다는 것을 뜻하여 자연스러운 문체 경쟁과 실용적 운용을 통해 국민 스스로 선택하게 하였다. 오늘날 한강의 기적은 배우고

---

18) 이승만 대통령에 대한 평가로는 외교노선의 독립운동, 자유민주주의 시장경제국가 건설, 의무교육 실시, 6·25 국난(國難) 극복, 한미동맹 확립을 통한 한국 안보와 안정적 경제성장 토대 확보, 국군의 세계 10대 군사력 확보, 원자력·시멘트·유리·비료 산업 등 기간산업 확립, 부정축재 없는 청렴한 지도자로서의 공(功)이 있으나 자유당 장기집권의 부정부패와 권위적 통치, 이기붕이 부통령이 되려고 자행한 3·15 부정선거의 책임과 같은 과(過)도 지적된다.

익히기 쉬운 기적의 한글교육 덕분이니 의무교육의 시행과 교육의 중심에 한글교육이 있었기 때문임을 생각할 때 초기 말글 정책은 올바르게 방향을 잡은 것이라 하겠다.

7. 맺음말

우리는 지금까지 동아시아 3국의 지식교류를 근대 국어의식의 형성에 맞추어 살펴보았다. 지식교류가 증대될수록 생명력이 증가하지만 정체, 폐쇄될수록 생명력은 파괴되고 급기야 국가적 쇄국정책으로 조선 왕조는 멸망의 비극을 겪었다. 이런 조선의 개국 자주독립을 위해 중국의 정관응이 지은 '이언'이 중국발 마지막 개화 방략의 지식으로 언해되어 조선 사대부들에게 전파되지만 이미 처방을 내리기에는 때가 너무 늦었다.

이런 지식 교류의 정체, 폐쇄를 가져온 쇄국정책은 공교육 부재의 문맹과 각종 차별로 얽힌 조선의 불통 현상을 심화시켜 망국을 재촉하였다. 더욱이 한자문화에 찌든 조선에서 한문체, 혼용체, 한글체의 문체 갈등도 나타나 계층별, 장르별, 용도별로 문체 선택의 현상이 나타난다. 그래도 주시경 등 학자들의 자각으로 점차 한글체가 정착되고 한글의 가치가 조금씩 상승되는 것은 다행이었다.

국어학도 과거의 한자 음훈 중심의 연구에서 탈피해 서구 언어학 관점, 일본 문법의 영향을 받은 국어학 연구로 전환하였다. 일본 유학파이지만 자주적 국문법을 쓰려고 한 최현배와 일본문법의 방식을 적용한 박승빈은 문법 체계나 맞춤법에서 형태주의와 음소주의의 대립을 보이기도 하였지만 최현배의 문법 체계가 더 논리적이라 주시경의 제자들이 국어학 발전에 큰 역할을 하였다.

문맹과 불통의 조선에 새 희망을 준 것은 영국(로스, 매킨타이어 등) 과 미국, 캐나다(언더우드, 아펜젤러, 헐버트, 게일 등) 선교사들의 조선 선교이었다. 이들을 통해 교회가 한글 강습과 한글 성경 보급으로 문맹퇴치에 기여하고, 성경에 담긴 만민평등의 복음으로 모든 차별에 의한 불통 구조를 타파하고 소통하도록 함은 복음의 힘 때문이라 하지 않을 수 없다.

참 고 문 헌

고유, 『서재필 광야에 서다』, 문이당, 2008.

김민수, 『신국어학사』, 일조각, 1980.

김민수, 『주시경 연구』, 탑출판사, 1986.

김민수, 『해암의 삶』(해암 김형규 선생 탄신 100돌 기념학술대회 논문집), 2011, 1~24쪽.

김욱동, 『근대의 세 번역가: 서재필, 최남선, 김억』, 소명출판, 2010.

김욱동, 「소설가 서재필」, 『서강학술총서』 014, 서강대학교 출판부, 2010.

대한성서공회, 『대한성서공회사』 1~2권, 대한성서공회, 1993.

민현식, 「개화기 국어 문체 연구」, 『국어국문학』 111, 국어국문학회, 1994, 37~62쪽.

민현식, 「개화기 국어 문체에 대한 종합적 연구(1)」, 『국어교육』 83·84, 한국국어교육연구회, 1994, 113~152쪽.

민현식, 「개화기 국어 문체에 대한 종합적 연구(2)」, 『국어교육』 85·86, 한국국어교육연구회, 1994, 101~124쪽.

민현식, 「개화기 한글본 '스민필지'에 대하여」, 『국어교육』 100, 한국국어교육연구회, 1999, 357~391쪽.

민현식, 「개화기 한글본 〈이언〉의 한자어에 대하여」, 『국어국문학』 132, 국어국문학회, 2002, 31~61쪽.

민현식, 「開化期のハングル本『易言』の研究」, 『朝鮮學報』 186, 日本 朝鮮學會, 2003, 1~38쪽.

민현식, 「한자어의 번역 수용과 변천 양상: 개화기 한글본 '이언'(易言)의 번역어를 중심으로」, 『선청어문』 33, 서울대학교 국어교육과, 2005, 51~103쪽.

민현식, 『개화기 한글본 '이언'에 대한 국어학적 연구』, 『국어학』 49, 국어
학회, 2007, 277~314쪽.

민현식 『개화기 한글본 '이언, 연구』, 서울대학교 출판부, 2008.

민현식, 「한글문화의 정신사」, 『한국언어문화학』 13(3), 국제한국언어문화
학회, 2016, 93~118쪽.

박은식, 김태웅 역해, 『한국통사』, 아카넷, 1915.

서재필기념회 편, 『선구자 서재필: 개화 독립운동가로 언론인으로 의사로』,
기파랑, 2011.

서재필기념회, 『선각자 서재필: 민족을 위한 「희망의 씨앗」을 뿌리다』(화
보집), 기파랑, 2014.

송민, 「개화기 신문명 어휘의 성립과정」, 『어문학논총』 8, 국민대학교,
1989, 69~88쪽.

송민, 「갑오경장기의 어휘」, 『새국어생활』 4(4), 국립국어연구원, 1994,
54~73쪽.

송민, 「개화 초기의 신생 한자어 수용」, 『어문학논총』 18, 국민대학교,
1999, 19~38쪽.

송철의, 『주시경의 언어이론과 표기법』, 서울대학교 출판문화원, 2010.

신복룡 옮김, 「대한제국 멸망사」, 『한말외국인기록』 1, 집문당(원저: H. B.
Hulbert(1906), *The Passing of Korea*, London; William Heinemann
Co.), 1999.

신복룡 옮김, 「대한제국의 비극」, 『한말외국인기록』 2, 집문당(원저: F. A.
McKenzie(1908), *The Tragedy of Korea*, New York; E. P. Dutton &
Co.), 1999.

우남 이승만문서편찬위원회 편, 이화장 소장 우남 이승만 문서 동문편 제1
권 이승만 저작 1: 독립정신, 연세대학교 국제학대학원 부설 현대

한국학연구소. 1998.

유영익, 「우남 이승만의 독립정신론」, 『한국논단』 178권, 2004.

유영익, 「건국대통령 이승만: 생애 사상 업적의 새로운 조명」, 『이승만연구원 학술총서』 5, 일조각, 2013.

유영익 편, 『이승만 대통령 재평가』, 연세대학교출판부, 2006.

이광린, 『한국 개화사 연구』, 일조각, 1969.

이광린, 「'이언'과 한국의 개화사상」, 『한국사학논총: 이홍직 박사 회갑기념』, 신구문화사, 1969, 409~420쪽.

이광린, 「서재필의 개화사상」, 『동방학지』 18, 연세대학교 국학연구원, 1978.

이광린, 「易言と韓国の開化思想」, 『朝鮮学報』 116, 日本: 朝鮮学会, 1985, 131~146쪽.

이규수 『한글에 빛을 밝힌 어문민족주의자 주시경』, 역사공간, 2014.

이기문, 『개화기 국문 연구』, 일조각, 1970.

이덕주, 「이승만의 기독교 신앙과 국가건설론: 기독교 개종 후 종교활동을 중심으로(1899~1913)」, 『한국기독교와 역사』 제30호, 한국기독교역사연구소, 2009.

이상각, 『주시경과 그의 제자들: 조선어학회, 47년간의 말모이 투쟁기』, 유리창, 2013.

이응호 『미군정기의 한글운동사』, 성청사, 1974.

이정식, 『구한말의 개혁 독립투사 서재필』, 서울대학교출판부, 2003.

정진석, 『문자보급운동교재』, LG상남 언론재단, 1999.

최경봉, 『한글민주주의』, 책과함께, 2012.

최경봉, 『근대 국어학의 논리와 계보』, 일조각, 2016.

최현배, 『조선 민족 갱생의 도』, 정음사, 1930, 1976.

최현배, 『기독교와 한글, 신학논단』 7집, 연세대학교 신학대학원, 1962,
　　　51~76쪽.

홍윤표, 「'이언' 해제」, 『이언』(언해본·한문본 영인본), 홍문각, 1992.

白寿彝 編, 『中國通史』, 上海人民出版社, 1999.

夏東元, 『鄭觀應集』(上·下), 上海人民出版社, 1982, 1988.

夏東元, 『鄭觀應』, 廣東人民出版社, 1995.

한글학회, 『한글학회 100년사』, 한글학회, 2009.

허웅, 『최현배, 근대 인물 한국사 408』, 동아일보사, 1993.

허재영, 「근대계몽기 이후 문맹퇴치 및 계몽운동의 흐름」, 『국어교육연구』
　　　13, 서울대학교 국어교육연구소, 2004.

여말선초 성리학의 수용과 확산*
: 연구사 정리를 중심으로

강문식

1. 머리말

고려 말 원(元)으로부터의 성리학 수용과 국내에서의 확산은 외래의 지식·사상이 국내에 수용되어 새로운 주도 사상으로 정착되어 가는 하나의 사례를 보여준다는 점에서 중요한 역사적 의의를 갖는다. 고려 말 성리학의 수용은 무인집권기 이후 침체에 빠져 있던 고려 유학이 새롭게 부흥하는 계기가 되었다. 10~11세기에 북송(北宋) 신유학(新儒學)과의 교류를 통해 상당한 수준의 발전을 이루었던 고려 유학은 무인집권기를 거치면서 많은 학자들이 화를 입거나 이를 피해 불

---

* 이 글은 단국대학교 일본연구소 HK+ 사업단 주최 제1회 국내학술대회에서 발표한 것을 수정·보완한 논문임.

문(佛門)에 투신함으로써 학문의 기반이 크게 쇠락하였다. 하지만 원 간섭기에 성리학이 유입되어 관학(官學)을 중심으로 교육과 연구가 이루어지면서, 고려 유학은 새로운 전기를 맞이하였다.

14세기 초부터 본격적으로 고려에 수용된 성리학은 14세기 후반 공민왕대 성균관 중영 이후 연구와 교육이 활발하게 진행되었다. 정도전의 『경제문감(經濟文鑑)』·『불씨잡변(佛氏雜辨)』, 권근의 『입학도설(入學圖說)』·『오경천견록(五經淺見錄)』 등은 14세기 후반의 성리학 연구와 이해 수준을 보여주는 대표적 저술들이다. 이와 같은 성과들은 고려 말 정치·사회 개혁의 추진, 나아가 조선 건국의 토대가 되었다. 그리고 15세기의 학자들 역시 여말선초 학자들의 성리학 이해를 수용하고 그 기반 위에서 조선을 성리학 국가로 만들기 위해 필요한 각종 제도와 문물을 정비해 나갔다. 『경국대전(經國大典)』과 『국조오례의(國朝五禮儀)』로 대표되는 15세기 제도·문물 정비의 성과들은, 비록 지속적인 수정·보완이 이루어지기는 했지만 기본적으로 조선말까지 국가 운영의 기본 원칙이 되었다.

이상과 같이 고려 말 성리학의 수용 및 국내에서의 확산·보급은 우리나라 사상사의 전개 과정에서 매우 중요한 의의를 갖는다. 그에 따라 많은 연구자들이 이 시기 성리학의 수용 과정 및 그 성격에 대한 여러 논저들을 발표하였다. 이에 본고에서는 고려 말 성리학을 다룬 주요 연구 논저들을 중심으로 성리학 수용의 토대, 성리학 수용의 경로 및 수용된 성리학의 내용과 성격, 그리고 고려 학계에서의 성리학 교육과 확산 등에 관한 지금까지의 연구 성과들을 정리해 보고자 한다.

2. 고려 말 성리학 수용의 토대

고려 중기 북송성리학의 수용 및 그에 따른 신유학풍(新儒學風)의 발전이 고려 말 성리학 수용의 토대가 되었다는 것에 대해서는 대부분의 연구자들이 동의하고 있다. 이러한 시각은 문철영이 일련의 연구들을 통해 고려 중기 북송성리학 수용의 실상과 의미에 주목했던 것에서 처음 시작되었으며,1) 이후의 고려 중기 유학에 대한 연구들은 이와 대동소이한 입장을 피력하였다.2) 아래에서는 고려 중기 신유학 발달에 관한 기존 연구의 내용을 간략히 정리하였다.

연구에 따르면, '건순지성(乾淳之盛)'이라 불리는 북송의 진종(眞宗, 998~1022), 인종(仁宗, 1023~1063) 연간에 범중엄(范仲淹)·구양수(歐陽修)·사마광(司馬光)·왕안석(王安石) 등의 재상들이 등장하여 유교부흥책을 추진한 결과 주돈이(周敦頤)·장재(張載)·소옹(邵雍)·정호(程顥)·정이(程頤) 등에 의해 성리학이 발흥했고, 바로 이 시기에 고려와 송 사이에 긴밀한 우호관계가 형성되었으므로 양국 간의 사상적 접촉과 영향을 상정해 볼 수 있다고 하였다.3)

고려에서 북송성리학의 영향을 보여주는 사례로 11세기 최충(崔忠, 984~1068)의 활동을 들었다. 최충이 설립한 구재학당(九齋學堂)의 각 재(齋)의 명칭이나 9경(九經)과 3사(三史) 중심의 교과과목 등을 볼 때

---

1) 문철영, 「여말 신흥사대부들의 신유학 수용과 그 특징」, 『한국문화』 3, 1982; 「고려 중기 사상계의 동향과 신유학」, 『국사관논총』 37, 1992; 『고려 유학사상의 새로운 모색』, 경세원, 2005.

2) 邊東明, 『高麗後期 性理學受容 硏究』, 일조각, 1995; 최영성, 「고려중기 북송성리학의 수용과 그 양상」, 『대동문화연구』 31, 1996; 李源明, 『高麗時代 性理學受容 硏究』, 국학진흥원, 1997; 高惠玲, 『高麗後期 士大夫와 性理學 受容』, 일조각, 2001.

3) 문철영, 앞의 논문, 183쪽.

당시의 학풍이 한당(漢唐)의 훈고학(訓詁學)에서 탈피하여 송대 유학에 상당히 접근했던 것으로 판단하였다.[4) 또, 1115년(예종10)에 김단(金端)과 권적(權適) 등 5인이 송나라 태학(太學)에 입학했을 당시 송에서는 신유학이 대세를 이루면서 이정(二程)의 문인들이 활동하고 있었다는 점, 김인존(金仁存)이 「청연각기(淸燕閣記)」에서 '성명도덕지리(性命道德之理)'와 같은 용어를 사용한 점, 정이의 학문을 주희(朱熹)에게 전수하는 데 있어 중요한 역할을 했던 양시(楊時)에 대한 고려 학계의 관심 등을 예로 들면서, 이는 중국에서의 새로운 유학의 경향성을 예의주시하며 그 이해의 폭을 넓혀가고 있던 고려 중기 유학계의 동향을 단적으로 말해준다고 하였다.[5) 이밖에 『삼경신의(三經新義)』 유입, 왕안석에 대한 권적의 평가 등의 예를 통해 왕안석의 학풍도 고려 학계에 많은 영향을 끼쳤음을 지적하고, 이러한 사례들은 고려 유학계가 중국의 신유학 형성과 전개에 밀착되어 있었음을 보여준다고 하였다.[6)

북송신유학의 영향은 예종·인종대 학제(學制) 및 과거제(科擧制)의 개혁에도 나타났다. 이 시기 학제 개혁은 관학 진흥에 초점이 맞추어졌다. 예종은 1099년(예종4)에 국학(國學)에 7재(七齋)를 설치했고, 1116년에는 청연각(淸燕閣)·보문각(寶文閣)을 설치하여 경연을 담당하도록 했으며, 1119년에는 국학에 양현고(養賢庫)를 설치하였다. 인종대에는

---

4) 구재(九齋)의 명칭은 낙성(樂聖)·대중(大中)·성명(誠明)·경업(敬業)·조도(造道)·솔성(率性)·진덕(進德)·대화(大和)·대빙(待聘) 등으로 모두 유교 철학의 중요 개념들을 차용한 것이다. 특히 성명·솔성 등은 『중용(中庸)』에 바탕을 둔 것으로 당시 신유학의 이해와 관련하여 주목된다고 하였다. 또 구재학당의 주 교과목이 구경(九經)이었다는 점은 북송의 진종이 1001년에 각 주현의 학교에 구경을 반포하면서부터 신유학 발흥의 단초가 열리게 되었던 것과 연관된다는 점에서 흥미롭다고 하였다(문철영, 앞의 논문, 184쪽).

5) 위의 논문, 185~187쪽.

6) 위의 논문, 187~189쪽.

1133년(인종11)에 무학재(武學齋)를 폐지하고 경사육학(京師六學)을 정비했으며, 식목도감(式目都監)에서 학식(學式)을 제정하여 관학의 규모를 완성하였다. 한편, 예종~인종대 과거제 개혁은 시험과목에서 시부(詩賦)보다는 경세제민(經世濟民)의 실용성을 띤 논(論)·책(策)을 중시하는 방향으로 추진되었다. 이와 같은 학제·과거제 개혁은 기본적으로 왕권 강화 및 국왕을 정점으로 하는 일원적 관료체계 정립을 통해 귀족 세력을 견제하려는 정치적 목적에서 비롯된 것이었다. 하지만 그 추진 과정에서 북송대 범중엄·왕안석 등의 개혁을 모델로 삼았다는 점에서 북송 학풍의 영향을 확인할 수 있다.

기존 연구에서는 학제 및 과거제 개혁의 결과로 고려 유학이 경학(經學)을 중시하는 방향으로 변모했음에 강조했다. 특히 경연 강론에서 『중용』과 『주역(周易)』이 중시된 점은 북송 성리학의 영향을 보여주는 단서가 된다고 보았다. 성리학 체계에서 우주론(宇宙論)과 심성론(心性論)의 핵심을 이루는 두 경전이 중시된 사실은 12세기 고려 유학의 수준이 이미 심성(心性)에 대한 이해를 강조하는 성리학적 성향을 내포하는 단계에 이르렀음을 의미한다고 할 수 있다.[7]

이처럼 상당한 수준으로 성장했던 고려의 유학은 무신정권기를 맞아 크게 위축되었다. 하지만 고려 중기의 신유학풍이 완전히 사라진 것은 아니어서, 지방에 은거한 일부 학자들에 의해 그 명맥이 유지되었다. 대표적인 예로 원주에 은거했던 임춘(林椿)·권돈례(權敦禮) 등을 들 수 있는데, 이들은 송나라 태학에 유학했던 고려 중기 학자 권적의 학문을 계승한 이들이었다.[8] 한편, 무신정권기에는 많은 문인들이

---

7) 문철영, 「고려중기 사상계의 동향과 신유학」, 『국사관논총』 37, 1992; 최영성, 「고려중기 북송성리학의 수용과 그 양상」, 『대동문화연구』 31, 1996.

8) 문철영, 앞의 논문(2005), 232~235쪽; 邊東明, 앞의 책, 17~19쪽.

화를 피하기 위해 불문(佛門)에 투신하면서 유불간의 교류와 융합이 활발하게 나타났다. 이들은 사장(詞章)이 중심인 무신집권기의 유학을 극복하는 방편으로 불교의 선(禪) 사상을 통해 심성(心性)에 대한 이해의 폭을 넓혀가고자 했다. 그리고 이러한 경향은 원 간섭기에 수용된 성리학이 고려 학계에 안착할 수 있었던 기반이 되었다.

3. 성리학의 수용 경로와 성격

3.1. 성리학 수용의 경로

11~12세기에 경학을 중심으로 발달했다가 무신집권기를 거치면서 크게 위축됐던 고려 유학은 원(元) 간섭기에 들어선 이후 다시 새롭게 성장했는데, 이는 충렬왕대부터 원을 통해 성리학이 수용된 것에 기인한다. 이 시기 성리학 수용은 고려와 원 문인들 간의 활발한 교유를 통해 이루어졌다. 이에 여러 연구자들이 양국 문인들 간의 교유 활동을 고찰하여 고려 말 성리학 수용의 실상을 확인하고자 했다.

장동익의 연구는 고려와 원 문인 간의 교유 양상을 유형별로 나누어 정리했다는 점에서 주목된다.[9] 그는 여·원 문인들 간의 교유 형태를 ① 고려 문인들이 원에 가서 교유한 경우와 ② 원의 문인들이 고려에 와서 교유한 경우로 나눈 다음, 각각을 다시 몇 가지 유형을 구분했는데, 이를 정리하면 〈표 1〉과 같다. 장동익은 공간적 측면에서 볼

---

9) 張東翼, 「麗·元 文人의 交遊」, 『국사관논총』 21, 1992; 張東翼, 『高麗後期外交史研究』, 일조각, 1994.

때 여·원 문인 교유는 원에서 더욱 활발하게 이루어졌으며, 이는 고려
인들이 보다 적극적으로 원에 진출하여 양국 문인 교유에서 주도적인
역할을 했음을 보여준다고 하였다.10)

〈표 1〉 고려와 원 문인간의 교유 형태

대분류	세부 유형		비고
고려 문인들이 원에 가서 교유한 경우	사신단 활동		• 이장용(李藏用), 이승휴(李承休), 장낙명(張樂明) 등 • 충렬왕대 이후 사신을 통한 교유 위축
	숙위(宿衛)		• 원에 장기 체류하면서 교유 • 박전지(朴全之), 최문도(崔文度) 등
	고려 국왕 및 왕세자 시종 (侍從)		• 원에 장기 체류하면서 교유 • 충선왕의 재원(在元) 시기에 가장 활발 • 만권당(萬卷堂)에서의 교유가 대표 사례
	제과(制科) 응시 및 원에서의 사환(仕宦)		• 15명의 고려인 제과 합격자 확인
원의 문인들이 고려에 와서 교유한 경우	사신단 활동		• 한족 출신의 문한관(文翰官)을 부사로 파견
	정동행성 (征東行省)	재상(宰相)	• 문한(文翰)과 이치(吏治)를 겸한 인물들이 파견되어 고려 문인들과 교유하면서 유풍(儒風) 진작에 기여 • 재직 기간 짧음
		유학제거사 (儒學提擧司)	• 1년 이상 재직하면서 고려 문인들과 교유 • 강남 출신 학자들이 다수 파견
	개인적 방문		

출처: 張東翼, 『高麗後期外交史硏究』, 일조각, 1994

〈표 1〉에서 정리한 교유 유형 중 사신단 활동을 통한 양국 문인
교유는 사행(使行)의 성격상 짧은 기간 동안 이루어졌기 때문에 문물
교류의 성과를 가늠하기 어렵다. 또, 정동행성(征東行省) 관원 중 재상
은 재직 기간이 짧았기 때문에 고려 문인들과 깊이 교유하기에는 한
계가 있었다. 이에 비해 고려 문인의 숙위(宿衛)와 시종(侍從), 원 문인
의 정동행성 유학제거사(儒學提擧司) 파견 등은 상대 국가에 비교적

---

10) 張東翼, 위의 책(1994), 197쪽.

장기간 체류했기 때문에 양국 문인 간의 활발하고 긴밀한 교유를 기대할 수 있었다.[11]

숙위는 원의 요구에 의한 인질적 성격의 독로화(禿魯花, 뚤루게)를 말하는데, 1271년(원종12)부터 공민왕 초기까지 왕세자 혹은 종실을 위시하여 10~25명의 고관 자제와 품관들로 구성되었다. 숙위 출신으로 원 문인들과 교유한 대표적 사례로 박전지(朴全之)와 최문도(崔文度)를 들 수 있다. 특히 최문도는 무장 출신이면서도 원에 있는 동안 성리학 저술들을 통독하는 데 몰두하였고 귀국 후에는 성리학 보급에 크게 이바지하였다.[12]

국왕 및 왕세자를 시종하여 원에 머물면서 원 문인들과 교유한 사례는 충렬왕대 이후 주로 나타난다. 특히 충선왕이 원에 머물던 시기에 많은 고려 문인들이 원에 진출하여 원 문인들과 광범위한 교유관계를 형성했는데, 대표적인 인물로는 정가신(鄭可臣)·민지(閔漬)·안향(安珦)·백이정(白頤正)·최성지(崔誠之)·이제현(李齊賢) 등을 들 수 있다.

고려인이 원의 관료가 되어 원의 문인들과 교유한 경우도 나타난다. 고려인이 원의 관료가 방법 중 가장 일반적인 경우는 제과(制科)에 합격하는 것이었다. 원은 1315년(충숙왕2)부터 과거를 실시했으며, 원의 지배질서에 편입되어 있던 고려에서도 정동행성에서 향시(鄕試)를 실시하여 합격한 이들에게 원의 제과에 응시할 자격을 주었다. 이에 많은 고려인들이 향시에 응시하였고 합격한 이들은 원에 들어가 제과를 준비하는 동안 원의 문인들과 교유하면서 자신들의 학문적 폭을

---

11) 위의 책, 203쪽.

12) 위의 책, 204쪽. 권근도 「동현사략(東賢事略)」에서 최문도에 대해 "부모의 3년상(三年喪)을 지냈고 가묘(家廟)를 세워 제사의 예를 다하였으며, 격물치지(格物致知) 수기치인(修己治人)의 도(道)를 깨달아 몸으로 체득하였다."라고 하여, 그가 성리학에 깊은 조예가 있었음을 강조하였다(『陽村集』 권35, 「東賢事略」 崔参理諱文度).

넓혀갔다. 그리고 제과에 급제한 이들 중에는 원에서 장기간 관료로 활동하면서 원의 문인들과 교유한 경우도 있고, 또 관료 생활을 오래 하지 않고 귀국한 이들도 이후 제과에 함께 합격했던 원의 문인들과 시문을 주고받으며 지속적인 교유 관계를 유지하였다.

한편, 정동행성의 유학제거사로 파견된 원 문인들과 고려 문인들의 교유도 성리학 수용의 중요한 경로 중 하나였던 것으로 파악된다. 이들은 정동행성의 유학제거(儒學提擧)·유학교수(儒學敎授)·이문 등의 직책을 가지고 고려에서 근무했는데, 재직 기간이 짧았던 정동행성 재상들과는 달리 적어도 1년 이상 장기 근무를 했기 때문에 고려 문인 들과 상당한 수준의 교유 관계를 유지했을 것으로 보인다. 특히 현재 확인되는 유학제거사 중에 중국 강남 출신의 문인들이 많은 점은 이 들과의 교유가 강남 지역의 성리학이 고려에 전파되는 중요 경로 중 하나였을 가능성이 높음을 보여준다.

이상의 여러 경로 중에서 고려의 성리학 수용에 실질적인 통로가 되었던 것은 숙위와 시종, 그리고 제과 응시였다. 즉, 고려 학자들이 원에 진출하여 장기간 체류하며 원의 여러 학자들과 깊이 교유하면서 그들의 학문을 받아들였던 과정이 원의 성리학이 고려에 수용되는 데 있어 가장 중요한 경로가 되었던 것이다. 이 점은 고혜령의 연구에서 확인되는데, 안향으로부터 이색에 이르기까지 성리학 수용을 주도했던 고려 학자 16명의 활동을 분석한 결과 이들 중 우탁(禹倬)을 제외한 15명이 모두 원에서 활동한 경력을 가지고 있었다.[13] 장동익이 여·원

---

13) 高惠玲, 앞의 책, 64~78쪽과 84~85쪽. 고혜령의 연구에서 분석 대상으로 삼은, 고려의 성리학 수용을 주도했던 학자들은 안향(安珦), 백이정(白頤正), 권보(權溥), 우탁(禹倬), 이 제현(李齊賢), 박충좌(朴忠佐), 최해(崔瀣), 안축(安軸), 민지(閔漬), 윤택(尹澤), 최문도(崔文度), 이곡(李穀), 안축(安軸), 백문보(白文寶), 이인복(李仁復), 이색(李穡) 등 16명이다.

문인 간의 교유가 공간적으로 중원(中原)에서 더욱 활발하게 이루어졌다고 한 것은 바로 이런 사실을 지적한 것이라고 할 수 있다.14)

한편, 인적 교류와 더불어 성리학 서적의 수입 역시 고려 말 성리학 수용의 중요한 경로 중 하나였다. 서적 수입은 국가 차원에서 이루어진 것과 학자 개인 차원에서 이루어진 것으로 나누어 볼 수 있다. 전자의 경우는 대략 세 번 정도의 사례가 사료에서 확인되는데, 첫 번째는 안향이 국학 교육을 강화하기 위한 목적에서 박사 김문정(金文鼎)을 강남 지역으로 보내 선성(先聖)의 초상과 제기(祭器)·악기(樂器), 그리고 각종 경사(經史) 서적들을 구입해 오도록 했던 것이다.15) 두 번째와 세 번째는 모두 충숙왕대의 사례로, 먼저 1314년(충숙왕 1)에 성균관 박사 유연(柳衍)이 중국 남경에 가서 10,800여 권의 경학 서적을 구입해 왔다. 이어 같은 해에 원의 황제가 송나라 비각(秘閣)에 소장되어 있던 서적 4,371권을 고려에 기증하였다.16)

다음으로 후자, 즉 개인적인 서적 수입의 사례는 안향이 원에서 주희의 저서를 보고 직접 베껴온 것과 백이정이 연경에 10년 동안 머물면서 정주(程朱)의 서적을 다량으로 구해왔다는 정도 외에는 구체적으로 확인되는 경우가 거의 없다. 하지만 기록으로 확인되지는 않더라도 실제 고려 학자들이 원의 학자들과 교유하며 성리학을 받아들이는 과정에서 상당량의 서적을 습득하여 귀국했을 가능성이 높다고 생각된다. 실제로 정도전이나 권근의 저술을 분석한 연구를 보면, 『경제문감(經濟文鑑)』·『조선경국전(朝鮮經國典)』·『오경천견록(五經淺見錄)』 등에 『주자대전(朱子大全)』·『주자어류(朱子語類)』를 비롯하여 여러 종

---

14) 張東翼, 앞의 책, 197쪽.

15) 邊東明, 앞의 책, 31쪽.

16) 『高麗史』 권34, 忠肅王 元年 6월 庚寅, 7월 甲寅.

류의 성리학 주석과 저서들이 인용되어 있는 것이 확인된다.17) 이는 성리학 수용 단계에서 다양한 성리학 서적들이 고려에 수입되었으며, 이 서적들이 고려 학자들의 성리학 연구와 학습에 상당히 기여했음을 보여준다고 할 수 있다.

3.2. 성리학의 내용과 성격

고려 말에 원을 통해 수용된 성리학의 내용과 성격을 확인하는 것에는 근본적인 한계가 있다. 이는 성리학 수용을 주도했던 14세기 전반 고려 학자들의 학문과 사상을 확인할 수 있는 자료가 절대적으로 부족하기 때문이다. 저술을 통해 성리학의 내용과 수준이 파악되는 경우는 14세기 후반 학자들 중에서도 정도전이나 권근 등 소수에 한정된다. 이에 따라 기존 연구자들은 대부분 14세기 원 학계의 동향 및 고려 학자들이 교유했던 원 문인들의 학문 경향 등을 통해 고려에 수용된 성리학의 내용과 성격을 유추하는 방식으로 연구를 진행하였다.

원대 유학은 최초에는 금대(金代)의 유학을 계승하여 사부(辭賦) 등의 문장을 중시했던 동평학파(東平學派)가 중심이었다. 그러다가 13세기 중·후반에 '조복(趙復) → 요추(姚樞) → 허형(許衡)'으로 이어지는 강한학파(江漢學派)를 통해 남방의 성리학이 북방에 처음 전파되었고, 점차 그 영향력이 확대되면서 원대 관학의 주류를 차지하였다. 이들은 학문적 연원이 주희의 제자 황간(黃幹)에 닿아 있었으며, 주희의 학문을 묵수하고 특히 『소학(小學)』에 기반한 윤리의 실천을 강조하는

---

17) 도현철, 『高麗末 士大夫의 政治思想研究』, 일조각, 1999; 도현철, 『조선 전기 정치사상사』, 태학사, 2013; 강문식, 『권근의 경학사상 연구』, 일지사, 2008.

학풍을 가지고 있었다.

한편, 강남 지역의 성리학은 주자성리학을 묵수하는 하기(河基)·왕백(王柏)·김이상(金履祥)·허겸(許謙) 등의 금화학파(金華學派)와 주륙화회(朱陸和會)를 추구한 요로(饒魯)·오징(吳澄) 등의 강서학파(江西學派)로 크게 대별되었는데, 두 학파 모두 그 연원이 황간으로 연결된다. 그리고 두 학파는 강남 지역에만 머무른 것이 아니라 차츰 북방의 중앙학계로 전파되어 중국 전역으로 확대되었다. 그 결과 14세기 초에 이르면 중국 각지의 성리학이 모두 중앙학계로 진출해 있었다.[18]

이상과 같은 원대 학계의 동향을 염두에 두고 고려 학자들의 재원활동을 검토해 보도록 하겠다. 숙위·시종 및 제과 준비 등으로 원에 진출한 고려 학자들의 생활 무대는 기본적으로 원의 수도 연경이었으므로 이들이 가장 많이 접했던 학자들은 원의 관학에서 활동했던 이들이었을 것이다. 또 제과의 시험 과목은 원의 관학에서 채택한 교재들이었기 때문에, 제과 응시를 위해 원에 간 학자들에게는 시험 준비 자체가 원의 관학을 습득하는 과정이었다. 이렇게 볼 때 원에 진출한 고려 학자들이 수용한 성리학에서 가장 큰 비중을 차지했던 것은 윤리의 실천을 중시했던 허형의 학풍이 주류를 차지한 원의 관학이었다.

하지만, 앞서 보았듯이 14세기 초반 이후 원의 중앙 학계에는 이미 강남 지역의 성리학도 널리 전파되어 이를 계승하는 많은 학자들이 활동하고 있었다. 따라서 안향 이래로 원에 진출하여 활동한 고려 학자들은 원의 관학뿐만 아니라 금화학파나 강서학파 등 강남 성리학의 다양한 조류들까지 두루 접하고 수용할 수 있었다. 이러한 모습을 보여주는 전형적인 사례로 이제현과 이곡의 재원(在元) 활동을 들 수 있다.

---

18) 洪元植, 「金華朱子學」, 『元代性理學』, 포은사상연구원, 1993.

이제현은 1314년(충숙왕1)에 충선왕의 시종신으로 원에 가서 1325년(충숙왕12)까지 12년간 생활했는데, 이 때 이제현은 원의 여러 학자들과 폭넓게 교유하면서 당시 유행하던 다양한 학문 경향들을 접할 수 있었다. 이제현의 재원 생활은 충선왕의 행적과 밀접한 관련을 갖는다.[19] 충선왕은 충숙왕에게 왕위를 물려준 이듬해인 1314년에 연경(燕京)으로 돌아가 만권당(萬卷堂)을 세우고 당시 원의 조정에서 활동하던 유학자들을 초치했으며, 이제현을 비롯한 여러 시종신들로 하여금 원의 학자들과 교유하면서 그들로부터 학문을 전수받도록 했다. 그런데 이제현이 만권당에서 교유한 학자들에는 허형으로 대표되는 원 관학을 잇는 학자들뿐만 아니라 조맹부(趙孟頫)·원명선(元明善)·우집(虞集) 등과 같이 요로·오징의 학풍을 계승한 학자들도 포함되어 있었다.

한편, 이제현이 재원 기간 동안 중국 내륙을 여행하면서 여러 학자들과 교유한 사실도 주목된다. 이제현은 1316년과 1319년, 그리고 1323년 등 세 차례에 걸쳐 중국 내륙을 여행했는데, 이 중에서 특히 1319년의 강절(江浙) 지역 여행은 이제현의 학문적 성장에 큰 영향을 끼쳤던 것으로 생각된다. 이 여행에서 이제현은 당시의 일류 인물화가였던 진감여(陳鑑如)를 항주(杭州)에서 만나 화상(畫像)을 받았고, 당대의 석학 탕병룡(湯炳龍)에게서 화상찬(畫像贊)을 받았다.[20] 또 당시 강남 지역을 대표하는 성리학자인 허겸(許謙),[21] 진초(陳樵)[22] 등과도

---

19) 충선왕의 재원(在元) 행적에 대한 자세한 내용은 다음의 논문에서 다루고 있다.
   金庠基, 「李益齋의 在元生活에 대하여」, 『大東文化研究』 1, 1963; 鄭玉子, 「麗末 朱子性理學의 導入에 관한 試考」, 『震檀學報』 51, 1981.

20) 鄭玉子, 위의 논문, 35쪽.

21) 허겸(許謙, 1270~1337): 江浙行省 婺州路 金華人(現 浙江 金華), 字: 益之, 號: 白雲. 송나라 관료의 후예로 김이상(金履祥)으로부터 학문을 전수받았다. 일찍부터 벼슬을 단념하고 향리에 학당을 세워 성리학 연구와 후진양성에 힘썼다. '주희(朱熹) → 황간(黃幹) → 하기(何基) → 왕백(王栢) → 김이상(金履祥)'으로 이어지는 학맥을 계승했으며, 하기·왕

교유하였다.[23] 이상의 사실들은 이제현이 원에서 활동하는 동안 허형 학풍이 중심이었던 원의 관학뿐만 아니라 강남 지역의 성리학까지도 두루 섭렵하고 있었음을 보여준다.

이곡은 1320년(충숙왕7)에 고려 과거에 급제했지만 거의 10년 동안 중앙 관직에 나가지 못하고 불우한 생활을 하다가 1333년(충숙왕 복위 2)에 원 제과에 급제하여 원의 관리가 되었다. 그는 관직 생활의 대부분을 원에서 보내면서 많은 원의 학자들과 교유했는데, 그의 문집인 『가정집(稼亭集)』에는 원의 학자 30여 명이 이곡에게 준 시문들이 수록되어 있다. 이 중 신원이 확인되는 학자들을 분석한 결과 약 40%가 강남 지역 출신이었고, 금화학파나 오징의 학문을 계승한 학자들이 주류를 이루었다. 또 북방 출신 학자들의 경우 허형의 노재학파(魯齋學派)에 직접 연결되는 이들은 많지 않지만 대부분이 원의 과거에서 급제했던 이력을 가졌으므로 원 관학의 영향을 받은 학자들이라고 할 수 있다.[24] 이처럼 이곡은 원 관학 계열의 학자들 및 강남 성리학 계열의 학자들과 두루 교유했으며, 그 과정에서 원 학계의 다양한 성리학 조류들을 폭넓게 수용할 수 있었을 것으로 생각된다.

이상을 종합해 보면, 고려 말에 원으로부터 수용된 성리학에는 허형 학풍의 원대 관학뿐만 아니라 금화학파 및 오징으로 대표되는 강

백·김이상 등 3인과 함께 '금화사선생(金華四先生)'으로 일컬어졌을 만큼 원대 강남 지역 성리학을 대표하는 학자이다(崔錫起 외, 『中國經學家辭典』, 경인문화사, 2002, 257쪽).

22) 진초(陳樵, 1278~1365): 江浙行省 婺州路 東陽人(現 浙江 東陽), 字: 君采, 號: 鹿皮子. 가학으로 주희의 학문을 배웠고, 이직방(李直方)에게 학문을 전수받았다. 일찍부터 벼슬을 단념하고 향리에 은거하여 40여 년간 성리학 연구와 후진양성에 힘썼다(黃宗羲, 『宋元學案』 권70, 「滄州諸儒學案 下」 隱君陳鹿皮先生樵).

23) 朴現圭, 「李齊賢과 元文士들과의 交遊攷」, 『嶠南漢文學』 3, 1990, 150~155쪽.

24) 이곡이 재원 활동 기간 중에 교유했던 원 학자들에 대한 자세한 내용은 高惠玲, 앞의 책, 176~210쪽 참조.

남 지역의 성리학풍까지 다양한 경향들이 포함되어 있었다. 이러한 사실은 14세기 후반 고려 학자들의 저술과 활동을 통해서도 확인된다. 이색이 인간의 성(性)을 회복하는 수양법으로 계신(戒愼)·지경(持敬)을 강조한 것이나 이숭인(李崇仁)이 『소학』 윤리의 실천을 중시한 것, 정도전이 허형을 성균관 교관들의 학문적 연원으로 인정한 것 등은 원대 관학의 수용 사실을 보여준다고 할 수 있다. 반면, 권근이 『오경천견록』을 지을 때 주희·정이의 경학 저술뿐만 아니라 주희의 어록(語錄)과 문집, 오징의 『역찬언(易纂言)』, 황진(黃震)의 『황씨일초(黃氏日抄)』, 그리고 요로·왕신자(王申子)·웅화(雄禾)·항안세(項安世)·조채(趙采)·동진경(董眞卿) 등 송·원대 학자들의 다양한 이론들을 인용한 것,[25] 정몽주가 성균관에서 호병문(胡炳文)의 학설을 강의한 것,[26] 정도전이 송대 사공학파(事功學派)의 유서(類書)들을 통해 주희의 정치사상을 수용하고 이를 『조선경국전』·『경제문감』 등에 반영한 것[27] 등은 당시 고려 학계에 원 관학 이외의 다양한 성리학풍들이 폭넓게 수용되어 있었음을 잘 보여준다.[28]

---

25) 강문식, 『권근의 경학사상 연구』, 일지사, 2008.

26) 정몽주의 호병문 학설 수용에 관한 자세한 내용은 이 글 4절 1항 참조.

27) 도현철, 『조선 전기 정치사상사』, 태학사, 2013.

28) 기존의 고려 말 성리학 수용에 관한 연구 중에는 이제현·이색 단계까지는 원대 관학을 위주로 수용되었다가 정몽주·정도전·권근 단계에 이르러 강남의 성리학이 수용되었다는 견해를 피력한 경우도 있다. 윤남한은 여말 전기의 배불적(排佛的) 정주학이 원대 화북(華北) 정주학풍과 연결된 것이라면 정몽주 등의 여말 후기 정주학풍은 절강(浙江)·금화(金華)를 중심으로 한 남방 주자학의 의리학풍과 연결될 수 있고, 그럼으로써 정치적으로 반원향명(反元向明) 정책으로 전환될 수 있었다고 하였다. 또 이런 관점에서 볼 때 고려와 조선의 왕조 교체는 사상적으로 정주학의 교체와 연결된다고 하여 고려 말 성리학의 성격에 변화가 있었음을 강조하였다(尹南漢, 「韓國儒學史」, 『韓國文化史新論』, 중앙대학교, 1975). 지부일은 윤남한의 연구를 수용하면서 좀 더 구체화했는데, 즉 정몽주·정도전·권근 등이 원·명교체 이후 명에 사신으로 파견되어 주자학의 적통인 금화학파와 교류하면서 남방계 주자학을 수용했다고 하였다. 그리고 "진정한 주자학파는 친명배불 정책을 주장한 정몽주·정도전·권근 등에 의해서 비로소 형성되었다"고 하여 정몽주 등을 그 이전 학자들과 분리하

4. 성리학의 확산

4.1. 관학(官學)의 성리학 교육과 확산

앞 절에서 고려 말에 수용된 성리학은 원의 관학에만 국한되었던 것이 아니라 강남 지역의 성리학까지 포괄하는 등 내용적으로 상당히 다양했음을 확인하였다. 이처럼 다양한 계통의 성리학은 고려에 들어온 이후 별개의 흐름으로 계속 분리되어 있었던 것이 아니라 중앙의 관학(官學), 특히 공민왕대 중영된 성균관(成均館)을 중심으로 수렴되어 공유되었다.

안향은 원에서 귀국한 이후 고려의 관학 부흥을 위해 국학(國學)을 중수하고 경사(經史) 교육을 강화했으며, 섬학전(贍學錢)을 설치하여 국학생의 장학 기금을 마련하였다. 또 앞 장에서 본 바와 같이 김문정을 중국 강남으로 보내 경학 서적과 역사서를 구해오도록 했다. 우탁(禹倬)은 정이의 『이천역전(伊川易傳)』을 스스로 연구하여 터득한 다음 이를 국학 생도들에게 가르쳤으며, 권보는 『사서집주(四書集註)』를 간행하여 성리학 보급에 기여하였다. 또, 이제현은 10여 년간의 재원(在元) 생활을 마친 후 고려에 돌아와 관학에서 활동하면서 자신의 학문을 전수했으며, 그 문하에서 이곡(李穀)·이색(李穡) 등이 배출되어 고려의 관학을 주도하였다. 특히 이색은 공민왕대 성균관 중영 시에 대사성(大司成)을 맡아 관학의 성리학 연구와 교육에서 중심적인 역할을 담당하였다.

여 파악하였다(池富一, 「高麗 後期에 수용된 朱子學의 性格」, 『백산학보』 45, 1995). 하지만 이 연구들은 당시의 정황을 통해 유추한 것일 뿐, 자료를 통해 검증된 것은 아니다.

성리학 서적의 수입 역시 관학을 중심으로 진행되었다. 앞 장에서 검토한 바와 같이 충숙왕대에는 성균관 박사 유연(柳衍)이 중국 남경에 가서 10,800여 권의 경학 서적을 구입해 왔고, 원의 황제도 송나라 비각(秘閣)의 서적 4,371권을 고려에 기증했는데, 이 서적들은 모두 권보(權溥)·권한공(權漢功)·이진(李瑱) 등 관학의 학자들에 의해 고열(考閱)·정리되었다.

이처럼 고려 말 성리학의 수용과 연구에서 중추적 역할을 담당했던 학자들은 대부분 관학에서 활동했으며, 중국에서의 서적 수입 역시 관학을 중심으로 이루어졌다. 따라서 원대 관학의 성리학이든 강남의 성리학이든, 고려로 수용된 성리학은 모두 관학으로 수렴되어 연구·교육되고 확산되었다고 할 수 있다. 그 결과 고려 말의 관학에는 성리학의 여러 조류들이 함께 공존하고 있었으며, 정치적 분기 여부와는 별개로 관학을 통해 성리학을 흡수했던 학자들은 기본적으로 이와 같은 다양한 학풍들을 공유했다고 보는 것이 타당하다.

고려 말 관학의 성리학 교육이 가장 정점에 올랐던 시기는 공민왕대로, 그 중심에는 1367년(공민왕16)에 중영된 성균관이 있었다. 주지하는 바와 같이 당시 성균관에서는 이색이 대사성을 맡았고, 박상충(朴尙衷)·김구용(金九容)·정몽주(鄭夢周)·박의중(朴宜中)·이숭인(李崇仁)·정도전(鄭道傳) 등이 교관으로 임명되어 성리학 교육과 연구를 담당하였다. 이들은 '이제현 → 이곡 → 이색'으로 이어지는 학문적 계보를 잇는,[29] 당대 최고의 성리학자들이었다. 따라서 공민왕대 성균관은 최고의 학자들이 모여 성리학의 연구와 교육에 전념했던 관학의 중심 기관이었다.

---

29) 鄭道傳, 『三峯集』 권3, 「陶隱文集序」.

공민왕대 성균관의 성리학풍은 기본적으로 이제현·이곡 등 선배 학자들이 원으로부터 수용했던 성리학을 계승한 것이었다. 우선, 허형의 노재학풍(魯齋學風)으로 대표되는 원의 관학이 성균관 학풍의 중심이었다. 정도전은 자신과 함께 성균관에서 활동했던 학자들의 학문적 계보를 다음과 같이 서술하였다.

> 목은(牧隱) 이 선생이 일찍이 가정의 교훈을 이어받고 북으로 중원에 유학하여 올바른 사우(師友)와 연원(淵源)을 얻어 성명도덕(性命道德)의 학설을 궁구한 뒤에 귀국하여 여러 선비들을 맞아 가르쳤다. 그를 보고 흥기한 이가 많았으니 오천 정공 달가(烏川鄭公達可), 경산 이공 자안(京山李公子安), 반양 박공 상충(潘陽朴公尙衷), 밀양 박공 자허(密陽朴公子虛), 영가 김공 경지(永嘉金公敬之), 권공 가원(權公可遠), 무송 윤공 소종(茂松尹公紹宗) 등이며, 비록 나 같이 불초한 자도 또한 그 분들의 대열에 끼이게 되었다.[30]

위 글에서 정도전은 이색이 "올바른 사우와 연원을 얻었다."고 했는데, 그 학문적 연원이 바로 허형이다. 따라서 정도전의 위 글은 성균관 교관들의 학문이 '허형→이색'으로 이어지는 계보, 즉 원대 관학에 뿌리를 두고 있음을 천명한 것이라고 할 수 있다. 이는 앞 장에서 검토했던, 이색·이숭인·정몽주 등이 윤리 실천의 중요성을 강조한 언설들과도 부합하는 것이다.

한편, 공민왕대 성균관의 학풍은 원대 관학에만 국한되었던 것이 아니라 송·원대의 다양한 학문 경향들을 두루 섭렵하고 있었다. 이와

---

30) 鄭道傳, 『三峯集』 권3, 「陶隱文集序」.

관련하여 『고려사』「정몽주전」의 아래 기사가 주목된다.

(공민왕) 16년에 예의정랑(禮曹正郞)으로 성균박사(成均博士)를 겸하였다. 당시에 동방에 들어온 경서는 오직 주자집주(朱子集註)뿐이었는데, 정몽주의 강설이 탁월하여 사람들의 생각을 뛰어넘으므로 듣는 사람들이 자못 의심하였다. 후에 호병문(胡炳文)의 『사서통(四書通)』이 들어와서 보니 (정몽주의 강설과) 합치하지 않음이 없으므로 여러 학자들이 더욱 탄복하였다.[31]

정몽주의 강설과 호병문이 지은 『사서통』의 내용이 일치했다는 위 기사는 고려 말 성균관에서 이미 호병문의 학설이 수용되고 있음을 보여준다는 점에서 중요한 의미를 갖는다. 호병문(1253~1333)은 휘주(徽州) 무원(婺源) 출신의 학자로, 가학을 통해 주희의 학문을 전수받아 그 학설을 충실히 따르고 존숭하는 학풍을 가졌던 인물이다. 그는 일생을 향리에서 학문 연구와 교육에 몰두했으며, 특히 사서(四書)와 『서경』·『주역』에 관한 저술을 많이 남겨 당시 중국 동남 지역의 대학자로 명성을 떨쳤다.[32] 즉, 호병문은 허형 학풍 중심의 원대 관학과는 학문 경향을 달리 하는 학자였다. 따라서 비록 단편적인 기록이기는 하지만, 고려말 성균관에서 호병문의 학설을 수용한 사실은 성균관이 송·원대 성리학의 여러 학설들을 다양하게 접하고 있었음을 보여주며, 이는 성균관의 학문 경향을 단순히 원대 관학의 범주로 한정할 수 없음을 의미한다.

---

31) 『高麗史』 권117, 列傳 30, 鄭夢周傳.
32) 劉權鐘, 「胡炳文 『四書通』에 관한 연구」, 『元代性理學』, 포은사상연구원, 1993, 262~266쪽.

이처럼 고려 말 성균관에는 당시를 대표하는 학자들이 교관으로 임명되어 성리학 연구와 교육에 종사하였다. 이들은 이제현 등 선배 학자들의 학문을 계승하여 허형 학풍 중심의 원대 관학뿐만 아니라 송·원대의 여러 학자들이 정립한 다양한 성리학설을 두루 섭렵하였다. 이들의 학문은 성균관에서의 연구를 거치면서 그 깊이가 더해졌으며, 또 강의를 통해 당시 성균관에서 수학했던 많은 유생들에게 전수되었다. 즉, 공민왕대 성균관의 성리학 교육은 원으로부터 수용된 성리학이 고려 학자들에게 널리 확산되는 데 있어 중추적인 역할을 담당하였다. 또, 당시 고려에 수용된 성리학의 여러 조류들이 성균관으로 수렴되어 있었음을 고려할 때, 성균관에서 성리학을 공부한 학자들은, 개인적 차이에 따라 이해의 수준이나 강조점은 달랐지만, 다양한 학설에 대한 기본적인 지식은 공유했다고 할 수 있다.

4.2. 제과향시(制科鄕試)와 성리학 학습

기존 연구에서는 주로 '성리학의 수용'이라는 측면에서 원 제과(制科)의 역할에 주목하였고, 연구의 분석 대상도 제과에 최종 합격한 이들이 중심이었다.[33] 물론 이들이 고려의 제과향시를 통과하여 원에 진출한 후 제과를 준비하는 과정에서 원의 성리학을 보다 깊이 접할 수 있었고 이를 다시 고려에 전파했던 점은 여말 성리학 수용에서 중요한 한 축을 담당했던 것으로 평가할 수 있다. 그런데 본고의 또 하나의 주제인 '성리학의 확산'이라는 관점에서 볼 때 더 중요한 것은

---

33) 고혜령은 『고려사』 및 『증보문헌비고(增補文獻備考)』를 통해 원의 제과에 급제한 고려 학자 15명을 확인하였다. 이들에 대한 구체적인 분석 내용은 高惠玲, 앞의 책(2001), 100~131쪽 참조.

고려에서의 제과향시, 그리고 향시 응시를 준비했던 고려 학자들의 학습 과정이라고 생각된다.

주지하는 바와 같이 원은 1315년(원 인종2)에 처음 과거를 시행하면서 고려에도 과거 시행의 조서를 내렸다. 이에 따라 고려에서는 충숙왕 대부터 기존 과거와는 별개로 원의 제과(制科)에 응시할 사람들을 선발하는 정동행성 향시(征東行省鄕試), 즉 제과향시를 실시하였다. 제과향시는 1314년에 처음 시행된 이래로 1353년(공민왕2)까지 3년에 한 번씩 꾸준히 시행되었다. 또 공민왕대에 명과 외교 관계를 체결한 이후에는 명의 과거에 응시할 사람을 선발하는 향시가 시행되기도 했다.

원 제과 합격은 고려 학자들, 특히 문벌적인 배경이 미약했던 이들이 자신의 사회적 지위를 높이고 고위직으로 출세할 수 있는 중요한 통로였다. 연구에 따르며, 고려시대 과거급제자가 처음 받는 관직은 지방의 참군사록직(參軍司錄職)이 대부분이었고, 상당 기간의 외직 근무가 끝나면 중앙으로 올라와 예문관 검열(檢閱, 정9품)과 같은 문한직(文翰職)에 배속되는 경우가 많았다고 한다. 하지만, 중앙 관직으로 발탁되는 것도 가문적 배경이 있는 경우이고, 그렇지 못한 한미한 출신의 과거급제자에게는 그리 쉬운 일이 아니었다. 이곡의 사례를 보면, 고려에서 과거 급제 후 복주(福州)의 사록참군으로 10년 가까이 근무하다가 예문관 검열로 옮겼다. 이 과정에서 이곡은 동년(同年) 급제한 중앙의 관리나 고관에게 구관(求官)을 호소하는 글을 보내 자신의 뜻을 달성하고자 노력하였다.[34]

이와 같았던 이곡의 출세를 보장해 준 것이 바로 원에서의 제과 합격이었다. 원 제과에 응시할 당시 정9품 예문검열이었던 이곡이

---

34) 위의 책, 125쪽.

제과 급제 후 종4품 전의부령(典儀副令)에 오른 것은 제과 합격의 영향이 얼마나 컸는지를 단적으로 보여준다. 이는 이곡에만 국한된 것이 아니라 제과에 합격한 이들 대부분이 응시 당시에는 6~8품 정도였지만 합격 후에는 몇 단계를 뛰어넘는 높은 관직을 받았으며, 이후 별 무리 없이 재추의 지위까지 올랐다.[35]

이처럼 원의 제과는 일단 급제만 하면 급제자의 정치·사회적 지위를 일거에 상승시킬 수 있는, 확실한 출세의 통로였다. 이에 고려의 학자들, 특히 과거 합격 후 오랜 기간 하위직에만 머물고 있었던 이들은 더욱 학문에 정진하여 제과의 예비시험인 제과향시에 도전하였다. 고려에서 실시된 제과향시는 합격 정원이 3명에 불과하여 고려의 과거보다 훨씬 어려운 관문이었지만,[36] 고려 말에 지속적으로 시행되었던 것을 볼 때 이에 응시하는 사람들이 끊이지 않았음을 알 수 있다.

원의 과거에서는 응시자를 몽고인(蒙古人)·색목인(色目人)과 한인(漢人)의 두 부류로 나누고 각각 다른 시험 과목을 적용하였다. 이중 한인에게는 초장(初場)에서 사서경의(四書經疑)와 오경경의(五經經義)를, 중장(中場)에서 고부(古賦)·조(詔)·고(誥)·장(章)·표(表)를, 종장(終場)에서 책문(策問)을 시험했으며, 고려인에게는 한인과 동일한 규정을 적용하였다. 그리고 고려에서 실시되는 제과향시에서도 원에서 시행되는 제과의 시험 과목이 동일하게 적용되었다.

원 인종(仁宗) 연간에 제정된 원 과거 초장의 경학(經學) 시험 과목을

---

35) 위의 책, 127쪽.

36) 고려의 정동행성 향시(제과향시)에 배정된 합격 정원은 몽고인(蒙古人)·색목인(色目人)·한인(漢人) 각 1명씩 총 3명이고, 고려인은 한인의 범주에 포함되었다. 따라서 원칙적으로 고려인의 합격 정원은 1명이지만, 고려의 향시에 몽고인·색목인이 응시하는 경우는 없었기 때문에 실제로는 합격 정원 3명이 모두 고려인으로 채워지는 경우가 많았다(高惠玲, 위의 책, 99쪽).

보면, 사서(四書)는 주희의 집주(集註)와 장구(章句)를 병용하였고, 삼경(三經)의 경우『시경(詩經)』은 주희의『시집전(詩集傳), 『서경(書經)』은 채침(蔡沈)의『서집전(書集傳)』, 『주역(周易)』은 정이(程頤)이『이천역전(伊川易傳)』과 주희의『주역본의(周易本義)』를 위주로 하면서 고주소(古註疏)를 겸용하게 하였다. 또『춘추(春秋)』는「좌씨전(左氏傳)」·「곡량전(穀梁傳)」·「공양전(公羊傳)」 등 삼전(三傳)과「호전(胡傳)」을 모두 허용했으며, 『예기(禮記)』는 고주소를 사용하도록 했다.[37]

위에서 검토한 경학 시험 과목들은 주희와 정이의 주석이 중심이된 사서오경(四書五經)의 성리학 주석서들이다. 따라서 제과 및 제과향시에 응시하려는 고려 학자들은 반드시 원의 제도에서 규정한 사서오경의 성리학 주석서들을 학습해야만 했다. 그리고 앞서 보았듯이 제과는 고려 학자들의 정치·사회적 지위를 높이고 고위직으로 올라갈 수 있는 출세의 통로였기 때문에 많은 학자들이 이에 도전하였다. 이상을 정리하면, 제과 및 제과향시의 준비 과정은 유가(儒家) 경서의 성리학 주석을 학습하는 것이었으며, 많은 고려 학자들이 제과에 도전했다는 것은 고려 내에서 제과 응시자들을 중심으로 성리학 학습이 광범위하게 이루어지고 있었음을 의미한다고 할 수 있다.

한편, 1344년(충숙왕 즉위)에 고려의 과거에서 사서(四書)가 제술업(製述業) 초장의 출제 과목으로 채택된 것이나[38] 공민왕대 성균관이

---

37) 馬宗霍, 『中國經學史』, 臺灣商務印書館, 1987년 제7판, 128쪽. 한편, 명나라 홍무(洪武) 연간의 경학 시험 과목을 원나라 제도와 비교해 보면, 정이와 주희의 주석을 중심으로 한다는 기본 방침은 동일하지만 세부 사항에서는 약간의 차이가 나타난다. 먼저『시경』과『주역』의 경우에는 고주소의 겸용을 배제하고 오직 주희의『시집전』과『주역본의』, 정이의『이천역전』만 사용하도록 하였다. 반면『서경』은 채침의『서집전』을 기본으로 하면서 채침의 주석 중에서 오류라고 판단되는 부분에 대해서는 다른 주석들을 겸용하도록 했다. 또『예기』는 진호(陳浩)의『예기집설(禮記集說)』을 기본 주석으로 사용하면서 고주소도 겸용할 수 있게 하였다. 그밖에 사서(四書)와『춘추』는 원나라의 제도와 동일하였다(같은 책, 132쪽).

중영되면서 사서오경재(四書五經齋)가 설치된 것[39] 등도 제과의 시험 과목과 관련이 있는 것이 아닌가 생각된다. 즉, 제과는 고려의 관학 교육과 과거제가 성리학 중심으로 운영되도록 하는 데에도 영향을 끼쳤다고 할 수 있다. 이렇게 볼 때, 제과향시는 고려 학계에 성리학이 확산·보급되는 데 있어서 중요한 역할을 담당했다고 평가할 수 있다.

5. 맺음말

고려 말 원(元)으로부터의 성리학 수용과 국내에서의 확산은 외래 의 지식·사상이 국내에 수용되어 새로운 주도 사상으로 정착되어 가 는 하나의 사례를 보여준다는 점에서 중요한 역사적 의의를 갖는다. 본고에서는 고려 말 성리학을 다룬 주요 연구 논저들을 중심으로 성 리학 수용의 토대, 성리학 수용의 경로 및 수용된 성리학의 내용과 성격, 그리고 고려 학계에서의 성리학 교육과 확산 등에 관한 지금까 지의 연구 성과들을 정리해 보았다.

고려 말 성리학 수용의 토대로는 고려 중기 북송과의 학술 교류를 통한 북송 신유학풍의 수용이 주목을 받았다. 북송의 진종(眞宗)·인종 (仁宗) 연간에 유교 부흥책이 추진된 결과 주돈이(周敦頤)·장재(張載)· 소옹(邵雍)·정호(程顥)·정이(程頤) 등에 의해 성리학이 발흥했고, 고려 와 송 사이에 긴밀한 우호관계가 형성되면서 북송의 학풍이 고려에 영향을 끼쳤다는 것이다. 기존 연구에서는 최충이 건립한 구재학당의

---

38) 邊東明, 앞의 책, 33쪽.

39) 『高麗史』 권74, 志 第28, 「選擧 二」 學校-國學.

명칭과 교육 과정, 고려 중기 학제 및 과거제 개혁과 경학(經學) 중시의 학풍 등을 고려 중기 북송 신유학풍의 수용을 보여주는 중요 사례로 제시하였다.

고려 말 원으로부터의 성리학 수용은 충렬왕대 이후 고려와 원 문인간의 활발한 교유 활동에 힘입은 바가 컸다. 고려와 원 문인간의 교유 양상은 다양한 형태로 나타났는데, 그 중에서 성리학 수용의 실질적인 통로가 되었던 것은 고려 문인들의 숙위(宿衛)와 시종(侍從), 그리고 제과(制科) 응시였다. 즉, 고려 학자들이 원에 진출하여 장기간 체류하며 원의 여러 학자들과 깊이 교유하면서 그들의 학문을 받아들였던 과정이 원의 성리학이 고려에 수용되는 데 있어 가장 중요한 경로가 되었던 것이다. 여기에 국가 및 개인 차원의 성리학 서적의 수입 역시 고려 말 성리학 수용의 중요한 경로 중 하나였다.

원에 진출한 고려 학자들의 생활 무대는 기본적으로 원의 수도 연경이었으므로 이들이 가장 많이 접했던 학자들은 원의 관학에서 활동했던 이들이었을 것이다. 또 제과의 시험 과목은 원의 관학에서 채택한 교재들이었기 때문에 제과 준비는 그 자체가 원의 관학을 습득하는 과정이었다. 이렇게 볼 때 원에 진출한 고려 학자들이 수용한 성리학에서 가장 큰 비중을 차지했던 것은 윤리 실천을 강조한 허형(許衡) 학풍 중심의 원 관학이었다. 하지만, 기존 연구에 따르면 14세기 초반 이후 원의 중앙 학계에는 이미 강남 지역의 성리학이 널리 전파되었고, 이를 계승하는 많은 학자들이 활동하고 있었다. 따라서 안향 이래로 원에 진출하여 활동한 고려 학자들은 금화학파(金華學派)나 강서학파(江西學派) 등 강남 성리학의 조류들도 두루 접하고 수용할 수 있었다. 즉, 고려 말에 원으로부터 수용된 성리학에는 허형 학풍의 원대 관학만이 아니라 금화학파 및 오징(吳澄)으로 대표되는 강남 지역의 성리학풍까지 다양한 경향들이 포함되어 있었다.

안향·우탁·권보·이제현·이색 등 고려 말 성리학의 수용과 연구에서 중추적 역할을 담당했던 학자들은 대부분 관학(官學)에서 활동했으며, 중국에서의 서적 수입 역시 관학을 중심으로 이루어졌다. 따라서 원대 관학의 성리학이든 강남의 성리학이든, 고려로 수용된 성리학은 모두 관학으로 수렴되어 연구·교육되고 확산되었다. 정도전이 성균관 학풍의 연원이 허형의 노재학풍(魯齋學風)에 있음을 천명한 것이나 정몽주가 원의 관학과는 경향을 달리하는 호병문(胡炳文)의 학설을 성균관에서 강의한 것 등은 성균관으로 대표되는 고려 말 관학에 다양한 성리학풍이 공존하고 있었음을 잘 보여준다. 따라서 고려 말 관학에서 성리학을 공부한 학자들은 개인적 차이에 따라 이해의 수준이나 강조점은 달랐지만, 다양한 성리학풍에 대한 기본적인 지식은 공유했다고 할 수 있다.

한편, 본고에서는 고려 말 '성리학의 확산'이라는 측면에서 제과 준비 과정에 주목하였다. 제과는 고려 학자들의 정치·사회적 지위를 높이고 고위직으로 올라갈 수 있는 출세의 통로였기 때문에 많은 학자들이 이에 도전하였다. 그런데 원 인종(仁宗) 연간에 제정된 원 과거의 경학(經學) 시험 과목은 주희(朱熹)와 정이(程頤)의 주석이 중심인 사서오경(四書五經)의 성리학 주석서들이다. 따라서 제과에 응시하려는 고려 학자들은 반드시 원에서 규정한 사서오경의 성리학 주석서들을 학습해야만 했다. 이상을 정리하면, 고려 말에는 제과 응시자들을 중심으로 유가(儒家) 경전의 성리학 주석에 대한 학습이 광범위하게 이루어졌으며 바로 이 점에서 제과는 고려 말 성리학의 학습과 확산에서 중요한 역할을 담당했다고 할 수 있다.

참 고 문 헌

『高麗史』,『高麗史節要』

鄭道傳,『三峯集』

權近,『陽村集』

黃宗羲,『宋元學案』

馬宗霍,『中國經學史』, 臺灣商務印書館, 1987, 1987.

崔根德 외,『元代性理學』, 포은사상연구원, 1993.

張東翼,『高麗後期外交史研究』, 일조각, 1994.

邊東明,『高麗後期 性理學受容 研究』, 일조각, 1995.

李源明,『高麗時代 性理學受容 研究』, 국학진흥원, 1997.

도현철,『高麗末 士大夫의 政治思想研究』, 일조각, 1999.

도현철,『조선 전기 정치사상사』, 태학사, 2013.

高惠玲,『高麗後期 士大夫와 性理學 受容』, 일조각, 2001.

崔錫起 외,『中國經學家辭典』, 경인문화사, 2002.

문철영,「여말 신흥사대부들의 신유학 수용과 그 특징」,『한국문화』3, 서
        울대학교 한국문화연구소, 1982.

문철영,「고려 중기 사상계의 동향과 신유학」,『국사관논총』37, 1992.

문철영,『고려 유학사상의 새로운 모색』, 경세원, 2005.

강문식,『권근의 경학사상 연구』, 일지사, 2008.

金庠基,「李益齋의 在元生活에 대하여」,『大東文化研究』1, 성균관대학교
        대동문화연구원, 1963.

尹南漢,「韓國儒學史」,『韓國文化史新論』, 중앙대학교, 1975.

鄭玉子,「麗末 朱子性理學의 導入에 관한 試考」,『震檀學報』51, 진단학회,
        1981.

朴現圭, 「李齊賢과 元文士들과의 交遊攷」, 『嶠南漢文學』 3, 교남한문학회, 1990.

張東翼, 「麗・元 文人의 交遊」, 『국사관논총』 21, 국사편찬위원회, 1992.

洪元植, 「金華朱子學」, 『元代性理學』, 포은사상연구원, 1993.

劉權鐘, 「胡炳文 『四書通』에 관한 연구」, 『元代性理學』, 포은사상연구원, 1993.

池富一, 「高麗 後期에 수용된 朱子學의 性格」, 『백산학보』 45, 백산학회, 1995.

최영성, 「고려중기 북송성리학의 수용과 그 양상」, 『대동문화연구』 31, 성균관대학교 대동문화연구원, 1996.

하린의 손문 지행관계론에 대한 옹호와 수정, 그리고 그 의미*

황종원

1. 들어가며

이 글은 현대 중국철학자 하린(賀麟, 1902~1992)이 손문(孫文, 1866~ 1925)의 지행관계론을 어떻게 옹호하고 그 결함을 어떻게 수정했는지 살펴보고 그러한 작업이 갖는 철학적, 정치사상적 의미는 무엇인지 밝히는 것을 목적으로 한다.

혁명가 손문이 손문학설(孫文學說, 1919)에서 유가철학의 오래된 주제인 지행관계론(知行關係論)에 대해 나름의 견해를 제시한 데에는 뚜렷한 정치적 의도가 있었다. 잘 알려져 있다시피, 이 시기에 중국은 신해혁명으로 봉건왕조가 전복되었으나, 원세개(袁世凱)의 배신, 보황

---

* 이 논문은 『중국학논총』 제57집, 한국중국문화학회, 2018에 수록된 것을 수정·보완한 것임.

파(保皇派)의 복벽 시도, 군벌의 할거, 혁명당의 투쟁 실패와 내부의 동요 등으로 민주정치체제의 정착은 요원해 보였다. 손문 자신의 표현을 빌리자면 '혁명적 파괴'는 성공적이었으나 '혁명적 건설'은 요원해진 상황이었던 것이다. 그는 그렇게 된 근원을 지의 측면에서는 중국인에게 근대 과학정신이 결여된 점, 행의 측면에서는 겁약한 보신주의가 몸에 밴 점에서 찾았다. 그는 이 중국인의 정신적인 고질을 『상서(尚書)』에 등장하는 지이행난(知易行難) 관념으로 요약했다. "이 사상적 착오는 어떤 것인가? 바로 '아는 것은 어렵지 않고 행하는 것이 오직 어렵다'는 설이다. 이 설은 부열(傅說)이 무정(武丁)에게 한 말인데, 그로부터 수천 년 동안 중국인의 마음에 깊게 박혀, 깨뜨릴 수 없을 정도로 견고해졌다. 그래서 나의 건설 계획은 하나씩 모두 이 설에 의해 수포로 돌아갔다. 아! 이 설은 내 평생 최대의 적으로서 그 위력은 만주족 청나라보다 만 배는 더하다."[1] 따라서 그가 지이행난설에 반대하여 내세운 지난행이(知難行易)설은 중국인에게 과학정신과 혁명적 근대국가건설의 정신을 고취하려는 데 그 정치적 목적이 있었다.

흥미로운 것은 2세대 현대신유가의 대표주자인 하린이 『당대중국철학(當代中國哲學)』(1947)에서 많은 편폭을 할애해 이 손문의 지난행이설을 옹호하고, 지행관계에 관한 몇 가지 견해에 수정을 하였다는 점이다. 이 책 서언에서 그는 「지행 문제에 대한 토론과 설명」이 책 전체에서 가장 중요한 부분이라고 하면서, 독자들이 이 부분을 특별히 주목해 볼 것을 당부했다. 무엇보다 지행관계론이 "중국 현대철학 중에서 혁명, 항전, 그리고 건국에 실제로 영향이 가장 큰 문제"[2]이

---

1) 孫文, 『建國方略』, 鄭州: 中州古籍出版社, 1998, 58쪽.

기 때문이라는 것이다. 그의 말처럼 지행관계론은 혁명, 항전, 건국 등 중국현대사의 굵직한 사건들과 긴밀히 연관된 중요한 철학적 주제였다.

그 외에 하린이 손문의 지난행이설을 옹호하면서도 지행관계론에 몇 가지 수정을 한 것은 그 자신의 철학적 관점과의 관련 속에서 이해되어야 한다. 손문의 지난행이설은 지와 행의 관계에서 보인 하린 자신의 주지주의(主知主義)적 관점, 즉 이념, 정신, 지식 등을 뜻하는 지가 근본적이고, 행동, 실천 등을 뜻하는 행은 부차적이라는 지주행종(知主行從)설과 일맥상통한다. 그가 말하는 지는 일반적인 지식을 통칭하는 것이 아니고, 진선미(眞善美)에 관한 참 지식으로서 그것은 파악되기 어려운 반면, 그와 같은 참 지식에 의거한 행동, 실천은 쉽게 이루어진다. 그런 이유에서 하린은 지난행이설을 적극적으로 변호했다. 그러나 그는 손문의 지난행이설과 지행합일설을 대립시키는 견해에는 동의하지 않았다. 양자는 대립되지 않을뿐더러 전자는 후자로 귀결될 수밖에 없다고 주장했다. 그는 지행합일을 중국유학의 핵심 정신 가운데 하나라고 생각했다. 그래서 왕양명의 지행합일설을 계승하여 지행합일에 관한 새로운 논의[知行合一新論]을 개진했으니, 지행합일을 부정적으로만 보는 손문의 시각에 다소 불만을 느꼈을 것이다. 또 문화적으로도 그는 중국이 서구의 과학기술 및 민주정치체제는 물론이고 철학, 종교, 예술 등의 정신문화를 적극적으로 수용하는 것에 찬성하면서도 그것과 중국 고유의 철학, 종교, 예술 등이 만나 융합되는 것을 지향했기 때문에 지난행이설과 지행합일설의 조화를 꾀했다.

---

2) 賀麟, 『當代中國哲學』, 南京: 勝利出版社, 1947, 4쪽.

손문의 지행관계론에 대한 하린의 재해석과 그 의미를 탐구한 국내 학계의 연구는 전무하다. 다만 하린의 다른 철학적 주제를 다룬 몇 편의 논문이 있고,[3] 손문의 지행관계론을 논한 논문은 한 편 있을 뿐이다.[4] 이에 본문에서는 하린의 『당대중국철학』 가운데 「지행 문제에 대한 토론과 설명」을 중심적인 검토 대상으로 하되, 『손문학설』 중 지행관계를 다룬 중심 내용도 고찰하고, 하린 철학 전반과 손문의 지행관계론에 대한 기존 연구 성과도 참조하여 다음 세 가지 내용을 서술하고자 한다. 첫째, 하린이 손문의 지난행이설을 옹호하는 논리를 검토할 것이다. 둘째, 하린이 손문의 '알 수 있으면 반드시 행할 수 있다[能知必能行]'는 주장, '몰라도 행할 수 있다[不知亦能行]'는 주장을 근거로 손문의 지행관계론과 하린 자신의 지행합일론을 어떻게 종합하고 있는지 살펴볼 것이다. 셋째, 이상의 옹호와 수정이 하린의 어떤 철학적 관점과 문화적 입장에 토대를 둔 것인지 해명하고 그러한 하린의 작업이 갖는 의의와 한계를 밝힐 것이다.

2. 손문의 지난행이설에 대한 옹호

『손문학설』은 명확한 정치적 의도와 일정한 학술적 가치를 동시에 지니고 있다. 그것은 지식을 얻는 것은 쉽다는 낡은 관념에 젖어 나

---

3) 하린 철학에 관한 국내의 최근 연구로는 연재흠의 「하린의 직각설 연구」(『철학탐구』 38집, 2015), 「하린의 체용관 및 문화비평 연구」(『중국학보』 68집, 2013), 그리고 황종원의 「하린의 신심학에서 중서철학 융합의 문제」(『동양철학연구』 86집, 2016), 「하린의 지행합일신론 연구」(『양명학』 46호, 2017) 등이 있다.
4) 손문의 지난행이설을 논한 국내 연구논문으로는 이철승, 「손문 철학 중 앎과 행함의 문제」 (『동양철학연구』 28집, 2002)가 있다.

태하고, 실천을 하는 것은 어렵다고 하여 근대 국가 건설의 길에 나서기를 두려워하는 중국인을 각성시키려는 문화계몽의 정치적 목적이 있다. 그러면서도 동시에 이 책은 앎과 행위의 관계를 논하는 학술적인 혹은 철학적인 저작이기도 하다. 손문은 이 문제에 관해 철학적인 논의를 함으로써 자신이 세운 삼민주의(三民主義), 즉 민족주의, 민권주의, 민생주의를 사람들이 더욱 심층적 차원에서 이해하기를 바랐다.

이 책의 이러한 이중적 성격을 간파했던바, 하린은 이 책의 중심적 주장인 지난행이설이 단지 정치적 선전의 효용만을 지니는 것은 아니라고 했다. 그는 이 학설이 보편성과 필연성을 지니고 있다고까지 주장했다. 그는 하나의 이론이 보편성과 필연성을 지니려면 다음 두 가지 조건을 충족해야 한다고 지적했다. "하나의 학설이 정립될 수 있으려면 사실의 측면에서는 반드시 문제의 범위 안에 들어오는 모든 사실들을 설명할 수 있어야지 하나의 예외라도 있어서는 안 된다. 하나의 예외라도 있다면 그 학설은 흔들리게 되며 수정되어야 한다. 또 이론의 측면에서 그 문제 가운데의 주요 개념은 반드시 엄밀하게 분석되어 엄격히 정의가 내려져야 한다. 개념과 개념 사이의 관계에 대해서는 반드시 기본적 원칙을 세워 입론(立論)의 근거로 삼아야 한다."[5] 그런데 과연 손문의 지난행이설은 이 두 조건을 충족한다고 할 수 있을까? 하린은 그 점을 논증하려 했지만, 필자는 그것에 몇 가지 문제가 있음을 발견하게 되었다. 이 점은 결론 부분에서 밝힐 것이다. 우선은 그의 논증 내용을 이해하는 것이 중요하다.

하린의 논증은 지난행이설에 대한 항간의 혹은 학계의 비판을 반박

---

5) 賀麟, 앞의 책, 85쪽.

하는 데서 시작된다. 그 비판과 반박의 내용은 아래와 같다.

첫째는 아는 것과 행하는 것의 쉽고 어려움에는 보편성이 없으며, 그것은 사람에 따라 상대적이라는 비판이다. 예컨대 군인은 전투(행)는 쉽다고 여기고 독서(지)는 어렵다고 여길 수 있다. 반면 서생(書生)은 전투(행)는 어렵다고 여기고 독서(지)는 쉽다고 여길 수 있다. 이 비판이 성립된다면 지난행이설은 위의 첫 번째 조건을 충족하지 못한 것이 된다. 이러한 비판에 대해 하린은 지와 행의 어려움과 쉬움을 비교하는 일은 그 조건을 엄격히 제한해야 비로소 손문의 본뜻에 부합될 수 있다고 주장했다. 즉 그것은 "반드시 동일한 범위 안에서 동일한 사람의 동일한 일에 대해 지와 행의 두 측면에서 어느 것이 어렵고 어느 것이 쉬운지 비교하는 것이어야 한다"[6]고 했다. 이렇게 조건을 제한하고 나서 작전을 예로 생각해보면, 어떤 사람이든 전략과 전술을 세우는 정신적 활동이 총을 쏘고 적을 죽이는 행동보다 어렵다는 것이다. 또 독서를 예로 들면 어떤 사람이든 책속의 뜻을 이해하는 것이 책상에 앉아 책을 읽는 것보다 더 어려울 것임은 자명하다고 했다.

둘째는 지식에는 알기 어려운 것도 있고 쉬운 것도 있으며, 행동에도 하기 쉬운 것도 있고 어려운 것도 있다는 비판이다. 예컨대 불이 뜨겁다는 사실을 아는 것은 쉽지만 불이 뜨거운 과학적 원리를 아는 것은 어렵다. 밥을 먹는 것은 쉽지만 혁명을 하는 것은 어렵다. 이 비판이 타당하다면 지난행이설은 위의 첫 번째 조건을 충족하지 못한 것이 된다. 이에 대해 하린은 첫째 반박에서와 마찬가지로 그 비판 역시 비교의 대상을 잘못 설정한 것이라 주장한다. 예컨대 혁명을

6) 위의 책, 87쪽.

하는 것[行]과 나란히 놓고 비교할 대상은 혁명의 이론과 방법을 세우는 것[知]인 바, 비교 대상이 그와 같다면 후자는 전자에 비해 더욱 어렵다. 또 그는 둘째 비판에서 지 개념의 함의는 손문의 그것과 다르다는 점도 지적했다. 손문의 지 개념은 주로 과학적 지식으로 그 의미가 엄격히 제한되어 있기 때문에 '불의 뜨거움을 아는 것은 쉽다'는 사실의 제시는 유효한 비판이 될 수 없다는 것이다.

셋째는 '아는 것은 어렵고 행하는 것 역시 쉽지 않다[知難行亦不易]'는 견해를 내세운 호적(胡適)의 비판이다. 그는 지난행이설의 오류로 다음 두 가지를 지적했다. 하나는 지와 행을 지나치게 분리시킨 점이다. 그는 이렇게 말했다. "손중산의 본뜻은 다만 사람들이 선지자·선각자를 존중하고 지도자를 따르게 하려는 데 있었지만, 그의 말은 병폐가 많아 부지불식간에 지와 행을 두 가지 일로, 두 종류의 사람이 행하는 두 종류의 일로 분리시켰다."[7] 다른 하나는 실제로는 쉽지 않은 행을 쉽다고 주장한 점이다. 손문은 "아주 많은 실행가들에게 설명해, 실행이 아주 쉬움을 알게 하려 했지만, 사실은 아는 것도 어렵지만 행하는 것 역시 어렵다."[8] 예를 들어 의학적 지식을 습득하는 것은 물론 어렵지만 의술을 펼치는 것 역시 쉽지 않다. 이에 대해 하린은 다음과 같이 손문을 변호하고 호적의 관점과 견해를 비판했다. 우선 지난행이설이 지와 행을 나누고 있기는 하지만 그것은 지행합일을 전제로 하고 있다고 했다. 후술할 터이지만, 이것은 손문 자신도 깨닫지 못했던 점인데, 하린은 그 점을 논증했다. 다음으로 지와 행을 모두 어렵다고 하는 것은 애초에 지와 행의 "어려움과 쉬움을

---

7) 胡適, 『胡適文集』 5, 「知難, 行亦不易」, 北京: 北京大學出版社, 1998, 597쪽.
8) 위의 책, 598쪽.

비교하여 그것들의 경중 및 일에 착수하는 선후의 절차를 알고자 했던"9) 그 논의의 의미를 상실케 하는 것이라고 주장했다. 이론적으로 지와 행 가운데 어느 것이 근원적이고 어느 것이 부차적인지, 그리고 실제 일을 할 때 무엇을 먼저 하고 무엇을 나중에 해야 하는지 이론을 정립하고 원칙을 정하는 일의 의미를 무화시킨다는 것이다.

넷째는 지난행이설은 과학기술의 측면에서만 완벽하게 적용될 수 있을 뿐, 도덕의 측면에서는 지난행이설과 지이행난설이 병존한다는 풍우란(馮友蘭, 1894~1990)의 비판이다. 과학기술의 측면에서는 지난행이설이 언제나 타당하다. 풍우란은 그 점을 이렇게 설명했다. 장인은 경험적 지식을 바탕으로 집을 지을 수 있지만, 집을 왜 그렇게 지었느냐고 묻는다면 대답할 수 없다. 그 대답은 건축학 지식을 체계적으로 갖춘 사람만이 할 수 있다. 이에 풍우란은 "기술의 측면에서 우리는 '아는 것은 어렵고 행하는 것은 쉽다'는 점을 알아야 한다. 그래야 우리는 경험으로 자신을 한정하지 않을 수 있다. 이미 그러함을 안 것에서 한층 더 나아가 그것이 그러한 까닭 또한 알아야 한다"10)고 했다. 이와는 달리 도덕의 측면에서 사람은 누구나 무엇이 선하고 악한지 추론하지 않고도 즉각 느낄 수 있지만, 그 선악을 알았다고 해서 반드시 선을 행하고 악을 떨쳐버릴 수 있는 것은 아니다. 그 점에서 일단은 지이행난설이 옳다고 했다. 그러나 도덕의 다음과 같은 측면에서는 지난행이설도 성립할 수 있다고 여겼다. "사람은 어떤 일의 도덕적 가치를 인식할 수 있고 그와 같은 일들을 행할 수도 있지만, 그러한 일들이 왜 도덕적인지 반드시 이해할 수 있는 것은 아니다.

9) 賀麟, 앞의 책, 89쪽.

10) 馮友蘭, 『三松堂全集』 第5卷, 『南渡集』, 「論知行」, 鄭州: 河南人民出版社, 2000, 378쪽.

… 도덕철학은 선한 일이 왜 선한지를 설명하여 우리로 하여금 선에 대해 이해할 수 있게 한다."[11] 도덕철학적 측면에서 선을 아는 것은 어렵다는 점에서 지난행이설이 성립할 수도 있다는 말이다. 이렇게 두 가지 설의 병존을 말하였지만, 풍우란은 전체적으로 도덕의 측면에서는 지이행난설이 더 중요하다고 보았다. 무엇보다 선악에 대한 직관적 지이든, 아니면 도덕철학적 이해의 지이든 그 앎이 행으로 이어지지 않는 까닭은 '참 앎[眞知]'에 이르지 못했기 때문이라기보다는 인간의 욕구, 의지 등 다른 요인이 강하게 개입되기 때문이라고 생각했던 것이다. 그래서 풍우란은 성경(誠敬)의 수양을 강조했다. 이에 대해 하린은 도덕의 측면에서도 자신은 철두철미하게 지난행이설을 견지한다고 하면서 풍우란의 견해를 이렇게 반박했다. "예컨대 성경(誠敬)으로 말할진대, 확실하고 견고한 앎이 없으면 어떻게 성경의 수양공부가 생겨날 수 있겠는가? 게다가 양지나 도심(道心)은 범범한 인식론적인 지와는 크게 구별되는 것이니, 사람이 모두 양지나 도심을 지니고 있다는 주장을 견지하여 그것을 지이행난의 증거로 삼을 수는 없는 것이다."[12] 도덕수양 역시 '참 앎'을 전제로 하지 않으면 안 된다는 점에서 '앎은 어렵다'는 말이 타당하고, 양지는 '앎이 쉽다'는 그 앎의 개념 안에 포함해서는 안 된다는 주장이다.

위 네 가지 비판과 반박 중에서 하린, 호적, 풍우란 사이의 학술적 논쟁에 대해서는 좀 더 논의할 필요가 있다. 필자는 하린의 반박이 다 타당한 것은 아니며, 오히려 호적과 풍우란의 비판에서 지난행이설에 대한 하린의 옹호 논리가 갖는 취약성이 숨길 수 없이 드러난다

---

11) 위의 책, 「再論知行」, 380~381쪽.
12) 賀麟, 앞의 책, 91쪽.

고 생각하기 때문이다. 다만 이것은 손문의 지행관계론에 대한 하린의 옹호와 수정의 의미를 평가하는 결론 부분에서 다룰 것이므로 여기서는 논의를 이 정도에서 그치고자 한다.

이상과 같이 하린은 우선은 손문의 지난행이설에 대한 여러 비판을 막아내는 논리를 전개했다. 그리고 이어서 보다 적극적으로 지난행이설에 대해 갖가지 철학적 설명을 함으로써 그 이론적 토대를 더욱 굳건히 하려 했다. 이제 그 설명이 어떤 내용들을 포함하는지 살펴보자.

첫째, 하린은 손문의 지난행이설이 정의에 입각하여 예증을 하고 있다고, 다시 말해 논리적 방법을 사용하여 자신의 학설을 증명하고 있다고 주장했다. 물론 손문은 전문적인 철학적 사유 훈련을 받지 않은지라 지와 행에 대해 엄밀히 정의를 내린 적은 없다. 예를 들어 '먹고 마시는 것'을 아는 것과 행하는 것에 대해 손문은 이렇게 설명했다. "먹고 마시는 것은 지극히 평범하고 지극히 쉽게 행할 수 있는 일이다. … 모든 인간과 생물이 그것을 행할 수 있으니, 아기가 모태에서 나오면 그것을 할 수 있고 병아리가 껍질을 깨고 나오면 할 수 있는, 가르칠 필요가 없는 것이다. 그렇지만 먹고 마시는 일에 대해 돌이켜 자문하건대 우리는 그것의 이면의 내용에 대해 과연 알고 있는가? 보통 사람들만 모르는 것이 아니다. 근대에 과학이 크게 발전했고 전문적인 생리학자, 의학자, 약학자, 보건학자, 물리학자, 화학자가 전심전력을 다해 먹고 마시는 것에 관해 연구한 지 이미 수백 년이 되었건만, 아직도 그 궁극에 대해서는 다 궁구하지 못했다." 그의 설명 어디에도 지와 행에 대한 정의는 없다. 그럼에도 하린은 그가 "먹고 마시는 것[飲食] 등 10가지 일에서의 증명에 대해 토론할 때 그가 이해한 지와 행의 의미를 상당히 분명하고 명확하게 설명함으로써 우리가 말하는 '정의에 근거해 사유하는' 방법을 다소간 얻었다고 할 수 있다"[13]고 했다. 비록 정의하지는 않았지만, 위와 같은 그의 예증에서 지와 행 개념에 대한 손문의 일관된 생각을 읽어낼 수 있다는 뜻이다.

손문이 지난행이의 예로 든 10가지는 각각 먹고 마시는 일, 돈을 쓰는 일[用錢], 글을 쓰는 일[作文], 집을 짓는 일[建屋], 배를 건조하는 일[造船], 성을 쌓는 일[築城], 운하를 건설하는 일[開河], 전기학[電學], 화학, 진화론이었다. 그 중에서 행과 지가 가리키는 대상의 의미를 몇 가지 열거해보자. '먹고 마시는 일'에서 행은 '입과 손을 움직이는 일상 동작'을, 지는 '음식물의 화학적 구조 및 생리학, 위생학에 대해 아는 것'을 뜻한다. '돈을 쓰는 일'에서 행은 '일상에서 돈을 쓰는 습관 및 교역, 매매의 행위'를, 지는 '경제학, 은행학, 화폐학에 대해 아는 것'을 뜻한다. '집을 짓는 일' 이하의 4가지 일에서 행은 모두 육체노동을, '행'은 그 노동을 효율적으로 할 수 있게 하는 과학 및 기술적 지식을 뜻한다. 하린은 이와 같은 의미들을 종합하여 손문이 말한 지란 "참된 지, 과학적 지식, 원리적 지식, 창조, 발명, 설계에 관한 지식"[14]이고, 행이란 "비자각적인 본능적 행동, 보통의 오관과 사지를 움직이는 간단하고도 쉬운 행동, 습관에 따른 행동, 명령에 의한 행동, 필요에 의해 이끌려 지식의 안내를 받는 행동 등"[15]을 가리킨다고 정의했다. 그리고 이렇게 정의를 내리고 보면, 과학기술을 비롯한 학문적 지식을 얻는 것이 그 원리를 '모르고 행하는[不知而行]' 본능적, 습관적 행동이나, 그 원리를 '안 후에 행하는[知而後行]' 것보다 어려운 것은 자명하다고 단언했다.

---

13) 위의 책, 96쪽.

14) 위의 책, 99쪽.

15) 위의 책, 99쪽.

둘째, 그는 가치의 측면에서 손문이 획득하기 어려운 과학적, 원리적 지식을 쉬운 본능적 행동이나 육체노동보다 더 소중하다[可貴]는 판단을 했다고 주장했다. 그는 손문이 그런 가치판단을 했다는 예로 다음 구절을 인용했다. "오늘날 무선전신을 이용하여 통신하는 것은 모든 사람들이 할 수 있다. 또 무선전신 업무를 보는 직원들이 사람들의 통신에 응대하는 것도 열심히 배워야 할 수 있는 것은 아니다. 무선전신 기계를 제작하는 장인 또한 그저 설계도에 따라 배치하는 것으로 어려울 것이 없다. 가장 어렵고 소중한 것은 무선전신에 관한 지식을 연구하는 사람들이다. 학식이라는 난관을 통과하면 다른 진행은 손바닥 뒤집는 것과 같을 것이다."16) 정신노동의 가치가 육체노동보다 더 크다는 생각이다. 하린은 손문의 이런 생각을 긍정했다. 뿐만 아니라 "머리를 쓰는 사람은 타인을 다스리고 힘을 쓰는 사람은 타인에 의해 다스려진다"17)고 하여 정신노동을 하는 엘리트가 육체노동을 하는 민중을 지배하는 것이 당연하다고 한 맹자의 발언마저도 선견지명이 있는 것이라고 했다. 다만 현대사회는 신분사회가 아니기 때문에 노심자(勞心者)가 반드시 귀족인 것은 아니고, 노력자(勞力者)가 반드시 평민인 것은 아니라고 했다. 또 현대의 노심자는 주로 "노력자를 해방시키거나 이끄는 지도자 혹은 선각자이고 어떤 직업이든 노심과 노력의 배합이 요구되고, 어떤 일이든 노심자와 노력자의 협력이 필요함"18)을 강조했다. 이렇게 그는 한 사회의 리더와 민중의 협력을 이야기했지만, 과학적 지식의 가치를 높이 샀기 때문에 그 일을 담당하는 엘리트 계층, 기술자 집단의 역할을 다소 지나치게 중시하는

---

16) 孫文, 앞의 책, 94쪽.

17) 『孟子』, 「滕文公上」, "勞心者治人, 勞力者治於人."

18) 賀麟, 앞의 책, 101쪽.

엘리트주의적 경향을 띠었다.

셋째, 하린은 손문이 인류 문명을 '모르고 행하던[不知而行]' 시대에서 출발해 '행한 후에 알던[行而後知]' 시대를 거쳐 현대에는 '안 후에 행하는[知而後行]' 시대로 발전해왔다고 말하였는데, 그것 역시 아는 것은 어렵고 행하는 것은 쉬움을 증명한다고 했다. 손문은 지와 행의 관계라는 측면에서 인류의 문명발전사를 다음 세 단계로 나누었다. "첫째는 야만에서 문명으로 나아간, 모르면서 행하던 시대이다. 둘째는 문명에서 다시 문명으로 나아간, 행한 후에 알던 시대이다. 셋째는 과학이 발명된 후인, 안 후에 행하는 시대이다."[19] 이에 덧붙여 하린은 다음과 같이 보충설명을 했다. 첫째 단계는 인간이 오직 본능에 따라 생활하던, 쉬운 행동만을 하던 시대로서 이 시대에는 인간과 다른 동물 사이에 별 차이가 없었다. 둘째 단계는 문명사회로 진입한 이후의 시대로서 일부 선각자들의 경험적 행위를 통해 지식과 학문이 발전했으나 그것들은 소수의 전유물이었다. 셋째 단계는 근대적 과학 지식의 형성과 보급으로 다수가 과학지식의 안내를 받아 인류문명이 가장 높은 수준에 이른 시대이다. 또 이렇게 인류 문명의 발전사에서 생활의 필요로 인해 행은 늘 앞서 이루어진 반면, 과학적 지식에 기반을 두고 행이 이루어진 것은 장구한 세월이 흐른 뒤였으므로, 행은 쉽고 지는 어려움이 명백하다고 했다. 인류의 문명발전에서 결정적인 역할을 한 것은 지식의 발전이었다고 생각했다는 점에서 이 역시 지의 가치를 행보다 높게 보는 관점이다. 한 가지 덧붙여야 할 것은 그러면서도 하린은 과학의 시대, 즉 '안 이후에 행하는' 시대에도 이전 시대의 지배적 행동양식이었던 '모르고 행하는 것'과 '행한 후에 아는

---

19) 孫文, 앞의 책, 103쪽.

것'이 여전히 병존할 필요가 있다고 생각했다는 점이다. 그 필요성을 그는 이렇게 설명했다. "우리가 안 후에 행하는, 즉 과학적 지식, 과학적 설계에 근거해 행위를 이끌고 사업을 하는 세 번째 시대에 도달했을 때에도 우리는 필요에 의해, 신념에 근거해 알지 못하지만 행하는 모험적 행위를 해서는 안 될 이유가 없다. 또 정신노동을 줄이고 자연에 내맡기기 위해서 행하고도 알지 못하는 본능적이고 습관적인 생활을 해서는 안 될 이유가 없다."[20] 이는 근대 이후에도 전 근대의 행동양식 중 합리적인 요소가 지양된 형태로 계승되어야 한다는 일종의 변증법적 사유라고 할 수 있다.

넷째, 하린은 손문이 앞서 인류의 문명발전을 세 단계로 나누었듯이 인간 또한 그 지력의 차이에 따라 사회적 생산관계에서 차지하는 위치를 셋으로 구분하였으며, 이 또한 지난행이설의 타당성을 증명하는 것이라고 했다. 손문은 인간을 다음과 같이 구분했다. "사람으로 말하자면 세 부류가 있다. 첫째는 앞서 알고 깨닫는 자[先知先覺者]로 그들은 창조하고 발명한다. 둘째는 뒤에 알고 깨닫는 자[後知後覺者]로 그들은 본받고 밀고 나간다. 셋째는 알지 못하고 깨닫지 못하는 자[不知不覺者]로 그들은 힘을 다하며 즐겁게 이룬다. 이 세 부류의 사람들이 서로를 필요로 하여 작용하면 위대한 우(禹)의 아홉 물길도 소통시킬 수 있고 진시황의 만리장성도 쌓을 수 있다."[21] 하린은 이 셋 중 첫째, 둘째 부류를 통합해 지자(知者)라고 칭하고, 셋째 부류를 행자(行者)라고 칭한 뒤, 행자의 수가 지자보다 훨씬 많으니, 이것만 봐도 지는 어렵고 행은 쉽다는 점을 알 수 있다고 했다. 또 그는 위 인용문의 '세 부류의

---

20) 賀麟, 앞의 책, 103쪽.

21) 孫文, 앞의 책, 105쪽.

사람들이 서로를 필요로 하여 작용한다'는 말에 주목하여 손문이 사람을 세 부류로 나눈 것은 "세 종류의 사람들이 분업하고 협력하는 것을 중시한 것이지, 지식의 많고 적음이나 선후로 신분을 나누어 지자(知者) 계급과 행자(行者) 계급의 구분이 있다고 말하려는 것은 아니었다"[22]고 재삼 강조했다. 또한 이 세 부류 간에 나타날 수 있는 사회적 불평등은 손문의 삼민주의 가운데 하나인 민권주의 이념의 실현과 사회적 봉사라는 도덕적 실천을 통해 완화될 수 있다고도 했다.

그밖에 '알지 못하고 깨닫지 못하는 자'에 대한 수정 의견과 '먼저 알고 깨닫는 자'에 대한 보충 의견도 제시했다. 그는 행자는 엄밀히 말해 '알지 못하고 깨닫지 못하는 자'가 아니라고 했다. 예를 들어 근대 국가 건설에 나서는 행자, 즉 대다수 민중은 지자의 선전, 교육을 계기로 실천에 나서게 된 이들로서, 이미 선전, 교육을 받은 이상, 이들은 '뒤에 알고 깨닫는 자'라는 것이다. 진정한 의미의 '알지 못하고 깨닫지 못하는 자'란 거짓되게 알거나 깨닫고는 선지자, 선각자인 체 하며 망동하는 당원들이라고도 했다. 한편 선지자, 선각자들 중 혁명가들 역시 뛰어난 실천가들이기도 하지만, "지는 마땅히 주이고 행은 마땅히 종이며, 지는 근본이고 행의 표현이어야 한다"[23]는 하린 자신의 지주행종설에 근거하면 탁월한 지가 탁월한 행의 근본이라는 점에서 여전히 선지자, 선각자로 불리는 것이 타당하다고 했다. 하린 자신의 지주행종설에 근거해 지난행이설을 옹호하면서도 행이 쉽다는 것이 행을 경시하는 것은 아님을 알 수 있는 대목이다.

정리하자면 하린은 지와 행의 어려움과 쉬움을 비교하는 조건을

---

22) 賀麟, 앞의 책, 104쪽.
23) 위의 책, 106쪽.

엄격히 제한하고 지와 행의 개념을 엄밀히 정의하는 방법을 취하여 지난행이설에 대한 항간의 비판과 학계의 비판에 대해 나름의 반박을 했다. 또한 그는 손문의 지 개념은 과학적 혹은 원리적 지식을, 행 개념은 본능적, 일상적 행동이나 육체노동을 뜻함을 밝히고, 전자가 후자보다 더 높은 가치를 지닌다고 생각했으며, 인류의 문명발전 과정이나 사회적 생산에서 각 계층이 하는 역할을 통해서도 아는 것은 어려운 반면 행은 쉬움이 증명된다고 하는 등, 손문의 학설을 적극 옹호했다.

3. 손문의 지행관계론에 대한 수정

하린은 손문의 지난행이설을 옹호했지만, 그의 지행관계론 중 일부 결함에 대해서는 완곡한 어조로 몇 가지 설명이 모호한 점 혹은 난점에 대해 지적하며 자신의 수정 의견을 제시하였다. 그 지적 사항들을 종합해보면 하린은 손문의 주장에 모호한 점, 난점이 생기는 근본 원인을 왕양명의 지행합일설을 부정한 데 있다고 생각했음을 알 수 있다. 일찍이 하린은 「지행합일신론(知行合一新論)」에서 자신의 새로운 지행합일론에 바탕을 두고 왕양명의 지행합일설과 주자의 주지주의적 지행관계론 모두를 수용하여 양자의 화해를 도모했던바, 지를 강조하는 지난행이설과 행을 강조하는 지행합일설 역시 종합될 수 있다고 생각했다.

아울러 지난행이설은 서양 근대과학 및 근대국가 건설의 정신적, 이론적 기초일 뿐이어서 하린은 그것만으로는 동서문화의 융합 내지 중국철학의 계승이 제대로 이루어질 수 없다는 점을 의식할 수밖에 없었다. 그런 이유에서 그는 상하이에 온 존 듀이(John Dewey)가 손문에게 "우리 구미 사람들은 아는 것이 어렵다는 것만을 알 뿐, 행동이 어렵다고 하는 말은 들은 적이 없습니다"[24]라는 말을 했으며, 그 후에는 『확실성의 탐구(The Quest for Certainty)』라는 책에서 서양철학자들은 "모두 지를 중시하고 행을 경시했으며, 이론을 귀하게 여기고 실천을 천시한 점을 개탄했다"[25]는 사실을 소개했다. 물론 이런 소개로 하린이 자신의 주지주의적 관점을 부정한 것은 아니었다. 서양에서는 "지는 어렵고 행은 쉽다고 여기는 전통적인 사유가 줄곧 전체 철학사를 지배해 지를 중시하고 행을 경시하는 편견마저 낳았다가 듀이 같은 사람에 이르러서 그것이 다소 교정되었다"[26]고 여겼으며, 따라서 현대화되어 갈 중국 또한 고유의 지행합일설을 계승함으로써 지(知)만을 중시하는 편향을 극복할 수 있을 것이라 판단했다.

이렇게 보면 하린이 손문의 지행관계론을 논함으로써 궁극적으로 말하고자 했던 것은 지가 행보다 더 중요하지만 행 역시 경시해서는 안 된다는 점, 즉 근대적 학문 지식의 추구가 가장 중요하지만 중국 고유의 앎과 실행을 통일시키려는 정신 또한 계승해야 한다는 점이었음을 알게 된다. 그는 이 점을 우선은 손문의 '알 수 있으면 반드시 행할 수 있다'는 명제와 '몰라도 행할 수 있다'는 명제가 공히 지난행이설에서 연역된 것임을, 그 다음으로는 지난행이설이 지행합일설을 전제로 한 것임을 차례로 논증함으로써 밝히고 있다.

먼저 두 명제에 대한 논증을 살펴보자. 첫째 명제에 대한 논증은 이렇다. '알 수 있으면 반드시 행할 수 있다[能知必能行]'고 하는 까닭은

---

24) 孫文, 앞의 책, 98쪽.
25) 賀麟, 앞의 책, 107쪽.
26) 위의 책, 108쪽.

어려운 것을 할 수 있으면 틀림없이 쉬운 것도 할 수 있기 때문이다. 다시 말해 "아는 것은 쉽고 행하는 것은 어렵다는 것을 받아들이면 이론적으로 알 수 있으면 반드시 행할 수 있다는 연역된 원리[繹理]를 인정하지 않을 수 없다".[27] 그런데 이와는 상반되는 경우, 즉 '알고도 행하지 않거나[知而不行]' '알 수 있다고 해서 반드시 행할 수 있는 것은 아닌[能知未必能行]' 경우가 존재하는 까닭은 어디에 있는가? 그것은 사실과 이론, 두 측면으로 나누어 설명할 수 있다.

　사실의 측면에서 그 이유는 첫째로는 사회적 분업 체계 속에서 한 사람이 지와 행을 모두 겸비해 이론가이면서 실천가일 필요는 없기 때문이고 둘째로는 사람이 나태한 습성을 지니기 쉬워 이를테면 효도의 의미를 알면서도 효행을 하지 않기 때문이다. 그런데 이 두 번째 이유 제시는 지가 행으로 이어지지 않는 까닭을 인간의 욕구, 의지 때문으로 보는 풍우란의 견해와 유사하다. 이 점을 의식해서인지 하린은 가장 근본적이고 주요한 이유라고 생각하는 것을 하나 더 덧붙였다. 그 이유를 그는 바로 "지이행난(知易行難)의 잘못된 논리에 미혹되어 아는 것은 쉽지만 실행하자면 아주 어렵다고 여기는 데 있다"[28]고 했다. 아는 것이 쉽다고 생각하기 때문에 참 앎도 추구하려 하지 않고 실행을 어렵다고 생각하기 때문에 감히 실천하려 하지도 않는다는 것이다. 한편 이론의 측면에서 '알면서도 행하지 않는' 까닭은 '참 앎'에 도달하지 못했기 때문이라고 했다. 그는 왕양명의 다음과 같은 명구(名句)가 자신의 이 생각을 뒷받침한다고 여겼다. "알면서도 행하지 않는 사람은 없다. 알면서도 행하지 않는다면 이는 아직 알지 못한

27) 위의 책, 108쪽.
28) 위의 책, 109쪽.

것이다."29) 이 구절을 보면 '알면서도 행하지 않는다'는 말은 엄밀히 말해 성립되지 않는다. 그 앎은 '참 앎'이 아니기 때문이다. 참 앎에 도달하면 반드시 행한다. 지와 행이 합일된다. 바로 이 점에서 하린은 "중산(中山) 선생의 '알 수 있으면 반드시 행할 수 있다'는 설은 실은 왕양명의 지행합일의 의미를 포함하고 있다"30)고 했다.

다음으로 둘째 명제에 대한 논증은 이렇다. '몰라도 행할 수 있다[不知亦能行]'고 하는 까닭은 어려운 일은 할 수 없더라도 쉬운 일은 할 수 있음이 명백하기 때문이다. 그런데 위의 '알면서도 행하지 않는다'는 명제와 마찬가지로 이 명제도 이론적 측면에서 엄밀하게 말하면 성립될 수 없다. 어떤 행동도 완전히 무지한 상태에서는 일어나지 않기 때문이다. 모든 행(行)은 반드시 지(知)와 결합된 지행합일체(知行合一體)여야만 비로소 행이라고 칭할 수 있다. 그것이 설사 낮은 수준의 의식 활동이라고 할지라도 말이다. 예컨대 "기생벌이 나방에게 마취제를 뿌려 그 몸에서 알을 부화하는"31) 생명의 지속을 위한 본능적 행위, "꿈속에서 길을 걷고 잠을 잘 때 모기를 쫓는 것 따위"32)의 잠재의식적 행위 등은 모두 행(行)이다. 반면 만약 그런 미미한 수준에서의 의식 활동조차 수반되지 않는 기계적 운동은 움직임[動]이라고 칭할 수 있을 뿐이라고 했다. 이렇게 하린은 인간에게는 완전히 모르고 행하는 경우는 없다고 함으로써 행이 부각되는 경우에도 지가 함께함을, 즉 몸(행)과 정신(지)의 통일이 전제되어 있음을 강조했다.

위와 같이 비록 이론적으로는 '몰라도 행할 수 있다'는 명제가 성립

---

29) 『陽明全書』 卷1, 「傳習錄上」, "未有知而不行者, 知而不行, 只是未知."
30) 賀麟, 앞의 책, 110쪽.
31) 위의 책, 112쪽.
32) 위의 책, 112쪽.

될 수 없다고 했지만, 다른 한편으로는 이 명제가 적극적인 의의 또한 지님을 인정했다. 그는 긍정적으로 이해된 이 명제의 함의와 의의를 이렇게 밝혔다. 이 명제는 첫째로 "전부 알지는 못해도 행할 수 있다"[33)는 뜻이다. 무엇보다 생활세계는 우리에게 전부 알지는 못해도 행동할 것을 요구한다. 생활의 필요로 인해 우리는 어떤 일 혹은 어떤 사람에 대해 충분한 지식을 갖고 있지 않더라도 직관능력이나 통찰력에 기대어 그 핵심을 신속하고 정확하게 파악할 수 있어야 한다. 바로 그 점에서 전부 알지는 못해도 행할 수 있다는 명제는 적극적 의의를 지닌다. 이 직관이나 통찰력에 기댄 실천에 대한 적극 긍정은 우선은 큰 틀에서 사회적 실천을 강조해온 전통 유학의 정신에 대한 긍정이다. 그러면서도 하린에게 그것은 동시에 근대 정신을 적극 발양하는 것이기도 하다. 바로 이 측면 또한 중시했기 때문에 그는 이 명제가 둘째로는 "가설에 근거해 실험하고 탐색한다"[34)는 함의를, 셋째로는 "믿는 것을 붙들고 힘껏 행하며 모험한다"[35)는 함의를, 넷째로는 "지도자에 복종하여 고달프게 힘써 행한다"[36)는 함의를 각각 지닌다고 풀이했다. 아울러 이 함의들로부터 이 명제는 각각 과학적 탐구의 정신, 모험정신, 근대화를 혁명적으로 수행하려는 정신 등을 고취하는 적극적 의의를 지님을 밝혀냈다.

한편 하린은 위 두 명제가 지난행이설에서 연역되어 나온 것임을 논증하는 과정에서 지와 행의 선후(先後) 관계라는 중국철학에서는 아주 오래된, 또 하나의 문제가 파생되어 나옴을 발견한다. '알 수

33) 위의 책, 112쪽.
34) 위의 책, 113쪽.
35) 위의 책, 114쪽.
36) 위의 책, 114쪽.

있으면 반드시 행할 수 있다'는 명제는 지를 강조하는 것이고, '몰라도 행할 수 있다'는 행을 강조하는 것인데, 이로부터 실제 사업에서 지와 행 가운데 무엇을 우선적으로 하고 무엇을 나중에 해야 하는지의 문제가 떠오르기 때문이다. 이와 관련하여 손문이 직접 자신의 견해를 피력한 적은 없지만 하린은『손문학설』의 몇 가지 내용을 분석하여 이 문제에 대해 손문의 기본 관점을 추출해냈다. 우선 손문의 저술 『건국방략』의 차례에 주목하여 그것이 "우선은 심리건설이고, 그다음은 사회건설이며, 그다음은 실업건설인 점을 보건대 그는 먼저 지에서 출발할 것을 주장한 듯하다"[37]고 했다. 근대 국가 건설을 위한 신념과 원칙의 확립이 먼저 이루어져야 그것을 기반으로 정치체제와 사회제도의 근대화 및 근대적 산업화가 이룰 수 있다는 생각에서 지를 우선시했다는 것이다. 그런데 이와는 달리 현대 중국 정치체제의 변화를 논할 때에는 그것이 군정(軍政)에서 출발해 훈정(訓政)을 거쳐 헌정(憲政)으로 나아가야 한다고 주장했다. 즉 "우선은 행하기 쉬운 군정의 파괴적 시대로부터 시작하여, 쉬운 것에서 어려운 것으로, 지식교육을 별로 필요로 하지 않는 군정시대로부터 점차 비교적 높은 수준의 지식교육을 필요로 하는 훈정과 헌정으로 나아간다고"[38]고 하여 행을 우선시했다.

지와 행의 선후 관계라는 측면에서는 모순되어 보이는 위 두 주장은 어떻게 통일적으로 이해될 수 있을까? 하린은 이 모순을 다음과 같이 해결했다. 그는 손문의 주장은 "어려운 것을 앞세우고 쉬운 것은 뒤에 하라는 것이라고 해도 괜찮지만, 그것은 대부분 이치에 기대어

---

37) 위의 책, 116쪽. 그러나『건국방략』은 실제로는 심리건설, 물질건설, 사회건설의 순서로 되어 있다.
38) 위의 책, 116쪽.

말한 것, 소수의 지사(志士)들을 위해 말한 것이다. 반대로 쉬운 것을 앞세우고 어려운 것은 뒤에 하라는 것이라고 해도 괜찮지만, 그것은 대부분 일의 편의를 따른 것, 대중을 이끌기 위한 설명"[39]이라고 했다. 소수의 엘리트들, 예컨대 혁명당 당원들은 지가 주가 되고 행은 종이 된다는 원리에 따라 먼저 건국의 이념과 원칙 등을 학습하여 지식의 난관을 뛰어넘은 후에 행동하도록 하지만, 다수 대중들은 먼저 행동하게 하여, 예컨대 각 분야의 생산에 종사하게 하여 산업을 진흥시킨 뒤에 점차 체계적으로 다양한 교육을 받게 한다는 것이다. 나아가 하린은 이 설명을 중국 전통유학의 대표적 견해와 연결시켜 전자는 주자, 후자는 왕양명에 가깝다고도 했다. "주자는 학문을 논함에 선지후행(先知後行)을 중시하여 먼저 배우고 묻고 생각하고 변별하는 공부를 한 후에 독실하게 행하라고 하여 사마광(司馬光), 왕안석(王安石)처럼 학문, 도덕, 문장이 모두 훌륭한 송나라의 재상이 되는 것을 목적으로 삼았다. 반면 왕양명의 학문은 즉지즉행(卽知卽行), 지행합일의 치양지(致良知)의 가르침을 중시했으니, 그 목적은 군중을 이끌고 평민을 감화시키는 데 있었다."[40] 아울러 주자와 양명의 이런 차이에 대한 인식에 근거해 손문의 전체적인 관점과 주자, 양명을 비교해 보면, 손문의 이론적 견해인 지난행이설은 주자의 주지주의에 가깝지만, 지행의 선후 관계만큼은 손문 자신이 혁명가였기 때문에 행을 강조하는 양명에 더욱 가깝다고 했다.

이제 마지막으로 하린이 손문의 지난행이설은 지행합일설을 전제로 한 것임을 어떻게 논증하였는지, 이를 통해 지가 행보다 더 중요

---

39) 위의 책, 116~117쪽.
40) 위의 책, 117쪽.

하지만 행 역시 경시해서는 안 된다는 결론을 이끌어냈는지 살펴보겠다.

『당대중국철학』 저술에 앞서 하린은 「지행합일신론」이라는 글에서 스피노자의 심신평행론 및 현대 심리학의 심신관계론을 중국 전통의 지행합일론 안으로 흡수하여 새로운 내용으로 편입시키고, 이를 바탕으로 왕양명과 주자의 지행관계론을 보다 정교하게 재해석한 바 있다.[41] 이런 선행 작업이 있었기 때문에 그는 『당대중국철학』 "지행합일설은 중국철학사에서 왕양명이 한 위대한 공헌일 뿐 아니라 지와 행의 문제에 관한 동서고금의 철학자들의 가장 근본적인 견해이다"[42]라고 선언한다. 그런데 문제는 손문의 경우에는 자신이 정립한 지난행이설과 왕양명의 지행합일설을 대립시켜 지행합일설을 부정했다는 데 있다. 왕양명의 지행합일설을 계승하여 새로운 지행합일론을 세웠다고 자부하는 하린으로서는 당연히 이 부정을 받아들일 수 없었다. 그렇다고 지난행이설에 대한 옹호를 철회할 수도 없었다. 이에 그는 손문의 지행합일설에 대한 부정이 어떤 점에서는 이해될 수 있으나 어떤 점에서는 잘못된 비판인지 밝히고, 나아가 양자의 융합을 시도하게 된다.

하린은 손문이 왕양명의 지행합일설을 부정한 이유로 다음 두 가지를 꼽았다. 첫째는 왕양명의 지행합일설은 사람들을 적극 실천하게 하는 정신적 동력이 되지 못하고 지이행난설도 정면으로 반박하지 못한다는 점이다. 이 이유에 대한 추출은 우선은 손문 자신의 다음과 같은 회고에 근거해서이다. 손문은 이렇게 회고했다. 일찍이 사

---

41) 이에 관해서는 황종원, 「하린의 지행합일신론 연구」, 『양명학』 제46호, 2017 참조.
42) 賀麟, 앞의 책, 118쪽.

람들은 아는 것은 쉽지만 행하는 것은 어렵다[知易行難]는 관념에 젖어 근대 국가 건설 계획의 실현 가능성을 비관적으로 생각했다. 그래서 왕양명의 지행합일설을 꺼내들어 동지들을 오랜 세월 격려했다. 하지만 "결국은 분발하여 애쓰는 기운이 어려움을 두려워하는 마음을 이겨내지 못함을, 온 나라의 추세가 모두 그와 같음을 깨닫게 되었다".43) 그래서 그 후에는 지이행난설과는 반대로 "지가 쉬운 것이 아니고 행이 어려운 것이 아니라는 것을 증명하여 중국인들이 두려워하는 바 없이 즐겁게 행할 수 있도록 한다면 중국은 전도가 유망해질 것이다"44)라고 생각하여 지와 행의 어려움과 쉬움의 문제를 연구했다. 그 과정에서 "왕양명의 지행합일설은 사람들이 선을 행하도록 권면하기 위한 것으로서 그 의미를 추론해보면 그 역시 '지가 어려운 것이 아니라 행이 오직 어렵다'고 생각했음"45)을 알게 되었다.

하린은 이러한 손문의 생각에 일단은 동의를 표시했다. 그러면서도 왕양명의 지행합일설을 다음과 같이 변호했다. 왕양명의 지행합일설은 다름 아닌 순수한 이론일 뿐이기 때문에 실천의 동력이 되지 못하는 것은 당연하다. 그래서 왕양명 역시 만년에는 순수한 이론으로서의 지행합일을 논하지 않고, 옳고 그름을 아는 양지(良知)를 일마다 도덕실천을 통해 실현하는 도덕실천 방법으로서의 치양지(致良知)를 강조했던 것이다. 또 손문이 왕양명의 지행합일설은 지이행난설에 해당한다고 여겼던 것과는 달리, 하린은 "지행합일설에 따르면 지와 행은 그 어려움과 쉬움이 같아야 한다. 즉 지와 행이 분리될 수 없이 합일되어 있는 이상, 지가 어려우면 행 또한 어렵고 지가 쉬우면 행

---

43) 孫文, 앞의 책, 61쪽.
44) 위의 책, 61쪽.
45) 위의 책, 101쪽.

또한 쉽다"46)고 주장했다. 예컨대 인정(仁政)에 대해 아는 것이 어려우면 인(仁)한 마음, 측은지심을 천하에 밀고 나아가는 일도 어렵다. 이러한 차이는 손문이 지행합일의 '지'를 선험적 양지로 이해한 반면, 하린은 그것을 후험적 도덕지식으로 이해한 데서 기인한다. 그리고 사실 양명의 본뜻에 더 가까운 것은 손문의 설명이다. 그러나 하린은 어떻게든 지난행이설과 지행합일설의 조화를 꾀하려 했으므로 이 대목에서 양명의 양지 개념을 말하는 대신, 슬쩍 자신의 자연적 지행합일론, 즉 정신 활동과 신체 활동은 늘 함께 수반한다는 이론으로 지행합일의 의미를 치환해버렸다. 이런 치환은 물론 문제가 있는 것이지만, 어쨌든 이런 방법적 처리로 지행합일설이 지이행난설과 같은 것은 아니라는 점을 나름대로 논증했다는 것만은 분명하다.

둘째는 한 사람에게서 지와 행이 합일되어야 한다는 주장은 과학의 비약적 발전에 의해 사회적 분업이 갈수록 세분화되어 가는 현대에는 맞지 않는다는 점이다. 손문은 이렇게 말했다. "지와 행이 합일된다는 주장은 과학이 발달하는 시대에 한 시대의 한 사업에 대해 말하자면 아주 합당하다. 하지만 양명은 한 사람이 지와 행을 결합할 것을 말했으니 이는 오늘날에는 통하지 않는다. 과학이 발달할수록 한 사람의 지와 행의 격차는 더욱 벌어져, 지자(知者)가 꼭 스스로 행하는 것도 아니고, 행자(行者)가 꼭 스스로 아는 것도 아니다."47) 특정 한 가지 사업에서 지행합일이 이루어진다는 것은 이를테면 건축학의 수준이 높아질수록 건축물 또한 다채로워짐을 가리킨다. 하지만 특정 한 사람이 건축학 연구와 건물 축조를 겸할 필요는 없다. 이러한 비판에

---

46) 賀麟, 앞의 책, 119쪽.
47) 孫文, 앞의 책, 102쪽.

대해 하린은 손문의 양명 이해가 잘못되었다고 반박한다. 양명은 사회적 분업을 반대한 적이 없으며 지행합일도 그런 의미에서 말한 것이 아니기 때문이다. 주지하다시피 왕양명은 도덕의 측면에서 지행합일을 말했다. 때문에 하린은 양명의 지행합일이란 예컨대 행동하는 정치가의 측면에서 말하면 "언행일치를 이루어 공수표를 날리지 않고 민중을 속이지 않는 것"[48]을 뜻하고 이론가의 측면에서 말하면 "주장이 본심에서 나오고 성의(誠意)에서 발해져 자신이 의심하지 않고 깊게 믿으며 몸소 체험하고 힘껏 실천하며 자신과 타인을 속이지 않는"[49] 것을 가리킨다고 했다.

손문의 지행합일설 부정에 대한 위와 같은 비판적 검토를 토대로 하린은 지난행이설과 지행합일설의 융합을 시도했는데, 그 내용을 정리하면 다음과 같다. 첫째, 앞에서 한 차례 언급했던 것처럼 하린은 손문의 '알 수 있으면 반드시 행할 수 있다[能知必能行]'는 주장은 지행합일설 위에 세워야 그 기반이 튼튼해진다고 했다. 실제로 이 명제는 지와 행은 반드시 합일될 수 있다는 뜻으로, 왕양명의 '알고도 행하지 않는 것'은 참 앎에 이르지 못했기 때문이라는 생각과 통한다는 것이다. 둘째, 손문은 과학의 시대인 '안 이후에 행하는' 시대에도 '행한 후에 아는 것'이 병존할 필요가 있다고 생각했다는 점은 앞서 서술했거니와, 이러한 생각에서 근대 학문과 문화의 특징을 '행으로 지를 구하고[以行而求知] 지에 근거해 행으로 나아가는 것[因知以進行]'이라고 말했다. 이를 두고 하린은 "'행으로 지를 구하는 것'은 행으로 지와의 합일을 구하는 것이 아니겠는가? '지에 근거해 행으로 나아가는

---

48) 賀麟, 앞의 책, 120쪽.
49) 위의 책, 121쪽.

것'은 지로 행과의 합일을 구하는 것이 아니겠는가?"[50]라고 했다. 갖가지 실천 속에서 지식을 구하고 다시 그렇게 확립된 이론적 지식에 근거해 실천하는 것, 간단히 말해 실천과 인식을 무한히 반복함을 통해 지행합일을 추구한다는 생각이 손문의 사상에는 이미 내포되어 있다는 것이다.[51]

이상의 논의를 종합하여 하린은 지행합일설의 발전사에서 손문의 지행관계론이 갖는 의의를 다음과 같이 정리했다. 첫째는 손문의 '알 수 있으면 반드시 행할 수 있다'는 주장이 양명의 '알고도 행하지 않음은 단지 알지 못한 것일 따름'이라는 생각과 서로 보완관계를 이룬다는 점, 둘째는 손문은 '행으로 지를 구하고 지에 근거해 행으로 나아간다'고 하여 양명의 '지는 행의 시작이고 행은 지의 완성'이라고 한 것과 달리 실천 속에서 지식을 구하는 측면도 분명히 표현할 수 있었다는 점, 셋째는 양명이 주로 도덕수양의 측면에서 지행합일을 논한 데 비해, 손문은 그 설의 의미를 학술문화, 국가건설사업 등으로 확장하고 있다는 점 등이 그것이다.

요컨대 하린은 지행합일설을 부정하는 손문을 완곡하게 비판하며 실은 그의 지행관계론에 이미 지행합일의 논리가 내포되어 있음을 다각도로 논증함으로써 지난행이설과 지행합일설의 융합을 꾀했다고 하겠다.

---

50) 위의 책, 122쪽.

51) 이와 관련하여 이철승은 일찍이 변증법적 유물론의 관점에서 지와 행의 통일에 관한 손문의 관점과 후세의 영향을 다음과 같이 정리한 바 있다. "그는 기원의 측면에서 행함이 앎에 앞서지만, 진행의 과정에서는 행함과 앎이 함께 존재하며 서로를 견인하는 것으로 여겼다. 이러한 상태의 지속은 행함과 앎을 다시 행함과 다시 아는 상태로 이어지게 하는 역할을 한다. 손문의 이러한 '행함―앎―행함'의 지속적인 과정에 관한 이론은 이후 모택동의 「실천론」에 영향을 주어 '행함―앎―다시 행함―다시 앎'의 명제로 발전되어 나타났다." (이철승, 「손문 철학 중 앎과 행함의 문제」, 『동양철학연구』 제28집, 2002, 333쪽)

4. 옹호 및 수정의 신심학적 배경과 의미

본문에서는 주로 하린이 손문의 지난행이설을 어떻게 옹호하고 그의 지행합일설 부정을 어떤 논리에 의해 수정하여 지난행이설과 지행합일설의 융합을 꾀했는지 살펴보았다. 이제 그러한 옹호와 수정이 하린 자신의 어떤 철학적 관점과 문화적 입장에 토대를 둔 것인지, 그리고 그런 관점과 입장에 비추어 볼 때 하린의 손문에 대한 옹호와 수정은 어떤 의의와 한계를 지니는지 간략히 서술하는 것으로 결론을 대신하려 한다.

서두에서 언급했듯이 애초에 손문이 지난행이(知難行易)설을 내세운 것은 혁명당 동지들에게 과학정신과 국가건설에 적극 나서는 실천정신을 갖추는 일의 중요성을 깨닫게 하기 위함이었다. 그리고 하린이 이런 정치적 목적을 띤 지난행이설을 옹호한 까닭은 물론 우선은 그가 그와 같은 국가발전 전략 및 정치노선에 동의해서였지만,[52] 더불어 지난행이설 자체가 자신의 지행합일신론, 문화철학, 심즉리 명제에 대한 새로운 해석 등 신심학(新心學)의 얼개와 상통한다고 판단해서이기도 했다.

본문에서 언급했듯이 하린의 지난행이설에 대한 옹호는 우선 자신의 지주행종(知主行從)설과 관련되어 있다. 그는 여러 측면에서 지주행종의 의미를 설명했지만, 우리의 논의와 관련해 주목해야 할 것은 "지는 행의 본질[體]이고 행은 지의 표현[用]"[53]이라는 설명이다. 행,

---

52) 예컨대 『당대중국철학』을 저술한 1940년대에 하린은 일제에 대한 '항전'과 현대화된 국가의 건설이라는 '건국'의 과제를 동시에 추구한 국민당의 '항전건국' 노선에 적극 찬동하여, 「物質建設與思想道德現代化」, 「抗戰建國與學術建國」 등의 글을 발표한 바 있다. 이에 관해서는 賀麟, 『文化與人生』, 上海: 上海人民出版社, 2011의 관련 글 참조.

53) 賀麟, 「知行合一新論」, 『近代唯心論簡釋』, 北京: 商務印書館, 2011, 60쪽.

즉 인간의 행동은 지, 즉 의식을 본질로 삼아 그것을 표현하는 합목적적 행위라는 점에서 언제나 지가 주도적이고 행은 종속적이라는 것이다. 과학적 혹은 학술적 지식으로 '지'의 의미를 제한하여 그런 지식을 획득하는 것은 어렵지만, 그것이 획득되면 '행'은 쉬워진다는 설에 찬동하는 그의 가장 직접적인 철학적 근거라 할 수 있다.

다음으로 그것은 문화의 체(體)와 용(用)에 대한 하린 자신의 견해와도 관련되어 있다. 하린은 문화를 구성하는 네 요소를 자연, 정신, 문화 그리고 인류의 영원한 이상인 진선미(眞善美)의 가치를 뜻하는 도(道)라고 했다. 그러고는 진선미의 가치가 현현된 정도에 따라 그 네 요소를 도, 정신, 문화, 자연의 순서로 위계화하여, 자연은 문화 구성의 재료일 뿐이고, 문화 구성의 가장 핵심적 요소는 정신과 도라고 했다. 그러면서도 "문화는 정신의 현현일 뿐이다. 즉 문화는 도가 인간의 정신활동을 통해 현현된 가치 있는 것이지, 자연물이 아니다"[54]라고 하여, 정신이 문화 형성과 발전의 체(體), 즉 가장 본질적인 것이라고 했다. 그가 의식현상 및 그 결과물인 지식을 주도적인 위치에 놓고, 문화 발전의 주도 세력을 선지자·선각자로 생각하는 문화철학적 근거가 무엇인지 알 수 있는 대목이다.

마지막으로 그것은 궁극적으로 하린이 세운 새로운 심학(心學)의 중심 관념과도 맞닿아 있다. 하린은 전통 육왕심학에서 주로 도덕철학적 의미만을 갖고 있던 심즉리(心卽理)의 심을 "경험을 통섭하는 자, 행위를 주재하는 자, 지식을 조직하는 자, 가치를 평가하는 자"[55]라고 하여 그것이 평가의 주체임과 동시에 인식주체라는 함의도 갖도록

---

54) 賀麟, 「文化的體與用」, 위의 책, 223쪽.
55) 賀麟, 「近代唯心論簡釋」, 위의 책, 1쪽.

하고, 리를 그런 인식과 평가의 주체가 보편적으로 지닌 표준 내지는 척도라고 하여 그 의미를 확장했다. 표준 혹은 척도가 인간 정신 안에 내재해 있다는 생각으로부터 왜 그가 도가 아닌 정신을 문화 구성에서 가장 본질적인 것이라 했는지, 지(知)를 행보다 본질적인 것으로 생각했는지 더욱 명확히 이해할 수 있다.

한편 손문의 지행관계론에 대한 수정은 현대 중국철학 내지 중국문화의 발전 방향에 대한 하린 자신의 기본 입장과 깊은 관련을 맺고 있다. 서양문화의 여러 요소가 홍수처럼 쏟아지던 20세기 전기에는 서양문화와 중국문화의 관계를 어떻게 설정해 중국의 현대화를 추구해야 할 것인지의 문제를 놓고 주로 중체서용(中體西用)론과 전면적 서구화론(全盤西化論)이 충돌했다. 그런데 하린은 이 두 입장을 모두 비판하며 "서구의 본체로 중국의 본체를 충실히 하여[以體充體] 서구마저 변화시켜야[化西] 한다"56)는 입장을 취했다. 일종의 중서문화 융합을 통한 변증법적 지양을 추구하는 입장이라 할 수 있는데, 바로 이런 문화적 입장을 취했기 때문에 과학정신 및 민주혁명의 정신을 고취하기 위한 철학적 기초인 지난행이설만을 강조할 수는 없었다. 도덕의 영역에서는 지이행난설도 타당하다는 풍우란의 견해에 반박하기 위해, 그리고 자신의 주지주의적 관점을 뒷받침하기 위해 정이천, 주자, 심지어 공자, 맹자 등도 아는 것이 어렵고 행은 쉽다는 견해를 보였다고 다소 무리한 해석을 하기도 했다.57) 하지만 이미 살펴보았듯이 하린은 다른 한편으로는 손문이 행을 경시하지 않았음을, 그리고 실은 지행합일설에 기반을 두고 있음을 특별히 부각시켰다. 그러기 위

---

56) 賀麟, 「文化的體與用」, 위의 책, 228쪽 참조.
57) 이에 관한 보다 상세한 내용은 賀麟, 앞의 책(1947), 92~96쪽 참조.

해 때로는 손문의 지행관계론이 지닌 미진한 점을 보완 설명하기도 하고 완곡하게 비판하기도 했는데, 그렇게 함으로써 그는 중국철학 내지 중국문화가 미래에도 지행합일의 정신적 전통을 계승해야 함을 주장한 셈이다.

위와 같은 철학적 배경 속에서 이루어진 손문의 지행관계론에 대한 하린의 옹호와 수정이 갖는 정치사상적 의의는 비교적 쉽게 파악된다. '아는 것의 어려움'과 '행함의 쉬움'을 옹호함으로써 그는 현대 중국이 서구 근대의 과학정신과 혁명정신에 기반을 두고 공업화되고 민주화되기를 희망했다. 그러면서도 중국 전통의 지행합일 정신을 계승함으로써 현대 중국이 현대사회에 부합하는 높은 수준의 도덕적 품격을 갖춘 나라로 거듭 나기를 바랐다. 이 점이 하린이 항일전쟁시기에 손문, 장개석 등 국민당 정부의 정책을 기본적으로 옹호하면서도 전통문화 계승의 측면에서는 자기 나름의 견해를 피력한 한 이유라 할 수 있다. 한마디로 말해 하린의 작업은 과학, 민주라는 서구 근대의 정신과 이념을 수용하면서도 그것을 도덕 중시의 고유 전통과 융합하여 서구를 넘어서는 현대중국을 꿈꾸었다는 점에 의의가 있다.

그러나 손문의 지행관계론에 대한 하린의 옹호와 수정에는 몇 가지 철학적, 정치상적으로 야기되는 문제점 또한 있다.

첫째, 하린의 지난행이설에 대한 여러 비판에 대한 반박에는 중대한 논리적 모순이 있다. 예컨대 그는 지와 행의 어려움과 쉬움에 대한 비교가 "반드시 동일한 범위 안에서 동일한 사람의 동일한 일에 대해"[58] 이루어져야 한다고 해놓고, 이 지행난이를 사회적 노동 분업 체계 속에서 상이한 사람들이 행하는 상이한 일의 어렵고 쉬움을 비

---

58) 위의 책, 87쪽.

교하는 데 적용하는 오류를 범한다. 예컨대 본문에서 살펴보았듯이 그는 무선전신 업무를 보거나 무선전신 기계를 제작하는 사람들의 노동을 쉬운 행이라고 하고, 무선전신 기술 자체를 연구, 개발하는 사람들의 노동을 어려운 지라고 하는 손문의 예시를 아무 비판 없이 받아들인다.

둘째, 하린의 반박 중에는 선뜻 동의할 수 없는 대목도 있다. 바로 그의 행이 지에 비해 보편적으로 쉽다는 판단이다. 손문이 든 행의 예를 종합할 때 그는 그 가운데의 육체노동을 '필요에 의해 이끌려 지식의 인도를 받는 행동'이라 정의했다. 그러나 과연 몸을 움직이는 육체노동이 과학기술적 지식을 연구 개발하는 정신노동보다 쉽다고 할 수 있는지에 대해서는 강한 의구심이 든다. 그런 점에서 실용주의적 관점에 동의할 수는 없지만 의사에게 '의학적 지식을 습득하는 것은 어렵지만 의술을 펼치는 것 역시 쉽지 않다'는 호적의 예시는 하린과 손문에게는 치명적이다. 이는 도덕의 측면에서도 마찬가지이다. 하린은 양지(良知)를 지의 난이(難易)를 논하는 데 적용해서는 안 된다고 했는데, 그 근거가 무엇인지 정확히 제시되지 않았다. 더욱 문제는 사람이 도덕적으로 무엇이 옳은지 알면서도 그렇게 행하지 않는 까닭에 대해 그것은 인간의 욕구, 의지 등 다른 요소가 개입되어 있기 때문이라는 풍우란의 생각에 동의하는 듯하면서도 궁극적으로는 그것이 '아는 것은 쉽지만 행하는 것은 어렵다'는 미혹에 빠져 있기 때문이라고 설명하는 대목이다. 과연 사람들이 도덕적으로 행동하지 못하는 근본 원인이 지이행난의 관념 때문인가? 예컨대 하린은 '확실하고 견고한 앎이 없으면 성경(誠敬) 공부가 생겨날 수 없다'고 했는데, 과연 성경 공부를 하지 않는 것이 도덕적으로 무엇이 옳은지 확실하고 견고하게 몰라서일까? 거꾸로 하린의 지난행이설 논리에 따르면 도덕적으로 무엇이 옳은지 확실하고 견고하게 안다면 행하는 것은 지극히 쉬울 텐데, 굳이 성경 공부를 할 필요가 있겠는가?

셋째, 사회적 노동 분업의 측면에서 하린은 지자와 행자의 협력적 관계를 중시하면서도 과학적 원리적 지식을 획득하고 기술을 혁신하며, 사회를 이끌어가는 지식인, 엔지니어, 사회 지도자의 정신노동이 자연생명의 본능적 행동 및 인간의 육체노동보다 더 소중하다고 판단했는데, 그것에 대해서 다 동의할 수 있는 것은 아니다. 물론 지자의 역할은 중요하다. 새로운 원리의 발견, 기술의 혁신, 각급 조직의 효율적 운영은 문명 내지 사회가 부단히 진보하는 직접적 동력이기 때문이다. 그러나 이러한 사고방식에는 지자의 정신노동, 문명 내지 사회의 진보가 가능한 이면의 다른 동력은 없는지, 있다면 그것은 무엇인지 살펴보려는 시각이 부족하다. 지식의 축적과 기술의 혁신, 문명의 발전과 사회의 진보 등은 민중의 노동과 자연의 생명운동이 없었다면 근본적으로 불가능했을 것이다. 한마디로 말해 지자는 행자의 희생을 딛고 해방되어 왔다는 것이다. 예컨대 지렁이가 흙속의 양분을 흡수해주어야 땅이 비옥해지고 농부가 그 땅을 일구어 쌀을 수확해야, 제약회사에서 의약품을 개발하는 연구원들도 먹고 살 수 있다. 지자의 행자에 대한 의존관계와 행자의 희생을 생각한다면, 정신노동이 육체노동보다 더 가치 있다는 판단은 일면적일 뿐 아니라, 엘리트주의적이고 인간중심주의적이라는 비판을 면키 어려워 보인다.

참 고 문 헌

『孟子』

孫文, 『建國方略』, 中州古籍出版社, 1998.

賀麟, 『當代中國哲學』, 勝利出版社, 1947.

賀麟, 『文化與人生』, 上海人民出版社, 2011.

賀麟, 『近代唯心論簡釋』, 商務印書館, 2011.

胡適, 『胡適文集5』, 北京大學出版社, 1998.

馮友蘭, 『三松堂全集』 第5卷, 河南人民出版社, 2000.

王守仁, 『王陽明全集』, 上海古籍出版社, 1995.

연재흠, 「하린의 직각설 연구」, 『철학탐구』 38집, 2015.

연재흠, 「하린의 체용관 및 문화비평 연구」, 『중국학보』 68집, 2013.

이철승, 「손문 철학 중 앎과 행함의 문제」, 『동양철학연구』 28집, 2002.

황종원, 「하린의 신심학에서 중서철학 융합의 문제」, 『동양철학연구』 86
집, 2016.

황종원, 「하린의 지행합일신론 연구」, 『양명학』 46호, 2017.

지식사회화의 단면 고찰*

: 묵자 사상의 자각과 반성을 중심으로

김세종

1. 서론

본 논문은 묵자의 사상에서 지식사회화의 단면을 자각과 반성이라는 주제 하에 고찰하는 데 목적을 둔다.

지식은 인간이 자연세계에서 생존하면서 누적한 1차적 정보의 형태에서 점차 추상적, 고차원적인 형태로 발전해 왔다. 그러한 점에서 지식은 개인적 발견과 자각의 결과이며, 그것이 공공의 영역으로 확산되어 사회적으로 수용되는 것이 사회화인데, 사회화된 지식은 사상이라 일컬어진다. 이런 점에서 사상은 두 가지 특징을 갖는다. 첫째,

---

* 이 논문은 동양철학연구회가 발간하는 『東洋哲學硏究』 제96집(2018년 11월 28일 발간)에 게재된 논문 「지식사회화의 단면 고찰: 묵자 사상의 자각과 반성을 중심으로」를 수정·보완한 것임.

사상은 사회적으로 공유된 지식이다. 즉 사상은 사회적 요구가 반영되어 구성된 지식의 구성체이다. 따라서 사상은 지식과 사회의 긴밀한 관계를 드러내는 하나의 표지가 된다. 둘째는, 사회적 요구가 반영된다는 점에서 사상은 자각적이고 자기반성적인 특성을 갖는다. 즉 사상이 사회적 요구로부터 이격(離隔)되면 지식의 사회적 기반을 잃어 필연적으로 쇠퇴·소멸한다. 따라서 사상의 사회적 존재 근거가 지식인데, 지식은 그것 자체로 존속할 수 없고 지식인에 의해 존속·전승된다는 점에서 지식의 사회적 존재 양태는 지식인이며, 지식인은 개인적 자각과 사회적 요구라는 두 항의 대립과 대비 혹은 융합과 소통을 관장하며 개인적 지식의 사회화를 담당한다. 지식인에 의한 지식사회화의 이 과정이 바로 자각과 반성이라는 형태로 나타나는데 요컨대 지식인은 자각과 반성의 주체이며, 자각과 반성의 대상은 개인적 지식과 사회적 요구를 모두 포함한다. 사상이 가진 이 두 가지 특징은 개인과 사회라는 두 항 사이에 지식과 사상이 매개·개입된다는 구조를 형성한다. 즉 '개인－〈지식〉－〈사상〉－사회'라는 일련의 구조가 도출되어 지식과 사상의 관계를 도식화한다.

이러한 구조에 따라 본 논문은 묵자 사상이 가진 자각과 반성이라는 주제로 지식사회화의 단면을 고찰하고자 한다. 묵자가 활동했던 춘추시기는 동아시아의 철학사에서 학파의 형태가 출현하는 시점이다. 대표적으로 유가와 묵가는 스스로 학파의식을 가지고 활동했던 초기의 집단으로서 스승과 제자의 사제관계를 통해 지식이 전승되었고, 다른 학파와 구별되는 사상적 특성을 갖고 있었다. 특히 공자에 대한 묵자의 비판과 묵가 사상에 대한 맹자의 비판,1) 이러한 논쟁을

---

1) 맹자의 묵자 비판에 관해서는 민홍석의 견해가 참고된다. 민홍석은 맹자의 묵자 비판이

흡수한 순자의 종합은 춘추전국시대의 지식과 사상의 교류를 보여주는 대표적인 모델이 된다. 그 중 묵자의 사상은 동아시아의 철학사에서 그 형성과 전개, 쇠퇴와 소멸이 비교적 명확하게 추론되는 것으로서 지식의 사회화 현상을 검토하기에 용이한 특징을 갖는다. 특히 묵자는 공자 사상의 핵심어 중 하나인 인(仁)을 관계의 친소(親疏)에 따른 차등적 사랑, 즉 별애(別愛)라고 규정하고, 묵자 활동 당시에 유행하는 모든 문제의 원인을 유가의 별(別) 강조 경향 때문이라고 분석했다. 묵자 지식체계의 핵심인 겸상애(兼相愛 혹은 兼愛)와 교상리(交相利 혹은 交利)는 이러한 문제의식에 따라 제시된 것이었다. 따라서 본 논문이 목적하는 바 지식 사회화의 단면은 묵자를 중심으로 묵자가 비판하고 반성한 공자의 사상과 묵자 이후 묵자 사상을 비판하고 반성한 맹자·순자를 함께 고려함으로써 고찰될 수 있으리라 생각한다.

특히 본 논문은 이러한 문제의식 위에서 두 가지 측면을 중시한다. 첫째는 지식의 실천문제이다. 지식의 사회화가 가능한 첫 단계는 지식의 사회화를 담당하는 지식인의 실천적 태도이다. 실천의 문제는 흔히 앎과 행위의 일치 문제에 집중되는데, 묵자의 후학들은 강고한 조직력을 앞세워 엄격한 실천성을 강조한 것으로 알려져 있다. 그런 점에서 묵자 사상의 내용과 묵가 학파의 지식 실천은 지식인의 사회적 역할과 그 과정에서 일어난 지식의 사회화 과정을 고찰하는 데에 적합한 모델이 될 수 있을 것으로 보인다. 다른 하나는 지식의 제도화 문제이다. 지식인은 당대 사회 문제에 대한 자각과 반성 및 대안 제시

주로 겸애에 치중되어 있다고 보고, 그 비판 내용에 의하면 맹자가 묵자 사상을 제대로 이해하지 못한 것이거나 만약 제대로 이해했다면 묵자 사상을 의도적으로 매도한 것으로 보일 수 있다고 지적했다. 민홍석, 「孟子의 墨子 비판」, 『儒學硏究』 제30집, 충남대학교 유학연구소, 2014 참고.

의 과정에서 당대 사회의 요구를 수용하고 새로운 패러다임을 제시하는 책임을 담당한다. 그러한 새로운 지식체계는 사회적으로 수용되고 구체적으로 제도화됨으로써 지식이 사회화되는 일련의 과정을 완료한다. 게다가 이 두 측면에서 전자는 개인의 윤리적 측면이 짙게 반영되고, 후자는 지식의 사회적 확산 과정을 노정한다.

이에 따라 본 논문은 묵자 사상의 천론, 묵자 사상의 인간론, 묵자 사상의 사회론 등의 세 파트로 나누어 천론에서는 사상적 기초로서 묵자 사상의 토대와 기준을 논의하며, 인간론에서는 천론의 기초 위에서 묵자의 인간 이해와 윤리관 및 지식 실천 문제를 논의하고, 사회론에서는 공적 영역으로의 지식 확산이라는 측면에서 지식의 제도화를 추구한 묵자 사상의 특징들을 논의한다.

이러한 논의 결과, 묵자의 지식론은 개인과 사회를 어떠한 내용으로 매개하고 있는가를 고찰할 수 있을 것으로 보이며, 특히 묵자의 지식이론의 반성과 자각 내용이 무엇이었고, 그것이 어떠한 시스템을 갖추어 사회화된 사상으로 형성될 수 있었는지, 그리고 그것의 쇠퇴와 소멸은 어떠한 과정을 거쳤는가를 고찰할 수 있을 것이다.

2. 묵자의 천론

오늘날 묵자의 사상을 연구하기 위해 신뢰할 수 있는 자료는 『묵자』 문헌이 거의 유일하다. 『묵자』 문헌에서 일관되게 감지되는 특징 중 하나는 공자의 유가를 상당히 의식하고 있다는 점인데 이는 묵자 개인의 자각적 지식체계가 어떠한 형태로든 그 이전 세대 공자의 사상으로부터 영향을 받았음을 의미한다. 특히 지식의 분기가 비교적 단순했던 춘추시대 당시의 환경에서 공자의 영향을 벗어나는 것도 거의 불가능에 가까웠을 것으로 보인다. 이러한 경향에 따라 묵자의 천론은 공자의 천론에 대한 문제제기와 반성, 자각을 거쳐 묵자 특유의 천론을 형성했을 것으로 보인다. 일례로 하늘에 대한 공자의 관념은 아래의 예문에 대표적으로 드러난다.

> 내가 부정한 짓을 한다면 하늘이 그것을 싫어하실 것이다.[2]
>
> 하늘에 죄를 지으면 빌 곳이 없다.[3]
>
> 문왕이 이미 돌아가셨으니 그 문화가 나에게 있지 않겠느냐! 하늘이 이 문화를 버리려 하신다면 내가 이 문화에 참여할 수 없었겠지만 하늘이 아직 이 문화를 져버리지 않으셨으니 匡 지역 사람들이 나를 어찌하진 못할 것이다.[4]
>
> 하늘이 무슨 말을 하시더냐? 사계절이 흘러가고 만물이 자라나는데 하늘이 무슨 말을 하시더냐?[5]

『논어』의 천(天) 인식은, 가. 하늘은 인간적 호오(好惡)가 있으며, 나. 지상(至上)의 존재이고, 다. 현실세계를 주재하지만 라. 인간에게 실질적 메시지를 전달하지는 않는 것으로 파악된다. 이와 비교해볼 때 묵자의 하늘 인식은 아래 예문에 보이는 바와 같이 몇 가지 특징으로 정리될 수 있을 듯하다.

---

2) 『論語』「雍也」: "予所否者, 天厭之."

3) 『論語』「八佾」: "獲罪於天, 無所禱也."

4) 『論語』「子罕」: "文王既沒, 文不在玆乎. 天之將喪斯文也, 後死者不得與於斯文也, 天之未喪斯文也, 匡人其如予何."

5) 『論語』「陽貨」: "天何言哉. 四時行焉, 百物生焉, 天何言哉."

하늘은 무엇을 바라고 무엇을 싫어하는가? 하늘은 義를 바라고 不義를 싫어한다. 따라서 천하의 백성을 이끌고 義를 행하는 것은 내가 곧 하늘이 바라는 바를 행하는 게 된다. 내가 하늘이 바라는 바를 행하면 하늘 역시 내가 바라는 바를 행한다. (…중략…) 하늘은 사람들의 삶을 바라며 죽음을 싫어하고, 부유함을 바라며 가난을 싫어하고, 다스림을 바라며 어지러움을 싫어한다. 이것이 바로 내가 하늘이 의를 바라고 불의를 싫어하는 이유를 알게 된 배경이다.6)

묵자의 지식체계에서 천은 호오를 가진 천이다. 물론 호오 반응의 기준은 의(義)와 불의(不義)에 따른 것이고, 여기에서 의는 백성들의 생명[生], 재산[富], 안정[治]이 보호될 때를 지칭한다는 점에서 유가와의 차이가 드러나지만 천이 인간적 호오를 갖고 있다는 점에서만큼은 공자의 천론(天論)과 유사하다.

게다가 인용문은, 묵자는 인간이 하늘의 요구를 실현하면 하늘 역시 인간의 요구를 실현시켜준다는 믿음을 갖고 있음을 보여준다. 이는 당대 사회의 현실을 고려할 때 생사의 문제가 매우 민감한 문제라는 점과 함께 인간 존재의 주체성에 대해 『논어』의 기록보다 더 뚜렷한 태도가 드러나는 지점이 될 수 있는데, 특히 공자와 묵자가 모두 사람의 생명을 중시하는 사상을 형성하고 있더라도 공자 사상의 독자는 어디까지나 지배층의 입장을 벗어나지 않은 것으로서 지식 전파의

---

6) 『墨子』「天志 上」: "天亦何欲何惡. 天欲義而惡不義. 然則率天下之百姓. 以從事于義. 則我乃爲天之所欲也. 我爲天之所欲. 天亦爲我所欲. (…中略…) 然則天欲其生而惡其死. 欲其富而惡其貧. 欲其治而惡其亂. 此我所以知天欲義而惡不義也." 본 논문에 인용한 『墨子』는 청대 孫詒讓의 『墨子閒詁』를 저본으로 삼았다. 원문의 번역은 묵자, 신동준 옮김, 『묵자』(인간사랑, 2014)를 기본으로 하되 문맥의 필요에 따라 필자가 고쳐 인용했다. 이하 『墨子』 인용문은 편명만을 기재한다.

대상이 지배층에 한정되는 속성을 갖지만 묵자의 생명 중시는 그 독자와 청자를 지배층으로 하고 있다 하더라도 그가 주장하는 생사, 부빈, 치란은 백성의 입장을 대변하는 것이라는 점에서 공자와의 차이를 드러낸다. 요컨대, 묵자는 천을 인격적 호오를 가진 것으로 이해하고 있지만 동시에 인간 주체성에 대한 긍정에서 공자보다 뚜렷한 태도를 취하고 있으며, 그러한 맥락에서 천은 백성들의 안정된 삶을 관철시키기 위한 도구적 天으로 이용되고 있다. 천의 권위에 의존하여 현실 세계의 당위를 획득하려는 노력은 오랜 전통을 가진 것이지만 묵자의 천론은 그것이 지배층의 권력 유지를 위한 것이 아니라 백성의 안위를 위한 것이라는 점에서 후대 제자백가의 것과는 물론 공자의 천론과 분기되는 지점이 된다.

하늘은 무엇을 바라고 무엇을 싫어하는 것일까? 하늘은 반드시 사람들이 서로 사랑하며 이롭게 하는 것을 바랄 뿐, 결코 서로 미워하며 해치는 것을 바라지 않는다.

무엇으로 사람들이 서로 사랑하며 이롭게 하는 것을 바랄 뿐, 결코 서로 미워하며 해치는 것을 바라지 않는다는 것을 알 수 있는가? 하늘이 모든 것을 두루 사랑하고, 두루 이롭게 하는 것으로 알 수 있다. 무엇으로 하늘이 모든 것을 두루 사랑하고, 두루 이롭게 한다는 것을 알 수 있는가? 하늘이 모든 것을 두루 보전하고, 두루 먹여 살리는 것으로 알 수 있다.[7)]

---

7) 「法儀」: "天何欲何惡者也. 天必欲人之相愛相利. 而不欲人之相惡相賊也. 奚以知天之欲人之相愛相利. 而不欲人之相惡相賊也. 以其兼而愛之. 兼而利之也. 奚以知天兼而愛之. 兼而利之也. 以其兼而有之. 兼而食之也."

인용문은 상(相)과 겸(兼)이 중요하게 언급되는 지점인데, 기본적으로 상애(相愛)와 상리(相利)의 구조를 통해 백성들은 공통적으로[兼] 보살핌[愛], 이익[利], 소유[有], 식량[食]이라는 삶의 기본적 조건을 보장받을 수 있다고 설명한다. 그리고 그것의 당위를 천의 호오에 기대어 놓음으로써 철저하게 천의 권위를 이용한다. 게다가 백성들의 안위를 위한 도구적 수준에서 그치지 않고 묵자는 천이야말로 현실 안정을 위해 인간이 취할 수 있는 모든 방법의 기준이라고 상정한다.

　무엇을 치국의 법도로 삼아야 좋은 것일까? 대개 말하기를, '하늘을 법도로 삼는 것보다 더 나은 것은 없다.'고 한다. 하늘의 운행은 광대하면서도 사사로움이 없고, 베푸는 은덕이 두터운데도 전혀 자랑하지 않고, 그 광휘 또한 영원해 전혀 쇠하지 않는다. 성왕이 하늘을 법도로 삼는 이유다.[8]

　이러한 인식에 따라 만약 인간의 현실세계가 하늘의 뜻에 부합하지 않을 경우 하늘이 내리는 재앙을 피할 수 없다. 기후가 이상해지고 곡식이 여물지 않으며 가축들이 자라지 않고 각종 전염병이 창궐한다.[9] 그래서 하늘은 가장 귀하고 지혜로우며 모든 의로움[義]의 기원이다. 그 결과 인간이 자신의 노력을 통해 건설하는 현실세계는 서로 아껴주는 겸애가 기초가 되어야 한다는 것이 묵자의 주장이다.

---

8) 「法儀」: "莫以爲治法而可. 故曰莫若法天. 天之行廣而無私. 其施厚而不德. 其明久而不衰. 故聖王法之."

9) 「尙同 中」: "天下治夫旣尙同乎天子. 而未上同乎天者. 則天災將猶未止也. 故當若天降寒熱不節. 雪霜雨露不時. 五谷不孰. 六畜不遂. 疾菑戾疫. 飄風苦雨. 薦臻而至者. 此天之降罰也. 以將罰下人之不尙同乎天者也."

"누가 귀한가? 하늘이 귀하다. 누가 지혜로운가? 하늘이 지혜롭다. 실로 의가 하늘로부터 나오는 것은 분명하다. 지금 천하의 사군자로서 의를 행하고자 하면 천지를 좇지 않으면 안 된다."

누군가 묻는다. "천의를 좇고자 하면 어찌 해야 하는가?"

대답은 이렇다. "천하의 모든 사람을 두루 사랑하는 '겸애'를 행해야 한다."

무엇으로 하늘이 '겸애'하는 것을 알 수 있는가? 하늘이 천하의 모든 사람을 두루 먹여 주는 겸사(兼食)로 알 수 있다. (…중략…) 지금 하늘은 천하의 모든 사람을 고루 먹여 주고 있다. 이로써 하늘이 천하 만민을 '겸애'한다는 사실을 알 수 있다.[10]

묵자의 핵심 사상인 겸애는 이와 같이 인간 세계 모든 법도의 모범인 하늘의 속성이면서 인간 주체성이 달성해야 하는 개인적 신념이자 사회적 목표가 된다. 천에 대해 이러한 관념을 형성한 묵자 사상이 특히 인간의 주체성을 강조하는 방향으로 나아가는 것은 자연스럽다.

운명론을 주장하는 자들이 민간 내에 대거 존재한다. 이들은 말하기를, '부유해질 운명이면 부유해지고, 가난해질 운명이면 가난해진다. 인구가 많아질 운명이면 많아지고, 적어질 운명이면 적어진다. 다스려질 운명이면 다스려지고, 어지러워질 운명이면 어지러워진다. 장수할 운명이면 장수하고, 요절할 운명이면 요절한다.'고 했다. 만일 그렇다면 아무리 노력할지라도 아무 소용이 없는 셈이니 삶에 무슨 도움이 되겠는가?

---

10) 「天志 下」: "義者. 不自愚且賤者出. 必自貴且知者出. 曰. 誰爲知. 天爲知. 然則義果自天出也. 今天下之士君子之欲爲義者. 則不可不順天之意矣. 曰. 順天之意何若. 曰兼愛天下之人. 何以知兼愛天下之人也. 以兼而食之也. (…中略…) 今天兼天下而食焉. 我以此知其兼愛天下之人也."

이들은 이런 운명론을 이용해 위로는 왕공대인에게 유세해 출세를 꾀하고, 아래로는 백성들의 생업을 가로막는 짓을 하고 있다. 운명론을 주장하는 자는 不仁한 자들이다. 운명론의 시비를 분명히 따지지 않으면 안 되는 이유다.[11]

혼히 '군군신신부부자자(君君臣臣父父子子)'를 근거로 삼는 공자의 정명 이론은 춘추시대 사회 혼란의 극복 방안을 서주 시기 혈연적 위계질서로의 복귀를 통한 사회적 신분제도의 안정을 꾀한 것이라고 알려져 있다. 이러한 사상에서 명(命), 즉 미리 정해진 것이 있다는 사고는 매우 중요한 것으로서 혈연적 신분제도의 근간을 이룬다. 그러나 묵자는 이러한 입장에 정확히 반대한다. 태어나기 전 혹은 태어나면서 이미 정해진 것이 있다고 인정되면 혈연적으로 계승되는 상하수직적 신분 제도를 인정할 수밖에 없고, 그러한 상황에서 겸애는 사회적 존립 기반을 상실할 수밖에 없기 때문이다. 묵자는 운명론을 배척함과 동시에 인간이 주체적 노력에 의해 달성할 수 있는 가능성에 주목한다.[12] 이것은 과거로의 복귀가 아니라 현실에 기반한 현실 철학이며, 소수 귀족 지배층의 이익이 아니라 다수의 하층 백성들을 대변하고 있는 것임을 알게 한다.

---

11) 「非命 上」: "執有命者. 以襍于民間者衆. 執有命者之言曰. 命富則富. 命貧則貧. 命衆則衆. 命寡則寡. 命治則治. 命亂則亂命壽則壽. 命夭則命. 雖强勁何益哉. 以上說王公大人. 下以駔百姓之從事. 故執有命者不仁. 故當執有命者之言. 不可不明辯."

12) 공자의 正名 이론이 전제하는 命에 대해 보수적 태도는 공자가 처한 역사적인 맥락에서는 어쩔 수 없는 것이기도 한데, 공자의 이러한 보수적 입장은 맹자 시대에 이르러 命에 대한 革을 긍정하는 분위기로 대체되어 유가의 생명력을 이어갔고, 이러한 태도는 순자에 이르면 의심의 여지없이 자연스러운 것으로 서술된다. 공자와 맹자를 잇는 기점에 묵자가 활동했고, 운명론에 대한 묵자의 태도가 맹자의 革命 입장에 상당한 영향을 끼쳤을 것이라는 점은 정황상 상당한 설득력을 갖는다.

요컨대 묵자의 천 인식은, 천의 인간적 호오, 지상적 존재감, 현실세계를 주관하는 주재성 등은 공자의 천 인식과 거의 동일한 것으로 나타난다. 그러나 공자가 특정 소수의 지배층을 대상으로 하는 사상이라는 점에서 묵자는 공자의 천 관념이 백성 상호간의 보살핌[兼相愛]과 이익창출[交相利]을 보장하지 못한다는 한계를 지적한다. 이러한 자각과 반성은 겸애라는 사회적 가치의 당위성을 강조하는 데에 이르는데, 묵자의 천 관념은 겸애의 당위적 근거로 천을 이용함으로써 묵자 개인의 자각과 반성을 사회적 영역으로 확산시키려 노력했다. 이러한 맥락에서 묵자의 천론은 인간 개인의 주체성을 긍정하는 태도가 수반되는데, 이는 다시 개인적 측면에서는 윤리의 문제에 닿고, 사회적 측면에서는 제도의 문제에 연결된다. 그런 맥락에서 묵자는 기존의 인간 이해에 대해 반성하고, 나아가 당대 사회가 가진 문제점에 대한 대안을 사회적으로 제도화하려 애쓴다. 그리고 그러한 반성과 자각이 소수 지배층이 아니라 다수의 하층 백성들을 대변한다는 점에서 겸애와 교리를 위주로 하는 묵자의 지식체계는 당대 사회의 백성들에게 많은 호응을 얻게 된다. '천하에 양주와 묵적의 말이 가득하다.'[13]는 맹자 언급의 사실적 측면을 신뢰한다면 묵자는 당대 백성들의 현실적 요구를 충실히 수용하고 있었던 것으로 보인다. 이른바 묵자 개인의 지식이 공적 영역으로 확산되어 사상으로 정초되는 지식 사회화 과정의 토대가 묵자의 천(天) 관념에서 비롯되고 있다고 보여진다.

---

13) 『孟子』「滕文公 下」: "楊朱墨翟之言, 盈天下. 天下之言, 不歸楊則歸墨. 楊氏爲我, 是無君也. 墨氏兼愛, 是無父也. 無父無君, 是禽獸也."

3. 묵자의 인간론: 인간 이해와 윤리론

인간론은 '인간이란 어떤 존재인가'라는 물음에 대한 대답으로 귀결 된다. 운명론을 배척하고 인간의 주체적인 노력의 가능성과 성과를 중시하는 묵자의 인간 이해는 당대 현실에 대한 자각과 반성의 결과인 데, 이와 관련하여 「소염」편의 첫 구절은 의미 있는 비유를 제시한다.

실은 파란 물감에 물들이면 파래지고, 노란 물감에 물들이면 노래진 다. 넣는 물감이 변하면 그 색깔도 변한다.[14]

환경적 요인을 중시하는 『묵자』의 이 구절은 『순자』 문헌의 첫 구 절, "쑥대가 삼대밭 속에서 자라면 부축해 주지 않아도 곧으며, 흰모래 를 개흙 속에 넣으면 모두 함께 검어진다."[15]라는 구절을 연상시킨다. 순자의 이 언급은 사람이 처한 환경의 중요성을 강조하는 것이며, 개인적 노력의 내용을 학문으로 상정하고 있지만, 위의 「소염」편 인 용문에서 유추할 때 순자보다 이른 시기의 묵자는 학문의 중요성을 언급하지는 않았으나 역시 환경적 요소가 사람에게 미치는 영향을 중시하고 있음은 드러난다.[16] 주목할 것은 묵자가 판단하는 현실, 다

---

14) 「所染」: "染於蒼則蒼. 染於黃則黃. 所入者變. 其色亦變."

15) 『荀子』「勸學」: "蓬生麻中, 不扶而直. 白沙在涅, 與之俱黑." 참고로, 『순자』 문헌은 「勸學」편으 로 시작하고, 이 편의 첫 구절은 "푸른 물감은 쪽풀에서 얻지만 쪽풀보다 더 파랗고, 얼음을 물로 이루어졌지만 물보다 더 차다[靑取之於藍, 而靑於藍. 氷水爲之, 而寒於水.]"로 시작하 는데, 이는 개인적 노력에 의한 성취가 타고난 것을 뛰어 넘을 수 있다는 믿음의 표출이다. 환경적 요인의 중시는 운명론에 대한 거부이면서 사람이 스스로 노력해서 이루어낼 수 있는 가능성을 긍정하는데 순자는 주체적 노력을 학문으로 상정했다. 이에 비해 『묵자』 「所染」편은 비록 학문에 대한 이야기가 아니지만 후천적이고 주체적인 노력을 중시하는 사유 위에 논의되고 있다는 점에서 순자의 인간론과 유사한 측면이 있다.

16) 처한 환경에 의해 결과가 달라진다는 태도는 일견 환경결정론의 형태를 보이는데, 이는

수의 백성이 처한 환경이 어떠한 것인가 하는 점이다.

> 백성에게는 세 가지 우환이 있다. 첫째, 굶주리는 자가 먹을 것을 얻지
> 못하는 것이다. 둘째, 헐벗은 자가 옷을 구하지 못하는 것이다. 셋째,
> 수고로운 자가 쉬지 못하는 것이다. 이들 세 가지가 바로 백성들의 큰
> 우환이다.17)

묵자 사상의 관심이 백성들의 삶에 집중되고 있음은 전술한 바와
같다. 문제는 당시의 백성들이 굶주림과 추위 및 고된 노동에 그대로
노출되고 있다는 점인데 이것이 문제시되는 이유는 이러한 환경적
요인이 사람들의 성품과 윤리에 미치는 영향 때문이다. 묵자는 이를
다음과 같이 지적했다.

> 풍년이 들면 백성들 모두 어질고 착하지만, 흉년이 들면 백성들 모두
> 인색하고 악해진다. 그러니 백성이 어찌 늘 일정한 성정을 유지할 수

또 다른 형태의 '결정론'으로서 이러한 태도는 인간의 주체적이고 능동적인 노력을 중시하
는 태도와 상충되는 지점을 발생시킨다. 주체성의 긍정은 결정론의 약화이며, 결정론의
강조는 주체성을 축소시키기 때문이다. 그러나 묵자의 지식체계에서 이러한 상충은 심각
한 문제로 이어지지 않는다. 처한 환경이 결과에 미치는 영향이 크기 때문에 인간은 주체적
으로 환경을 개선하고 만들어가야 하는 것이며, 그러한 환경 개선은 사회적 맥락에서는
제도의 변화로, 개인적 맥락에서는 윤리 기준의 확립이라는 형태로 드러나기 때문이다.
특히 묵자가 유가 사상이 깊이 뿌리 내린 당대 사회 문화를 비판하는 것은 이러한 반성에
따른 것이기도 하다. 따라서 묵자의 인간론에서 중요한 것은, 인간은 환경에 의해 몰드는
존재이기 때문에 어떤 환경을 만들 것인가의 문제가 중요한 주제로 부각될 수밖에 없다.
특히 판단의 기준으로서 윤리 규범의 모범을 어디에서 찾을 것인가의 문제는 중요한 것일
수밖에 없고, 묵자는 이에 대해 유가적 윤리 규범을 반성하고 새로운 판단의 기준을 모색한
다. 즉, 묵자에게 있어 인간 주체성의 발현은 인간이 처한 환경에 대한 적극적 개선의
의지로 드러나고, 따라서 인간은 자신이 처한 환경을 적극적으로 변혁해 나가는 존재이며,
그러한 과정에서 인간 주체성의 가치가 확인된다.

17) 「非樂 上」: "民有三患. 飢者不得食. 寒者不得衣. 勞者不得息. 三者民之巨患也."

있겠는가?[18]

굶주림과 추위 및 고된 노동 등 환경적 요인의 문제는 당대 사회의 이익 분배 문제와 직결되는 것이면서 동시에 그것이 인간성에 영향을 미친다는 점에서 윤리의 문제와 직결된다. 특히 묵자가 주장하는 겸애는 당대 모든 사회 문제의 원인에 대한 반성적 대안이라는 점[19]에서 그의 인간론과 윤리 문제에서 중요한 요소가 되는데, 겸애를 주장하는 묵자의 사상은 윤리적 측면에서 개인윤리보다는 집단윤리·사회윤리에 더욱 무게를 두고 있음은 당연한 것이다. 이와 관련해서 묵가와 유가의 윤리적 입장 차이가 대비되는 예시를 다음과 같이 들 수 있다.

섭공이 공자에게 말했다. "우리 마을에 올곧은 자가 있습니다. 제 아버지가 양을 훔치자 아들이 그것을 신고했습니다."
공자가 말했다. "우리 마을의 올곧은 자는 이와 다릅니다. 아버지는 자식을 위해 숨겨주고 자식은 아버지를 위해 숨겨줍니다."[20]

제자 도응이 물었다. "순임금이 천자로 있을 때 순임금의 아버지 고수가 살인을 저지르면 어떻게 되겠습니까?"

18) 「七患」: "時年歲善. 則民仁且良. 時年歲凶. 則民吝且惡. 夫民何常此之有."
19) "일찍이 혼란이 어디서 비롯됐는지 살펴본 적이 있는가? 서로 사랑하지 않는데서 비롯된 것이다[當察亂何自起. 起不相愛]"(「兼愛 上」), "천하 사람이 두루 서로 사랑하면 천하가 잘 다스려지고, 정반대로 오가며 서로 미워하면 어지러워지게 된다[天下兼相愛則治. 交相惡則亂]"(「兼愛 上」), "이런 폐해는 어디서 비롯된 것인가? 서로 사랑하지 않은데서 폐해가 생긴다[此害亦何用生哉. 以不相愛生]"(「兼愛 中」).
20) 『論語』 「子路」: "葉公語孔子曰, 吾黨有直躬者, 其父攘羊, 而子證之. 孔子曰, 吾黨之直者異於是, 父爲子隱, 子爲父隱. 直在其中矣."

맹자가 답했다. "잡아들일 뿐이다."

"그럼 순임금이 저지하지 않는 것입니까?"

"순임금이 어째서 저지하겠는가? 받아들일 뿐이다."

"그러면 순임금은 어떻게 하시겠습니까?"

"순임금은 천하를 헌 짚신 버리듯 포기할 수 있는 분이다. 몰래 아버지를 업고 도망쳐 멀리 바닷가에 살면서 종신토록 기뻐하면서 천하를 잊고 살 것이다."[21]

묵가의 거자(지도자)인 복돈이 진나라에 머물 때 그의 아들이 사람을 죽였다.

진 혜왕이 말했다. "선생은 나이도 많고 다른 아들을 두지도 않으셨으니 과인이 이미 형리에게 처벌하지 말도록 지시해 두었습니다. 선생께선 이와 같은 제 뜻을 따르십시오."

복돈이 대답했다. "묵가의 법에, 남을 죽인 자는 사형에 처하고, 남을 해친 자는 형벌을 내립니다. 이것은 남을 죽이거나 해치는 것을 금하기 위한 것입니다. 남을 죽이거나 해치는 것을 금지하는 것은 천하의 대의입니다. 왕께서 비록 사면해주셔서 형리에게 처벌하지 말라고 명하셨으나 저는 묵가의 법을 행하지 않을 수 없습니다."

이후 혜왕의 뜻을 따르지 않고 결국 제 자식을 처형했다.[22]

---

21) 『孟子』「盡心 上」: "桃應問曰, 舜爲天子, 皐陶爲士, 瞽瞍殺人則如之何. 孟子曰, 執之而已矣. 然則舜不禁與. 曰, 夫舜惡得而禁之, 夫有所受之也. 然則舜如之何. 曰, 舜視棄天下, 猶棄敝蹝也, 竊負而逃, 遵海濱而處, 終身訢然樂而忘天下."

22) 『呂氏春秋』「孟春紀 去私」: "墨者有鉅子腹䵍, 居秦, 其子殺人, 秦惠王曰, 先生之年長矣, 非有它子也, 寡人已令吏弗誅矣, 先生之以此聽寡人也. 腹䵍對曰, 墨者之法曰, 殺人者死, 傷人者刑, 此所以禁殺傷人也. 夫禁殺傷人者, 天下之大義也. 王雖爲之賜, 而令吏弗誅, 腹䵍不可不行墨者之法. 不許惠王, 而遂殺之子."

위의 인용문은 각각 『논어』, 『맹자』, 『여씨춘추』의 기록으로서 사회 윤리와 개인 윤리가 상충되는 상황에서 어떠한 태도를 취하고 있는가를 기록하고 있다. 묵자에 의해 別을 강조하는 사상이라고 비판되는 유가는 사회 윤리를 존중하면서도 그것에 앞서 개인 윤리·가족 윤리를 중시한다. 사실 위의 인용문에서 공자와 맹자가 보여주는 혈연적 관계의 중시는 개인 감정을 중시한 사유의 결과이기도 하다. 유가의 윤리에서 자기의 친부모에 대한 감정은 타인에 대한 감정과 비교될 수 있는 것이 아니다. 그러한 점에서 유가는 모든 관계에서 형성되는 감정의 깊이와 층차를 달리 설정할 수밖에 없고, 그것은 관계의 친소 구분을 자연스러운 것으로 인정하게 되는 문화적 토대를 형성한다. 기실 주(周) 왕조의 사회신분제도가 혈연에 바탕을 둔 귀족적 종법제 도임을 상기한다면 유가가 설정하는 사회제도가 관계의 다양한 층차를 인정하는 것은 자연스럽다. 그러나 종법제도는 세대가 연속될수록 혈연의식이 약화될 수밖에 없는 구조적 한계를 내포하고 있었고, 당대에 발달하기 시작한 철기의 보급과 생산량의 증대 및 상업과 도시의 발달은 혈연적 친소에 의해 형성된 사회신분제도의 붕괴를 가속화시켰다. 이 결과 공자와 묵자의 시대에는 새로운 사회윤리와 제도개선에 대한 요구가 부각되기 시작한 시대였다. 그런 점에서 유가의 別 중시는 묵자의 입장에서 구태의연한 낡은 관습일 뿐이며, 당대의 사회적 요구를 전혀 반영하지 못하는 폐해로 지적될 수밖에 없었다. 묵자는 낡은 관습에 대한 자각 없는 답습을 다음과 같이 지적하기도 했다.

옛날 월나라 동쪽에 해원국이 있었다. 그들은 첫 아이를 낳으면 곧 잡아먹으면서 말하기를, '아우들에게 좋은 일이다.'라고 했다. 또 조부가 죽으면 조모를 업어다 버리면서 말하기를, '귀신의 처와는 함께 살 수 없다.'고 했다. 이런 식으로 위에서 정사를 펴고, 아래서 옳은 풍속으로 여긴 탓에 계속 그런 풍속을 포기하지 않고 지킨 것이다. 이 어찌 실로 인의의 도일 수 있겠는가? 이게 바로 '便習義俗'의 실체이다. 초나라 남쪽에 염인국이 있었다. 그들은 부모가 죽으면 사자의 살을 썩힌 뒤 뼈만 묻었다. 그래야 효자가 될 수 있었다. 秦나라 서쪽에 의거국이 있었다. 그들은 부모가 죽으면 땔나무를 모아 시체를 태운 뒤 연기가 위로 올라가면 이를 '登遐'로 불렀다. 그래야 효자가 될 수 있었다. 이런 식으로 위에서 정사를 펴고, 아래서 옳은 풍속으로 여긴 탓에 끊임없이 그런 풍속을 버리지 않고 지킨 것이다. 이 어찌 실로 인의의 도일 수 있겠는가? 이게 바로 '便習義俗'의 실체이다.[23]

묵자에게 있어 윤리는 사회적 산물이기 때문에 윤리는 끊임없이 인간과 사회의 요구를 살펴야 하고, 낡은 것에 대한 자각없는 답습이어서는 안 된다. 묵자가 파악한 당대의 사회적 요구는 집단성의 회복이었고, 따라서 개인 윤리는 사회 윤리를 넘어설 수 없다. 개인 윤리가 근거하는 사람의 자연스러운 감정을 묵자가 전면 부정하지는 않았지만 적어도 윤리적 측면에서만큼은 개인적 감정보다 사회적 집단성을 중시한 이유가 여기에 있다. 사회 윤리는 궁극적으로 개인적인 친분과 유대감을 보호하기 위한 것인 반면 별(別)을 강조한 유가 사상은 사회적 존재로서의 개인이 희석되고 개별적 존재로서의 개인을

---

23) 「節葬 下」: "昔者越之東. 有輆沐之國者. 其長子生. 則解而食之. 謂之宜弟. 其大父死. 負其大母而棄之日鬼妻不可與居處. 此上以爲政. 下以爲俗. 爲而不已. 操而不擇. 則此豈實仁義之道哉. 此所謂便其習. 而義其俗者也. 楚之南. 有炎人國者. 其親戚死. 朽其肉而棄之. 然后埋其骨乃成爲孝子. 秦之西有儀渠之國者. 其親戚死. 聚柴薪而焚之. 燻上謂之登遐. 然后成爲孝子. 此上以爲政. 下以爲俗. 爲而不已. 操而不擇. 則此豈實仁義之道哉. 此所謂便其習. 而義其俗者也."

조장한다. 결국, 환경적 요인이 인간에게 중요한 것이고, 환경이란 사람들이 사는 사회이기 때문에 묵자의 인간 이해는 인간의 집단성이 중요하다. 또한 그것은 겸애 주장과 일관된 것으로서 겸(兼)과 별(別)의 극명한 차이는, 별(別)은 개인 감정을 중시해서 집단보다는 개인에 대한 자각과 중시로 이어지지만 겸(兼)은 분리가 아니라 화합과 동질성을 강조하기 위해서 적어도 윤리적 맥락에서는 감정을 배제하고 단합된 조직력을 강화하는 방향으로 나아간다. 이러한 점에서 묵자의 인간 이해는 집단 속의 개인, 사회 속의 구성원이라는 점으로 개척된다.

한편 유가의 윤리가 근거하는 사람의 감정은 개인적 맥락의 것이라는 점에서 윤리의 기준이 사람에게 내재해 있다는 사유를 인정한다. 일례로 후대의 맹자와 고자는 판단 기준으로서의 의(義)가 사람에게 내재하는가 외재하는가의 문제를 첨예하게 논쟁하는데, 맹자가 취하는 윤리의 내재론은 기실 공자에게서 기원한다고 보아도 무방해 보인다. '본성은 서로 비슷하지만 무엇을 익히는가에 따라 서로 달라진다.'[24]라는 공자의 언급은 보편적 본성과 후천적 노력을 대비시키는데, 맹자가 상근(相近)으로서의 성(性), 즉 근본적 보편성을 더욱 치밀한 데에까지 밀고 나갔다고 한다면 묵자의 태도는 상원(相遠)으로서의 습(習), 즉 노력에 의한 결과에 더욱 강조점을 둔 것이라 할 수 있다. 따라서 묵자의 지식체계에서 윤리의 기준은 더 이상 사람에게 내재한 것일 수 없고 반드시 사회적으로 정립되어야만 하는 것으로 설정된다.

특히 천에 대한 묵자의 태도를 보면, 현실 사회의 모든 규범과 법도

---

24) 『論語』「陽貨」: "性相近也, 習相遠也."

는 천의 의도에 부합하는 것이어야 하기 때문에 사회적으로 정립되는 윤리 규범은 그 기준이 하늘의 뜻에 종속되는 것이어야 하고 그럴 때라야 사회적 맥락의 의(義)가 확립된다. 그리고 사회적 의는 백성들의 삶이 안정적인 상태여야 한다는 것이 묵자의 주장이었는데, 이러한 태도는 구체적인 사회 윤리의 기본적 성격을 규정하는 것이기도 하다.

　"반드시 기준을 세워야 한다. 말을 하면서 기준이 없으면 마치 도자기를 빚을 때 돌리는 녹로 위에서 동서의 방향을 정하는 것처럼 어려운 일이다. 이같이 해서는 시비와 이해를 제대로 가릴 길이 없다. 반드시 세 가지 기준인 三表가 있어야 한다고 말하는 이유다."
　"무엇이 삼표입니까?"
　"근본을 뜻하는 本表, 탐구를 뜻하는 原表, 활용을 뜻하는 用表가 그것이다."
　"무엇이 본표입니까?"
　"위로 옛날 성왕의 사적을 거슬러 올라가는 일이다."
　"무엇이 원표입니까?"
　"아래로 성왕의 사적을 토대로 백성의 일상적인 삶을 살펴보는 일이다."
　"무엇이 용표입니까?"
　"형정을 공평히 시행하며 나라와 백성의 이익을 상세히 살피는 일이다. 이것이 이른바 '삼표'이다."[25]

---

25)「非命 上」: "然則明辯此之說. 將奈何哉. 子墨子言曰. 必立儀. 言而毋儀. 譬猶運鈞之上. 而立朝夕者也. 是非利害之辨. 不可得而明知也. 故言必有三表. 何謂三表. 子墨子言曰. 有本之者. 有原之者. 有用之者. 于何本之. 上本之于古者聖王之事. 于何原之. 下原察百姓耳目之實. 于何用之. 廢以爲刑政. 觀其中國家百姓人民之利. 此所謂言有三表也."

묵자에게 있어 인간은 주체적 노력이 강조되는 것이 사실이지만 그러한 노력은 실상 하늘의 뜻에 부합하는 결과로 귀결되어야 한다. 그런 점에서 온전한 주체성이라기보다는 제한된 주체성이라고 해야 할 것이다. 그러나 그 제한의 기준이 주체적 노력과 백성들의 삶을 직결시키는 것이라는 점에서 보면 제한은 규제라기보다는 목표의 의미로 이해된다. 그러한 맥락에서 위의 인용문은 사회 윤리의 기준으로 세 가지 표준을 제시하는데, 역사에 근거하는 본표, 백성들의 실상에 근거하는 원표, 백성들의 이익에 근거하는 용표가 그것이다. 세 가지 표준이 실질적으로 지향하는 목표는 백성들의 이익, 즉 용표이고, 본표와 원표는 용표를 위한 기초와 과정의 의미로도 이해된다.

묵자의 이 이론은 순자의 후왕 이론을 상기시킨다. 묵자 역시 전통과 역사의 권위를 인정하지만 적어도 천을 미신적 기준으로 상정하지는 않는다. 천의 권위는 현실적 기준이 충실히 이행되지 않을 때 현실세계에 재앙을 내리는 역할로 물러선다. 사회적 기준은 실질적인 현실을 반영하는데 그 근거가 백성의 일상이라는 점은 순자가 말한 후왕 중시 태도와 유사하다. 순자는 기존의 선왕 중시 태도가 현재를 과거에 맞추려는 노력임을 지적하고, 과거의 기준을 토대로 현실에 맞는 새로운 예악 제도의 필요성을 제기했다. 그러나 순자의 인간 이해와 윤리적 입장이 묵자의 영향을 받았고 묵자와 유사한 면이 보이긴 하지만 순자의 사상은 그 청중과 독자를 지배층으로 하고 있다는 점에서 공자의 그것과 유사한 태도를 보이는데, 이러한 지점에서 묵자와 유가는 기본적으로 '누구를 위한 지식인가'의 문제에서 노선을 달리한다. 철학사에서 묵자의 두드러진 특징 중 하나가 바로 이 지점일 수 있는데, 근현대 이전 동아시아의 철학사 전체에서 하층 백성들의 입장을 대변하는 사상은 묵자가 유일해 보인다. 그런 점에서 삼표(三表)의 설정은 과거가 아니라 현실을, 하늘이 아니라 인간을, 즉 백성을 위한 철학과 사상이라는 점에서 그 특수성이 인정된다.

묵자의 백성 기반 윤리관이 사회로부터 적극적인 지지를 받을 수 있었던 또 다른 이유는 지식의 강고한 실천성에 있다. 전술한 바와 같이 지식 전승의 주체는 지식인이다. 지식인은 지식과 사회를 매개하며 끊임없는 자각과 반성을 통해 사상의 존속을 가능케 한다. 그런 점에서 지식의 사회적 존재 형식이 사상이며 지식의 사상화를 담당하는 주체는 지식인이 되는데 묵자의 후학들에게 일관되게 나타나는 특징은 지식의 사회적 실천성이라 하겠다. 묵자 후학들의 강고한 실천성에 대해 『여씨춘추』의 일화는 대표적인 예시가 될 것이다. 기원전 381년, 묵가의 거자인 맹승은 초나라 양성군과 교우가 깊었고 나라의 수비도 맡겼는데, 초나라가 양성군을 공격하는 상황이 벌어졌다. 양성군은 피신했고 성주 떠난 빈 성을 지키려는 맹승에게 그의 제자인 서약(徐弱)이 '만약 우리가 죽어서 양성군에게 유익하다면 죽는 것도 괜찮습니다. 그러나 무익하다면 세상에서 묵가의 명맥을 끊는 것이니 죽어선 안 됩니다.'라고 간했다. 그러자 맹승은 다음과 같이 대답했다.

양성군과 나는 스승 이전에 벗이었고, 벗 이전에 신하였다. 우리가 죽지 않는다면 앞으로 엄격한 스승을 구할 때 묵가는 반드시 제외될 것이고, 현명한 벗을 구할 때도 묵가는 반드시 제외될 것이며, 어진 신하를 구할 때도 묵가는 반드시 제외될 것이다. 여기에서 죽는 것은 묵가의 義를 실천하고 우리의 業을 계승하기 위한 것이다.26)

---

26) 『呂氏春秋』「離俗覽 上德」: "孟勝曰, 不然. 吾於陽城君也, 非師則友也, 非友則臣也. 不死, 自今

인용문에 보다시피 묵가 학파는 지식과 실천의 강고한 결속을 강조했고, 그것이 묵가 학파 지식인 전체의 존속이 달린 문제일지라도 결코 실천적 자세를 포기하지 않았다. 게다가 실천성의 근거가 종교적 맥락의 신앙이라거나 전통에 기댄 당위 혹은 교조화된 맹목성 등이 아니고 철저하게 논리에 기반한 자기 반성적 태도라는 점이 주목된다. 이러한 논리성은 묵가 학파의 실천적 지식에 신뢰감을 부여함과 동시에 많은 백성들의 호응을 이끌어낸 결정적 요소였다고 추측된다.

요컨대, 묵자의 겸애 이론은 그의 인간 이해가 어떠한 것인가를 대변한다. 겸(兼)의 강조는 유가의 별(別)에 대한 반성과 자각의 결과이다. 별(別)을 강조하는 사상의 인간론은 사회적 존재로서의 인간이라는 의미보다는 윤리적 개인으로서의 인간을 긍정하는데, 개인 윤리의 중시는 사회 규범과 상충을 야기했고 혼란의 가능성을 배제하지 못한다. 묵자 당대의 사회가 사회·경제적 여러 요인에 의해 혼란한 상황에 놓여 있었음을 상기할 때 묵자의 별애(別愛) 비판과 그 대안으로서의 겸애(兼愛) 제시는 상당한 영향력을 발휘할 수 있었다. 그 과정에서 묵자는 개인적 인간보다 집단 속의 일원, 사회적 존재로서의 인간을 주목했고, 자기 혼자만 잘 살려는 이기적인 태도에 대항하여 모두가 함께 잘 사는 태도를 지향했으며, 그 근본 원리가 바로 겸애였다. 그런 점에서 겸애는 묵자의 인간 이해의 기초이며, 인간 개인은 철저하게 사회적 개인의 의미에 머문다. 게다가 개인에게 적용될 윤리적 기준은 사회적 합의에 의해 도출되어야만 하는 것이기 때문에

以來, 求嚴師必不於墨者矣, 求賢友必不於墨者矣, 求良臣必不於墨者矣. 死之所以行墨者之義而繼其業者也."

묵자는 윤리의 기준이 사람에 의해 성립되어야 할 당위를 제시했고, 그것은 곧 공자가 강조한 혈연 중심의 신분제와 그것을 떠받치는 天에의 종속에서 벗어나 모든 기준을 인간, 특히 다수 백성들의 삶의 안정에 두려는 기획이 전제된 것이었다 하겠다. 묵자의 이러한 태도는 실천성의 강조로 이어지는 것이 당연했고, 실천성의 근거는 철저하게 논리적 태도였으며, 이에 따라 후대에 전해진 묵가의 특징은 지식의 강고한 실천성으로 귀결되었다. 즉 묵자 사상의 인간론은 사회적 개인의 주체성과 실천성이 강조되는 것이며, 따라서 묵자 사상은 지식이 사상으로 공론화되는 과정이 실천적 지식인에 의해 매개된다는 점으로 정리된다.

4. 묵자의 사회론: 사상의 제도화

묵자의 인간 이해가 개인보다는 집단을 중시하고, 윤리적 측면에서도 개인보다 사회윤리가 중요하다는 입장은 묵자 개인의 자각이면서 동시에 당대 사회에 대한 철저한 반성이자 대안제시였고, 그것은 겸애라는 한 단어로 집약되었다. 실제로 묵자는 개인과 개인, 사회와 사회, 국가와 국가 사이의 모든 불화(不和)와 전쟁이 모두 서로 사랑하지 않는다는 한 가지 이유에서 비롯된다고 지적했고, 서로 아끼고 사랑함을 통해서만 모든 문제가 해결될 수 있다고 주장했다. 묵자는 겸애가 정착된 사회를 다음과 같이 묘사했다.

겸애는 대국이 소국을 공격하거나, 큰 종족이 작은 종족을 침범하거나, 강자가 약자를 겁박하거나, 다수가 소수를 폭압하거나, 약은 자가 어리석은 자를 속이거나, 귀인이 서민을 오만하게 대하거나 하지 않는 것을 말한다. 그들이 하는 일을 보면 위로 하늘, 가운데로 귀신, 아래로 사람에게 이롭다. 이들 3가지가 이로우면 천하에 이롭지 않은 게 없게 된다. 이를 일컬어 하늘의 덕인 天德이라고 한다. 천하의 아름다운 이름을 모두 그러모아 붙이면 이같이 말할 수 있다. "그것이 바로 仁義이고, 사람을 두루 사랑하며 이롭게 하는 愛利이고, 천지를 좇는 順天이고, 하늘로부터 포상을 받는 天賞이다."[27]

겸애가 정착된 현실세계는 국가로부터 개인에 이르기까지 크고 작은 모든 집단 내에 전쟁과 불화가 해소된다. 게다가 그것은 인간의 현실 세계를 감독하는 하늘을 만족시켜 포상을 받고 이익이 늘어나는 혜택을 얻는다. 묵자의 겸애 기획이 현실 문제의 해결을 위한 이론적 입장이었다면, 현실 사회의 변혁을 위해 필요한 것은 겸애의 제도화이고 그것의 최종적인 목표는 백성들 모두의 이익을 증가시키는 것으로 귀결된다. 즉 겸애는 묵자 사상의 기본적 원칙이자 방향성의 제시라면 교리(交利)는 겸애의 실질적 효용과 귀결처라 하겠다. 그러한 점에서 묵자는 교리의 사회적 정착을 위해 대내적·대외적 두 방면으로 노력하는데, 대내적으로는 낭비를 줄여 이익을 보호하는 절약주의이고, 대외적으로는 소모적인 전쟁을 전면적으로 저지함으로써 재화와 생명을 보호하는 반전주의로 나타난다. 먼저 절약주의는 잘 알려진 바와 같이 「절용」편에 자세하다.

---

27) 「天志 中」: "兼者處大國不攻小國. 處大家不亂小家强不劫弱. 衆不暴寡. 詐不謀愚. 貴不傲賤. 觀其事. 上利乎天. 中利乎鬼. 下利乎人. 三利無所不利. 是謂天德. 聚斂天下之美名. 而加之焉. 曰此仁也義也. 愛人利人. 順天之意. 得天之賞者也."

부를 배로 늘이는 것은 영토를 빼앗아 늘리는 게 아니다. 국가의 형편에 따라 쓸데없는 비용을 없애는 식으로 늘린다. 성왕은 정사를 펴면서 정령을 발해 사업을 일으키고, 백성을 부려 재화를 사용할 때 하나같이 실용을 감안하지 않은 채 사업을 벌인 적이 없다. 재화의 사용에 낭비가 없고, 백성이 고생스럽게 수고하지 않고, 이익을 만들어내는 게 매우 많았던 이유다.[28)]

잘 알려진 바와 같이 묵자는 낭비를 줄이고 노동력을 아끼는 것이야말로 백성들의 부를 증대시킬 수 있는 방법이라고 주장하는데 묵자가 지적하는 당대 사회의 대표적인 낭비 행태는 번잡한 장례절차와 음악예술의 향유였다. 묵자는, '관과 수의는 시신이 잘 썩을 정도, 무덤 깊이는 냄새가 나지 않을 정도, 봉분은 위치를 알아볼 수 있는 정도'[29)]에 그치는 것으로도 장례절차가 충분하다고 설명했고, 장례절차만큼 중요한 것은 살아 있는 사람들이 부족함 없이 먹고 입으며 제사를 챙기고 효도하는 것이라고 설명했다. 또 음악에 대해서도 '악기 연주 소리가 즐겁지 않거나 무늬와 장식이 아름답지 않거나 맛좋은 음식이 맛이 없거나 안락한 거처가 편안하지 않아서가 아니라 그것을 마련하기 위해 희생되어야 하는 백성들의 노동력과 재화가 너무나 커서 백성들의 이익에 부합하지 않기 때문'[30)]에 음악의 비효

---

28) 「節用 上」: "其倍之非外取地也. 因其國家去其無用之費. 足以倍之. 聖王爲政. 其發令興事使民用財也. 無不加用而爲者. 是故用財不費. 民德不勞. 其興利多矣."

29) 「節葬 下」: "衣食者. 人之生利也. 然且猶尙有節葬埋者. 人之死利也. 夫何獨無節于此乎. 子墨子制爲葬埋之法. 曰. 棺三寸. 足以朽骨. 衣三領. 足以朽肉. 掘地之深. 下無菹漏. 氣無發洩于上. 壟足以期其所. 則止矣. 哭往哭來. 反從事乎衣食之財. 佴乎祭祀. 以致孝于親. 故曰子墨子之法. 不失死生之利者此也."

30) 「非樂 上」: "是故子墨子之所以非樂者. 非以大鍾鳴鼓琴瑟竽笙之聲以爲不樂也. 非以刻鏤華文章之色. 以爲不美也. 非以芻豢煎炙之味. 以爲不甘也. 非以高台厚榭邃野之居. 以爲不安也. 雖身知

용성을 주장한다. 묵자의 절약주의는 이와 같이 그 근거를 철저하게 백성들의 이익 여부에 두고 있다.

한편 대외적 방면의 교리는 반전주의로 주장된다. 전쟁 방면에서 춘추전국시대의 철학사는 전쟁을 반대하는 학파와 전쟁을 긍정하는 학파로 대별된다. 전쟁을 반대한 학파는 묵가 학파를 비롯해서 전쟁이 그릇된 것이라는 비전론(非戰論)의 도가, 생(生)을 중시하면서 전쟁 자체를 부정했던 양주학파가 대표적이다. 반대로 공자·맹자·순자의 유가는 의로운 전쟁, 즉 의전(義戰)은 필요하다는 입장을 취했고, 순자의 영향을 받은 법가는 전쟁을 국가 경영의 전략 중 하나 삼는 주전론(主戰論)을, 그리고 병가는 그 이름에서부터 전쟁을 적극적으로 기획하는 태도를 취했다.[31] 이러한 상황에서 묵자의 반전주의, 즉 비공(非攻)은 전쟁의 부당함을 호소하고 특히 침략 전쟁의 불의를 논리적으로 설명하려 애쓴다.

지금 어떤 사람이 남의 과수원에 들어가 그곳의 복숭아나 자두를 훔치면 이 얘기를 들은 사람들 모두 이를 비난할 것이고, 위정자 또한 그를 잡아 처벌할 것이다. 이는 무슨 까닭인가? 남을 해치면서 자신을 이롭게 했기 때문이다. 남의 개나 닭, 돼지를 훔친 자는 그 不義가 남의 과수원에 들어가 복숭아나 자두를 훔친 것보다 더 심하다. 이는 무슨 까닭인가? 남을 해롭게 한 게 더 많기 때문이다. 남을 해롭게 한 게 많을수록 不仁도 더 심해지고 그 죄 또한 더욱 많아진다. 적군으로 나온 무고한

其安也. 口知其甘也. 目知其美也. 耳知其樂也. 然上考之. 不中聖王之事. 下度之. 不中萬民之利. 是故子墨子曰. 爲樂非也."

31) 제자백가의 다양한 전쟁론에 관해서는 송영배, 「제자백가의 다양한 전쟁론과 그 철학적 문제의식(II)」, 『東洋學』 제29집, 단국대학교동양학연구소, 1999 참고.

사람을 죽여, 갑옷을 벗기고, 소지했던 무기까지 빼앗으면 그 불의가 남의 마구간에 들어가 말이나 소를 훔친 것보다 훨씬 심하다. 이는 무슨 까닭인가? 남을 해롭게 한 게 더 많기 때문이다. 남을 해롭게 한 게 많을수록 그 불인도 더 심해지고, 그 죄 또한 더욱 많아진다. 이 경우 천하의 군자들 모두 이를 알면 크게 비난하며 '불의'라고 말한다. 지금 남의 나라를 공격하는 불의를 저지르면서 비난을 할 줄도 모르고, 오히려 칭송하며 '의'라고 말한다. 이를 두고 어찌 '의'와 '불의'를 분별할 줄 안다고 말할 수 있겠는가?[32]

묵자 사상의 의(義)는 백성들의 이익 여부에 의한 것이면서 동시에 천의(天意)에 부합하는 것을 가리키는데, 침략 전쟁이야말로 남의 재화를 훔치는 가장 큰 규모의 불의(不義)임에도 불구하고 천하 사람들 모두가 침략 전쟁에 혈안이 되어 있는 당대의 현실에 대한 묵자의 지적은 사실을 정확하게 드러낸다. 실제로 당시 빈번한 침략 전쟁의 결과를 묵자는 다음과 같이 고발하기도 했다.

지금 萬乘의 兵車를 보유한 대국의 경우 텅 비어 있는 성읍의 수가 천 단위에 이르러 일일이 쳐들어가 점거할 수 없을 정도이다. 광활한 땅 또한 만 단위에 이르러 일일이 개간할 수 없을 정도이다. 땅은 남아돌고, 백성은 부족한 셈이다. 지금 무수한 전사자로 인해 위정자와 백성

---

32) 「非攻 上」: "今有一人. 入人園圃. 竊其桃李. 衆聞則非之. 上爲政者得則罰之. 此何也. 以虧人自利也. 至攘人犬豕雞豚者. 其不義又甚入人園圃竊桃李. 是何故也. 以虧人愈多. 其不仁茲甚. 罪益厚. 至入人欄廐. 取人馬牛者. 其不仁. 又甚攘人犬豕雞豚. 此何故也. 以其虧人愈多. 苟虧人愈多. 其不仁茲甚. 罪益厚. 至殺不辜人也. 扡其衣裘. 取戈劍者. 其不義又甚入入欄廐. 取人牛馬. 此何故也. 以其虧人愈多. 苟虧. 人愈多. 其不仁茲甚矣. 罪益厚. 當此天下之君子. 皆知而非之. 謂之不義. 今至大爲攻國. 則弗知非. 從而譽之. 謂之義. 此可謂知義與不義之別乎."

모두 재앙을 초래하는 것은 곧 텅 비어 있는 성을 다툼으로써 부족한 것을 방치하고, 오히려 남아도는 것을 중히 여기는 짓이다. 이런 정치는 나라의 요무가 아니다.[33]

침략 전쟁의 결과 땅과 성은 남아돌고 백성은 부족해진다. 그런데도 침략 전쟁을 자행하는 것은 무엇을, 누구를 위한 것인가 하고 묵자는 지적한다. 묵자의 현실 인식은 이와 같이 철저한 사실에 기반한 것이며, 그것을 위한 반성과 자각의 결과가 비공, 즉 반전주의로 형성된다.

이상과 같이 겸애를 기초로 하는 묵자의 인간 이해는 겸애가 가져올 사회적 효용이 백성들 상호간의 이익이어야 한다는 데로 귀결되고, 그러한 실천적 방면이 대내적으로는 절약, 대외적으로는 반전으로 나타난다. 그러나 묵자 사상의 자각과 반성은 여기에 그치지 않는다. 묵자는 겸애라는 보편적 사랑을 사회적 제도로 정착시키려 노력한 흔적을 보여준다. 실제로 비슷한 시기에 활동했던 공자나 조금 후대의 맹자에게서는 그들의 사상을 제도화할 수 있을 만큼의 구체성은 보이지 않는다. 그러나 묵자의 실천성은 지식과 사상을 사회적으로 제도화함으로써 사랑이라는 인간 개인의 감정을 보편화하려 노력한다. 아래 예문은 제도화의 기초로서 당시 국가 운영에 대한 구체적인 비판이다.

나라에는 일곱 가지 환난이 있다. 칠환은 무엇을 말하는 것인가? 성곽

---

33) 「非攻 中」: "今萬兼之國虛數于千. 不勝而入. 廣衍數于萬. 不勝而闢. 然則土地者. 所有餘也. 王民者. 所不足也. 今盡王民之死. 嚴下上之患. 以爭虛城. 則是棄所不足. 而重所有餘也. 爲政若此. 非國之務者也."

이나 해자를 지키지도 못하면서 궁실을 크게 짓는 게 첫 번째 환난이다. 적국이 국경에 이르렀는데도 사방의 이웃나라가 구원에 나서지 않는 게 두 번째 환난이다. 먼저 民力을 쓸 데 없는 일에 소진하여 무능한 자에게 상을 주고, 민력을 쓸 데 없이 소진하여 손님 접대로 재물을 탕진하는 게 세 번째 환난이다. 벼슬아치는 녹봉을 유지하려 하고, 出仕하지 못한 자들은 서로 결속해 무리를 만들고, 군주가 법을 멋대로 고쳐 신하를 내쳐도 신하들이 두려워하며 감히 거스르지 못하는 게 네 번째 환난이다. 군주가 스스로 뛰어나게 지혜롭다고 여기며 주변에 자문을 구하지 않고, 스스로 안녕하며 강하다고 여겨 방비를 허술히 하는 사이 사방의 이웃 나라가 협공을 꾀하고 있는데도 경계할 줄 모르는 게 다섯 번째 환난이다. 신임하는 자들은 충성스럽지 못하고, 충성스런 자들은 신임하지 않는 게 여섯 번째 환난이다. 가축과 양식은 백성들을 먹이기에 부족하며 대신은 군주를 섬기기에 부족하고, 상을 내려도 기쁘게 할 수 없는데다 처벌해도 위엄을 세울 수 없는 게 일곱 번째 환난이다. 나라에서 이들 일곱 가지 환난이 있으면 반드시 사직이 무너지고, 나름 열심히 守城코자 해도 적이 쳐들어오면 이내 나라는 기울고 말 것이다. 이들 7가지 환난이 있는 나라는 반드시 재앙이 뒤따르게 된다.[34]

묵자가 비판하는 국정 운영의 일곱 가지 환란은 대체로 국력 낭비, 외교 미숙, 상하 불신임, 군주의 무능, 인재 유출, 권위 실추 등으로

---

34) 「七患」: "國有七患. 七患者何. 城郭溝池不可守. 而治宮室. 一患也. 邊國至境. 四鄰莫救. 二患也. 先盡民力無用之功. 賞賜無能之人. 民力盡于無用. 財寶虛于待客. 三患也. 仕者持祿. 游者愛佼. 君修法討臣. 臣懾而不敢拂. 四患也. 君自以爲聖智. 而不問事. 自以爲安强. 而無守備. 四鄰謀之 不知戒. 五患也. 所信者不忠. 所忠者不信. 六患也. 畜種菽粟. 不足以食. 大臣不足以事之. 賞賜 不能喜. 誅罰不能威. 七患也. 以七患居國必無社稷. 以七患守城敵至國傾. 七患之所當. 國必有 殃."

정리된다. 이러한 반성에 따라 묵자는 상호간의 집단의식 회복[尚同]과 현자 관료제[尚賢]라는 과제를 대안으로 제시한다. 먼저 집단의식의 회복은 아래와 같이 제시된다.

> 백성들로 하여금 뜻을 하나로 묶도록 해야 한다. 愛民의 정신이 깊지 못하면 백성을 결코 부릴 수 없다. (…중략…) 지금 천하의 왕공대인과 사군자가 실로 인의를 행하고 훌륭한 선비를 구하고자 하면 위로는 성왕의 도에 부합토록 해야 하고, 아래로는 백성의 이익에 부합토록 애써야 한다. 뜻을 하나로 묶는 '상동'의 이치를 잘 살피지 않으면 안 되는 이유다. 상동은 정치의 근본이자 다스림의 요체이기 때문이다.35)

백성들의 집단의식은 비단 묵자에게서만 강조되는 것은 아니다. 덕치 혹은 왕도정치라는 적극적인 정치이론을 가진 유가도 그 실질은 백성들의 단합을 위한 것이며, 법가와 병가 역시 단합된 집단의 힘을 국가 운영의 근본으로 삼는다. 그러나 묵자의 집단의식 강조는 그 근본을 애민에 두고 있다. 즉 사랑[愛]이라는 개인 감정을 개인적 차원에 두지 않고 보편적[兼]으로 확장하려 했고, 그러한 보편성은 국가 전체를 포괄함으로써 사랑의 효용을 적극적으로 확대했다. 그 결과 국가 운영의 주체는 상하 간의 신뢰를 회복함과 동시에 백성들의 이익을 보존할 수 있게 된다. 따라서 묵자가 강조하는 집단의식의 근거는 보편적으로 서로 사랑하는 마음, 즉 겸상애에 있고, 이러한 점에서 묵자의 겸애는 사회적 제도화의 단초를 연다.

---

35) 「尚同 下」: "凡使民尚同者. 愛民不疾. 民無可使. (…中略…) 今天下王公大人士君子. 中情將欲爲仁義. 求爲上士. 上欲中聖王之道. 下欲中國家百姓之利. 故當尚同之說. 而不可不察. 尚同爲政之本而治要也."

그러나 집단의식은 동(同)을 강조하는 것으로서 단합된 힘을 형성할 수 있지만 동시에 그것은 획일화와 평등주의로 이어질 염려가 있는 것도 사실이다. 이들이 우려되는 이유는, 획일화는 인재의 고른 배치를 저해할 수 있고, 평등주의는 인재의 하향평준화를 가져올 수 있기 때문인데, 그것은 결과적으로 백성들의 이익을 창출하거나 보호할 수 없는 데에 이른다. 따라서 집단의식의 강조는 동시에 직분의 세밀한 구분이 요청된다.

천하가 어지러워진 이유를 밝히면 이는 기본적으로 官長이 없기 때문이다. 천하 사람이 현능한 자를 추대해 천자로 삼는 이유다. 천자가 설지라도 그의 힘만으로는 부족한 까닭에 다시 천하의 현능한 자를 三公으로 삼았다. 천자와 삼공이 선 뒤에도 천하는 넓고도 큰 까닭에 멀리 떨어진 나라와 풍속이 다른 고장의 백성을 비롯해 시비와 이해관계의 분별을 자세히 판단할 길이 없다. 천하를 만국으로 나눠 제후와 군주를 세운 이유다. 제후와 군주가 선 뒤에도 그들의 힘만으로는 부족한 까닭에 다시 현능한 자를 발탁해 관장으로 삼은 것이다.[36]

옛 성왕은 정사를 펼 때 덕 있는 자를 높은 자리에 앉히고 현자를 높였다. 비록 농업이나 상공업에 종사하는 자일지라도 능력만 있으면 과감히 발탁해 높은 작위를 내리고 두터운 녹봉을 주었다. 이때 정사를 맡기면서 결단해 명령할 권한을 부여했다. 옛 사람은 이같이 말했다.

---

36) 「尚同 上」: "夫明乎天下之所以亂者. 生于無政長. 是故選天下之賢可者. 立以爲天子. 天子立. 以其力爲未足. 又選擇天下之賢可者. 置立之以爲三公. 天子三公旣以立. 以天下爲博大. 遠國異土之民. 是非利害之辯. 不可一二而明知故畫分萬國. 立諸侯國君. 諸侯國君旣已立. 以其力爲未足. 又選擇其國之賢可者. 置立之以爲正長."

"작위가 높지 않으면 백성이 공경치 않고, 받는 녹봉이 두텁지 않으면 백성이 믿지 않고, 정령이 엄하지 않으면 백성이 두려워하지 않는다." 이들 3가지를 현자에게 내리는 것은 현자 자신을 위하려는 것이 아니라 정사를 잘 펼치고자 하는 것이다. 옛 성왕의 시대에는 덕을 기준으로 벼슬자리로 나아가고, 관직을 기준으로 일을 맡고, 노고를 기준으로 상을 내리고, 공을 헤아려 녹봉을 배분했다. 관직에 나갔다고 늘 귀한 것도 아니었고, 백성 또한 늘 천한 것도 아니었다. 능력이 있으면 등용되고 능력이 없으면 좌천되었다.[37]

묵자의 직분제도는 개인을 그의 능력에 따라 사회의 적재적소에 배치해야 한다는 것으로서 매우 현대적인 것이다. 오늘날에는 당연한 것이지만 이 주장이 중요한 이유는 당대 사회가 가진 신분제도의 한계 때문인데 묵자의 활동 당시가 춘추시대 말기라는 점에서 보면(기원전 5~4세기) 당대의 사회는 모든 인간의 자유와 평등을 보장하는—18세기 프랑스 혁명에서 정립된—기본권 개념이 전무한 시대였고, 따라서 출생을 불문하고 높은 직분을 담당한다는 것은 사회적으로 용인될 수 없는 것이었다. 이러한 시대적 제약을 넘어 개인의 능력에 따라 지위와 직분을 부여한다는 묵자의 현자 관료제는 당시로서는 파격적인 것이었으며, 사회 지배층의 극심한 반발에 직면했음은 당연한 것이었다. 그럼에도 현자 관료제는 겸애를 기초로 하는 묵자 인간론의 연장선에 있는 것이며, 겸애를 사회의 신분제도 안으로 흡수시키려는

---

37) 「尚賢 上」: "古者聖王之爲政. 列德而尚賢. 雖在農與工肆之人. 有能則擧之. 高予之爵重予之祿. 任之以事斷予之令. 曰. 爵位不高. 則民弗敬. 蓄祿不厚. 則民不信. 政令不斷. 則民不畏. 擧三者授之賢者. 非爲賢賜也. 欲其事之成. 故當是時. 以德就列. 以官服事. 以勞殿賞. 量功而分祿. 故官無常貴. 而民無終賤. 有能則擧之. 無能則下之."

기획이었음을 부정하기 어렵다. 겸애는 상호간의 보살핌과 아낌, 사랑함을 표방하는 것으로서 그것의 기초는 상하 수직구조의 신분제를 좌우 수평 구조로 바꿈으로써 궁극적으로 달성되는 것이며, 수평 구조에서의 직분제는 직분의 상하만을 인정할 뿐 태생적 상하 관계의 의미를 약화시키는 것이기 때문이다. 게다가 이러한 직분 제도는 사회 각각의 다양한 분야에 고른 인재를 등용할 수 있는 것으로서 결과적으로 국가 운영의 효율성과 함께 백성의 이익을 최대한으로 보장할 수 있는 사회를 건설하려는 것, 즉 교리(交利)를 달성하기 위한 구조이다.

요컨대 묵자의 사회론은 그의 인간론에 기초하여 겸애라는 원론적인 주장을 사회적으로 실천하는 것이며, 그것은 재화의 절약과 침략전쟁 반대라는 두 방면으로 드러나고, 그것을 통해 백성들의 이익 증대, 즉 교리(交利)를 구체화하는 방향으로 나타난다. 교리의 구체화는 겸애를 사회 제도 안으로 흡수시키려는 기획을 통해 현실화의 가능성을 높였다. 그런 점에서 묵자 사상의 현실 자각과 반성은 겸애라는 보편적 가치를 이상 세계에 두지 않고 현실의 실천적 과제로 두는 것이었으며, 그것의 제도화를 추구함으로써 실질적 효과를 꾀하고 있었다는 것으로 요약할 수 있다.

5. 결론

본 논문은 묵자의 사상에서 지식사회화의 단면을 자각과 반성이라는 주제 하에 고찰하는 데 목적을 두었다. 이에 따라 본 논문은 지식의 실천 문제와 지식의 제도화 문제를 중시하는 입장에서 묵자 사상을 천론, 인간론, 사회론의 측면에서 검토했고, 그 과정에서 묵자 사상이 이전의 공자 사상에 대한 반성과 자각, 그리고 묵자 사상이 후대의 맹자와 순자에게 끼친 자각과 반성의 실마리 등을 추론해 보았다. 이러한 결과, 묵자 개인의 자각과 반성의 구성체인 지식이 사회적 요구에 부응하면서 공공의 영역으로 확산되고 수용되면서 그것은 당대 사회를 대표하는 사상의 하나로 정착되었고, 그러한 점에서 지식과 사상의 관계를 추론할 수 있었다. 즉 지식이 개인적 맥락에서 사회적 맥락으로 확장되는 것을 사회화라 부르며, 사회화된 결과물이 사상인데, 사상의 존속 조건은 지식 전승의 주체인 지식인의 자각과 반성이고, 그러한 점에서 사상의 사회적 존재 양태가 지식인이이라고 말할 수 있다.

본론의 논의가 지식과 사상, 개인과 사회의 관계를 '개인-〈지식〉-〈사상〉-사회'라는 일련의 도식화 모델로서 검토하는 것이었지만, 실상 지식의 사회화는 사상의 쇠퇴와 소멸까지를 포함하고, 그러한 점에서 묵자 사상은 그것의 등장과 확산만큼이나 빠른 쇠퇴와 소멸의 과정을 보여준다. 특히 묵자 사상은 지식과 사상이 쇠퇴하고 소멸하는 조건을 여실히 보여주는데 묵자 사상이 보여주는 지식 소멸의 조건은 대략 두 가지로 요약된다. 하나는 지식체계 자체가 가진 특수성의 상실이고, 다른 하나는 사상의 사회적 기반 상실이다.

먼저 지식체계 자체의 특수성 상실은, 사상 교류의 결과로 정리될 수 있다. 묵자 개인의 지식은 사회적으로 수용되어 학파를 형성하고 후대로 전승된다. 그러나 겸애와 교리를 핵심으로 하는 묵자의 사상은 맹자에게 비판을 받으면서도 맹자와 순자에게 수용된 면이 많았기 때문에 후대로 가면서 묵자 사상 고유의 특성이 희석되었다. 묵자 사상의 겸애는 철학적으로 보편과 특수의 문제에서 보편성을 중시하는 것인데, 먼저 보편을 인위적으로 규정하고 보편의 전제 위에서 개인의 특수성을 규정하려 노력했다. 그러나 맹자는 심에 대한 자각을 통해 개인적 맥락의 심이 보편성[性]의 근거임을 이론적으로 구체화함으로써 보편성에 대한 묵자 사상의 특수성을 희석시켰다. 한편 묵자의 교리(交利)는 인간 주체성을 긍정하는 맥락에서 사회 개편에 대한 인간의 적극적인 역할을 강조했는데, 순자는 기위(起僞)와 후왕을 강조하면서 사회 규범인 예(禮)가 당대의 실정에 맞게 적극적으로 수정되어야 함을 강조함으로써 주체성과 현실성의 측면에서 묵자 사상의 특성을 대체했다. 이러한 과정에서 묵자의 사상은 자체의 고유성과 특수성을 상실했다.

한편 사회적 기반 상실이라는 측면은 시대변화에 따른 가치관의 변화로 정리될 수 있다. 묵가 학파는 한(漢)왕조 초기까지 존속된 것으로 알려져 있다. 묵가 학파는 당시의 하층 백성들의 지지를 받아 성장했고, 그들을 대변하는 것이 묵가의 입장이었지만, 춘추전국시대의 혼란이 진(秦)과 한(漢)에 의해 정리되면서 사회는 관료제를 중심으로 하는 신분제도가 정착되었고, 그러한 사회에서 수직적 신분제도를 반대하고 혈연 관계의 자연적 감정을 배제한 채 상호간의 보편적 보살핌과 이익의 고른 분배를 주장하는 묵자의 사상은 사회적으로 더 이상 수용되기 힘든 것이 사실이었다. 춘추전국시대의 사회적 가치관과 다른 진한의 사회적 요구는 기실 묵가 학파가 수용하기에는 묵자 사상의 정체성을 넘어서는 것이었다. 따라서 묵가 학파는 사회적 요구를 수용하면 묵가의 정체성을 상실하게 되고, 수용하지 않으면 사상과 학파의 존속이 불가능한 상황에 직면하게 되는데, 이에 따라 묵가 학파는 철학사에서 빠르게 소멸하게 된다.

요컨대, 지식이라는 주제에서 묵자의 사상은 개인적 맥락과 사회적 맥락 사이에 지식의 생성과 확산, 그리고 쇠퇴와 소멸의 과정을 단적으로 보여주는 유용한 모델이며, 이러한 일련의 과정을 '지식의 사회화' 과정이라 일컬을 수 있을 것이다. 또한 지식의 사회화에는 지식인에 의한 사회 반성과 자각이 필수적이며, 그것은 개인적 자각과 사회적 요구 사이의 긴장과 대립, 융화와 소통의 과정이 수반되는데, 하나의 지식체계와 사상이 자기의 고유한 정체성을 상실하고 또 당대 사회의 사회적 요구를 수용할 수 없을 때 필연적으로 쇠퇴·소멸하게 되는 과정을 묵자 사상은 역사적으로 실증한다.

참 고 문 헌

『墨子』

『論語』

『孟子』

『荀子』

『呂氏春秋』

孫詒讓 輯, 『墨子閒詁』

묵자, 신동준 옮김, 『묵자』, 인간사랑, 2014.

민홍석, 「孟子의 墨子 비판」, 『儒學硏究』 제30집, 충남대학교 유학연구소,
    2014.

송영배, 「제자백가의 다양한 전쟁론과 그 철학적 문제의식(Ⅱ)」, 『東洋學』
    제29집, 단국대학교동양학연구소, 1999.

[부록] 구주사상歐洲思想의 유래由來

구주사상(歐洲思想)의 유래(由來) ── 김세종 해제, 허재영 주(註)

: 『동아일보』 소재(1922.3.8~6.22, 총 84회 연재), '구주사상(歐洲思想)의 유래(由來)'

구주사상(歐洲思想)의 유래(由來)

: 『동아일보』 소재(1922.3.8~6.22, 총 84회 연재), '구주사상(歐洲思想)의 유래(由來)'

김세종 해제, 허재영 주(註)

　　지식의 사회화라는 관점에서 사상사에 관한 기본 지식은 학계뿐만 아니라 사회 전반에 걸쳐 중요한 의미를 갖는다. 특히 신문이나 잡지를 통해 전파된 사상 지식은 다른 형태의 지식보다 그 영향력이 더 크다. 이 점에서 1920년대 이른바 문화운동 차원의 『동아일보』, 『개벽』 등 제한된 조건이나마 신문·잡지가 활발히 간행되는 시점에서 소개된 서양 사상사 지식은 한국 사회의 지적 토양을 형성하는 데 적지 않은 영향을 끼친 것으로 볼 수 있다.

　　'구주 사상의 유래'는 1922년 3월 8일부터 6월 22일까지 총 84회에 걸쳐 『동아일보』에 연재된 논설이다. 저자는 알려지지 않았고 참고문헌이나 저본으로 삼은 문헌 역시 알려진 바가 없다. 그러나 남아 있는 논설을 통해 보건대 1920년대라는 일제 식민지 치하에 우리나라에서 근대 서양 사상이 이와 같이 체계적으로 소개될 수 있었다는 점은 사상사·지식사적인 맥락에서 큰 의의를 갖는다 하겠다.

이 논설은 전체 6개 장(章)으로 구분되어 있는데 다음과 같은 체제를 갖는다.

장(章)	제목	연재횟수	비고
序說		1회	
제1장	씨리사(그리스) 사상	8회	
제2장	그리스도 敎	7회	
제3장	루네산스(르네상스)	9회	
제4장	唯理思想(합리주의)	13회	
제5장	로만티시즘(낭만주의)	11회	
제6장	最近代 思潮(근대철학사조)	33회	
附	前後의 사상계	2회	

*괄호 안 표기는 현대의 명칭

이러한 체제를 통해 이 논설은 유럽(歐洲) 사상에 대해 주로 역사적 흐름에 근거하여 개론적인 설명을 시도했다. 이 글에 의하면, 사상이란 광의와 협의의 정의가 가능한데 광의로 보면 사상은 지식과 완전히 같은 뜻이고, 협의로 보면 사상은 철학과 같은 뜻을 갖는다. 따라서 인생에 관한 최고(最高), 최심(最深)의 지식이 철학이자 사상이라 말할 수 있다. 그런 점에서 사상은 결코 단편적 지식이 아니라 인생문제에 관한 일대의 풍조이거나 인생문제 그 자체이지 않으면 안 된다.

사상의 의미를 이와 같이 정의하고서도 인류의 역사에 출현했던 무수한 사상을 열거하여 분류하고 개론하는 것은 쉽지 않은 일이다. 이에 이 논설은 유럽이라는 공간적 범주 안에서 역사적으로 존재했던 사상을 간략히 열거하려 했다.

한편 사상은 인류의 생활, 즉 개인적 삶과 유리(遊離)될 수 없는 것이기 때문에 더욱이 역사적 근거나 배경을 무시한 채 이론적 해석을 시도할 수 없다. 곧 사상에 대한 설명은 역사적 설명이 아니면 안 되는 것이다. 이 논설은 전체 6개의 장에서 아래와 같은 세부적인 항목을 나누어 역사적 설명을 시도했다.

「제1장 끼리사(그리스) 사상」에서는 총 8회의 연재를 통해 고대 그리스가 가진 특징을 자연생활주의, 예술, 과학, 종교, 도덕 등으로 분류하고 각각의 특징을 서술했다. 특히 도덕적 특징과 관련해서 소크라테스, 플라톤, 스토아 학파, 에피쿠로스 학파 등을 소개·설명했다.

「제2장 그리스도 教」에서는 총 7회에 걸쳐 그리스도교의 유래, 그리스도교의 신관(神觀) 등에 대해 서술했는데, 그 중에는 유럽 내에서 그리스도교가 어떻게 발달해왔는가, 그리고 그리스도교 특유의 죄악관(罪惡觀), 금욕주의, 박애주의, 세계관 및 평등주의 등에 대해 구체적으로 설명했다.

「제3장 루네산스(르네상스)」에서는 총 9회에 걸쳐 문예부흥의 문명사적 의의, 문예부흥의 사상사적 의의, 개성의 해방 및 종교개혁, 4대 유토피아(플라톤, 토마스 모어, 캄파넬라, 베이컨) 등에 대해 논설했다. 특히 이 서술은 르네상스라는 대전환적·대개혁적 사건에 대해 문명사적으로는 중세시기의 속박으로부터 벗어나 고전문예를 부흥시켰으며 그러한 결과 내면적 자각과 자연과학 발달 등을 밝혔고, 사상사적으로는 현실주의와 새로운 예술 형식의 추구 및 종교개혁과 이상사회에 대한 희망 등을 포착하여 간략하게 설명하고 있다.

「제4장 唯理思想(합리주의)」에서는 총 13회에 걸쳐 합리주의의 의의, 유래, 연원 등에 대해 서술하고 당시의 그리스도교에 대한 합리주의의 태도에 관해 서술했다. 특히 합리주의가 중세기 이후의 유럽사회에 끼친 영향에 많은 지면을 할애했는데, 주로 프랑스, 영국, 독일의 상황에 대해 설명했다. 구체적으로 말하면, 당시의 시대정신이었던 프랑스의 문학부터 영국의 문학에 관해 설명했고, 합리주의 철학이 어떻게 발달했는지, 영국의 계몽주의는 종교·정치·사회·윤리에 어떠한 영향을 끼쳤는지, 프랑스의 자유주의 관념이 정치·종교 등에 대해 어떠한 영향을 끼쳤는지, 독일의 계몽사상은 어떠한 양상으로 발달했는지 등을 서술했다. 요컨대 합리주의는 르네상스 이후 복고주의의 근거 위에서 창출된 새로운 문예사조가 인간 이성의 힘에 대한 신뢰를 거쳐 사상적 특징으로 자리매김하는 과정이자 그 결과였다고 평할 수 있다.

「제5장 로만티시즘(낭만주의)」에서는 총 11회에 걸쳐 낭만주의의 기원, 독일·영국·프랑스 등의 낭만주의에 대해 서술했다. 구체적으로는 낭만주의가 시작된 18세가 말 독일의 시인문학가들의 경향 등에서 낭만주의의 발생과 발달 등을 설명했고, 이어 영국과 프랑스의 낭만주의, 그리고 사상계의 낭만주의 등에 대해 서술했다.

「제6장 最近代 思潮(근대철학사조)」에서는 총 33회를 연재함으로써 매우 자세한 서술을 취하고 있다. 여기에서는 현실주의 사조의 기반과 발생 등에 대해 서술하는 것을 시작으로 프랑스, 영국, 독일 등에서 활약한 문학·철학가들의 사상을 간략하게 조명하고 그것이 끼친 사회적·사상적 영향 등을 서술했고, 이어서 독일에서 싹튼 사회주의 사조와 문예사조 및 19세기 말에 형성된 철학 사조 등에 대해 자세히 서술했다. 특히 19세기 말의 사상적 다양성은 문화예술과 철학사상 등에서 매우 여러 갈래로 분기되어 있었고, 그 형성과 영향관계 역시 매우 복잡한 것이었는데, 이 서술에서는 프랑스·영국·독일이라는 구분 위에서 각국의 사상적 변화와 특징 등을 체계적으로 설명했다.

서두에서도 밝혔지만, 이 논설은 일제 식민지 치하의 조선 사회에서도 근대 서구와의 접촉이 있었음을 증명한다. 그것이 일본 학계를 통한 접촉이었는지 조선의 독자적인 접촉이었는지 이 글로서만은 확증할 수 없으나 중요한 사실은 우리나라가 식민지 상황에서도 지속적으로 서구의 선진 지식을 흡수·수용하고 있었다는 것이다. 이 글로 추론하건대 당대 지식 사회의 문제 혹은 난제는 서구 지식 체계와의 접촉 유무보다 그러한 접촉을 통해 수용한 지식 체계를 토론하고 발전시켜 토착화하는 과정이 없거나 부족했다는 데에 있다 하겠다. 그럼에도 불구하고 이와 같은 논설은 20세기 초의 조선이 망국의 역사를 뒤로 하고 새로운 세상과 지식을 흡수하려 노력하고 있었다는 점을 보여준다는 점에서 지식사적·사상사적 의의를 갖는다고 평할 수 있다.

【원문 주석】

◎ 1922.3.10. 구주사상의 유래(1)

序說

思想이라는 言語는 가장 廣義에도 用하고 또 가장 狹義에도 用하나니 意識上에 想起되는 온갖 智識 觀念 思考 考察 等은 廣義로 하야는 통히 思想이니 意味에 在하야는 思想은 知識 內容과 全然히 同義이오, 狹義로 하야는 思想은 殆히 哲學과 同義이니 人生에 關한 最高 最深의 智識이 卽 哲學이오, 思想이라고도 解釋하겟도다. 그러나 今日과 如히 社會上 政治上 經濟上 等의 實際問題가 人心을 支配하는 時代에 在하야는 思想 또는 思想問題라 하면 單히 社會問題이나 實際問題와 如히 싱각하는 傾向이 有한지라. 無論 此等 實際問題가 多少 哲學的으로 徹底히 處理되면 그는 當然히 思想 또는 思想問題라 稱하야도 差誤가 無할지로되, 特히 思想이라 稱하는 것은 決코 斷片的인 知識이 아니오 바로 人生問題에 關係를 有한 一代의 風潮 또는 바로 人生問題 그것이 안이면 안이될지니라.

思想의 意義를 此와 如히 限定하고 此와 如히 限定된 範圍 內에서 人類生活에 現出하는 無數한 思想을 列擧하야 分類함은 決코 容易한 事이 안이라. 本篇에 在하야 特히 歐洲思想의 範圍를 限한 所以는 思想 硏究에는 歐羅巴를 對象으로 함이 가장 便宜하고 또 가장 裨益함일새이라. 만일 歐洲思想을 正式으로 硏究코저 할진대 不得不 歷史的으로 그 變遷 推移의 事蹟을 硏究할지로되, 簡單히 歐洲思想의 全體에 亘코저 할진대 此와 如히 複雜多岐한 問題를 細細히 分析할 餘暇가 無하도다. 그러나 또 他의 一面으로부터 見하면 思想 그것은 實際生活과 가장 親密不離한 關係를 具有한 故로 全히 歷史的 根據이나 背景을 理論的으로 無視하고 한갓 思想의 形式을 理論的으로 解釋한다 하면 이는 아모 意味도 無한 것이니 思想의 說明은 嚴正히 그 歷史的 說明이 안이면 안이될지라. 故로 本篇은 이 歷史上에 現한 各種의 歐洲 思想을 或은 歷史的으로 或은 便宜的으로 列擧하야 가령 第一 씨리사 主義, 第二 헤부라이 主義이라 함과 如히 하고 이에 多少의 歷史的 解釋을 加하노니, 簡單히 歐洲思想의 全體에 亘코저 할진대 此를 捨하고 他에 便宜한 方法이 無할가 하노라.

第一章 씨리사[1] 思想

歐洲 近代思想을 硏究하는 者에 在하야는 씨리사 精神 또는 씨리사 思想의 硏究는 第一 必須不可缺할 大事이라. 씨리사 思想은 深히 歐洲 近代思想에 影響하야, 近代 歐洲思想은 直接 씨리사 思想을 吸收하야 發達한 것인 故로 몬저 씨리사 思想에 通하지 아니면 吾人은 到底히 近代 歐洲思想을 精確히 理解하지 못할지라. 안이라. 一步를 進하야 言하면 씨리사 思想은 近代 歐洲思想의 淵源이니 全歐洲文明은 씨리사를 根源으로 하야 그곳에서 發現한 것인 故로 씨리사 思想은 卽 近代 歐洲思想 萌芽이오, 最初의 形質이라 할지니라.

만일 吾人이 仔細히 此萌芽的 思想을 觀察하건대 그곳에 이믜 近代 思想의 무슨 形式을 能히 發現할지라. 대개 씨리사 思想은 後代 全歐羅

---

1) 씨리사: 그리스.

巴 思想의 本質을 眼定한 것이니 끼리사 思想이 無하얏다 假定하면
今日의 歐洲思想은 現存한 것과 全然히 本質을 異케 하얏슬 줄로 싱각
할 일새니라.

그런즉 끼리사 思想은 대개 如何한 特徵을 備하얏스며 또한 如何한
影響을 後世에 及하얏는가. 簡單히 此 疑問에 答하기는 자못 困難하도
다. 대개 끼리사 思想은 끼리사 全體 文明의 精髓를 意味한 것인 故로
그 內容이 스사로 複雜하야 後世에 及한 影響도 또한 자못 多岐를
極하얏스니 隨하야 끼리사 思想의 特徵을 解釋코자 할진대 吾人은
몬저 그 多方面的인 特徵을 多方面的 그대로 各種의 方面으로부터
觀察하지 아니면 안 될지니라.

◎ 1922.3.11. 구주사상의 유래(2)

第一章 끼리사 思想(續)

(一) 自然生活主義

此와 如한 意味에 在하야 끼리사 思想의 第一 特徵은 吾人은 自然生
活主義이라는 言語로써 解釋하노니 自然生活主義이라는, 가령 佛敎
이나 基督敎와 如히 自然生活을 疎外함이 相反하야 自然 그대로의
生活을 享樂하고 또 尊重함을 意味함이라. 끼리사 思想의 此 特徵을
理解하기 爲하야는 吾人은 몬저 끼리사 民族은 歷史的으로 觀察하야
歐羅巴에서 가장 古하고 從하야 또 가장 少壯한 民族임을 記憶하지
안이하면 안이될지라. 가장 少壯한 民族인 故로 彼等은 元氣가 充滿하

야 人生의 罪惡이라든지 人生의 闇黑이라든지 하는 것은 일즉 深히 意識하지 안이한 極히 快活한 民族이라. 或은 民族의 性質 나름으로 少壯하다 할지라도 반드시 快活하다고 酌定한 것은 안인즉 快活, 樂天 的 어듸까지라도 自然의 人類生活을 享樂하고 尊重하든 씨리사 民族 은 그와 如한 傾向이 最初로부터 彼等의 特質이엇든지도 知치 못하겟 도다. 無論 씨리사 民族도 印度 民族이나 헤부라이 民族[2]과 同히 顯著 히 宗敎的이엇스나 씨리사의 神代記나 宗敎는 基督敎나 佛敎와 如히 厭世的, 悲觀的, 遁世的이 안이오, 오히려 反對로 어듸까지라도 自然 的, 樂天的, 現實的이엇슬 줄로 想像되나니 現에 씨리사 古代의 諸神은 人生과 全異한 것이 안이요, 神일지라도 喜怒도 하고 哀樂도 하며, 境遇를 隨하야는 奸策을 用하야 他의 諸神을 陷害하는 것도 例事로 行하얏스니 此로 由하야 觀하면 神이라는 것은 畢竟 尊貴하고 美麗한 人物이니 人神의 間에 絕對한 區別이 無한 줄로까지 想像되는 것이라. 何事이든지 現實을 貴히 하고 自然을 好하는 씨리사 人의 處地로부터 는 神이나 宗敎까지도 現實的이나 自然的으로 外에는 싱각하지 못한 것이니라.

씨리사 人이 如何히 自然의 生活을 尊重히 하고 享樂한지는 그 오림 비야[3]의 祭禮를 爲始하야 人類生活의 善美를 祝願하는 祭典을 彼等의 가장 重要한 年中行事의 一件을 삼은 事實로도 明白하니 無數한 祭典 그것이 人類生活의 幸福을 祈禱한 것일 뿐 안이라 祭典에 隨한 各神의 意識, 會合, 競技, 遊戲 等은 다 人類의 自然生活을 肯定하고 祝福하는

---

2) 헤부라이 민족: 유태 민족.

3) 오림비야: 올림피아.

것에 不外하얏스며, 더욱 끼리사 人이 如何히 自然을 尊重히 하얏는지는 精神 方面의 發達과 倂하야 肉體의 美를 가장 尊重히 한 것으로부터 見하야도 明白한지라. 諸般 事物에 對하야 快活한 끼리사 人은 靈肉은 그대로 一體이라. 今日과 如히 其間에 分離와 矛盾을 感하지 아니하고는 從하야 感性的 歡樂은 彼等에 在하야 何等 淺陋한 것이나, 不德한 것이 안이오, 도리여 이것을 享樂함이 本然의 生活로 싱각함이라.

勿論 소크라테쓰[4]는 節制主義의 元祖이라. 소크라테쓰 學派에는 有名한 禁慾主義者가 續出하고 坐 플라톤과 如한 이도 明白히 一種의 悲觀的 傾向을 示함은 否認하지 못할지라. 그러나 此等은 끼리사의 全盛時代에 起한 現象이 안이오, 차라리 끼리사 末期에 屬한 現象이라.

西紀 前 約 五世紀에 著名한 政治家 베리크레쓰 時代[5]—普通 所謂 끼리사의 全盛時代 —까지의 傾向에 就하야 言하면 끼리사 生活은 어듸까지든지 放任이오, 華麗한 樂天的 生活이니 節制主義는 單히 過度한 耽溺을 戒飭(계칙)하는 敎訓이오, 決코 現實生活 否定의 意味를 有한 것이 안이라. 끼리사 人이 如何히 自然生活을 尊重하얏는지는 彼等의 人生觀이 大體에 在하야 如何히 現實的이며, 坐 如何히 樂天的임에 依하야 明白하니, 오림비아의 神殿은 文明史的으로 觀察하야 確實히 끼리사 文化의 結晶이라. 各神이 直接으로 現世를 支配하야 人生 全體上에는 善은 점점 榮하고 惡은 점점 衰하는 正義가 行한다는 것이 끼리사 人의 深切한 確信이니, 卽 現世는 어듸까지든지 各神에게 支配

---

4) 소크라테쓰: 소크라테스.
5) 베리크레쓰 시대: 페리클레스 시대.

되는 美하고 貴한 正義의 王國으로 싱각하고 未來이라든지 罪惡이라든지 하는 것은 씨리사 人에게는 가장 無用한 思想이니 現實의 美生活을 耽樂하는 것이 彼等의 目的이니라.

故로 此點으로부터 觀察하면 其後 플라톤의 厭世觀이며 소크라테쓰 學派 中의 禁慾主義와 如한 것은 씨리사 固有의 自然生活主義가 時勢에 激發한 反動 運動이라고 解釋되니 卽 西紀 約 四世紀 以後로 씨리사의 國運이 次第로 衰退에 傾하야 一般 씨리사 民族의 生活은 甚히 萎靡不振(위미부진)하야 頹廢의 傾向을 示하니 此와 如히 하야 傳來의 樂天的 現實主義는 本來 强烈하든 것임으로 否運인 時代 傾向과 衝突하얏스나 時代 傾向이 漸漸 暗黑的인 故로 마참내 反對로 悲觀 厭世에 轉하니라.

◎ 1922.3.12. 구주사상의 유래(3)

第一章 씨리사 思想(속)

(一) 자연생활주의(속)

씨리사 思想이 自然的 現實的임과 關聯하야 玆에 特히 注意할 것은 彼等의 生活을 隨하야 思想 全體가 自由로 何等 不自然인 束縛을 成하지 아니함이 是이라. 古代文明 가령 印度 또는 埃及 等에는 嚴正한 階級制度가 存하야 生活이나 思想이 全然히 制限되고 束縛되엿스나 是에 反하야 씨리사에는 最初로부터 此와 如한 制度가 無하얏고, 또 씨리사 人의 生活이 他로부터 束縛을 受함에는 너무 强烈하야 自主的이오, 獨創的임이 最初부터 彼等의 根本 傾向이니 씨리사이라는 小國에 多數 獨立의 自由 部分이 發達함도 此 根本 傾向이 明白히 證明되는지라 思想上 何等 不自然인 束縛이 無하고, 어대까지든지 自由 獨立의 精神이 瞻部(첨부)함이 씨리사 人의 面目이라. 大體 自由가 有한 處에는 進步가 有하고 創造가 有한 것이라. 안이라. 進步나 創造는 오즉 自由가 存한 處에 存하는 것이니, 歷史上 新制度이나 新思想을 産出한 民族이 반다시 少하지 안이하나 씨리사 人만큼 無限한 新見과 創意가 瞻部한 民族은 他에 類例를 求하기 難하니 씨리사 文明史는 眞實로 新生活, 新制度, 新思想 創造의 歷史이라 稱하리로다.

極言하면 近代 生活에 在하야 發現되는 온갖 制度, 文物, 思想, 感情은 이것을 다 씨리사 文明史 中에서 發見되나니, 快活한 自由한 不羈 獨立의 眞面目은 어듸까지든지 씨리사 人의 特徵이니라.

(二) 藝術的 特徵

그러나 씨리사 思想의 根本 特性이라 하면 가장 顯著한 意味에 在하야 藝術的이라 함이 殆히 諸批評家의 異口同音으로 主張하는 解釋이니 實로 씨리사 民族이 가장 卓越한 意味에 在하야 藝術的임은 到底히 否定하지 못할 事實이라. 畢竟 씨리사 民族은 그 有史時代의 最初로부터 이미 卓越한 藝術的 才幹을 具備한 稀有한 民族이니 그 燦爛한 歷史는 專히 藝術的 才幹 發展의 歷史로도 觀察되는지라. 호마의 '이리야드'6)이나 '오뎃세'7)는 單히 호마이라는 詩人의 製作이 안이오 實

---

6) 이리야드: 일리아드.

은 호마 時代에 至하기까지의 全끼리사 民族의 藝術的 發展의 結果에 不外하니 끼리사 人이 如何히 卓越한 意味에 在하야 藝術的인지는 호마,8) 헤시오트,9) 에스키로스,10) 소포크레스11) 等 大詩人의 輩出을 爲始하야 建築 彫刻 繪畵 等 온갖 方面에 亘하야 藝術上의 世界的 典型 을 後世에 遺傳함에 據하야도 明白하나 더욱 古代 끼리사 民族의 日常 生活의 그것이 가장 顯著한 意味에 在하야 藝術的이엇음을 記憶하지 안이하면 안 될지라. 彼等의 生活 그것이 徹頭徹尾 藝術的임은 가령 古代 끼리사 歷史의 精華로 見하는 올림피아의 祭典 等을 想像하면 極히 朦朧은 할지라도 可히 推知하리니 此等의 藝術的 傾向은 當初에 如何한 精神的 特徵으로부터 發生하얏는가 吾人은 반다시 끼리사 人 의 此 根本的 特徵을 明白히 하지 안이하면 안 될지나, 此는 決코 容易 한 事業이 안이라. 便宜를 爲하야 簡單히 說明하면 그는 가장 精緻微妙 를 極한 象徵的 傾向이라 하리니, 象徵的 傾向이란 玆에 가장 廣博한 意味로 用하야 通히 不定한 것, 茫漠한 것에 一定한 形象을 附與하는 精神作用을 意味하는 것으로 通히 鮮明한 形象을 造出하는 所謂 造形 的 才能이 卽 象徵的 傾向에 不外한 것이라. 온갖 것에 形象을 附與하 야, 온갖 것을 具體化하야, 그것을 歷歷히 鮮明하게 靈活하게 眼前에 眺望함은 一切의 藝術的 活眼의 根本이니 此와 如한 才幹을 具備한 者가 오즉 藝術的이오, 또 能히 藝術家가 되는 것이라. 끼리사 人이 온갖 不定한 것, 茫漠한 것, 無制限한 것을 厭惡함은 事實이니 반다시

---

7) 오딧세: 오디세이.

8) 호마: 호머.

9) 헤시오트: 헤시오도스. 그리스 교훈시의 아버지로 불림. '신통기', '노동과 나날' 등.

10) 에스키로스: 아이스킬로스. 그리스 비극작가.

11) 소포크레스: 소포클레스. 아이스킬로스, 에우리피데스와 함께 그리스 3대 비극작가로 알려짐.

茫漠한 것에는 確然한 定形을 附하고, 無制限한 것에는 一定한 制限을 與하지 안이하면 休치 안이하는 것이 彼等의 特徵이오, 더욱 씨리사 人은 가령 埃及이나 印度의 國俗과 如히 極히 空想的인 荒唐奇怪한 事物에 附與하는 것이 안이라 도리여 그 正反對로 가장 適合한 規距 整然한 形象을 與함도 著名한 事實이나 後代의 歐洲 美術이 통히 規律 整然한 形象을 取하기에 至한 것은 일즉 씨리사 藝術의 精神에 立脚한 것이라 謂하지 안이하면 안 될지니라.

안이라. 規律이 整然할 샏 안이오, 씨리사 人의 象徵 傾向은 가장 精微를 極한 것임도 記憶하여야 할지니 卽 한갓 疎活한 形을 事物에 附與한 것이 안이오 가령 彫像 衣裳의 一點 一劃에 至하야도 가장 精緻하게, 가장 綿密하게 하야 一點一線을 疎忽히 하지 안이하는 精密 의 度가 그 特徵이라. 가령 에스키로스, 소포크레스 等의 劇詩를 見하 건대 後代의 詩人을 瞠若(당약)케 하도록의 가장 綿密한 記述, 描寫, 觀察 等이 全篇에 充溢하니 後世 歐洲의 藝術이 極히 精緻한 情味를 具備하기에 至함은 此亦 씨리사 傳來의 賜物이라 謂할지니라.

◎ 1922.3.14. 구주사상의 유래(4)

第一章 씨리사 思想(속)

(二) 藝術的 特徵(속)

씨리사 文化의 內容은 極히 複雜하나 씨리사는 有史 以來 第一位로 써 見稱하는 文化국이라. 그리하야 此等 複雜한 文化의 根本 內容을

成한 것은 實로 씨리사 人의 藝術的 天才이라 稱할지니 吾人은 玆에 彫刻, 建築, 繪畵, 文學, 詩歌 等에 現出한 씨리사의 思想의 具體的 內容을 一一히 綿密히 觀察할 餘地를 有하지 못하얏도다. 그러나 今日 吾人이 씨리사 人의 思想 感情에 就하야 知得한 所以는 專히 此等 藝術品을 學함에 因함이라. 今日까지 遺存한 씨리사 藝術은 가장 具體的으로 씨리사 人의 思想 感情을 傳하얏스니 몬저 씨리사 文化의 淵源으로 見할 만한 神話는 直接 最古의 씨리사 人의 藝術的 才幹의 發現으로 觀할지니 此等 古代의 씨리사 人에 在하야는 他 古代 民族의 地位와 同히 自然界의 一切 事物은 다 善美한 生命을 具備한 靈妙한 活物이며 活體이오, 山川草木은 다 微妙한 動作을 具備한 靈體이니, 微妙한 諸神은 통히 此와 如한 靈妙한 活物 쏘는 活體에 不外한지라. 宇宙 萬象이 徹頭徹尾 此와 如한 微妙한 諸神에 支配됨으로 觀한 곳에 씨리사 人의 熱烈한 樂天的 兼 宗敎的 傾向이 存하며 宇宙를 混沌한 無秩序 兼 規律의 體로 觀하지 안이하고 아모쏘록 秩序整然한 尊貴善美한 現實體로 觀한 곳에 古代 씨리사 人의 確信이 存하니 彼等의 藝術的 天才는 어듸까지든지 無秩序한 것에 一定한 秩序를 與하고, 混沌한 곳에 規律을 授함이라. 故로 此點으로부터 觀하면 古代 씨리사의 哲學이 或은 아나크시멘스와 如히 空氣로써 或은 헤라크리도스와 如히 火로써 各各 宇宙의 構成 元素로 觀함과, 더욱 此等의 構成 元素가 各各 靈妙한 느스(理)에 依하야 支配됨으로 觀함은 그 根底에 在하야는 통히 씨리사 人의 藝術的 直觀의 發現이라고 解釋할지라.

就中 有名한 古代 哲學의 一派(피타고라스 學派를 始祖로 한 學派)가 萬有는 純然한 數와 밋 數的 關係로부터 成함으로 觀察하야 幾何學的인 音樂的 規律 整然한 體가 卽 萬有이라고 解釋한 것은 씨리사 人의

思想 感情을 가장 顯著한 形式으로 發表한 것이라. 勿論 古代 씨리사 人이라도 人生의 不幸이나 災殃에 對하야 全히 盲目이 안이오 各樣의 無秩序한 罪惡에 就하야는 彼等은 도리여 銳敏한 感能을 具備하얏스니 此等 無秩序한 諸惡諸罪도 結局은 一層 大天地의 正義 쏘이스의 神으로 因하야 征服되는 것이니 全體上에는 가장 嚴肅한 因果應報가 支配한다 함이 彼等의 根本的 信仰이라. 에스키로스, 소포크레스 等의 劇詩는 가장 具體的으로 此種類의 根本 信仰을 歌한 것이니 此等 詩人들이 遺存한 宿命觀—人生의 行爲는 가장 嚴正한 法則에 支配된다 하는 宿命觀—은 畢竟 嚴正한 因果應報의 思想에 不外하니라.

此와 如히 씨리사 藝術의 特徵은 近代의 藝術이 現著히 無涯岸 混沌이 甚하면 醜惡함에 對하야 가장 大設備의 形式으로 秩序整然한 壯嚴 奧妙의 趣를 示한 點에 在하다 謂할지니 後世의 所謂 古典藝術의 特徵은 대개 씨리사 藝術의 精神에 不外하니라.

(三) 科學的 特徵: 정치, 확실, 계통적, 과학적

前段에 槪說함과 如히 씨리사 人은 特殊한 象徵的 傾向을 具備하야 顯著히 藝術的이엇스나 此 同一根本的 特徵은 更히 씨리사 精神의 別種인 特質과 極히 密接한 關係를 有하얏스니 別種의 傾向이란 無他이라. 씨리사 精神이 一般으로 가장 顯著한 意味에 在하야 知識的이오 理論的이오 科學的이라 함이 是이라. 藝術的임과 並하야 씨리사 文明이 쏘 顯著히 主智的임은 씨리사를 硏究하는 者에 對하야는 가장 明白한 事實이라. 古來 씨리사 人과 如히 知識 쏘는 知慧를 尊重히한 民族은 他에 比類가 無하야 知慧의 尊重은 씨리사 人의 天性임으로 생각되니 씨리사 民族의 特殊의 主智的 傾向을 明確히 하고저 함에는 吾人은 몬저 東洋의 智識的 傾向과 全히 意趣를 異케 한 西洋式 智的 傾向에 注意하지 안이하면 안이 될지라. 東洋과, 가령 支那 印度에 在하야도 勿論 古來로 智識은 尊重하얏스나 支那 印度의 所謂 知識은 西洋類의 精確한 組織的인 理論的인 科學的 知識이 안이오, 專히 直覺的인 印象的인 詩的인 智識임이 明白하니, 東洋流의 此 直覺的 知識에 比較하면 씨리사 人이 尊重한 知識은 勿論 直覺的인 것을 包含하얏슬지나 如何한 것인가 하면 精緻한 確實한 系統的인 科學的인 知識이라. 後世 歐羅巴의 科學的 知識은 實로 씨리사 人의 天才로 由하야 創造된 것이라 謂하지 안이하면 안이될지니, 精確하고 緻密한 自然科學은 씨리사 人의 天才로 由하야 비로소 確實히 基礎를 實한 것이니라.

씨리사 人은 如何히 하야 此와 如한 天才를 具備하얏는가. 古來 歷史家의 解釋을 據하건대 古來 씨리사 人은 彼等의 先進國인 埃及이나 小亞細亞로부터 科學的 知識을 受한 것이라 하니 果然 그와 如한 事實도 有할지로되 精確한 科學的 知識은 畢竟 씨리사 人 獨特의 天才로부터 發生한 것이오, 決코 模倣이나 繼承으로부터 發生한 것이 안이니 卽 前段에 說明한 씨리사 人의 獨特의 才幹―事物을 精確히 緻密히 觀察하야 此에 定形을 與한다는 根本 精神은 一面으로는 藝術的 傾向이 되야 發達하고, 一面으로는 精密 科學的 傾向이 되야 發現함이라 解釋하지 아니치 못할지며, 根本的으로 同一한 精緻的 特徵이 相異한 形質을 取하야 兩面으로 發達함이라 解釋하지 아니치 못할지니 씨리사 人은 到底히 精確하고 緻密한 才能을 具備한 民族이니라.

◎ 1922.3.15. 구주사상의 유래(5)

第一章 씨리사 思想(속)

(三) 科學的 特徵(속)

씨리사 精神 쏘는 思想이 如何히 主智的임은 ――히 例證할 것도 無하도다. 씨리사 文明을 一面으로부터 見하면 藝術의 發展이오, 一面 으로부터 見하면 知識의 成長에 不外하니 西紀前 第六世紀傾으로부터 타레스[12]를 爲始하여 데모크리토스[13]에 至하기까지 自然科學上 並 哲學上의 天才가 輩出하야 歐洲 百代의 科學的 並 哲學的 傾向은 當時 에 이미 基礎를 確立한 觀이 有하니라.

소크라테쓰에 至하야는 此를 思想 歷史上으로부터 見하면 西洋流 의 槪念的 知識ㅣ 個個物의 知識이 안이오 도리여 個個物에 共通 普遍 인 槪念的 知識의 發見者이오, 建設者이니 歐羅巴의 科學的 文明(卽 槪念的 文明)은 實로 소크라테쓰의 天才에 依하야 決定되얏다 하야도 決코 過言이 안이라. 況且 소크라테쓰 道德은 才能 쏘는 才幹(씨리사 語의 아레테)을 主位에 立하고 소퀴아 卽 知慧를 最高 至上의 才幹 乃至 美德이라 稱함이리오. 卽 씨리사 道德에 在하야는 正義의 德과 並하야 知慧는 至高無上의 德이라. 知者는 卽 王者이오, 聖者로 尊重하니 플라 톤의 哲人政治의 理想도 畢竟은 此 同一精神으로부터 發現됨에 不外

---

12) 타레스: 탈레스.
13) 데모크리토스: 원자론의 발전에 기여함.

304

하며, 就中 씨리사 古代 物理 哲學 發展의 絶頂으로 見할 데모크리트스의 原子論은 分明히 歐洲 近代 自然科學의 基礎이니 二千五百年前에 在하야 이미 此와 如히 緻密한 頭腦를 有한 學者가 出現함은 씨리사人이 本來 如何히 科學的이엿슴을 證明할지니라.

哲人 플라톤은 씨리사 傳來의 三大 美德을 各各 相異한 精神作用에 分配하야 感情에 對하야는 節制의 德을, 理性에 對하야는 知慧의 德을, 意慾에 對하야는 勇氣의 德을 立하고 更히 此等은 各各 社會의 三階級에 應하는 것으로 하야, 節制는 庶民의 美德, 勇氣는 軍人의 美德이오, 그리하야 知慧는 實로 治者의 德이니 治者는 須히 知慧의 大美德을 具備한 哲人이라야 可하다 主張하얏스니 卽 플라톤에 在하야는 哲人的 知識이 人生 最高의 活動으로 싱각한 것이라. 況且 씨리사 思想의 全體를 總合하고 統一하얏다 하는 아리스토테레스[14]에 至하야는 그 自身이 最高의 理性과 知識의 化身이라, 此와 如한 博學多才는 近世에 在하야 오히려 그 實例를 見出하기 難하다 하니, 彼는 靈魂—所謂 엔테레케아[15]—를 가장 單純한 動作으로부터 漸次 複雜한 作用으로 發達하는 것이라 解釋하야, 가령 一般 生物의 組織 作用으로부터 爲始하야 漸次 感覺, 感情, 知覺 等으로 發達하야 마참내 理智이라는 純粹理性의 動作에 止한다 說明하얏스니, 아리스토테레스는 全體의 씨리사 思想을 總合한 者이라 하면 씨리사 人이 理智의 發達로써 人生 最高의 目的이라 解釋함은 明白하니, 씨리사 人은 어데까지든지 理性을 尊重히 하는 國民이니라.

---

14) 아리스토테레스: 아리스토텔레스.
15) 엔테레케아: 엔텔레케이아. 가능성으로서의 질료가 목적하는 형상을 실현하여 현실성을 획득한 상태를 나타내는 철학 용어.

況且 플라톤과 밋 아리스토테레스의 深奧한 哲學은 쏘 후세 歐羅巴의 哲學에 가장 顯著한 쏘 가장 深刻한 影響을 及한 것이니 此 二大 天才를 除하면 歐羅巴 思想은 全然히 想望하지 못하리라 하야도 過言이 안이리오. 그쑨 안이라 씨리사 末期에 出現한 헤레니즘[16](헤라스 卽 씨리사 主義)은 專히 知識 尊重의 傾向이니 知識의 尊重이 도르켜 씨리사 主義로싸지 싱각ᄒ게 되니라.

◎ 1922.3.17. 구주사상의 유래(6)

第一章 씨리사 思想(속)

(四) 宗敎的 特徵(속)

씨리사 思想 쏘한 精神의 根本 特徵으로 吾人은 更히 一種의 傾向을 數하지 안이치 못할 것은 씨리사 文明을 裝飾한 가장 熱烈한 宗敎的 傾向이 卽是니라. 大凡 古代에 在하야는 씨리사쑨 안이오 世界 如何한 國에 在하야도 宗敎的 色彩는 特히 濃厚하얏스나 其間에 介在하야 씨리사 宗敎가 獨特한 異彩를 成함은 到底히 否認하지 못하나니, 藝術的이오 科學的임과 並하야 古代 씨리사 民族이 가장 熱烈한 宗敎的 傾向을 具備함은 著名한 事實이나, 單히 熱烈할 쑨 안이라 彼等의 宗敎的 傾向은 他民族에 在하야는 見하지 못할 特殊한 色彩를 具備하얏스니, 特殊한 色彩는 무엇이뇨. 全體의 民族的 特徵을 隨하야 宗敎 그것

---

16) 헤레니즘: 헬레니즘.

도 스사로 一面에 在하야는 自然的이니 現實的이오, 一面에 在하야는 顯著히 藝術的임을 意味한 것으로, 가령 印度 宗教는 甚히 厭世的이오, 헤부라이 宗教는 顯著히 超越的이로되(現實世界를 超越하야 不可思議 深秘한 神世界를 追求하는 傾向을 備하니라.) 是에 反하야 씨리사 宗教는 그 民族이 樂天的이나 自然的임으로부터 現實生活과 全히 隔離한 것이 안이오, 도리여 現實生活을 그대로 理想的으로 延長한 것임에 不外하니, 換言하면 오림비아의 諸神은 現實의 人間社會로부터 全히 隔離한 것이 아니오 도리여 此와 親密한 關係를 備한 것, 卽 神 人의 間에 交涉과 밋 關係가 가장 頻繁하고 親密함을 極한 것이라.

從하야 씨리사 宗教의 精神은 어듸까지든지 快活하고 合理的이니 씨리사의 現實 生活을 理想化한 것이 卽 諸神의 世界이오, 그뿐 안이라 씨리사 民族의 最大 特徵은 藝術的이라는 一點에 存한 故로, 씨리사 宗教는 쏘 此 特徵의 反映도 되나니 世界의 無數한 宗教 中 씨리사의 諸神과 如히 그 容姿로든지 精神으로든지 美妙하고 華麗한 것은 他에 求하지 못할지라. 美의 神이오 智의 神인 아포로의 形姿는 가장 貴하고 가장 美하며 쏘 宇宙의 가장 微妙한 調和는 쏘이스[17] 神으로 因하야 維持되며, 艶麗한 아프로다이트[18] 神으로부터 海에나 河에나 美姿를 現하는 온갖 種類의 님푸 神에 至하야 一個이라도 씨리사의 藝術的 特徵을 示하지 아니함이 無하니 씨리사 人의 生活이 藝術的임과 如히 神의 世界도 아모조록 美妙하고 華麗한 것이니라.

---

17) 쏘이스: 제우스.
18) 아프로다이트: 아프로디테.

(五) 道德的 特徵(一)

씨리사 人 固有의 宗敎的 傾向과 關聯하야 最後에 吾人의 注意할 것은 씨리사 人이 具備한 强烈한 道德的 傾向이니 此 道德的 傾向은 소크라테쓰, 플라톤 等으로 因하야 基礎된 理性的 傾向이라. 簡單히 씨리사 人은 藝術의 民 또는 現實生活을 好하든 民族이라 하면, 實로 輕快하고 華麗하야 峻嚴한 道德的 傾向은 自然히 缺乏함과 如히 想像될지나 事實은 全히 此와 正反對이니 一面으로 藝術의 民 또는 學術의 民임과 共히, 一面으로는 宗敎的 傾向과 並하야 가장 嚴正한 道德的 秩序의 支配를 確信하야 實際的 政治와 밋 道德의 秩序를 가장 尊重히 하든 稀有한 民族이라. 宗敎와 道德은 無論 씨리사 人에 在하야 兩件의 物이 아니오, 法律, 習慣, 制度, 道德 等이 다 宗敎的 確信으로부터 發한 것이니, 前段에 述한 嚴正한 因果應報의 思想과 如함은 바로 씨리사 道德의 根本이라. 故로 此 意味에 在하야 에스키로스이나 소포크레스의 詩는 徹頭徹尾 壯嚴한 道德的 精神이 充實한 것이라 謂할지며, 그리하야 此等의 詩人은 가장 能히 씨리사 思想을 代表한 者임으로 씨리사 思想이 宗敎的 兼 道德的임은 今에 다시 說明할 것이 無하도다. 無論 씨리사의 歷史에 在하야도 宗敎와 밋 道德의 生活에는 스사로 盛衰興亡의 變化가 有하얏스니 卽 西紀 約 第四世紀傾의 소크라테쓰 時代 또는 소피스트[19] 前代는 傳來의 宗敎 道德 政治 法律이 그 權威를 失하고 猝然히 懷疑 破壞의 傾向이 高調한 卽, 씨리사 道德은 一種의 顯著한 變化를 受하고, 또 가장 美妙한 理想化를 隨하야 後世 歐羅巴에

---

19) 소피스트: '현자(賢者)'를 뜻하는 그리스어로 변론술을 가르치고 법정에서 원고를 써 주는 일을 직업으로 삼았던 사람을 가리켰다. 후에 궤변론자로 간주되기도 하였음.

가장 深刻한 影響을 與하기에 至하노라.

◎ 1922.3.18. 구주사상의 유래(7)

第一章 씨리사 思想(속)

(五) 道德的 特徵(속)

(ㄱ) 소크라테쓰: 此와 如한 理想化이라는 無他이라. 소크라테쓰와 플라톤 等으로 因하야 成遂된 道德哲學의 建設이 是니 吾人은 前段에 在하야 소크라테쓰와 플라톤 等은 理性의 開發을 人生 最高의 目的으로 觀하얏다 說明하얏스나 此 理想의 開發이라는 單純한 理智의 發達을 意味하는 것이 안이오, 도리여 道德의 發達과 가장 密接한 關係를 有한 것이라. 대개 씨리사에 在하야는 道德上의 實行과 知識의 關係는 極히 密接한 것임으로 싱각ㅎ야 知識을 除外하야 實行이 無하고 쏘 實行에 伴하지 아니하난 知識은 無意味함으로 싱각하얏스니 소크라테쓰는 씨리사 人의 此 道德的 精神을 가장 明確히 理論의 形式으로 組織한 天才이라. 彼는 知行合一을 主張하야 智者는 반다시 善行을 하나 愚者는 無智한 故로 惡業을 行하는 것이라. 知하고 惡을 行할 者가 無하니 知하지 못함으로 惡을 行할 싸름이라 함이 소크라테쓰의 敎이라. 대개 소크라테쓰의 所謂 智는 今日 吾人이 使用하는 知識보다도 더욱 廣博하야 통히 合理化된 情意作用까지 包含한 知識을 指한 것인 故로 그 意味에 在하야 知行合一이 主張됨은 一毫도 怪異할 것이 無하며 그쑨 안이라 소크라테쓰를 從하면 眞智이라는 한갓 斷片的인

感覺的 知識－直接 五官으로부터 收得되는 知識을 意味함이 안이오, 專히 多數의 個物에 共通 普遍의 概念的 知識을 意味함이라.

　오즉 概念的 知識이 事物의 普遍的 實相을 示하는 것이오, 此와 如한 普遍的 知識이 오즉 永久不滅의 眞理를 語하는 것이라 하니 此와 如한 特殊한 意味에 理智의 開發이 道德 倫理의 完成上 必須不可缺할 要件일 쑨 안이라, 兼하야 最高의 道德으로까지도 싱각한 것이라. 대개 씨리사 人의 所謂 美德은 今日의 美德과 才幹의 意味를 兼한 것이니 最初로부터 顯著히 理智的 特質을 具備하얏다 하며 從하야 그 意味에 在하야 智性의 開發은 바로 美德의 最高임으로도 싱각한지라. 씨리사의 文明이 知識 尊重의 文明이라 함도 本來 씨리사 道德이 此와 如한 特徵을 具備한 故로 東洋文明 就中 中國文明 等에 比較하야 씨리사 文明이 顯著히 理智的임이 明白하니라.

　(ㄴ) 플라톤: 前段에 씨리사 道德의 美妙한 理想化이라 한 中에는 소크라테쓰의 此 主張 外에 更히 씨리사 道德 思想의 大發達이 包含되얏스니 그는 無他이라. 플라톤의 天才로 因하야 發揮된 씨리사 道德 思想의 發展이 是니 元來 플라톤은 소크라테쓰의 根本 精神을 受하야 更히 그것을 더욱 顯著한 形象으로 發展케 한 者에 不外한지라. 소크라테쓰의 根本精神이란 吾人은 잠깐 이것을 "道德에 理論的 根據를 與한 것"으로 解釋하노니, 當時 一般의 風潮인 소퓌스트(詭辯學派)의 道德 破壞論에 對抗하야 傳來 道德을 不變不動하는 理論的 根據上에 固着함이 곳 그 永久의 安泰를 圖하는 所以이라 함은 소크라테쓰의 精神이오, 쏘 實로 플라톤의 根本 動機이라. 故로 道德의 普遍的 實在－個個 美德의 永久的 存在, 이것이 플라톤에 在하야 가장 必須 不可缺할 것이라 생각한지라 永久的 實在를 具備하지 못한 以上에 道德이나

美德은 永久히 磐石의 基礎上에 立하얏다 謂하지 못할지니, 플라톤은 此와 如히 생각하야, 道德의 永久的 實在는 卽 이데아의 世界에 不外하다 主張할지라.

故로 플라톤이 이데아의 世界이라 함은 道德的 當爲 思想의 必然的 結果이니 道德의 普遍이라 함이 이데아이라는 理智의 形을 取하야 表象됨에 不外한 것이라. 더욱 簡單히 言하면 플라톤의 有名한 이데아 界는 畢竟 熱烈한 道德的 確信이 一定한 形으로 理想化된 것임에 不外한 것이니 無論 이데아 界는 單히 道德의 根本일 쑨 아니오, 後에는 一切 物의 本源으로 싱각한지라, 그러나 本來의 起源에 在하야 그것이 純粹히 道德的임은 今日에 임의 多數의 學者로 因하야 一般으로 認定되니라.

道德的 普遍性의 理想化이라 하면 言語로는 자못 簡單하나 此는 後世 歐羅巴 文明에 가장 深刻한 影響을 及한 씨리사 思想의 精髓이라. 대개 플라톤의 哲學은 近代 歐羅巴의 온갖 理想派 思潮의 淵源이니 歐羅巴의 理想派 思潮는 통히 플라톤으로부터 流出하얏다 하야도 過言이 안이라. 그리하야 플라톤 哲學의 中心은 卽 이데아 論이니 그 이데아 論은 前에 이미 槪論함과 如히 哲人 플라톤이 熱烈한 道德的 確信의 理想化된 것에 不外한지라. 從하야 理想派 쏘는 理想論의 本來는 少하야도 그 起源에 在하야는 專히 道德的이라. 道德의 普遍性 쏘는 當爲性이 그 根本精神이라 謂할지니 理想的 思潮는 오즉 此 意味에 在하야 深奧한 意味를 有한 故로 씨리사 人은 此 意味에 在하야도 歐羅巴 理想思潮의 創造者가 되나니라.

(ㄷ) 플라톤의 유토비아[20]: 플라톤의 理想主義에 關하야 더욱 特히 記憶할 것은 彼가 「포라타이아」(國家論)[21] 中에 揭載한 理想的 國家論

또는 理想的 社會論이니 卽 彼의 理想的 社會論은 後에 歐羅巴의 思想界에 發現한 社會 改造案의 嚆矢이라. 根本的인 徹底的인 社會 改造論은 일즉 플라톤의 豫言的 頭腦 中으로부터 發生한 것이니 無論 當時에 在하야는 그 奴隷制度가 公認되고 또 一種의 階級制度도 有하야 所謂 上流階級 卽 治者와 밋 武士의 階級이 唯獨 尊敬을 受하고, 農工商業의 階級은 政治, 學術, 敎育 等에는 無關係임으로 싱각흔 故로 플라톤의 理想的 社會도 스사로 上流階級에 限하야, 今日로써 見하면 畢竟 小數 一部의 社會 改造에 不過하니, 小數 一部의 範圍인 그만큼 그 改造家도 徹底的 또 根本的으로 今日의 가장 라디칼인 社會政策의 萌芽도 이미 그 中에 包含되얏스며, 또 그 理想的 國家에 在하야는 통히 私有財産制度는 撤廢하고 市民은 平等으로 國家的 施設下에 共同生活을 經營하야 寢食을 共히 하고 勤勞와 遊戲까지라도 통히 公共的으로 協同的으로 行하며 國家는 婚姻이나 敎育에까지 干涉하되 가장 嚴正한 意味에 在하야 市民을 美德으로 敎育함을 그 最高 目的으로 할 것이라 主張하고, 婦女子도 一般 敎育으로부터 除外되지 안이하얏스며 子弟의 敎育은 통히 國家 直接의 事業이오, 武士階級 中으로부터 特히 知識이 拔群한 者는 四十歲 五十歲에 至하기까지 哲學, 理學, 論理學을 硏究하다가 五十歲에 達하야 비로소 實際 政治에 參與할 것이라 主張하니 플라톤의 哲人政治는 卽 是이라. 此와 如히 하야 그 理想的 國家는 徹頭徹尾 道德敎育의 機關이니 道德敎育이 플라톤의 理想의 根本이니라.

吾人은 꼬리사 道德思想에 關하야 以上에 그 大要를 敍述하얏도다. 그러나 此點에 關하야 更히 玆에 記述할 것은 그 有名한 스토아 思想

---

20) 유토비아: 유토피아.

21) 포라타이아: 국가론.

과 에비크로스 思想이 有하니 此等은 共히 씨리사 末期에 出現한 道德 思想이오, 반다시 그 全盛期의 産物이 안이나 後代 歐羅巴에 及한 影響은 자못 深刻한 故로 그 要點만은 반다시 記憶하지 아니하면 안이 될지라.

◎ 1922.3.19. 구주사상의 유래(8)

第一章 씨리사 思想(속)-(五) 道德的 特徵(속)

(ㄹ) 스토아 道德: 스토아 主義[22](學派의 始祖는 쉐노[23]이니 紀元前 約 三四二~二七〇, 學院의 名 스토아로부터 스토아 學派의 名稱)는 가장 峻嚴한 意志鍛鍊으로 因하야, 또 에비크로스 主義(學派의 始祖는 에비크로스[24] 이니 紀元前 三四二~二七〇)는 快樂을 人生의 目的으로 立한 바로 因하야 著名하니라. 本來를 言하면 此 兩 學派는 直接으로 소크라테쓰 學派의 精神을 受한 것이니, 스토아 學派는 키니크 學派(一種의 脫俗主義)를, 에비크로스 派는 키레네 學派(快樂主義)를 受한 듯하도다. 從하야 스토아 思想이든지 에비크로스 思想이든지 共히 嚴正한 意味에 在하야 씨라 末期의 時代 精神의 反映에 不外하니 대개 一般 國勢의 衰退와 共히 民心은 漸次 個人的으로, 主觀的으로 反社會的으로 傾하야 現世의 浮薄한 快樂 安逸을 追求하는 傾向과 物慾이나 富貴에 耽溺코자 하는 輕佻한 習俗은 正히 一代의 風潮를 成하야 마참내 滔天(함천)의

---

22) 스토아 주의: 스토아학파.

23) 쉐논: 제논. 스토아학파의 창시자.

24) 에비크로스: 에피쿠로스.

氣勢가 有한지라. 키니크 學派를 受한 스토아 學派는 此 滔滔한 風潮에 反抗하야 此와 如한 人生의 本然을 誤하는 것이니 차라리 此等 風潮로부터 解脫하야 호올로 自己를 淸高케 하는 것이 人類의 本務라 하니, 從하야 스토아 派의 精神은 徹頭徹尾 理性으로써 一切의 俗惡인 情慾을 克脫코저 한 點에 存한지라. 一切의 情慾을 征服하야 온갖 外界로부터의 刺激에 對하야 絶對的으로 不退轉磐有의 意力을 持함이 人生의 至樂이라 하야, 一切의 情慾에 對하야 冷然히 不退轉의 狀態를 持함이 所謂 '聖者'이니 聖者의 此 態度는 特히 '아바타'이라 名하니라. 故로 後世에 스토아的이라 하면 가장 峻嚴한 禁慾的 態度 乃至 不退轉의 意力的 態度를 意味한 것이니, 極端으로 主觀的이오, 또 個人的인 此等의 風潮는 將來의 宗敎的 傾向의 先驅가 되얏스나 特히 그리스도敎의 道德이 此 스토아로부터 影響을 受함은 到底히 否定하지 못할 거시라.

(ㅁ) 에비크로스: 時代의 主觀的 個人的 反社會的, 解脫的 傾向은 更히 에비크로스 學派의 上에도 現出하니라. 本來를 言하면 此 學派는 個人의 快樂을 道德의 目的으로 立한 것인 故로 前의 스토아 派와는 全然히 그 精神을 相異할 터이나, 實在에 在하야는 도리어 스토아 派의 精神에 一致하다 할지니, 대개 快樂을 求한다 稱하야도 單히 目前의 快樂이나 또는 後에 苦痛이 伴隨할 快樂을 選擇함이 안이오 何等苦痛도 伴隨하지 안이하고 또는 永續的 快樂 結局 心의 平靜ㅣ 情慾이 動하지 안이하는 絶對의 平靜에 求하지 안이하면 안이될 快樂이라. 그리하야 此等의 狀態는 正히 스토아 派의 '아바치(아바타)'[25]와 一致

___
25) 아비치: '아바타'를 의미하는 것으로 해석됨. 고대 산스크리트어에서 유래한 말로 '하강'의

314

하니 卽 씨리사 末期의 人心이 如何히 解脫的으로 宗敎的으로 傾하얏는지는 此로 因하야 明白한지라. 後世 에비크로스 式이라 하면 바로 物慾이나 肉慾을 追求함과 如히 싱각함은 此學派의 道德 目的이 本來 快樂에 存함일새니라.

◎ 1922.3.20. 구주사상의 유래(9)

第二章 그리스도 敎

　씨리사 思想과 並하야 近代 歐羅巴 文明을 支配한 것은 그리스도 敎이라. 그리스도 敎는 씨리사 思想과 共히 近代 歐洲 文明의 淵源이니 그리스도 敎의 思想 精神을 除去하고는 近代 歐洲 文明은 全히 想望하지 못할지라. 그리스도 敎와 씨리사 思想은 深히 近代 歐洲民의 思想 感情 中에 注入하야 바로 彼等의 血이 되고 肉이 되도록 彼等과 密接한 關係를 有한 것이니 多數의 史家가 近代 歐洲 文明을 解剖하야 (一) 씨리사 思想 (二) 그리스도 敎 (三) 歐洲 民族의 三要素로 한 것도 畢竟 此 意味에 不外하니 그리스도 敎를 單히 過去의 遺物로 見함은 甚히 淺薄한 見解이라 謂할지니라.

　歐羅巴에 達한 그리스도 敎와 東方 亞細亞에 發達한 헤부라이 主義는 決코 混淆하지 못할 것이니 헤부라이 主義는 純粹히 헤부라이 民族(猶太民族)의 文明 卽 小亞細亞 地方에 發達한 特殊한 헤부라이 文明을 意味한 것이오, 是에 反하야 그리스도 敎는 헤부라이 文明의 一種인

의미를 갖고 있었음.

그리스도 敎가 歐羅巴에 傳하야 그 當時의 歐洲 文明과 結合하야 特殊한 發達을 遂한 宗敎에 不外하니, 從하야 헤부라이 主義는 專히 猶太 民族의 文明이오, 그리스도 敎는 特殊한 헤부라이 主義가 歐洲 思想 特히 끼리사 思想과 結合하야 發達한 것인 故로 그리스도 敎의 文明史的 特徵을 明確히 함에 當하야 吾人은 몬져 그리스도 敎 大體의 由來를 明確히 하지 아니하면 아니될지니라.

(一) 그리스도 敎의 由來

가) 헤브라이 敎와 그리스도 敎: 그리스도 敎의 淵源인 헤부라이 主義가 대개 如何한 特徵을 具備한 것인지는 玆에 詳論할 餘地가 無하니 他點에 在하야는 如何한 特質을 具備하얏다 할지라도 헤부라이 民族이 蔽一言하고 宗敎的이나 思想的에 一種 獨特한 才能을 具備한 것만은 否定하지 못할 事實이니 卽 그리스도 出生前 千年 乃至 二千年 前의 古昔 卽 當時 四隣의 他民族이 다 幼稚한 自然宗敎이나 多神敎를 崇奉하든 時代에 在하야 此民族만이 호올로 唯一하고 더욱 無形한 人格의 存在를 信하야 此 宗敎的 確信에 基因하야 一切의 道德的 政治를 處理함은 가장 特殊한 才分을 具備한 民族으로 想像하지 안이치 못할지라. 모세의 立法에 依하야 漸漸 그 基礎를 確實히 한 헤부라이 敎(여호와 神의 宗敎)도 當時에는 極히 簡單 幼稚하야 後世의 그리스도 敎가 唱導한 複雜한 宗敎와는 到底히 比較하지 못할지로되, 오즉 正義 —各人 善惡의 行爲 如何에 從하야 各各 公平한 報復을 受한다는 意味의 正義—의 觀念을 헤부라이 民族에 在하야 特히 强하얏슴으로 여호와의 神은 後世에 想像함과 如히 慈悲의 神이라는 것보담은 도리어 正義의 神─善人에는 幸福을 授하고, 惡人은 嚴正히 罰한다는 信賞必

316

罰의 神으로 想像되는지라, 헤부라이 民族이 自來 法 또는 法律의 精神이 瞻部하야 何事이든지 法律的으로 嚴正히 處理코저 하는 故로, 그 宗教思想도 顯著히 峻嚴한 性質을 帶함은 有名한 事實이라. 卽 여호와는 가장 峻嚴한 또는 가장 莊嚴한 神으로 싱각ᄒ엿스니 '神을 恐함은 知慧의 始'이라 한 솔로몬의 言語는 헤부라이 民族의 信仰을 그대로 表現한 것이라. 씨리사의 自由이오 美妙한 精神에 比較하야 헤부라이 教의 神은 더욱 峻嚴을 極한 것이라 謂할지니라.

헤부라이 民族의 宗教가 씨리사 그것과 相異하야 더욱 嚴峻하고 더욱 闇黑的으로 傾함은 文明史家에 在하야는 深히 注意할 事實이니 此와 如함은 自初로 民族的 特徵에 基因함일지나 周圍의 事情, 歷史的 事情이 헤부라이 民族의 此와 如히 闇黑的으로 傾게 함도 舞疑한지라.

◎ 1922.3.21. 구주사상의 유래(10)

第二章 그리스도 敎(속)-(一) 그리스도 敎의 由來(속)

國內에는 連해 內訌이 行하고 周圍의 앗시리아 쌔빌론 等으로 因하야는 征服을 當하야 마참내 羅馬의 屬國이 되기에까지 一國의 運命은 決코 幸福인 것이 無하얏스니 헤부라이 民族의 역사는 不幸의 連續 災害 悲歎의 歷史이라 謂할지오, 從하야 헤부라이 民族의 宗教는 大觀하면 悲歎의 宗教, 薄命者의 宗教이라, 實生活에 在하야는 災害를 忍하고, 어듸까지이라도 正義(神)의 賞罰을 確信코저 하는 隱忍悲痛의 態度가 헤부라이 宗教의 特徵이니 歷史에 現出된 預言者는 何時에든지 메시아(敎世主)가 出現하야 人生의 此悲痛을 救濟할 事를 敎한 慰安者

에 不外한지라. 메시아가 出現하지 아니하면 人生은 到底히 孤獨한 것, 悲慘한 것으로 外에 싱각하지 아니하얏스니 此와 如히 하야 헤부라이 敎는 最初로부터 濃厚한 悲觀的 色彩를 帶하나라.

그리하야 그리스도 出現 當時에 猶太國은 政治的으로든지 社會的으로든지 精神的으로든지 가장 悲痛 悽悵을 極한 時代이니 羅馬의 權勢下에 政治上의 自由가 全失될 쑨 안이라, 그러치 안이하야도 法律的이나 形式的이든 猶太民族은 더욱 宗敎의 精神을 喪失하고 한갓 表面의 儀禮 形式에만 拘泥(구니)하기에 至하니 此와 如히 하야 社會의 風潮는 一瀉千里의 勢로써 虛僞 腐敗 墮落의 深淵으로 進向하야 所謂 바리새 敎人이나 學者 等은 全然히 宗敎的 信仰을 喪失한 虛飾 一邊의 人物임에 不過하더니 그리스도는 마침 此時代에 出現하얏도다. 彼의 思想이 爲先 悲觀 厭世의 色彩를 帶함은 不得已한 自然의 勢이라 할지라도 政治的으로, 現實的으로, 物質的으로 猶太民族을 救濟하기는 彼로 하야는 全然히 絶望的으로 싱각하고 가장 緊急히, 가장 痛切히 感한 것은 單히 思想界, 精神界의 根本的 覺醒이라. 몬저 人心의 根本으로부터는 刷新 改造함이 아니면 人生은 漸漸 闇黑世界로 向하야 墮落할 것으로 싱각하얏스니 果然이라, 그리스도로 하야는 오즉 神의 國(天國)이 目的이오, 現實의 王國과 如한 것은 殆히 無意味, 無價値한 것으로싸지 싱각한지라. 悲觀的이나 超越的 傾向은 最初로부터 그리스도의 傾向이나 此와 同時에 古來의 헤부라이 宗敎에 加한 大變化는 從來에 專히 正義이나 莊嚴한 神으로 崇奉하든 唯一神을 도리여 恩愛의 神이오, 慈悲의 神이라 敎한 一點이니 '神은 愛'이라. 人生을 愛에 導하야 愛로써 人生을 淨化함이 人生의 最高의 生活이라 함이 그리스도 敎訓의 根本이라. 그리하야 此時까지는 嚴正無他함으로만 싱각하든 人生이 그리스도로 因하야 가장 慈悲的 쏘 가장 平和的으로 싱각하기에 至하니라.

나) 歐洲의 그리스도 敎의 發達: 以上은 猶太國의 그리스도 敎의 由來를 瞥見한 것이나 그리스도 敎의 精神을 明確히 할진대 吾人은 다시 此 宗敎가 東方 亞細亞로부터 西方 歐羅巴에 傳播하야 當時에 如何한 變化를 受한지를 槪觀할 必要가 有하도다. 그러나 詳細히 그리스도 敎 傳播의 歷史를 考究함은 本編의 目的이 안이오, 다만 前段에 槪說함과 如한 헤부라이 宗敎가 如何히 하야 非常한 速度로써 歐羅巴에 傳播함에 至하얏는지 此 一點에 就하야 吾人은 그 大略을 明確히 하지 안이하면 아니될지니라.

◎ 1922.3.22. 구주사상의 유래(11)

第二章 그리스도 敎 (속)-(一) 그리스도 敎의 由來(속)

偶然히 싱각하면 그리스도 敎가 歐羅巴에 進入한 것은 자못 意外이오 또 자못 不自然한 듯하도다. 全世界를 征服하야 一大 帝國을 建設하고 旭日昇天의 氣勢로써 世界를 統括하는 羅馬國 內에 突然히 悲觀的 厭世的인 그리스도 敎가 侵入하얏다 함은 一見에 자못 奇異한 感이 有하며 또 專히 끼리사 思想—自然生活을 尊重히 하야 藝術的 樂天的 傾向을 具備한 끼리사 思想—이 全勢力을 獨占한 歐羅巴의 天地에 突然히 反對 傾向을 具備한 그리스도 敎가 侵入한 것은 當時 事情에 不通하는 者에 在하야는 甚히 理想하게 또 甚히 不自然하게 싱각할지로되, 조곰 注意하야 當時의 形勢를 觀察하면 그리스도 敎가 歐羅巴에

侵入함은 決코 意外이나 不自然한 現象이 안이오 도리여 가장 自然 또 가장 必然의 形勢임을 知할지니 대개 歐羅巴의 思想界는 當時 그리스도 敎를 歡迎할 狀態에 在한 것이라, 몬저 씨리사에 就하야 言하면 前章에 略述함과 如히 씨리사 思想의 全盛期는 겨우 西紀前 四五世紀까지의 現象이오, 스토아 學派가 出現한 第三世紀 頃은 이믜 그 國運이 漸次 衰退하는 末期에 速하얏스니 第三世紀 頃으로부터 그리스도 出現에 至하기까지의 씨리사 思想界는 政治的으로 漸次 衰亡에 向함과 同히 顯著히 衰頹의 氣風을 帶하야 全然히 昔日에 偉大하든 精神力을 缺하야 國家生活의 元氣는 全然히 消耗하고 人心은 次第로 萎靡 孤立하야 現實生活 그것에 對하야 漸漸 冷笑하고 漸漸 厭惡를 感하기에 至한지라. 即 現實生活에 對한 厭惡 悲觀의 傾向은 씨리사의 思想界에 在하야도 漸漸 顯著하게 되얏스니 안이라, 더욱 精確히 言하면 現實生活에 對한 厭惡의 情(即 一種의 悲觀的 또는 解脫的 傾向)이 씨리사에 在하야는 이믜 西紀前 四世紀 頃으로부터 始한 現象이니 例컨대 소크라테쓰 學派의 一種으로 數하는 키니크 學徒[26]—現世的 生活을 疎外하고 極端의 禁慾生活을 主張하든 學徒—와 如함이 即是이라. 안이라, 가장 顯著한 適例는 플라톤 哲學이니 歐洲의 厭世哲學을 플라톤으로부터 始하얏다까지도 稱하니라. 그리스도 敎의 敎義와 플라톤 哲學은 思想史的으로 觀察하야 가장 親密不離한 關係를 有한 것인 故로 (後段에 詳說) 單히 此點으로부터 하야도 플라톤은 深히 吾人의 注意를 惹起하나니 結局 此 哲學的 天才가 이데아의 世界를 建設함은 無論 前章의 說明과 如히 道德의 普遍性을 理想化한 것에 不外하나 또 他面으로부터 觀察하면 彼가 極히 不完全한 現實 世界에 失望한 結果, 不完全한

---

26) 키니크 학도: 키레네학파.

現實 世界를 棄하고 完全한 理智의 世界에 生活코저 함이니 現實生活에 對한 絶望 悲觀의 傾向은 此와 如히 하야 이믜 플라톤 哲學에 顯著한지라, 씨리사 末期의 思想界에 在하야 此 傾向이 더욱 甚하야 全히 現實에 絶望하야 現實 以外의 世界 何處에든지 全然히 新光明을 得코저 하는 要求가 더욱 緊切하엿스니 卽 씨리사 末期의 思想界는 宗敎的 色彩가 더욱 顯著하야 將次 그리스도 敎를 歡迎코저 하는 準備가 이믜 十分 完成하니라.

◎ 1922.3.24. 구주사상의 유래(12)

第二章 그리스도 敎(속) (一) 그리스도 敎의 由來(속)

羅馬帝國이 外觀의 美와 不同하야 裡面에 在하야는 장차, 그리스도 敎를 必要로 함과 如한 爛熟(난숙) 腐敗의 狀態에 在함은 歷史家가 가장 深大한 興味로서 觀察하는 世界 歷史의 重要한 部分이라. 吾人은 玆에 羅馬帝政時代의 道德的 腐敗를 觀察할 餘地가 有하지 못하얏스나, 一羅馬의 首府를 中心으로 하고 廣範한 屬國 世界로부터 無限한 物資가 供給되야 羅馬 市民은 特히 何等의 事爲도 無爲 한갓 目前의 歡樂과 物慾에 一切를 貢獻한 故로, 羅馬의 大都市는 문득 歡樂과 物慾의 競爭場으로 變化하야 極端의 物慾과 快樂의 追求를 爲하야 온갖 善美 道德과 習慣이 無數히 破壞된지라. 況且 世界 各國으로부터 流入한 奴隷 流民은 羅馬 市民의 强烈한 壓迫下에 深大한 苦悶과 呻吟을 禁하지 못함이리오, 樂極生悲이라 함은 正히 羅馬 市民의 當時 狀態이니 彼等은 目前에 人生의 榮華가 너머 덧업는 것이며, 人心의 墮落이

너머 迅速하고 激烈한 것 통히 不完全한 現實 生活의 信賴하기 難한 狀態를 目擊하는 時에 가장 深刻한 悲哀와 絶望을 感하지 안이치 못한지라. 外觀의 燦爛함과 不同하야 裡面으로부터 觀하면 羅馬의 大都會는 正히 肉에 飢하고 血에 渴한 阿鼻叫喚의 一大 修羅場에 不外하니 此와 如히 하야 自己의 生命을 托할 만한 確實한 安全地(安住地)ㅣ 罪惡이 充滿한 現世를 離하고 何處에든지 自己를 安全히 委託할 만한 世界를 求코저 함은 微妙한 人心의 自然한 傾向이라. 此와 如히 하야 쏘 羅馬人이 當時에 如何히 宗敎的에 傾한지는 當時의 學者 思想家가 期하지 아니하고 厭世 悲觀의 態度를 取함에 因하야 明白하니 例컨대 紀元 第一世紀 頃의 羅馬의 學者 세네카[27]와 如한 이도 深히 人生에 罪惡이 充滿한 所以를 主張하고, 쏘 막스·오테류스[28]는 人生을 夢幻과 如하야 信賴하기 難한 所以를 力說하야 專히 神力에 依賴하는 外에 他道가 無함을 敎하고, 프로탈코스[29]는 人智의 信賴하기 難한 것까지 主張하야 宗敎의 天啓에 信賴할 것을 敎한지라. 此와 如히 하야 羅馬에 在하야도 그리스도 敎는 救世的 宗敎로서 歡迎된 것이니, 그리스도 敎가 歐羅巴에 侵入하얏다 하는 것보다도 차라리 歐羅巴가 그리스도 敎를 歡迎하얏다 함이 適當한 解釋이니라.

---

27) 세네카: 로마의 철학자, 정치가, 극작가. 네로의 스승이기도 하였음.
28) 막스 오테류스: 미상.
29) 프로탈코스: 미상.

第二章 그리스도 敎(속) (一) 그리스도 敎의 由來(속)

以上에 槪說한 順序에 在하야 歐羅巴에 傳播한 그리스도 敎는 猶太國에서 發生한 그대로의 本形을 何時까지이라도 持續하지 못하얏스니 卽 그리스도 敎는 當然히 歐羅巴化되야 歐羅巴의 思想 精神과 結合하야 調和하지 안이치 못하얏스며 더욱 씨리사 哲學은 마치 그리스도 敎의 缺點을 補足한 것으로 싱각하얏스니 대개 그리스도 敎는 純粹한 宗敎로 當時에는 아즉 何等의 理論的 根據도 具備하지 안이한 所以이며 特히 플라톤의 厭世哲學은 아조 그리스도 敎의 信仰을 說明하는 것으로서 바로 그 整理 中에 引入하얏스며 此外에 新피타고라스 學派[30]의 哲學, 新플라톤 學派의 哲學, 스토아 哲學, 後에는 아리스토테레스의 哲學까지가 種種의 意味에 在하야 그리스도 敎의 理論을 構造하는 材料가 됨은 玆에 ──히 說明할 것도 無하거니와 그리스도 敎의 敎義는 此와 如히 하야 歐羅巴人의 手로 由하야 新造出되얏스며 쏘 此와 如히 하야 造出된 그리스도 敎는 이미 猶太國의 그리스도 敎가 안이오, 도리어 歐羅巴人의 한 宗敎 建築이니라.

(二) 그리스도 敎의 神觀

그리스도 敎의 由來를 此와 如히 大觀하면 吾人은 容易히 그 敎義의 精髓를 理解하겟도다. 그리스도 敎는 本來 純粹한 宗敎이오, 哲學이

---

30) 신피타코라스 학파: 기원전 1세기부터 기원후 2세기까지 활동한 철학의 한 학파.

안인 故로 後에 造出된 敎義는 甚히 歐羅巴人의 思想 感情을 混合하얏슬지나 敎義의 根本이 그리스도의 敎訓임은 到底히 疑訝할 餘地가 無하니 此와 如한 意味에 在하야 原始 그리스도 敎 —少하야도 歐洲 中世 初期의 그리스도 敎의 根本 精神이 如何한가 하면 吾人은 몬저 第一 特徵으로 强烈한 出世的[31] 또는 解脫的 傾向을 置하지 안이치 못할지라. 卽 그리스도 敎는 그 根本 精神에 在하야는 東洋의 佛敎와 如히 어듸까지든지 悲觀 厭世의 宗敎로 解釋될지니 此點에 關하야는 歐羅巴의 學者 中에도 多數의 異論者가 有하야 그리스도의 言行 가령 婚席에 參禮한 事實에 證照하야 반다시 厭世家이나 現實 否定者가 안이라 主張하는 이도 有한지라. 그러나 全體로 此 宗敎의 根本으로부터 當時의 時勢까지 考察하면 少하야도 初期의 그리스도 敎가 厭世이나 現實 否定의 宗敎이오, 從하야 現世를 疎外하야 現世로부터 解脫을 求한 宗敎임은 到底히 疑訝할 餘地가 無하니 卽 그리스도 敎는 全然히 現實을 無視하고 驀進的 未來의 天國을 目的으로 한 宗敎로 解釋되는 지라. 만일 그리스도 敎로써 未來主義 乃至 出世間主義의 宗敎가 안이라 하면 少하야도 歐羅巴에 傳播 以來의 歷史的 事實은 全히 解釋하지 못할 隱語가 될지니 그런즉 그것이 出世間的이나 樂天的 傾向과 正히 相反된 것이라, 씨리사 主義는 現實主義의 標本이오, 그리스도 敎는 어데까지라도 未來主義의 宗敎이니라.

(가) 罪惡觀: 그러나 그리스도 敎가 厭世的이나 未來的 傾向을 取함에는 無論 此에 相當한 一定한 理由가 無하면 안이될지라. 玆에 그리스도 敎 人生觀의 根本은 所謂 罪惡觀임을 認定하지 안이치 못할지니

---

31) 출세적(出世的): 세상을 벗어나고자 하는 특징.

罪惡觀이라는—人生을 罪惡의 充滿한 것으로 觀하는 것—人生을 罪惡의 修羅場으로 觀함은 人類의 本性, 即 人性을 本來 罪惡의 充滿으로 함에 基因한 것이라. 人性是罪이라 함은 使徒 바울32)이 置重한 思想이오, 更히 聖아우구스치느스(351~430)33)로 因하야 極端으로 發展하야 爾來 그리스도 敎의 根本 觀念이 되기에 至하니라. 대개 中世紀의 初에 在하야는 前段에 槪說한 悲觀 厭世의 風潮가 羅馬 帝國에 顯著한 故로 아우구스치느스는 此時代의 風潮를 代表하야 가장 極端으로 人性은 罪惡의 充滿한 것임을 主張하얏스니 即 彼의 信仰을 瞻하건댄 人生에는 조금도 自力으로써 上帝의 救援을 受할 美質이 無하야 上帝의 特別한 加護에 依賴하지 아니하면 人生은 直下의 勢로 墮落할 運命을 有한 것이라. 아담의 犯罪가 未來 永劫 人類의 子孫에 傳한다 함은 人類의 本性이 始祖로부터 子子孫孫의 永久에 至하기까지 罪惡이 充滿한 것임을 象徵的으로 表明함에 不過하니, 故로 아우구스치느스의 言과 如하면 上帝의 裁判의 前에 立하야는 人類는 無能이오 無力이라 自己로 自己를 救할 力은 毫末도 無하고 다만 上帝의 特別한 恩惠로 因하야 비로소 天國에 入함을 得한다 하니 即 그리스도 敎에 在하야는 懺悔 祈禱이라는 것이 他宗敎보담도 더욱 重大 意味를 有한 所以가 此點으로부터 明瞭하게 理解되나니라.

此와 如히 人生에 關한 罪惡觀은 그리스도 敎의 厭世論의 根本이니 그리스도 敎는 何故로 人性을 罪業의 結晶으로 觀하얏는가. 一切 罪業에 因하야 流出하는 本源을 如何히 觀하얏는가. 此點이 坮 此宗敎의 精髓이라. 此點에 關하야도 學者間에 各樣의 異說이 有하니 敎祖 그리

---

32) 사도 바울: 기독교 최초의 전도자. '로마서', '고린도서', '갈리아디사' 등을 저술.
33) 성 아우구스치느스: 성 아우구스티누스. 교부철학의 대성자.

스도의 教는 確定的이 안이라 할지라도 使徒 바울의 敎가 바로 그리스도 敎의 奧義가 됨은 到底히 疑感이 無한지라. 卽 靈肉 矛盾의 二元論은 明確히 바울의 敎訓에 胚胎하고 亦是 아우구스티느스로 因하야 가장 確定的인 形狀을 取하얏스니 靈肉 矛盾의 二元論이라는 無他이라[34]. 靈性과 肉性은 到底히 合致할 것이 안이오, 靈性이 善美한 活動을 妨害하고 破壞하는 것은 항상 肉性에 不外하다는 確信이 是이라. 換言하면 人生의 一切의 罪惡의 本源은 肉慾이니 此 肉慾으로 因하야 人性은 誘惑되고 混亂되는 것인 故로 肉性을 斷絶하지 아니하면 人生은 永遠히 百鬼夜行의 暗黑世界에 不外하다 하니 故로 그리스도 敎에 在하야는 汗漫(한만)한 禁慾主義쯤으로는 이미 不及의 歎이 有한지라. 全히 肉慾을 滅絶함으로 因하야 비로소 靈性이 發現하는 것으로 確信하얏스니 此가 少하야도 初代 그리스도의 信仰이엇슬지라. 畢竟 靈肉 二元論은 그리스도 敎에 在하야 가장 何銳한 形式을 取하야 發現한 것이니라.

◎ 1922.3.26. 구주사상의 유래(14)

第二章 그리스도 敎(속)

(나) 禁慾主義: 以上의 槪說로 因하야 出世間主義이나 現實 否定主義는 結局 그리스도 敎의 根本 精神임이 明白한지라. 그리하야 此와 如한 根本 精神을 具備한 그리스도 敎의 第二 特徵으로 吾人은 禁慾主

---

34) 靈肉 矛盾의 二元論이라는 無他이라: 영육 모순의 이원론이라는 것은 다름이 아니다.

義 或은 禁慾的 傾向을 敷하노니 無論 禁慾主義는 前段에 槪說한 現實 生活 否定主義의 自然한 結論이라. 當然히 此 現實 否定의 中에 包含된 것이나 範圍가 廣히 人類生活의 全體에 亘하는 大事인 故로 玆에 特히 第二 特徵이라 稱한 것이니, 卽 人生은 本來 罪業의 充滿한 것이오, 肉體는 正히 靈性에 反하는 것이라 함이 初代 그리스도의 根本義인 故로, 人性 自然의 慾望이나 肉體의 慾望을 基本으로 하는 自然生活― 人生 本然의 生活―은 그리스도 敎의 見地로 하면 蛇蝎과 如히 厭惡하 는 罪惡이니 此 罪惡으로부터 解脫함이라야 人生은 비로소 能히 眞生 活에 入함으로 싱각한지라. 故로 바로 生活慾 그것을 絶滅하지 안이할 지라도 될 수 있는 旱稻에 人生 自然의 慾望을 制限하고 禁止하야 未來의 靈的 生活을 準備할 品類의 가장 質素한 가장 淸潔한 生活을 經營함에 가장 大事로 싱각한 故로 彼의 現實生活을 厭離한 僧侶의 生活1 될 수 있는 대로 一切의 物慾을 斷絶하는 寺院의 生活은 初代 그리스도 敎에 在하야는 가장 尊貴한 聖者의 理想이라. 吾人은 此點에 對하야 初代 그리스도 敎와 씨리사 精神은 單히 歐羅巴 思想史上에 가장 顯著한 對照일 쑨 안이오, 쏘 廣히 人類 文化 二大 傾向의 가장 顯著한 代表임을 認定하지 아니하지 못하노니 대개 씨리사 民族은 前에 이믜 槪說함과 如히 古今 歷史上에 가장 純粹한 自然生活의 尊奉 者이라. 人類의 本性이 彼等에 在하야는 本來 그대로 善美한 것이오, 自然의 慾望 그대로 尊貴한 것이니, 從하야 此 自然의 慾望을 滿足케 하야 自然의 人性을 그대로 發達케 함이 바로 人類生活의 理想으로 信한지라. 卽 씨리사 民族에 在하야는 現實 그대로의 自然生活이 바로 道德生活의 理想이니 從하야 現實主義 乃至 樂天觀은 씨리사 文明의 根本 特徵으로도 싱각하니라. 그리스도 敎가 人性 그것을 바로 罪惡으 로 觀하고 쏘 一切의 物慾을 바로 諸惡의 根本으로 觀하얏스나 씨리사

文明은 그 反對 方向을 取하야 一方은 罪惡觀을 根本으로 하야 極端으로 禁慾的에 傾하고, 一方은 自然 卽 善美觀을 根本으로 하야 가장 明白히 現世主義 또는 樂天觀에 傾하니 통히 自然的이라 함은 그리스도 敎에 在하야는 가장 厭忌하는 것이나 씨리사 民族에 在하야는 가장 善美의 源으로 싱각하니라.

◎ 1922.3.27. 구주사상의 유래(15)

第二章 그리스도 敎(속)

單히 個人으로서의 生活慾이 禁止되얏슬 뿐 안이라 團體로서의 生活 就中 政治生活까지도 初代 그리스도 敎에 在하야는 殆히 無意識이나 邪惡과 如히 싱각하니라. 古代 씨리사 民族에 在하야는 國家 生活을 離하야 個人 生活이 無하니 人類 生活은 國家 組織下에 비로소 完全히 發達하는 줄로 싱각하얏스나 그리스도 敎에 在하야는 國家 生活과 如한 것은 未來世의 準備에 無益할 뿐 안이라, 도리여 人生으로 하야금 더욱 邪惡을 積케 함에 不過함으로 싱각하니 換言하면 그리스도 敎에 在하야는 現實의 情慾을 制限하고 될 수 있는 대로 靈性을 硏磨함이 能事인 故로 國家生活과 如한 것은 靈性 硏磨에는 無關係한 것이라, 안이라, 도리어 人類를 現實生活에 束縛하는 것으로 싱각하니 從하야 그리스도 敎의 根本義로부터 言하면 國家的인 것보담은 도리혀 世界的이나 人類的이 主要事이오, 一切의 政治的 組織에 對하야는 少하야도 初代 그리스도 敎徒는 全然히 無關心이엇든지 또는 敵意를 挾한 것이라. 다만 後의 그리스도 敎가 漸次 政治組織에 接近하야 特

히 羅馬 法王이 政治的으로도 一時 歐洲 主權을 掌握(장악)함은 更히 說明을 不要하는 著名한 事實이니라.

(다) 博愛主義: 禁慾主義는 此와 如히 그리스도 敎의 根本義이나, 그리스도 敎의 精髓를 表明하고저 할진대 吾人은 特히 그 根本精神에 接觸하지 안이치 못할지니, 敎義의 根本精神이 何인지는 無論 異論이 紛紛한 點이나 敎祖 그리스도의 仁愛 또는 博愛의 敎가, 少하야도 敎義의 一 根本精神임은 到底 疑訝할 것이 안이오, 仁愛 또는 博愛의 敎義에 就하야도 古來 諸說이 紛紛하야 一定치 안이하얏스나 蔽一言하고 吾人은 몬저 그 情操的 陶冶의 本意를 明確히 하지 안이하면 안이될지라. 대개 씨리사 主義는 가장 顯著한 意味에 在하야 理性 陶冶 卽 知識의 開發을 文化의 根本으로 解釋하얏스나 是에 反하야 그리스도 敎의 愛의 敎는 더욱 根本的으로 情操의 根底로부터 人生의 靈魂을 改造하야 刷新코저 試한 것임에 不外하니 情操的 陶冶이라 함은 今日의 人生에 在하야는 그러케 珍奇한 것이 안이나 歐羅巴에 在하야는 그리스도 敎가 처음으로 此 方面에 着手한 것이니 그리스도 敎의 根本義는 몬저 此點으로부터 解釋하지 안이하면 아니될지라. 愛 또는 仁愛는 世間 普通으로는 極히 平凡한 것과 如히 싱각하나 敎祖 그리스도가 仁愛의 敎를 提唱한 所以는 人生의 靈魂의 根底로부터 澈底的으로 此를 淨化하고 醇化코저 하는 途를 取한 것이니, 玆에 靈魂 改造의 理想的 또는 徹底的 要求가 存함으로 見한 것이라. 대개 그리스도는 學者이나 智者를 排除하고 專히 小兒와 如한 無智 單純한 者를 愛하며 無智 單純한 者 中에도 專히 性情 또는 하ー트의 根底로부터 純潔 無垢한 者가 아니면 上帝의 子가 될 資格이 無하다 敎하얏스니 그리스도의 此 徹底的 要求는 一切 要求 中의 根本이라. 智者이나 學者가 반다시 感德者이

안이오 感情의 根本 卽, 하―트의 中心으로부터 淨化되어야 비로소 神國에 入할 資格을 具備한 者니라.

愛 또는 仁愛의 敎는 單히 性情의 根底로부터의 純潔無垢를 訓하얏슬 샏 안이라 兼하야 人生이 人生으로서는 平等이니 自己의 生命이 貴重함과 如히 他人도 亦是 上帝의 子인 故로 人類는 통히 서로 愛하며 서로 補助할 것이오 單히 自己 一人을 立함은 一切 惡의 根本임을 訓한 그리스도 敎의 大理想에 不外하니 四海同胞, 人類平等, 世界的 博愛, 人類 統一의 大理想은 實로 그리스도 敎의 此 仁愛의 敎로 因하야 確立된 것이라. 그리스도 敎의 此 大理想이 果然 幾何이나 實現되얏는지 또 此 理想에는 如何한 短處가 包含되얏는지 此等 疑問에 關하야는 玆에 詳細히 論議할 餘地가 無하나 다만 그리스도 敎의 愛의 訓이 一面에 在하야는 人類 性情의 根底로부터의 改造를 要求한 것인 故로 此로 因하야 人類生活―人類의 內的 生活이 가장 顯著한 意味에 在하야 가장 深奧하게 된 同時에, 一面에 在하 四海 平等主義를 鼓吹한 것인 故로 此로 因하야 人類生活은 世界的으로 擴張된 것임을 記憶하지 안이하면 아니되나니 卽 仁愛의 敎訓은 一面에 在하야는 在來의 씨리사 式인 主智的 傾向에 對하야 東洋式인 情緖主義를 歐洲 文明에 輸入한 것이오, 一面에 在하야는 一般으로 弱肉强食하는 歐羅巴 世界에 가장 理想的인 仁愛主義 乃至 人道主義가 引入된 것이라. 從하야 歐羅巴 文明은 그리스도 敎로 因하야 비로소 確實한 基礎를 得한 것이니, 故로 만일 그리스도 敎가 歐羅巴에 傳하지 안이하얏다 假定하면 그리스도 敎 그것도 充分히 發達하지 못하얏슬 줄로 想像하는 同時에 歐洲 文明도 今日의 程度와는 甚히 差異가 有할 줄노 싱각될지니라.

以上은 專히 善美한 方面으로부터 觀察한 그리스도 敎의 特徵을 敍한 것이나 吾等은 玆에 善美한 特徵과 並하야 그 短處 弊害를 一考할

必要가 有하니 極히 簡單히 言하면 情緒主義를 根底로 한 宗敎敎育이 一面에 在하야 人類生活을 深케 하며 坯 廣케 함은 그리스도 敎의 가장 自負하는 點이나 一面으로부터 觀察하건대 此와 如한 宗敎敎育이 人類生活을 가장 頑冥히 坯 가장 偏狹히 引導함도 到底히 否定하지 못하나니 歐洲 그리스도 敎의 根本 弊害로 言하면 全히 己를 是하고 他를 非하는 頑强한 排他的 傾向이 存함은 가장 顯著한 事實이오, 그리스도 敎의 인트레린스(頑冥性 坯는 不寬容性)가 近代 十八世紀에 至하기까지도 歐羅巴 文明에 在하야 如何히 大攬罰者인지는 此亦 歷史上 가장 顯著한 事實이니 此로 因하야 羅馬의 加特力 敎徒35)가 異端 邪宗이라 하야 迫害하고 殺戮한 人數가 幾千萬인지 數하지 못할지라. 歐洲 歷史上 가장 有名한 戰爭은 대저 宗敎上 頑冥性에 基因한 것이니 此와 如한 擾亂으로 因하야 歐羅巴 文明의 進步가 幾許이나 遲延한지는 到底히 想像하기 難하니라.

(라) 世界主義와 밋 平等主義: 吾人은 最後에 그리스도 敎의 世界主義와 平等主義에 關하야 特別한 注意를 要하노니 上帝의 前에 立하야는 人生은 통히 平等이라. 國家이나 民族으로 因하야 其間에 差等이 有할 것이 안인 故로 그리스도 敎는 一面에 在하야는 世界的으로 傾하고 一面에 在하야는 平等的으로 傾하니 그리스도 敎는 特히 靈界에 置重하야 政治이나 俗社會를 賤히 하는 結果 더욱 國家的 區別이나 民族的 差別을 蔑視하야 더욱 世界的으로 無差別的으로 前進코저 하는 傾向을 具備하얏스니 그리스도 敎가 動輒(동첩) 非國家的 坯는 反國家的으로 傾함은 그 根本精神으로부터 觀하야 도리여 當然한 結果이

---

35) 라마의 가특력 교도(羅馬 加特力 敎徒): 로마 가톨릭 교도.

니 從하야 此點은 그리스도 敎의 長處로도 觀할지며 兼하야 短處로도 觀할지니라.

◎ 1922.3.28. 구주사상의 유래(16)

第二章 그리스도 敎(속)

其次에 또 그리스도 敎의 平等觀이 後代 歐羅巴의 人心에까지 가장 深刻한 影響을 及한 것은 此亦 著名한 事實이라. 人生은 人生으로서 통히 平等이라 하는 思想은 一般 人類의 發達에 가장 微妙한 刺激을 與한 것이니 後代 歐羅巴에 在하야 참으로 '人生'의 尊嚴이 自覺된 것은 專히 此 根本思想에 基因한 것으로도 觀察되나니 從하야 그리스도 敎의 此 思想이 無하얏스면 眞人生의 發見은 容易히 行하지 못하얏슬지며 兼하야 또 此 平等 無差別觀이 歐羅巴에 在하야는 往往히 政治的 革命의 動力이엇슴도 否定하지 못할지오, 極端인 虛無主義와 如한 것도 見法으로 因하야는 그리스도 敎의 産物에 不外하니 그리스도 敎에 在하야는 特權階級이라 云云함과 如한 것은 全然히 無價値한 것으로 싱각함이니라.

第三章 루네산스

루네산스가 大凡 何世紀 頃에 始하야 何世紀 頃에 終하얏는가. 此點에 就하야 史家의 間에 定說이 無하나 다만, 近代 歐洲 文明—廣汎한 意義로서의 歐洲 文明—은 所謂 루네쌴스 運動으로서 始하얏다는 點

에 在하야는 그 意見이 大抵 一致하니 精確히 言하면 루네쌍스의 運動은 西紀 第十三四世紀 頃의 始하야 第十五六世紀에 至하야 全盛期에 達한 故로 第十五六世紀를 嚴密한 루네쌍스의 時期 卽 文藝復興期이라 假定하면 廣汎한 意味의 近代 歐洲 文明은 曙光으로든지 淵源으로든지 看做되는 것이니 歐洲 思想史의 硏究者는 特히 此點에 關하야 深히 注意를 加하지 안이하면 안이될지라. 歐洲 全體의 文明 乃至 思想으로서는 古來 끼리사 以後의 中世紀의 羅馬 帝政時代 쏘는 그리스도教 時代를 通過하야 第十五六世紀의 文藝復興期에 達한 것이니 其間에 스사로 一貫한 歷史를 成하얏스나 더욱 精確히 言하면 西紀前의 文明 乃至 思想은 專히 끼리사 民族의 所有物이오 中世紀의 思想은 專히 羅馬 民族과 밋 그리스도 教의 所有物이라. 文藝復興 運動에 至하야 비로소 廣汎한 範圍의 歐洲 民族(近代 文明을 建設한 라텐과 밋 튜튼 民族)이 歷史의 舞臺面에 出現한 것이니 從하야 所謂 近代 歐洲 民族의 文明上으로부터 見하면 古代 끼리사 思想이나 그리스도 教이나 中世紀의 文明은 近代 歐洲 文明을 栽培하고 養育한 外來 思想이오, 文藝復興 運動에 至하야 歐洲 民族은 비로소 自己의 活動 自力의 文明에 達한 것이니, 從하야 쏘 文藝復興運動은 近代 라덴 民族과 밋 튜튼 民族의 活動임을 知할지라. 그리하야 今日의 歐洲 文明 乃至 思想은 此 文藝復興運動을 淵源하야 直接으로 流出한 것임을 知하면 歐洲思想의 硏究者에 在하야 文藝復興運動이 如何히 重要한 것인지는 特히 說明을 要치 아니하고 스사로 明白할지니 卽 文藝復興은 近代 歐洲文明 乃至 思想의 直接 淵源이오, 쏘 最初의 萌芽로도 見하는 것이니라.

文藝復興運動의 思想史的 意義를 明確히 할진대 吾人은 몬저 此 運動의 文明史的 意義를 明確하지 안이면 안이될지니라.

(一) 文藝復興의 文明史的 意義

簡單히 此를 槪說함은 困難하나 吾人은 便宜上 次와 如히 說明함을 得할지로다.

(가) 古典文藝 復古: 文藝復興의 普通의 意味는 그 言語에 示함과 如히 씨리사와 밋 라덴의 古典文藝가 十五六世紀에 在하야 歐羅巴 各地에 普及함이니 詳言하면 中世紀를 通하야 羅馬 敎會가 文敎의 覇權을 掌握하야 그리스도 敎 以外의 씨리사와 밋 라덴 文藝는 통히 異端으로 排斥한 故로 古典 文藝는 全然히 世外에 放逐되얏더니 十四五世紀頃으로부터 羅馬敎會의 勢力이 漸次 衰退하고 또 近代 歐洲 民族이 次第로 覺醒하기에 至하야 그리스도 敎 文學 以外의 古典 文藝가 漸漸 그 眞價를 認하게 되얏스며 더욱 一千四百十三年에 콘스탄티노플이 陷落하야 彼地로부터 逃散한 씨리사 라덴 文學者 哲學者 等은 伊太利의 羅馬, 프로렌스, 쎄니스, 네플 等地를 爲始하야 北歐 佛蘭西 獨逸 等의 各都市에 轉住하야 直接으로 古典 文藝復興의 機運을 造하니 歐洲 民族은 當時에 至하도록 그리스도 敎 文學 外에 他이 無함을 知치 못하다가 처음으로 自然 그대로의 現實生活을 謳歌하는 古典文藝에 接하매 또 感歎하야 措할 바를 知치 못하고, 古典文藝 稱讚의 聲이 문득 全歐를 風靡하기에 至한지라. 伊太利의 푸로렌스에 在하야는 時의 執政官 메듸티,[36] 또 羅馬에 在하야는 多數의 法王을 爲始하야 其他의 高僧 就中 法王 알록산듸 第四世,[37] 유리우스 第二世,[38]

---

36) 메듸티: 메디치. 피렌체를 지배한 메디치 가문의 가계를 창시한 인물.
37) 법왕 알록산듸 제4세: 알렉산데르 4세.
38) 유리우스 제2세: 로마의 교황 유리우스 2세.

레오 第十世39) 等이 古典文學 復興을 爲하야 非常한 努力과 莫大한 財用을 費하얏스며, 此와 如히 하야 伊太利에 復興한 古典 文藝는 문득 北歐 各都市에도 移植되야 獨逸에 在하야는 아그리쿨라(1443~1485),40) 로이 피린(1455~1532),41) 메란피톤(1497~1560)42) 等 쏘 和蘭으로부터 出現하야 英佛獨의 全歐에 古典文學을 普及한 大에라슝스(1467~1536)43) 와 如한 이는 가장 著名한 古典文藝의 宣傳者이니 吾人은 此點에 在하야 深히 注意하지 안이하면 안이될지라. 近代 歐洲 民族은 當時의 文藝 復興運動으로 因하야 비로소 完全한 文化의 恩澤에 浴하고 古典文學의 普及으로 因하야 비로소 學術, 文學, 哲學 等의 世界에 導入하얏스니 卽 近代 歐洲 民族은 在來의 그리스도 敎는 잠간 除置하고 專히 씨리사 文學(從하야 씨리사 精神)으로 因하야 文化의 域에 進한 것이라. 라덴 文學이 만히 씨리사 文學을 模倣하얏다 하면 歐洲 近代 文明에 在하야 씨리사 文學이 如何히 重大한 意義를 有한 것인지는 特히 說明을 要하지 아니하고 明白하니라.

---

39) 레오 제10세: 제217대 로마 교황. 마르틴 루터를 파문함.

40) 아그리쿨라: 아그리콜라. 루터교 종교개혁자 마르틴 루터의 친구. 반율법주의의 옹호자.

41) 로이 피린: 요하네스 로이힐린. 독일 인문주의자, 그리스 고전에 대한 과학적 연구의 길을 열음.

42) 메란피톤: 필리프 멜란히톤. 독일 신학자이자 철학자. 프로테스탄트 종교 개혁을 일으킨 마르틴 루터의 친구.

43) 에라슝스: 에라스무스.

◎ 1922.3.29. 구주사상의 유래(17)

第三章 루네산스 (속)

(나) 中世紀的 束縛으로부터 解放: 文藝復興의 表面의 意義는 大略 以上에 說明함과 如하나 裏面으로부터 觀하면 더욱 深奧한 意味가 見出되나니 대개 第十五六世紀에 至하야 猝然히 古典文藝가 復興한 所以는 古典文藝가 偶然히 發闡된 것이 안이오, 그 因緣이 더욱 深奧한 裏面的으로 存在함일새라. 前章에 槪說함과 如히 씨리사 精神은 現世的, 自然的, 樂天的이나 是에 反하야 中世紀의 그리스도 敎는 極端으로 出世的, 隱遁的, 禁慾的이니 十二三世紀頃으로부터 漸次 現實的으로 覺進한 近代 歐洲 民族은 이믜 不自然의 極端인 그리스도 敎의 指導에는 到底히 滿足하지 못하게 된지라. 全盛期에 在한 彼等의 生活이 在來의 그리스도 敎와는 專히 反對 方面으로 彼等을 前進케 하지 안이하면 正面의 意味는 中世紀式의 不自然한 敎會的 束縛으로부터의 解放ー그리스도 敎의 隱遁的 傾向을 脫却하고 어듸까지라도 現世的 方面으로 向하야 驀進코저 한 것이니 此와 如히 하야 古典文藝復興運動은 언의 意味에 在하야는 中世紀的 그리스도 敎에 反對하는 傾向을 有한지라. 無論 表面으로부터 見하면 當時에 在하야는 古典文藝와 그리스도 敎는 서로 調和的이오, 決코 仇敵의 反目으로는 看做하지 아니하얏스니 假令 伊太利의 有名한 畵家 미케란제로[44]에 在하야는 그리스도 敎의 信仰과 씨리사 文藝의 精神이 奇蹟으로 調和되고, 또 獨逸의 메란피톤에 在하야도 언의 程度까지 兩者가 調和되얏스나 마참내 루터[45]와

---

44) 미케란제로: 미켈란젤로.

手를 分한지라. 兩者는 元來 根本精神을 異케 한 것인 故로 中世紀 그대로의 그리스도 敎가 古典文藝와 永久히 步調를 一致함은 到底히 不可能이니 卽 古典文藝復興運動이 더욱 發達할사록 頑冥한 中世紀的 束縛으로부터의 解放은 全歐를 通하야 漸漸 熾烈한 傾向을 示하야 假令 當時 有名하든 佛蘭西의 몬테누(後에 詳說)46)가 宗敎에 對하야 一種 懷疑的 態度를 取함과 如한 것은 明確히 當時의 此風潮를 代表한 것이오, 또 文藝復興의 末期에 出現한 英吉利의 쎄콘47)이 學術 退步의 最大 原因을 中世紀式의 頑冥한 宗敎에 歸함은 가장 明白히 此時代의 精神을 語한 것이라 할지니라.

(다) 內面的 發達과 밋 自覺: 그러나 以上에 列擧한 것만으로는 아즉 루네산스의 文明的 眞意義를 盡하지 못한지라. 近代 歐洲 民族이 或은 中世紀的 束縛으로부터 解脫코저 하며, 或은 競爭的으로 古典文藝에 超함은 個中에 彼等을 激起한 一層 深大한 動機가 無하지 못할지니 文藝復興은 더욱 深히 內面的으로 觀察하면 決코 尋常한 古文學 復興 이 안이오 實로 近代 歐洲 民族의 發達 또는 自覺임을 認하나니 卽 幼年期의 永久間을 中世紀的 그리스도 敎로 因하야 保育된 日耳曼 民族48)과 밋 라텐 民族은 第十五六世紀에 至하야 漸漸 元氣가 充滿한 丁年 時代에 達하야 玆에 그리스도 敎이라는 保姆를 離하고 自由로 獨立獨步할 年齡에 達한 것이니 故로 近代 歐洲의 루네산스는 簡單히 言하면 歐洲 民族의 光輝스러운 新活動이니 肉體上과 精神上의 獨立

---

45) 루터: 마르틴 루터.
46) 몬테누: 몽테뉴.
47) 쎄콘: 베이컨.
48) 일이만 민족: 게르만 민족.

이오, 廣汎한 意味로서 精神的 自覺이라. 대개 此 精神上과 物質上의 發達과 밋 自覺은 單히 封建制度의 破壞이라든지 新大陸의 發見이라든지 印刷術의 發明 等으로 因하야 促進되얏슬 쑨 안이오, 內面으로부터 次第로 發達한 歐洲民族의 元氣는 荒凉한 嚴冬을 經過하고 新春을 當한 草木이 一時에 萌芽를 吐하는 光景을 學한 것이 第十五六世紀 歐羅巴의 形勢이라. 此와 如한 元氣는 어듸까지라도 現實的이오, 自然的이니 到底히 陰鬱한 中世紀의 그리스도 敎와 一致할 것이 안이오, 洋洋한 春風 世界는 華麗하고 澹蕩(담탕)하야 滿目의 繁榮이 루네산스의 意氣이라. 故로 十五六世紀에 古典文藝가 復活함은 近代 歐洲 民族이 바로 現實的인 自然的인 樂天的인 씨리사 主義로 進向한 것이니 近代 歐羅巴 文明의 曙光은 그리스도 敎的임보담은 도리어 專히 씨리사的이니라.

◎ 1922.3.30. 구주사상의 유래(18)

第三章 루네산스

그럼으로 온갖 意味에 在하야 擴大 增長 豊富 伸張은 루네산스의 特色이라. 中世紀의 闇黑이 一時에 光明을 得함과 如한 景色이 近代 文明의 最初의 光輝이니 單히 新世界(新大陸)가 發見되얏슬 쑨 안이오, 쌀릴네오[49] 쏘는 코벨닉스[50] 等으로 因하야 天體의 無限 宇宙의 無限

---

49) 쌀닐네오: 갈릴레오.

50) 코벨닉스: 코페르니쿠스.

大가 發見됨은 루네산스의 擴大的 精神을 表彰한 것이오 擴大的 伸張과 同時에 絢爛(현란) 華麗함이 루네산스의 特色임은 더욱 南歐 伊太利에 미케란제로, 라파엘[51] 等의 大美術家가 出現하고 쏘 英吉利에 섹스피아[52] 以下 多數의 文星이 輩出한 것으로도 그 一班을 窺測할지니 要하건대 루네산스는 가장 少壯한 가장 華麗한 쏘 가장 藝術的인 時代이니라.

(라) 自然科學의 建設과 新藝術: 文藝復興期에 在하야 特히 自然科學—近代 自然科學의 基礎가 確立되고 쏘 中世紀와는 全히 異向인 新藝術이 振興함은 當然히 前段의 現實主義(쏘는 自然主義)의 預目 中에 包含될 것이로되, 此 兩個 事件은 歐洲 思想史上 가장 重要한 事項인 故로 特히 項目을 設하고 玆에 別記하노라.

自然科學 基礎의 幾分은 일즉 씨리사 人의 手를 經由하야 建設된 것이로되 中世紀에 在하야 特히 幾何의 發達을 見하지 못하고 文藝復興期에 至하야 自然에 關한 興味가 猝然히 高調하야 스사로 新自然科學이 産出하게 된지라. 文藝復興期에 出現한 自然科學은 스사로 近代 歐洲 文明의 基調이로되 出發點도 된 것이니 一步를 進하야 言하면 그는 歐洲 思想의 根本으로도 싱각하는 것이라. 無論 當時에 發達한 것은 專히 天文 物理 等에 關한 學問으로 겨우 自然科學의 基礎만이 定함에 不過하얏스나 人生의 眼目이 此等 科學의 力으로 因하야 廣大한 宇宙上에 向하야 더욱 世界의 無限大가 確信하게 됨은 마치 루네산

---

51) 라파엘: 이탈리아 미술가.
52) 섹스피아: 셰익스피어.

스的 精神이 發揮된 것으로도 觀察하나니 即 몬저 코펠닉스(1473~1543)로 因하야 地動說이 確立하고 地球 中心說이 破壞되야 宇宙의 無限大가 確定하야 學術界의 此大變化는 마치 思想界에 在하야 루네산스가 出함과 同하얏스며 更히 獨逸의 케플라(1571~1630)[53]는 코펠닉스的 思想을 精確히 한 同時에 自然 現象의 分量的 測量이라는 近代 物理學의 基礎도 確實히 하얏다 하며, 또 伊太利에 出現한 까릴레오(1564~1642)는 單히 地動說에 貢獻하얏슬 쑨 안이라 科學 研究 方法에 關하야 數多의 卓越한 新見—今日 科學 研究法의 基礎로 되는 것을 寄與한지라. 英吉利의 쎄콘(1561~1626)이 가령 文藝復興期의 末에 生하얏다 할지라도 文藝復興的 精神을 具體化하야 近代 自然科學의 進步에 가장 顯著한 貢獻을 致함은 今에 何人에게라도 明白한 事實이오, 더욱 쎄콘은 在來 學問의 進步를 妨害한 것은 專히 中世紀의 誤謬된 宗敎의 束縛이라 喝破하고 一般 科學의 進步를 圖함에는 須히 精確한 歸納法에 依할 所以를 가장 明瞭히 가장 具體的으로 主張하얏스니 後來 英吉利에 發達한 科學思潮는 쎄콘으로부터 流出한 것이라 하나니라.

　以上에 列擧한 科學的 精神을 體得하고 更히 哲學的으로 擴充 發達케 하야 莊嚴한 루네산스 式 哲學을 建設함은 伊太利의 有名한 殉敎哲學者 풀노(1548~1600)[54]이라. 彼의 哲學은 確實히 歐洲의 루네산스的 精神을 表示한 烽火이니 루네산스의 特徵은 保蘊이 無히 此 哲學中에 發現하니라. 彼의 伊太利式의 熱血性은 까릴레오, 코펠닉스의 新宇宙觀을 宣傳하기 爲하야 終生, 英佛獨 各地를 遊歷하야 放浪生活

---

53) 케플라: 케플러. 독일의 천문학자. 물리학자.
54) 풀노: 브루노. 프로이센에서 활동한 선교사, 주교, 순교자.

을 送하다가 마침내 此로 因하야 火刑에 處하기까지 그 一生은 英雄的 精勵 努力과 並하야 가장 莊嚴한 詩이며 悲劇이며 兼하야 가장 具體的 으로 루네산스 精神을 代表하나니라.

◎ 1922.4.2. 구주사상의 유래(19)

第三章 루네산스(속)

　싸릴레오와 밋 코펠닉스의 地轉說을 出發點으로 하야 地球는 반다 시 아리스토테레스, 토레미 學派가 싱각함과 如히 宇宙의 中心이 안이 오, 바로 現實의 自然生活上에 寄在하니 人生은 此와 如히 善美하고 尊貴한 것이라. 英雄的 情熱이 人生의 가장 美麗한 發現이라 하니 라폴 노는 다만 宇宙의 無限大와 神聖을 主張하얏슬 쑨 안이오, 自然 또 宇宙는 無數의 靈的인 '모낫쓰'로부터 成立하얏다 하야 통히 個物이나 個性 各自의 特殊한 動作과 力에 非常히 重을 置하야 個性을 自由하고 圓滿한 發現이 비로소 善美한 神聖의 聞發이라고까지 싱각하얏스니 故로 此點에 在하야도 폴노는 루네산스의 文明의 代表者이니라.

(二) 文藝復興의 思想史的 意義

　以上의 文藝復興이란 何를 意味함인가. 그 文明史的 意義의 大體를 이미 다 說明하얏슨즉 吾人은 更히 一步를 進하야 더욱 詳細히 그 思想史的 意義를 探究코저 하노니 文明史的 意義와 思想史的 意義는 其間에 確然한 區別이 有함이 안이오, 思想史的 意義란 文明史的

意義의 一層 詳細한 것임에 不外하니라.

(가) 現實主義: 思想史的으로 觀察하면 文藝復興期의 根本精神은 畢竟 가장 廣汎한 意義의 現實主義에 不外하나 다만 玆에 擧한 現實主義는 文藝復興 時代의 複雜한 傾向의 總名이니 無論 此와 如한 것이 決코 一定한 主義로서 存在한 것이 안이오, 이미 前段에 槪說한 文明史的 意義로 由하야 그 主義의 如何한 것인지는 大略 明白할지니 即 가장 廣汎한 意義에 在하야는 現實主義란 中世紀的 그리스도 敎의 超自然的 隱遁的 寺院的 禁慾的 傾向으로부터 解脫하야 그 反對의 世間的 自然的 樂天的 傾向에 就함을 意味한 것이라. 換言하면 此時까지 넘어 來世的 天國的 神靈的에 偏한 歐洲 民族이 今에 人類 本然의 生活로 還歸하야 人類로서의 自然한 生活을 經營코저 함이 即 彼等의 現實的 精神이니 文藝復興期의 此 現實的 精神은 無論 歐洲 民族에 共通한 傾向이엇스나 가장 明白하고 또 가장 顯著한 形狀에 在하야는 此時代를 代表한 各方面의 天才로 因하야 各樣의 形式으로 表現되니라.

레오날도 짜 빈틔(1452~1519)[55]는 初期의 文藝復興期에 在하야 伊太利에 出現한 藝術的 天才이엇스나 그 思想의 傾向은 的確히 全盛期의 文藝復興을 代表한 者이라. 趣味로든지 思想으로든지 어듸까지라도 多種 多樣 多方面으로 富瞻한 것이 通히 此時代의 代表的 天才의 特徵이나 就中 빈틔는 참 驚歎에 價値할 此 特徵을 具備하얏스니 即 빈틔는 藝術家로서 繪畵 彫刻 建築 詩歌 音樂의 各方面에 亘하야 非凡한 天才를 有하얏슬 쑨 아니오, 自然科學 乃至 工藝的 技術 方面에

---

55) 레오날도 짜 빈틔: 레오나르도 다빈치(1452~1519). 이탈리아 르네상스를 대표하는 근대적 인간의 전형으로 화가이자 조각가, 발명가, 건축가, 기술자, 해부학자, 식물학자, 천문학자, 지리학자, 음악가.

在하야도 可驚할 才能을 具備한지라. 그런 卽 彼는 特定한 數學者이오 科學者이오 光學者인 同時에 優秀한 意味로서의 技師이오 發明家이오 兼하야 飛行機 蒸氣船 等 發明의 先驅者도 되고 更히 攻城法의 硏究者도 된다 하니 有史 以來 此와 如한 多方面的 人物은 他에 類例가 無하니라.

◎ 1922.4.4. 구주사상의 유래(20)

第三章 루네산스(속)

빈티의 思想의 傾向을 簡單히 言明하면 自然에 對한 宗教的 憧憬이라. 그 思想의 中心은 無論 此 時代의 各人과 同히 自然 그것이니 自然을 法則으로 하고, 自然을 規範으로 하야 一切를 自然的으로 現實的으로 化코저 함이 빈티의 本意라. 彼가 自然에 對한 態度에는 深奧한 宗教的 敬虔心을 有하야 今日의 吾人과 如히 自然을 다만 自然으로서 觀察하지 아니하고 그 中에 無限의 眞理와 無盡藏의 秘密이 包含된 줄로 自信하야 마치 神聖한 神이나 對함과 如히 崇拜하고 尊奉함이 빈티의 態度이니 從하야 自然으로부터 事物을 學하야 眞理를 獲함이 빈티에 在하야는 尊貴한 信仰과 教訓을 得함과 同히 한지라. 此와 如한 尊貴한 自然의 神秘를 得코저 함에는 吾人은 須히 忍耐에 忍耐를 加하고 無數한 經驗을 積하야 그로부터 從容히 普遍의 法則을 引出하지 안이하면 아니될지니 '智慧는 經驗의 女이라.' 함은 빈티의 實際上의 教訓이니라.

플란소아 라푸레(1445~1553)[56]는 文藝復興期의 루소 쏘는 모리엘이라 別名된 만큼 新敎育觀(乃至 人生觀)을 提出하고 쏘 ●●한 時代를 嘲笑한 佛蘭西의 有名한 思想家이니 彼는 元來 僧侶로 寺院 生活을 經驗하고 그 殘忍 冷酷한 死生活에 絶望이 되야 스사로 進하야 大學에 入하야, 文學, 科學, 醫學 等을 兼修하면서 "汝의 一身을 自然의 眞理에 任하라. 現世에는 何物이라도 學하지 아니하고 放過하면 아니된다." 主張하니라, 그 有名한 小說『쌀간듀아』[57]는 루소의『에밀』과 比較할 敎育書-敎育小說이니 쌀간듀아이라 하는 人物이 그 子 쌘타그엘과 共히 바로 그 大自然의 源泉으로부터 眞智識을 汲코저 한 事를 假想的으로 描寫한 것이라. 故로 此書 中에는 徹頭徹尾 寺院의 禁慾主義와 虛禮 僞善 等을 罵倒하고 人類의 眞生活은 全히 快活과 嬉笑에 在하다 主張한 것이니 後에 記코저 하는 英吉利의 토마스 모아 等의『유토피아』와 並하야 此書는 文藝復興期의 四大 유토피아의 一이라 하나니라.

미셸 드 몬틴(1533~1592)[58]도 쏘한 文藝復興期의 代表者로 佛蘭西

56) 플란소아 라플레: 프랑수아 라블레(1444~1553).

57) 쌀간듀아: 가르강튀아와 팡타그뤼엘. 라블레의 소설. 거인 일가의 편력을 통해 사회를 비판한 프랑스 르네상스기의 걸작이다.『팡타그뤼엘』은 풍자적이며,『가르강튀아』는 상징주의와 사실주의가 엿보인다. 이 작품 속에는 고전과 민간 전승, 학문, 현실 체험, 시대정신 등 여러 가지 주제가 담겨 있다. 그 무렵의 유행작으로 저자를 알 수 없었던『거인 가르강튀아의 위대하고 귀중한 연대기』의 속편이라는『팡타그뤼엘』(1532)을 처음에 간행했다가 호평을 받자 그에 힘입어 그 전편에 해당되는『가르강튀아』(1534)를 써서 이를 『첫 번째 책』이라 하고, 앞서 나온 작품을『두 번째 책』이라고 했다. 그 이후로『다섯 번째 책』까지 이어지는데, 라블레가 죽은 뒤에 출판(1564)된 이 마지막 책은 문체 등에서 그 전의 작품들과 다른 점이 많아 가짜로 의심받고 있다.〈다음백과〉

58) 미셸 드 몬틴: 미셸 드 몽테뉴(1533~1599). 16세기 후반 프랑스의 광신적인 종교 시민전쟁의 와중에서 종교에 대한 관용을 지지했고, 인간 중심의 도덕을 제창했다. 그러한 견해를 피력하기 위해, 또는 좀더 정확히는 그러한 견해가 자신에게 무엇을 의미하는가를 밝히기

의 有名한 論文家이니 彼는 普通 懷疑家 또는 宗敎家로 誤解되얏더니 彼가 宗敎를 攻擊하고 懷疑를 提唱함은 中世紀 以來 歐羅巴에 行한 宗敎上의 宗派 競爭에 絶望이 되야 此等의 主張은 모도 偏頗한 信仰과 知識에 立脚한 것이오, 一個도 公平無私한 根據에 依한 것이 無함으로 考察한 所以이라. 斷片的인 學者이나 宗敎家의 意見으로부터 離하야 비로소 大自然의 懷中에 抱擁되는 時에 吾人은 처음으로 無限한 事實이 包含된 것을 發見한다 하니, 卽 몬틘은 自然에 對하야 決코 懷疑家가 안이오, 도리어 그 中에 包含된 無限한 變化를 冷情히, 公正히 十分 觀察하고 玩味코저 함이 彼의 中心 傾向이라. 彼가 自己이라는 個人的을 公平히 精確히 觀察함은, 自己는 畢竟 自然의 一變化라 하야 自然의 變化로서의 自己의 觀察에 가장 深切한 意味를 感한 所以라. 故로 彼의 自然에 對한 態度는 마치 前記 伊太利의 뷘티와 同一의 態度를 有하얏스니, 卽 彼에 在하야는 自然은 無限의 深秘와 眞理를 包含한 尊貴한 寶庫이라. 此 大自然에만 依賴하면 吾人에는 何等의 誤謬도 無하고, 誤解도 無하니 大自然은 人生을 指導하는 大敎師이라. 此 大敎師의 指導를 受하면 吾人은 壯快한 生活을 造할지오, 是에 反하면 문득 生活을 破滅을 招할지니 통히 自然에 背함과 自然의 敎에 違함은 人類生活을 邪道에 引導하는 根本이니 自然에 返하야 自然의 指導를 受하지 안이하고는 人生은 到底히 不完全을 免하지 못할 것이라. 더욱 人類의 個性은 바로 大自然의 發現인 故로 어듸까지라도 自由로 發達케 하고 伸張케 하지 안이하면 안이되나니 自然대로의 直進하는 敎育이 吾人

위해 '수상'이라는 문학 형식을 만들어냈다. 그의 『수상록』은 인간 정신에 대한 회의주의적 성찰과 라틴 고전에 대한 해박한 교양을 반영하고 있다. 몽테뉴는 고등법원 심사관 자리에서 일을 했지만, 아버지가 세상을 떠난 뒤 영주가 되어 막대한 재산을 물려받고, 대부분의 시간을 서재에서 독서와 명상에 잠기고, 수상록을 집필하며 보냈다.

에 在하야 第一 要件이라.

第三章 루네산스(속)

　故로 가령 教育과 如한 것도 어듸까지라도 自然의 自由인 發達을
根本으로 할 것이오, 決코 不自然한 緊縮主義이나 禁慾主義에 依賴할
것이 안이오, 더욱 自然에 備한 人類性의 發育을 或은 抑壓하고 或은
禁止코저 함은 가장 厭避할 것이라. 自然은 第一의 大教師이니 萬事를
此에 任하면 반다시 完成하고, 그러치 안이하면 반다시 失敗하나니
大自然에 對하야는 吾人은 須히 神에 對함과 如히 敬虔하고 信心이
深하지 안이하면 안이될지라. 自然은 곳 神이니 神은 自然의 中에 光
輝를 發한다 함이 몬틘의 思想이니라.

　以上에 列記한 諸家의 意見은 다 自然을 生活의 法則으로 하고저
한 것이니, 嚴正한 意味에 在하야 道德上의 自然主義이라도 稱할 것이
라. 오즉 自然의 意味를 擴張하면 그 中에는 自然的 人類 生活－古代
끼리사 人의 自然生活도 包含된 것인 故로 現實主義는 此와 如한 自然
生活主義에 不外하니 뷘티, 라블레, 몬틔 等은 다 人生에 不自然인
中世紀式의 自然生活을 主張한 者임은 更히 說明을 要하지 안이하나
니라.

　(다) 新藝術의 發生: 以上은 루네산스의 自然科學의 發生을 槪說한

것이나 吾人은 更히 一步를 進하야 此時代에 新藝術의 發生을 瞥見하지 안이하면 안이될지라. 루네산스에 在하야 自然科學의 發生은 無論重要한 事項이나 新藝術의 發生 쏘한 決코 自然科學에 劣하지 안이한 重大 事項이라. 學術界에 코펠닉스, 깔릴레오, 쎼콘 等이 輩出함과 如히 藝術界에도 미켈란제로, 라파엘, 섹스피아 等 曠古의 天才가 輩出하얏스며, 繪畵, 彫刻, 建築 等 方面에 在하야 루네산스의 伊太利는 實로 無數한 天才를 輩出하야 뷘티, 라파엘, 미켈란젤로 等은 西歐 代表者에 不過하며 北歐羅巴에 在하야도 플레민 派이라 稱한 후란다人의 美術家 가령 판아이크(1370~1416)59)와 밋 和蘭派의 畵家 루펜스 렘프란트60) 等으로부터 更히 南獨逸의 니룬벨피에61) 派達한 畵家(代表者 알프레피로 쏠라,62) 1471~1528) 等은 伊太利의 藝術家와 共히 新興한 藝術에 對한 貢獻한 各人이라. 吾人은 玆에 此等 藝術家에 就하야

---

59) 판아이크: 반 에이크 형제(Van Eyck)는 네덜란드의 화가 형제다. 형은 후베르트(Hubert, 1370년경~1426년)고 동생은 얀(Jan, 1390년경~1441년)이다. 동생 얀은 유화를 발명한 사람으로 알려져 있는데 이것은 그가 색체 가루(안료)를 최초로 기름에 섞어서 사용했기 때문이다. 당시 화가들은 광물이나 식물 등에서 색체를 발견하고 이를 가공하여 안료를 직접 마련하였으며 그것을 주로 계란에 섞어 사용하였지만 계란에 섞은 물감은 빨리 마르는 단점이 있어서 에이크 형제는 기름을 사용하였다. 반 에이크 형제 모두 마사이크에서 출생하였다. 두 형제의 합작인 켄트 시에 있는 성 바본 성당의 대제단화는, 회화 사상 일찍이 찾아볼 수 없었던 기념비적 작품으로, 제작 도중에 형이 죽자 동생 얀이 1432년에 완성했다고 새겨져 있다. 반 에이크 형제는 소박하고 겸손한 신앙심을 바탕으로 그림을 그려 '근대 초상화의 아버지'라고 불리고 있다. 그들의 작품은 15세기 북부 유럽 르네상스에서 새 양식을 불러 일으켰다. 형 후베르트의 대표작으로 〈기증자 부처의 초상〉, 〈어린 양의 예찬〉 등이 있으며, 동생 얀의 작품으로 〈아르노르피니 부처의 혼인도〉, 〈롤랑의 성모〉 등이 있다. 〈위키백과〉

60) 르펨스 렘브란트: 렘브란트 하르먼손 판 레인(네덜란드어: Rembrandt Harmenszoon van Rijn, 1606년 7월 15일~1669년 10월 4일)은 바로크 시대의 네덜란드 화가이다. 일반적으로 유럽 미술사에서 가장 위대한 화가이자 판화가 중 한 사람으로 여겨지며 네덜란드의 역사에서 가장 중요한 화가이기도 하다. 예술 분야에서 그의 기여는 역사가들이 소위 네덜란드 황금시대라고 부르는 시대를 불러오게 하였다. 〈위키백과〉

61) 니룬벨피에: 뉘른베르크.

62) 알프레피로 쏠라: 미상.

一一히 精細한 硏究를 加할 餘地가 無하나 藝術은 特히 時代精神과 密接의 關係가 有한 것인 故로, 루네산스의 藝術이 어대까지라도 루네산스 式임은 更히 說明을 要하지 아니할지라. 卽 뷘티, 몬틴 等으로 因하야 主張된 自然主義—中世紀的 非自然을 退斥한 意味의 自然主義 乃至 所謂 人生주의는 共히 新興藝術의 生命이라 謂하니 대개 藝術 方面에 在하야도 中世紀의 永久間, 自然的 씨리사 藝術은 이믜 衰廢하고 아모조록 自然을 違히 하고, 人生味를 離하는 것을 宗敎的으로 誤信하는 奇怪한 風氣만이 行한 故로, 루네산스에 至하야 온갖 藝術이 自然에 返하고, 人生味에 歸함은 此亦 當然한 順序이라. 誤謬된 宗敎的 傳習으로부터 解脫하야 온갖 것을 自然中으로 人生的으로 進함이 루네산스 式 藝術의 根本 特徵이니, 無論 當時의 藝術은 통히 宗敎味를 絶棄하얏다는 意味가 안이오 도리어 그 反對로 眞正의 宗敎味가 自然味 乃至 人生味와 調和한 處에 當時 藝術의 特徵이 有하니라.

미켈란젤로(1473~1564)이라든지 라파엘(1483~1520)이든지 乃至 獨逸 니룬베히63)의 쑐라이든지 各各 此와 如한 特徵을 具備한 者이니 後來 伊太利의 藝術이 急히 衰亡함은 藝術家가 한갓 技巧의 末에 馳하야 가장 重要한 宗敎的 美 精神을 失한 所以이라. 미켈란젤로가 深히 宗敎的 精神에 熱中하야 單히 繪畵 彫刻 等 方面에 在하야섇 아니오, 詩의 方面에 在하야도 莊嚴한 싼틔64) 式 精神을 示함은 著名한 事實이

---

63) 니룬베히: 뉘른베르크.

64) 싼틔: 단테. 두란테 델리 알리기에리(이탈리아어: Durante degli Alighieri, 1265년 3월 1일 경~1321년 9월 13일 또는 9월 14일)는 두란테의 약칭인 단테(Dante)로 널리 알려진 이탈리아의 시인이다. 피렌체의 알리기에리 혹은 알라기에리(Alagh(i)eri) 가문의 일원이다(단테의 아들 야코포의 설명: "Durante olim vocatus Dante, condam Alagherii de Florentia"). 두란테 알리기에리의 이름은 "장수하는 날개가 달린 자"라는 뜻인데 그것은 그의 작품이 남긴

니, 월터 페터(英國의 文學者)[65]는 미켈란젤로를 批評하야 一面으로는 嚴格과 力의 人이오, 一面으로는 一種 說明키 難한 愛와 美를 兼備한 天才이라 하얏스니, 라파엘이 어듸까지라도 快活하고 天眞임에 對하야 그 天性이 人生觀에 深히 優美를 包하고 特히 人生의 暗影—當時 伊太利人의 浮華 輕快로 萌한 道德的 腐敗—當時에 有名하든 殉敎者 聖 사보나롤라(1452~1498)[66]가 함부로 發覺식힌 伊太利 全土의 道德

다양한 영향들의 결과를 예언한 실로 상징적인 이름이라 할 수 있다. 〈위키백과〉

65) 월터 페터: 월터 페이터(1839~1894). 영국의 비평가, 수필가, 인문주의자. 레오나르도 다 빈치, 산드로 보티첼리, 피코 델라 미란돌라, 미켈란젤로 및 그밖의 인물에 관한 평론을 모아 1873년 『르네상스 역사에 관한 연구(Studies in the History of the Renaissance)』(후에 『르네상스(The Renaissance)』로 불렸음)를 출판했다. 이 수필들에 나타난 섬세하고 꼼꼼한 문체와 르네상스 예술에 대한 감각적인 평가로 그는 학자이자 심미주의자로서 명성을 얻었으며, 옥스퍼드대학교에는 그를 숭배하는 소규모 집단까지 생겼다. 그는 『르네상스』의 맺음말에서 예술은 그 자체의 아름다움만을 위해 존재하며, 예술의 존재 이유에 도덕적 기준이나 실용적인 기능이 끼여들면 안 된다고 주장했다. 이러한 견해 때문에 페이터는 찰스 스윈번이나 라파엘 전파 화가들과 연관되기도 했다. 〈쾌락주의자 마리우스(Marius the Epicurean)〉(1885)는 그의 사상의 본질을 가장 잘 보여준 작품이다. 이 글은 철학적인 로맨스로, 심미적이면서 종교적인 삶에 대한 페이터의 이상이 정확하고 자세하게 그려져 있다. 이 글의 배경은 마르쿠스 아우렐리우스 시대의 로마이지만, 이것은 19세기 후반의 특성을 나타내는 주인공의 정신적 발달사를 그리기 위해 위장한 것일 뿐이다. 〈상상의 초상화(Imaginary Portraits)〉(1887)의 양식 역시 이와 똑같지만 길이가 짧은 철학 소설을 모아놓은 것이다. 〈감상(Appreciations)〉(1889)에서는 다시 비평으로 돌아가, 이번에는 주로 영국적인 주제를 다루었다. 1893년의 〈플라톤과 플라톤주의(Plato and Platonism)〉는 플라톤 철학의 논리적·변증법적 측면은 무시하고 철저히 문학적인 관점에서 그의 사상을 다루었다. 〈그리스 연구(Greek Studies)〉(1895)·〈다방면에 걸친 연구(Miscellaneous Studies)〉(1895)·〈'가디언'지에 실렸던 평론 모음(Essays from The Guardian)〉은 그의 사후에 출판되었으며, 미완성 로맨스 〈가스통 드 라투르(Gaston de Latour)〉(1896) 또한 그의 유작이다. 〈다음백과〉

66) 사보나롤라: Savonarola, Girolamo(1452~1498). 이탈리아의 교회개혁자. 페라라 태생. 1475년 볼로냐의 도미니코회 수도원에 들어갔고, 뒤에 피렌체의 성 마르코 수도원으로 옮겼다가(1482년), 다시 로렌초 데 메디치 수도원으로 옮겼으나(1489년), 다시 성 마르코 수도원으로 돌아와서 그 원장이 되었다(1491년). 그는 르네상스가 조장시킨 도시의 종교적 도덕적 부패를 날카롭게 비판, 도시의 멸망을 경고하였다. 또한 자기는 하느님이 임명하신 예언자라는 자각을 지녔으며, 그의 피렌체 멸망에 관한 예언이 프랑스의 샤를르 8세의 피렌체 진군으로써 적중되자, 그에 대한 신망이 높아졌다. 이때 메디치가(家)는 도시에서 추방되었지만, 그의 희망에 따라 도시는 공략을 받지 않았다. 그의 지도로 신정정치(神政政

的 腐敗—深히 一言에 包含된 人生의 悲哀와 憂愁에 感激하야 사보나롤라 式의 또는 싼테 式 宗敎的 嚴格으로써 人生에 對한 것이 미켈란젤로의 特徵이라. 그 藝術的 天才 中에는 가장 深妙한 一種의 近代的 精神까지도 寄在하얏스니 卽 藝術은 單히 自然을 模倣한 것쑨 안이오, 實은 完全히 生命을 外部에 表現한 것이라. 自己가 몬저 偉大한 後에 비로소 能히 偉大한 藝術을 作한다 하나라.

쏘 줄라가 同一한 宗敎的 畵家로 南方 獨逸로부터 遙히 北方 루터의 宗敎改革에 가장 熱烈한 聲援을 與함은 此 亦 有名한 事實이니라.

單히 有形 美術의 方面에 在할 쑨 안이오, 廣히 文藝方面에 在하야도 自然主義 乃至 人生主義는 어듸까지라도 루네산스 藝術의 中心的 內容이라. 루네산스 文藝의 先驅는 己往 十三四世紀의 有名한 伊太利의 大詩人 싼틔(1265~1321)(就中 그 神曲)이라 하니 宗敎的임에 不拘하고 彼의 詩가 人生味에 十分 充滿함은 卽 此等 批評을 受한 所以이나 다만 嚴正한 意味에 在하야 루네산스 文藝의 嚆矢를 作한 者는 同一한 伊太利의 論說家 베트랄카(1304~1374)[67]와 밋 포카티오(1313~1375)[68]이니

治)가 시행되고, 교회는 회중으로 가득 찼으며 저속한 오락은 폐지되었다. 그의 영향력은 약 7년간 계속되었지만, 그의 정치 이상이 높을수록 실행 불가능한 일도 있어서, 피렌체로의 복귀를 노리는 메디치가와 그 도당으로부터 공격당하게 되었고, 또한 그의 주장에 따라 전개되었던 과격한 종교운동에 대한 시민의 반대도 격화되었다. 그는 더 나아가 교회의 혁신을 주장하고, 이것을 이탈리아 전체에 미치게 하기 위해 부패의 근거지인 로마에 대한 공격을 시작했으나, 결과적으로 교황 알렉산데르 6세로부터 파문 선고를 당하였다(1497년). 이때는 시회(市會)로부터 지지를 받았지만, 얼마 뒤 프란치스코회 수사와의 불에 의한 시련 대결을 계기로 그의 신망은 상실, 그와 두 종자(從者)는 투옥, 사회의 재판에서 교수형에 처해졌다(1498년). 그에게서 교리상의 개혁은 찾아볼 수 없었지만, 그는 교황 무류설을 부정하고 일반 교회회의의 권위를 강력히 주장한 바 있었으므로, 종교개혁의 선구자였다고 볼 수 있다. 주요저서로 설교집 『F. Cognasso-R. Paimarocchi』(3권, 1930~1935)가 있다.

彼等의 詩歌와 밋 小說은 全히 在來의 宗敎味를 脫却하고 專히 現實의 人生 生活을 模寫함을 主眼으로 한 故로 彼等의 著作이 루네산스 的 起運을 造함에 與하야 力이 有함은 此亦 著名한 事實이오, 就中 배트랄 카가 그 短詩에 在하야 自己의 眞生活을 歌한 것은 문득 歐羅巴 全體를 風靡하야 自己 表現은 一時 歐羅巴 文壇의 風潮이라까지 見稱하니 라.69)

　가장 廣汎한 意味에 在하야 루네산스의 新興文學이라 하면 一般 古典文學의 復興에 基하야 씨리사 라틴의 古文學을 模倣하고 因하야 人生味를 復活한 것을 意味한 것이라. 더욱 씨리사 哲學者 홀라톤 就 中 아리스토테레스가 詩를 解釋하야 "自然의 模倣"이라 한 바로부터 模倣說이 廣히 루네산스 當時의 風潮를 成하고 그리하야 模倣說은 更히 '古文學의 模倣'이라는 意味로 轉化하고 古文學의 模倣이 도로혀

---

67) 베트랄카: 프란체스코 페트라르카(Francesco Petrarca, 1304~1374)는 이탈리아 시인·인문 주의자이다. 그는 단테에 이어 출현한 이탈리아 최고의 시인으로서 후세에 큰 영향을 주었다. 16세기 프랑스 르네상스가 특히 페트라르카의 영향을 크게 받았으며 이는 페트라 르카주의(pétrarquisme)이라 명명되기도 하였다. 또한 14행시는 13세기 시칠리아 파(派)에 서 유래한 것이라고 하나, 그가 이 형식으로 쓴 300여 장의 운조(韻調)나 시상이 모두 아름다웠으므로 그가 사용한 이 형식은 유럽 제국(諸國)에 있어서 표준형이 되었다. 그러나 그는 이탈리아어 작품을 중시하지 않았으므로 〈서정시집〉과 연애, 명성, 정절, 죽음, 시간 등이 각기 소멸하고 영원한 것만이 최후의 승리를 얻는다는 구상의 장시 〈개선(凱旋)〉이란 작품이 있을 뿐이다. 그 밖의 것은 모두 라틴어로 되어 있고, 그 중에서도 금욕생활을 찬양한 〈고독한 생활에 관하여〉〈종교자의 무위에 관하여〉 그리고 성 아우구스티누스의 사상을 빌어 마음의 괴로움을 풀려고 한 〈나의 비밀〉 등이 중요한 것이다. 그는 세속적 쾌락이나 명성을 구하는 한편 종교적 고독에 묻혀, 상충하는 두 가지 욕구로 번민한 근대인 이었다. 또 그에 의하여 발견된 고전들의 고본(稿本)도 많으며 등산의 기쁨을 맛보기 위해 산에 오른 유럽 최초의 등산가이기도 하다. 〈위키백과〉
68) 포카티오: 조반니 보카치오(Giovanni Boccaccio, 1313~1375)는 이탈리아의 소설가·시인이 다. 〈데카메론〉의 저자.
69) 근대 사상이 '자기의 발견', '자기 표현', '개성의 발견'과 밀접한 관련이 있음을 설명한 부분임.

眞文學으로 싱각하게 되니, 佛蘭西에 在하야 此 風潮가 特箸하니라.

◎ 1922.4.8. 구주사상의 유래(22)

第三章 루네산스

루네산스의 此 風潮에 不拘하고 十五六世紀에 北歐羅巴의 新興文藝
이라 하면 반다시 몬저 그 當時에 發達한 光彩, 陸離한 英吉利 文學을
指稱하나니 卽 英文學의 黃金時代이라는 에리자베트 王朝의 文藝가
是이라. 有名한 「仙女傳」이며 「天上美의 讚歌」의 作者 스펜사(1552~
1599)[70]로부터 其後에 世界的 劇詩人으로 敷한 세익스피아(1564~1616)
로 因하야 代表된 에리자베트 時代의 英文學은 宛然히 造形美術에
豊富한 伊太利의 藝術界와 相對하야 正히 루네산스 時代의 藝術을
代表하는 世界的 偉觀이니 此 에리사베트 王朝의 新興 文藝는 決코
單히 古典文學의 復興이라든지 페트랄카 포카티오의 模倣 等으로 說
明될 것이 안이오, 個中에는 도리여 一層 特別한 深原因이 有하다 想像
하니 대개 當時의 英吉利는 가령 西班牙의 無敵艦隊를 一擧에 粉碎하
도록 各種 意味의 勢力이 充實하야 國運이 바야흐로 隆盛한 氣勢를
示하던 時代이라. 精神力의 豊富와 밋 充實, 國運의 伸張 發展은 에리
사베트 時代의 特徵이오, 더욱 元氣가 旺盛하고 强烈한 情生活의 發達
은 古今에 絶無할 驚歎할 光景이니 今日로부터 回顧하건대 當時 英吉

---

70) 스펜사: 에드먼드 스펜서(1552~1559). 영국의 시인. 〈양치기의 달력〉, 〈요정 여왕〉 등으로
유명함.

利人의 情生活은 넘어 强烈하고 넘어 豊富하고 또 넘어 難雜하고 粗野하야 어듸까지라도 奔騰的으로만 됨이엿슴으로 그 特徵이라. 에리사베트 時代의 文學은 此 와일드인 로만틱인 더욱 어듸까지라도 充實한 英吉利 民族의 實生活에 胚胎한 것이니 隆盛한 國運은 隆盛한 文學을 産出한 것이라. 대개 英吉利 民族의 實生活(精神生活)이 極度로 와일드이오, 로만틱임은 宛然히 그 眞實한 形姿가, 스펜사, 섹스피아 等 極度로 華麗한 와일드인 그리하야 로만틱인 文學의 形을 現取하야 當時의 文藝는 英民族의 實生活을 寫出한 것이나, 單히 華麗한 로만틱일 쑨 아니오, 가령 섹스피아의 劇을 見하야도 當時의 文藝가 趣味上으로 如何히 豊富하고 複雜하고 多端하고 그리하야 感性的에나 精神的에나 强烈한 感情이 漲溢(창일)한지는 容易히 理解할지라. 實生活이나 文藝가 此等을 示함은 바로 北歐의 루네산스의 特徵은 能히 스펜사의 風潮를 가장 具體的으로 示한 것이니 北歐 루네산스의 特徵은 能히 스펜사에 見할지며, 또 能히 섹스피아에 見할지라. 文藝的 才幹으로써 當時에 聞한 貴公子 휘립푸 시도니[71]는 그의 著作인 『詩의 辯護』中에 左와 如히 述하야,

詩는 그 國民의 精神的 遺産이오, 또 그 所有物에 가장 貴한 것이라. "文藝는 知識을 純化하는 것이오, 記憶을 豊富히 하는 것이오, 判斷力을 發達케 하는 것이오, 또 槪念을 擴大하는 것이니, 吾人을 完成하는 것이 文藝라."

---

[71] 휘립푸 시도니: 필립 시드니(1554~1586). 엘리자베스 시대의 궁정신하·정치가·군인·시인. 〈아스트로펠과 스텔라(Astrophel and Stella)〉는 셰익스피어의 소네트 다음 가는 엘리자베스 시대 최고의 소네트 연작으로 평가받는다. 〈시의 변호(The Defence of Poesie)〉에서 르네상스 시대의 비평개념을 영국에 소개했다(엘리자베스 시대 문학). 〈아케이디아〉, 〈5월의 여왕〉 등을 남김. 〈다음백과〉

하니 루네산스의 人生 本位主義가 가장 明瞭히 此等 言語 中에 表現하나니라.

(라) 個性의 解放 附 宗教改革: 루네산스의 中心 思想이 解放을 意味하는, 特히 個性의 解放이 그 가장 深意味임은 前段에 略敍한 루네산스의 온갖 特徵 中에 스사로 明白한지라. 그러나 此 中心思想은 最近代에 至하도록 徐徐히 發達한 重要한 傾向—歐洲 思想史上의 가장 重要한 것의 一인 故로 玆에 特히 標題하야 그 發生의 由來를 明確히 하고저 하노라.

元來 루네산스가 中世紀的 束縛으로부터 解放을 意味한 同時에 近代 歐洲 諸民族의 精神的 覺醒 또는 自覺을 意味함은 本章의 初에 이미 槪說함과 如하거니와 此 覺醒 또는 自覺이라는 現象을 考察하건대 人類의 內面生活이 一定한 高度까지 發達하야 內에 精神力이 充實하야 活潑한 元氣를 感知함이 안이면 覺醒이나 自覺을 發生할 根據가 無한지라. 內面에 一定한 高度의 力이 有하야 비로소 覺醒이라는 事實이 發生하나니 故로 此點으로부터 觀察하면 루네산스는 歐洲 民族이 明確히 自己自身의 發達(또는 元氣)를 感知한 時代라. 生活力의 充實이 곳 루네산스의 根本 原因으로 解釋되나 此等 生活力의 充實은 가장 直接으로는 個人的 經驗에 在하야 完全히 備嘗한 事實이라. 自己이라는 個人的 發育과 밋 充實이 바로 覺醒이라는 形式을 取하야 外部에 發現함에 不外하니 個的 生命 卽 個人格의 發達이 곳 覺醒 또는 自覺으로 說明되는지라. 此 意味에 在하야 루네산스의 覺醒은 바로 個人格의 發達이니 個人 意識의 發達 또는 個人格의 成長은 루네산스의 中心 特徵이라고도 稱할지라. 事實上 루네산스는 歐洲 各民族 各都市 各個

人의 自由인 成長 發育이나 就中 各 個人의 自由인 進步 發達은 當時 一般 傾向으로 認定됨이 無疑하니 卽 歐羅巴에 在하야 個人意識의 發達은 몬저 個人의 生命力의 充實에 根托한 것으로 解釋되나니라.

◎ 1922.4.9. 구주사상의 유래(23)

第三章 루네산스(속)

　루네산스 時代에 個人 解放의 精神은 無論 各方面의 事實로부터 證明할지나 그 가장 具體的이오 쏘 가장 顯著한 實例는 獨逸의 루터[72] 로 因하야 비롯한 宗敎改革이라 謂하지 안이하면 안이될지니, 皮相的으로 싱각하면 宗敎改革과 루네산스는 其間에 何等 親密한 關係가 無함과 如하나 一層 精密히 觀察하면 宗敎改革은 一般으로 루네산스의 中心 生命을 成한 것(쏘는 그로부터 發生한 것)임을 知할지니 대개 宗敎改革을 決코 單純히 宗敎上의 事變이 아니오, 實로 가장 深刻하고 가장 熱烈한 個人 解放의 精神으로부터 起한 것이라. 自我의 虛僞하지 아니한 信仰—自我의 中心 生命을 成함으로 싱각하는 宗敎的 信仰—이 한갓 羅馬 法王에 蹂躪한 바이 되야 그 獨立性을 全히 하지 못함은 到底히 忍耐하지 못할 屈辱으로 感知한지라. 個人의 信仰 쏘는 個人의 自由의 念에 熱中한 北歐 民族의 多數에 在하야는 此 內生命을 滅亡하면 人生의 生活로 結局 無意義함으로 外에 싱각하지 아니한 故로 此와

---

72) 루터: 마르틴 루터. 독일의 전직 가톨릭 수사이자 사제, 신학 교수였으며, 훗날 종교개혁을 일으킨 주요 인물.

如한 熱烈한 個人意識의 暴發이 도리켜 彼 全歐를 振動케 한 宗敎改革이니 宗敎改革은 그 精神이 畢時에 在하야는 宗敎改革은 또한 루네산스의 主要 現象이니, 南歐 伊太利에 在하야는 루네산스는 美麗한 藝術運動으로서 出現하고 北歐 英佛獨에 在하야는 峻嚴한 宗敎改革의 形狀을 取하야 出現한 것이라. 南歐의 루네산스가 藝術的이오, 北歐의 루네산스가 道德的이라 함은 此 同一한 區別을 他語로써 說明한 것이니라.

本來를 究하면 文藝復興과 宗敎改革은 반다시 同一한 精神으로부터 胚胎한 것이 안이라, 宗敎改革은 個性의 自由를 主張한 것이니, 古文學으로 因하야 人性을 養코저 한 文藝復興과는 반다시 全然히 同一한 精神이 안이나, 北歐의 文藝復興은 그 中에 明確히 個性의 解放과 自由를 包含하야 此 解放과 自由를 主張한 곳에 北歐 獨特의 루네산스가 存한 故로 루터로 因하야 비롯한 宗敎改革은 卽 北歐의 루네산스의 一形式이라 謂하나니 南歐의 루네산스는 藝術的이오 北歐의 루네산스는 道德的 宗敎的이라 함은 特히 吾人으로 由하야 注意되지 아니하면 안이될지라. 대개 北歐가 道德的 宗敎的임은 一般 北歐 民族의 特徵이 南歐에 比하야 當時에 如何히 嚴格하든 것을 表明한 것이니 一般 民族性이 嚴格함으로 하야 비로고 그 루네산스가 宗敎改革이라는 形式을 取하야 發現됨이니라.

그뿐 안이오, 當時 熱烈을 極한 宗敎改革을 見하매 吾人은 北歐 民族의 自由精神이 如何히 深刻 熱烈한 것임을 想像하지 안이치 못하나니 彼等이 主張한 自由는 單히 生命 財産에 關한 外形的 自由가 안이오 內生命의 根底－個性의 信仰에 關한 가장 內的인 또 가장 深意味의 自由이니 此 內生命의 自由를 爲하야는 온갖 것이 犧牲될지라도 休하지 안이한다고까지 싱각한지라. 北歐에 多數의 民衆은 敢然히 立하야 此와 如한 意義의 自由를 爲하야 戰鬪하얏스니 自由를 爲한 戰鬪는 宗敎改革으로 因하야 가장 善美한 模範을 示한 것이라. 此 意味의 自由 는 近代生活을 通하야 廣히 歐羅巴人의 根本 生命이오, 後來의 政治上 과 밋 經濟上의 革命도 그 由來를 溯究하면 此 自由의 精神에 基因하지 안임이 無하니 近代文明을 槪括하야 簡單히 自由의 文明이라 批評함 은 決코 偶然한 事이 안이니라.

此와 如히 個人의 解放—嚴格으로는 個性 意識—은 루네산스의 特 徵이라. 루네산스는 도리여 此 個人意識으로부터 産出한 風潮로도 觀 察되며 特히 個人意識에 關하야 各種의 觀察과 主張을 公表한 文學者 이라. 思想家도 自然 不少하얏스나 더욱 文壇에 在하야 일즉 伊太利의 大詩人 싼테가 眞摯한 自傳을 世間에 示함은 바로 個人意識에 關한 思想 感情을 世間에 擴大케 하고 또 堅强케 한 結果를 致하얏스며 前段에 이미 述함과 同一한 伊太利의 大作家 페트랄카가 가장 自由로 또 無忌憚으로 自己를 歌하고 自己를 語하야 後世로 하야금 文藝復興 期의 루소이라 呼케 하도록 個性意識에 强함은 믄득 歐洲 文壇을 風靡 하야 통히 自我에 注意하고 自我를 主張하는 傾向이 漸漸 世間에 擴大 하얏다 傳하니라. 前段에 例示한 레오날드 싸 뷘티가 苟히 他人이나 또 傳來의 오소리티[73]로 因하야 學함에 滿足하지 아니하고 반다시 몬저 자기 스사로의 經驗과 主張에 竣하지 아니하면 아니되는 所以를 力說하야 그 方面으로부터 自我의 權威를 主張함은 歐羅巴에 在하야 는 著名한 事實이오, 또 同一한 伊太利의 大藝術家 미켈란젤로가 藝術

---

73) 오소리티: 권위.

家는 決코 다만 技巧의 人이 안이오, 도리어 藝術家의 個性 그것(人格 그것)이 主要事이라 喝破함은 此亦 著名한 事實이니 彼는 卽 싼테를 愛讀하야 恒常 左와 如한 事를 語하니라.

單히 繪畵를 寫함에 技妙하고 쏘 賢明한 것만으로는 滿足하지 아니한 것이라. 自己의 사＾각한 바에 依하면 苟히 畵家되는 者에 在하야는 彼의 生活法이 善美할 쑨 아니오, 될 수 잇스면 聖者의 域에까지 進함이 必要하니 대개 此와 如한 後 비로소 聖靈이 彼의 精神을 인스파이아[74] 한다.

하니 彼가 個性을 重히 함으로 因하야 가장 近代 藝術家의 主張의 淵源을 成함도 到底히 無疑하니라.

루네산스의 個人主義—嚴格으로 個性意識 尊重主義—는 此와 如히 個人의 內部에 充滿한 生活力의 意識이라. 個性의 自由와 尊嚴이 次第로 强하게 意識되는 것임에 不外하니 此와 如한 意味에 在하야 더욱 强하게 自意識的으로 個性의 自由를 主張함은 이미 前段에 列擧한 佛蘭西의 몬틴이라. 文藝復興期의 個人主義의 代表者는 바로 몬틴이라고까지 稱하니 그 論文集은 가장 平靜한 心氣로 가장 自由로 自己 스사로를 觀察한 記錄이라. 彼는 殆히 先天的으로 自己의 個性에 가장 深大한 興味를 懷한 者이라 하니 대개 彼의 考案을 據하건대 各自의 個性은 바로 大自然의 無限한 變化 쏘는 複雜을 示하는 것이라. 一個性이 一個性으로서 他의 個性과 相異한 面目을 具備한 곳에 그 個性의

---

74) 인스파이아: 영감을 주다.

358

價値가 存한 故로 外部로부터의 權力으로 因하야 個性의 自由를 束縛
하지 아니하고 本來의 個性을 自由로부터 自然으로 發達케 하는 것이
大自然의 進行을 完全케 하는 所以이라. 온갓 束縛이나 爭論을 除하야
各個性을 그 自然대로 進步케 함이 道德的 優美한 途이니 個人이나
個性이 十分 發達하여야 비로소 社會는 完全히 發達하는 것이라. 此
社會를 完全히 發達케 함에는 몬저 衆 個人을 進步케 하지 안이하면
안이된다 함이 몬틴의 個人主義이라. 루네산스의 萌芽한 個人主義는
今後에 在하야 如斯한 階級 經路를 經하고 쏘 如何한 變化 發達을 達함
에 至할는지 此가 人에 在하야 特히 興味 深大한 問題이니라.

◎ 1922.4.11. 구주사상의 유래(24)

第三章 루네산스(속)

(마) 四大 유토피아[75]: 루네산스의 思想에 結論함에 對하야 吾人은
當時 歐羅巴 各地에 出現한 유토피아적 思想을 瞥見하지 안이하면
아니되나니 일즉 古昔 씨리사 時代에 在하야 플라톤이 理想國家이라
는 유토피아를 模寫함은 씨리사 思想의 條下에 略述함과 如하거니와
루네산스의 當時에 在하야는 期하지 아니한 各種의 意味인 유토피아
(一種의 理想 쏘는 空想社會)가 各種의 人으로 因하야 模寫되야 時勢의
激變과 共히 社會 改善—자못 急激한 쏘는 根本的인 理想的 改善의
思想이 勃興하얏스며 쏘 他面으로부터 觀하면 루네산스의 自然主義

---

75) 4대 유토피아: 플라톤, 토마스 모어, 캄파넬라, 베이컨.

이나 現實主義는 社會 改善이라는 思想과 密接한 關係를 有한지라. 見法으로 因하야는 社會 改善이라는 進步的 思想은 實로 歐洲 近代 文明의 根本 特徵이니 現實的인 改善主義가 近代 歐羅巴 文明의 根本이니라.

本章의 初에 在하야 吾人은 佛蘭西 라플레의 『쌀간투아』는 其他 諸人의 유토피아와 倂하야 當時의 四大 유토피아의 一이라 稱하니 『쌀간투아』가 中世紀의 寺院 生活을 排斥하고 自然科學을 基本으로 한 現實主義를 理想한 著述임은 此亦 前段에 說明함과 如하니라.

그러나 近世의 此種 유토피아의 最初의 것은 라플레보담도 稍무한 英吉利의 토마스 모아(1478~1535)[76]의 著作한 『유토피아』이라. 此는 明白히 플라톤의 理想社會의 影響을 受한 것이니 모아가 近代的임으로 하야 플라톤의 그것보담도 一層 近代的 特色을 具備한 것이라. 안이라. 此 著述은 通히 當時의 社會를 超越한 것이니 歐洲 近代의 社會主義는 이미 此 著述 中에 萌芽한지라. 대개 當時 社會의 缺點 就中 人生의 不幸과 不平均 敎育의 不完全함에 基因한 줄로 싱각하엿스니 人類는 出生한 時로부터 통히 平等인 自由와 權利를 有한 것이오, 階級 制度와 如한 것은 통히 不自然한 産物이니, 故로 理想的 社會에 在하야는 此 不自然한 制度는 다 撤廢되고 쏘 市民은 다 共同的으로 勞働에 從事하야 그 所得을 公平히 努力의 大小에 比例하야 가장 公平하고 分配하고, 敎育도 쏘한 一切 平均하지 아니하면 아니될지오, 市民 每

---

76) 토마스 모아: 토머스 모어. 토머스 모어 경(영어: Sir Thomas More, 1478년 2월 7일~1535년 6월 6일) 또는 성 토마스 모어(라틴어: Sanctus Thomas Morus, 영어: Saint Thomas More)는 잉글랜드 왕국의 법률가, 저술가, 사상가, 정치가이자 로마 가톨릭교회의 성인이다. 〈위키백과〉

日 平均의 勞動時間은 六時間이면 足한즉 그 餘의 時間은 自由를 修養에 費할 것이라 하니 모아의 意見이 如何히 近代的인지는 此로 因하야 大略 明白할지라. 此와 如한 意見이 單히 유토피아가 안이오, 最近代에 接近함에 從하야 더욱 現實的으로 됨은 特히 注意할지니라.

모아의 影響이 顯著한 伊太利의 哲學者 토마스 캄바네라(1568~1639)[77]의 『日의 國』[78]은 羅馬 法王을 世界의 君主로 立하고 法制的으로 世界 統一을 許하야 精細히 社會組織을 規定하야 宇宙的 理想의 實現을 夢想한 一種의 유토피아이라. 各國의 治者이나 君主도 各各 最高의 法王에 從屬하야 法王을 元首로 하고 一般 社會 制度의 組織으로부터 職工 學生에 至하기까지 乃至 家庭 夫婦의 關係에 至하기까지 다 一定한 法規에 依하야 精確히 順序를 定할 것이라 主張하고 市民 每日의 勞動 時間은 겨유 四時間으로 足하다 하니, 캄바네라의 유토피아는 넘어 法規的 쏘 外形的이오 必要한 精神 方面을 缺한 傾向이 有하니라.

四大 유토피아의 最後의 것으로 吾人의 更히 英吉利의 쎄콘의 『노바 아틀란티스』[79]를 數할지니 小島에 居住하든 幸福한 市民의 社會를 模寫한 것이 是이라. 쎄콘의 根本思想이 科學의 力으로써 自然을 征服하야 利用함에 在한 故로 온갖 科學的 知識을 應用하야 思量力의 及하는 限度의 發明 發見을 行하고 그로 因하야 人生—特히 日常生活의 幸福으로, 豊富로 하는 것이 將來의 理想的 社會로 싱각하얏스니 歐洲 將來의 工藝主義는 가장 露骨로 쎄콘의 思想 中에 出現하얏스나 다만

---

77) 토마스 캄바네라: 토마스 캄파넬라. 이탈리아의 시인, 저술가, 플라톤주의 철학자.
78) 일의 국: 태양의 나라. 1623년에 간행된 이탈리아의 사상가인 캄파넬라가 쓴 정치 철학서
79) 노바 아틀란티스: 프랜시스 베이컨의 저작물.

루네산스의 當時에 在하야는 此等은 單히 理想이오 空想이라. 最近代와 如히 아즉 事實上에 實現되지 아니하니라.

◎ 1922.4.12. 구주사상의 유래(25)

第四章 唯理思想

唯理思想의 意義: 第十五六世紀에 歐羅巴의 一般的 傾向을 르네산스라 名할진대 第十七世紀와 및 第十八世紀의 一般的 傾向을 吾人은 便宜上 唯理思想 쏘는 一層 詳細히 古典的 唯理思想이라 名홀지라. 대개 十五六世紀에는 前章의 總說과 如히 近代 歐羅巴人의 少壯한 從하야 華麗한 覺醒이니 一般으로 情熱的인 伸張的인 傾向이 顯著하얏스나 此等의 創始的 傾向은 그대로 何時까지라도 繼續할 것이 안이오, 언의 意味에 在하야는 도리혀 그 反對와 守成的인 整理的인 傾向●로 轉한 것이 十七八世紀 大體의 形勢, 換言하면 自然的이나 現實的이나 十五六世紀에 在하야는 통히 創始的인 進取的인 擴張的인 氣運이 漲溢함에 對하야 十七八世紀에 在하야는 발서 此等의 少壯한 情熱的 氣運이 繼續하지 못하고 守成的 氣運에 作한 整理整頓 卽 온갖 것에 規律을 與하고 法則을 授하야 何事이든지 合法的으로 合理的으로 處理한다는 整頓的 傾向이 時代의 思潮를 成하기에 至하니 從하야 規律이나 法則이 十七世紀 文明의 中心 特徵으로 何事이든지 規律에 準하고 法則에 適合케 하지 안이하면 已치 안이한 것이 當時의 一般 風潮이니, 法律에 準하고 法則에 適合케 한다 함은 事物을 통히 合理的으로 合法的으로 觀測하고 批判하는 所以이나 此의 事物을 合理的으로만 觀察함은 그

根底에 在하야 道理를 尊重히 하고 理智를 推尊하는 所以이니 十七八世紀의 一般 風潮는 實로 此理를 尊重의 傾向이라 謂하나니라. 一切의 社會現象(또는 精神現象)은 中理性의 動作만큼 尊美한 것이 無하며 또 理性은 如何한 事物의 深秘이라도 能히 窮究한다 함이 理性을 尊重의 根本精神이니 此等의 傾向을 假定的으로 唯理思想이라 名하는 所以는 次第의 說明으로 因하야 스사로 明白히 될지니라.

唯理思想 發生의 由來: 此와 如히 法則 規律을 尊重히 하는 唯理的 傾向이 如何히 하야 十七八世紀의 歐羅巴에 發生하얏는지 此와 如한 唯理思想的 傾向 發生의 根據는 如何한 지 생각하건대 此와 如한 一般的 風潮는 決코 單純한 理由에 基因하야 發生한 것이 안이오, 各種 複雜한 原因이 有한 것은 說明할 것은 無하나 몬저 當에 實際 生活上의 變遷이 此와 如한 風潮의 主因이 된 것이라. 政治 歷史를 案하건대 十七八世紀 文明의 主軸者가 된 英佛獨 中 몬저 英吉利는 十五六世紀의 自由인 活潑인 平和的 形勢를 永續하지 못하고 十七世紀의 前半期를 通하야 彼를 크롬엘로 因하야 代表된 共和運動이라는 大事變이 有하야 爾來 引續하야 政治上의 內亂 爭奪이 止熄(지식)할 餘暇가 無하야 容易히 收拾하지 못할 形勢에 在하더니 다행히 王政復古로 因하야 收攬(수람)된 人心은 가장 堅實한 英國思想의 本源이 되야 몬저 事物에 條理를 附하고 法規를 與하야 實際的으로 堅實히 生活을 整頓하고 統一하는 根本 動機를 成하얏스며 其次에 佛蘭西는 如何한가. 此亦 十七世紀의 前半期에 在하야는 政治上의 黨爭內亂이 止熄할 餘暇가 無할 쑨 안이오 三十年 戰爭의 大禍亂은 人心으로 하야곰 간절히 平和와 統一을 要求하야 他를 回顧할 餘暇가 無케 한지라. 況且 當時의 獨逸 諸邦은 三十年 戰爭의 發生地임으로 하야 爭亂內訌(쟁란내홍)의

禍가 가장 激甚한 故로 禍亂을 鎭壓하고 人心을 泰山의 安에 措할 知識統一 整理는 當時 人心의 切實한 要求이엇슬지라. 三十年 戰亂은 그 起源을 溯究하건대 元來 宗敎的이니 宗敎改革으로 因하야 誘致된 信仰의 自由는 延하야 新造된 諸宗派의 軋轢 爭鬪(알력쟁투)가 되고 此에 政治上의 紛擾를 加하야 歐羅巴에 在하야는 古來 未曾有의 ●● ●을 醸하기에 至하엿스니 本來의 意味가 宗敎的임으로 하야 三十年 戰爭의 根底에는 가장 深刻한 思想問題(卽 當時의 信仰問題)가 潛伏한 것이라. 三十年 戰爭은 그 本質에 在하야는 思想上의 大紛擾(분요)이니 近代 歐羅巴人은 思想的으로도 此와 如히 頑强함을 示하는 同時에 此 와 如한 思想上의 內亂은 더욱 當時의 人心으로 하야곰 深히 思想上의 統一을 要求하야 已하지 아니하니라.

　第十七世紀의 初는 此와 如히 政治的으로든지 社會的으로든지 內亂 時代인 故로 少하야도 同世紀의 前半期에 在하야는 人心의 興味는 實際에 傾하야 가령 文藝 乃至 學術과 如한 것은 一時에 全히 放擲(방 척)하야 顧하지 안이한 故로 高級思想은 도리여 退步의 程을 呈하엿스 니 卽 十七世紀의 初에 在하야 特히 文藝上 또는 學術上 特絶한 産物을 見하지 못함은 決코 偶然한 事이 안이라. 다만 十七世紀의 末葉으로부 터 十八世紀에 亘하야 出現된 特殊의 風潮ㅣ 卽 唯理思想은 嚴格으로 는 十七世紀來의 實際生活을 地盤으로 하야 發生한 것임을 忘却하면 아니될지니라.

　政治的으로든지 思想的으로든지 如斯히까지 甚히 分裂한 紛亂한 人心을 統一하야 가장 有力한 權威下에 一切를 組織化 規律化코저 試 한 典型的 實例는 彼 佛蘭西 루이 十四世의 統治이니 此 燦爛한 光輝가 有한 統治는 바로 十七八世紀 全文明의 特徵을 代表한 典型이라 稱할 지라. 대개 此 英邁한 君主는 單히 그 不世出의 才能으로써 紛亂한

天下를 平定하얏슬 쑌 안이오 能히 民心의 歸趨를 察하여 가장 權力이 有한 華麗한 規律 典禮로써 全語를 修飾하고 束縛한지라. 안이라. 오즉 純 政治的으로 民心을 統一할 쑌 안이라 루이 十四世는 스사로 그 有名한 帝王神權說(제왕신권설)을 主唱하야 朕은 神을 代하야 人心을 統御하고 支配하는 者이라 主張하고 苟히 羅馬舊敎의 精神에 違反하는 者이 有하면 不計하고 處罰 또는 虐殺하야 一毫도 假借함이 無한 故로 彼는 單히 政治上의 專制君主일 쑌 안이라 兼하야 가장 有力한 宗敎上의 統率者도 되니 所謂 政敎一致의 精神은 此 專制君主의 統治에 在하야 가장 完全히 實現되야 佛蘭西 王朝는 外的으로든지 內的으로든지 가장 嚴正히 民心을 統一하고 束縛함에 至하야 가장 完全한 意味에 官僚主義의 典型일 쑌 안이라 그 當時에 在하야는 가장 華麗 絢爛(현란)한 制度 文物로 因하야 修飾되야 整然 또는 燦然한 規律 法則을 精神으로 한 것이니 佛蘭西 文明에 獨特한 儀式 典禮는 實로 此 獨裁君主의 統治로 因하야 確立되얏까지 傳하니라.

◎ 1922.4.13. (26)

第四章 唯理思想(續)

內亂의 後를 受한 루이 十四世의 統治는 確的히 民心의 要求에 應하야 統一하고 組織한 것이니 此統治의 精神이 守成的 建設 卽 一切의 組織化 또는 合理化에 在함은 大略 思想함에 難하지 안이한지라. 絢爛한 制度 文物은 그 起源에 在하야는 相當한 情熱 乃至 精神을 凝在한 것일지나 그것이 習慣이 되면 畢竟 一種의 形式이니 組織的인 制度

文物은 마참내 情熱을 缺한 規律이오 形式에 不過한지라. 吾人은 此와 如히 十七八世紀의 唯理思想의 一般을 大略 此와 如히 想像하노니 卽 規律的인 法則的인 唯理思想은 루네산스의 傾向과 如히 情熱的으로 熱誠的으로 쏘는 放縱不羈(방종불기)하야 一切의 束縛으로부터 解放 되지 안이하면 已하지 안이한다는 種類의 異하야 도리여 그러한 放縱 不羈 奔騰的(분등적) 情熱을 缺하고 그 代에 條理가 整然한 文物 典章이 며 쏘는 規距가 整然한 法則 原理로써 一切를 律코저 한 理智的 傾向에 不外하니 紛紛擾擾(분분요요)한 世亂으로부터 民心을 救出하야 整理하 고 誘導코저 함에는 此와 如한 守成的 理智的 傾向은 必然的 傾向이라. 此 傾向을 通過하야 歐羅巴 文明은 비로소 最近代 로민티시즘으로 發達한 것이니라.

唯理思想의 淵源: 대개 以上은 唯理思想을 主하야 時代의 實際的 傾向으로부터 說明한 것이나 더욱 正確히 唯理思想의 發達을 探究하 건대 그 由來한 바는 더욱 複雜多岐함을 發見하나니 何者오. 理智를 尊重히 하고 理性을 推尊함은 반다시 十七八世紀에 비롯한 것이 안이 오 그 淵源은 遠히 루네산스의 傾向 中에 在하얏다 謂하지 아니하면 아니될지라. 卽 自然科學과 其他 一般 人智의 發達은 이믜 루네산스의 中心 傾向의 一이라 謂할지라. 루네산스에 비롯한 自然科學의 異常한 發達은 人心으로 하야금 深히 人智의 偉大한 所以를 確信케 하야 此 人智를 盡하면 何事이라도 成하지 아니함이 無하다는 것을 確信케 한 故로 此點으로부터 觀察하면 十七八世紀의 唯理思想은 바로 루네 산스의 理智 尊重主義가 發達한 것이라고도 說明할지니 루네산스가 無하고 唯理思想이 發達하지 못할 所以는 스사로 明白하니라.
單히 그쏜 아니오 더욱 深히 唯理思想의 出來를 探究하는 時에 吾人

은 그것이 結局 古典主義 中 씨리사 精神[80)]과 密接한 關係를 有함을 發見할지니 대개 理性 尊重은 씨리사 精神의 特徵이라. 古典文學의 復興을 隨하야 此 씨리사 主義가 復活됨은 近代 歐洲 文明史에 著名한 特徵이니 더욱 正確히 言하면 十五六世紀에 在하야 古典文學은 曹(조)히 歐羅巴에 擴大하야 十七八世紀에 至하야 理性尊重이라는 씨리사 主義는 漸漸 顯著한 形을 取함에 至하얏다 謂할지라. 卽 近代 歐羅巴 文明은 中世紀의 情緖的인 그리스도 敎로부터 分離하야 도리여 理智的인 씨리사 精神을 採用한 것임을 知하나니 씨리사 精神은 深히 近代 歐羅巴 文明의 中心에까지 侵蝕하니라.

唯理思想과 宗敎: 以上으로 唯理思想의 大體의 特徵과 밋 由來를 準備的으로 說明한 것이나 此 準備的 說明으로서 更히 一種 重要한 것이 存在하니 그는 無他이라, 此 唯理思想과 信仰(그리스도 敎에 關한 信仰)의 關係이니 卽 唯理思想은 在來의 그리스도 敎的 信仰에 對하야 如何한 態度를 取하얏스며 또 如何한 關係를 係하얏는지 此點을 明確히 하면 唯理思想의 特徵은 더욱 精密히 解釋되니라.

만일 漫然히 唯理思想이라는 言語만 聞하면 在來의 宗敎的 信仰은 통히 放擲되고 오즉 合理的 思想만이 優勢일 줄노 생각할지나 事實을 言하면 十七八世紀에 在하야는 中世 傳來의 그리스도 敎的 信仰은 오히려 衰하지 아니하야, 안이라, 도리여 此 傳來的 信仰이 一切의 思想 根底가 되야 深히 人心을 支配함은 否定하지 못할 事實이니 換言하면 十七八世紀의 唯理思想은 全히 그리스도 敎的 信仰을 度外視하는 思想이 안이오, 도리여 그 根底에는 傳來的 信仰이 深히 地盤을

---

80) 씨리사 정신: 그리스 정신.

成하야 其上에 發生한 理智的 傾向에 不外한 故로 當時의 唯理思想은 譬컨대 中世紀의 神學이나 哲學과 如히 全然히 그리스도 敎 信仰 또는 奴僕이 안일지라도 此와 如한 信仰의 支配를 全然히 脫却하지 못하고 根本에 在하야는 傳來的 信仰에 立脚한 思潮임은 否認하지 못하나니 故로 吾人은 此點에 在하야 몬저 近代 歐羅巴의 그리스도 敎의 發達을 싱각하지 안이하면 안이될지라. 前章에도 이미 說明함과 如히 루네산스의 思潮는 가령 中世紀의 그리스도 敎로부터의 解放을 意味한 것이 안이니 卽 루네산스의 傾向은 一般으로 現實生活을 無視코저 하는 그리스도 敎로부터의 解放을 要求하얏다 할지라도 現實生活을 宗敎的으로 觀測코저 하는 그리스도 敎의 精神에 至하야는 決코 排斥한 것이 안이오, 그 點에 在하야는 도리여 近代 歐羅巴人은 더욱 그리스도 敎的으로 發達함으로 觀察되는지라. 그리스도 敎의 根本 精神은 씨리사 精神과 同히 深히 歐羅巴人의 思想 感情 中에 同化되야 可히 拔하지 못할 根據 地盤을 成한 故로 近代의 初에 行한 宗敎改革은 一見 近代 歐羅巴人으로 하야금 全然히 中世紀的 束縛으로부터 解放케 함과 如하나 事實에 在하야는 宗敎改革 以後 歐羅巴는 다시 中世紀의 그리스도 敎 時代에 還元한 觀이 有하니 대개 宗敎改革 以後 中世紀的 그리스도 敎는 다시 그 勢力이 强大하야 宗敎上의 爭論內訌이 더욱 甚하야 마참내 三十年 戰爭과 如한 大戰亂을 惹起하도록 宗敎的 精神은 强烈하고 旺盛하얏스며 三十年 戰爭 以後에도 그리스도 敎的 精神은 더욱 그 範圍를 擴張하고 地盤을 堅固히 하야 온갖 思想 感情은 다 此源으로부터 流出한 觀이 有하니 故로 近代 歐洲 文明史를 閱하는 者가 苟히 그리스도 敎의 信仰을 度外視코저 함과 如함은 自初로 歷史的 事實을 無視함이니 歷史的 事實을 無視하고 文明의 眞相을 得코자 함은 甚히 本末을 誤한 것이라 謂할지라. 그리스도 敎的 精神은 어듸까지라도 歐洲 文明의 中樞임을 忘却하면 안이되나니라.

此와 如히 第十七世紀의 思想은 大體에 在하야 그리스도 敎的 信仰을 根據로 한 것이나 一面에 在하야 理智의 動作이 次第로 發達하고 一面에 在하야 此 理智와 矛盾하는 信仰이 意識되는 時에 個中에 智識과 信仰의 衝突이 起함은 必然 避하지 못할 形勢이라. 卽 十八世紀에 及하야 此種의 衝突이 隨處에 出現하야 知識과 信仰의 一致는 宛然히 思想界의 大問題와 如한 觀을 묘하얏스니 此等의 問題가 대개 如何한 形式을 取하야 出現하는지 다시 後段에 槪說코저 하노라.

以上에 唯理思想의 大綱을 敍述하얏슨즉 以下에는 그 內容에 關하야 重要한 것의 一二三을 槪說코저 하노라.

一. 佛蘭西 文學의 發達(附 英國文學) (續)

十七世紀 後半期로부터 十八世紀 初에 亘하야 루이 十四世의 保護 下에 發達한 佛蘭西 文學은 가장 具體的으로 當時의 時代精神을 說明한 것이라. 몬저 有名한 脚本家 콜네유[81] 라신 [82]等을 爲始하야 大喜劇者 몰리엘[83] 其他 보아로라 폰린[84] 等 知名의 文學者의 姓名만 列擧할지라도 當時 佛蘭西 文壇의 黃金時代가 容易히 想像되나니 佛蘭西 文學의 基礎는 實로 此等人으로 由하야 永遠히 尊接한 것이라. 다만 此 黃金時代의 文學은 가령 斬新한 思想 쏘는 深遠한 感情을 有한 것이라 謂할 보담 專히 莊嚴 典雅 整頓 調和를 精神으로 한 것이니 換言하

---

81) 콜네유: 피에르 코르네유.

82) 라신: 장바티스트 라신. 프랑스 시인, 극작가.

83) 몰리엘: 몰리에르.

84) 보아로라 폰린: 미상.

면 思想에 在하든 文意에 在하든 통히 在來의 無規律 野蠻 無秩序를 排除하고 아모쪼록 調整된 規律과 嚴雅를 引入코저 한 것이 當代 文學의 根本 精神이니 라신이 콜네유에 與한 讚辭 中에 此와 如한 語句가 有하니

"彼(콜네유)가 事業에 着手한 時의 쏘리미 狀態이라 하면 如何히 混亂이며 如何히 無規律이엇느뇨. 藝術의 온갖 規律ㅣ 適宜와 밋 裝飾의 規律까지도 全然히 破壞된 狀態이니 此와 如한 幼稚時代 或은 더욱 適切히 言하면 劇詩의 此와 如한 混沌時代에 在하야 콜네유는 長時間 自己의 進할 正路를 尋하고 쏘 當時의 惡趣味와 奮鬪하면서 그 非凡한 大才에 指導되고 쏘 古典的 知識의 補助로 因하야 마참내 舞臺上에 合理性을 出現케 함에 至하얏다." 云云.

◎ 1922.4.15. (27)

第四章 唯理思想(속)

一. 佛蘭西 文學의 發達(附 英國文學) (續)

無論 콜네유는 異常한 非凡한 事件을 書하얏스며, 라시느는 熱烈한 自然의 精神 特히 戀愛를 書하얏스며, 쏘 모리엘은 無智와 虛僞를 嘲함을 好하얏스나 此等 劇詩人의 根本精神에는 嚴然히 中世 傳來의 그리스도 敎的 信仰이 寄在하야 思想的으로든지 宗敎的으로든지 堅確히 傳來의 信仰에 制約된 故로 그 目的한 바는 오즉 表現의 莊嚴, 詞藻의

洗練, 感情의 整頓 等이오, 無規律 亂雜 野鄙와 如한 것은 極力 排斥하야 仇敵視하얏스며 더욱 當時 〈詩論〉의 著作으로 有名한 보아로[85]는 空漠(공막) 亂雜 無規律을 極力 排除하고 一切의 文學을 다 特定한 規律下에 整頓코저 主張한지라. 元來 典雅 整齊 細緻(세치) 高尙은 佛蘭西人의 特徵이니 十七世紀의 文學은 專히 此特徵의 發現이나 彼等은 特定의 文學을 模範으로 하고 此模範에 從하야 佛蘭西 文學을 改革코저 努力한지라. 此와 如한 模範文學은 卽 古典文藝이니 온갖 것을 古典文藝의 規律에 合코저 한 것이 當時 佛蘭西 文學이라. 아리스토테레스의 模倣論(藝術은 自然의 模倣이라는)이 文藝復興 以來 廣히 歐羅巴에 流布함은 이미 記述함과 如하나 此 模倣論은 一種 不可思想의 樣으로 曲解되야 (더욱 보아로 等의 手로 因하야) 單히 佛蘭西 文壇에서쑨 아니오 廣히 歐羅巴 文壇에 精聖한 規律로까지 되얏스니 卽 古典文藝는 가장 完全히 自然을 模倣한 것인 故로 此 古典文藝만 模倣하면 個中에 完全한 文藝가 造出되는 것이라 主張함은 實로 文藝 쏘는 想像 쏘는 獨創의 産物임보다 古典文學의 規律을 學하야 此規律과 風格에 合하는 것이 文藝의 能事이오 秘方임으로 생각한지라. 此와 如히 하야 劇詩로부터 個個의 文學에 各各 煩鎖한 規律이 設定되야 苟히 此 規律에 合한 것이 아니면 眞文學이 아니라 論하얏스니 此와 如히 하야 形式이 整齊한 그리하야 絢爛 燦爛을 極한 佛蘭西 文學—佛蘭西 古典文藝가 發達하고 此 佛蘭西 文學이 模範이 되야 更히 同一 模型의 文藝가 一齊히 歐洲 各地에 發達하기에 至하니라.

가장 直接으로 佛蘭西 古典文學의 影響을 受하야 더욱 華麗한 文藝

---

85) 보아로: 미상.

를 造出한 것은 英吉利이니 英吉利에 在하야도 섹스피아의 死後에 文運이 次第로 衰退하고 더욱 十七世紀의 前半期 內亂時代를 通하야 一般 文藝의 衰亡은 더욱 甚하야 겨우 宗敎的 詩人-淸敎徒的 詩人 밀톤86)으로 因하야 그 肅索(숙삭)함을 掩飾하얏스나 十七世紀 後半期 王政復古 後 佛蘭西 文學이 輸入됨에 及하야 一般 文壇은 急히 生氣를 帶하야 嚴正히 古典의 規律을 守하야 形式上 絢爛한 色彩를 發揮케 한 古典文藝는 猝然히 發達하야 英吉利 文學은 그 當時로부터 世界的 으로 知名하게 되얏스니 卽 有名한 쯔라이덴(1631~1700),87) 포푸(1688 ~1744)88) 等의 詩人으로부터 散文家(쏘는 諷刺家)로 著名한 아듸쉰,89) 스틸,90) 스위프트91) 等의 輩出한 것이 當時 英吉利의 文壇이니 佛蘭西 文學과 並하야 當時 英吉利 文學은 正히 古典趣味의 絶頂에 達한 것이 라 傳하니라.

二. 唯理哲學의 發達

古典 文藝의 發達과 並하야 가장 能히 時代精神을 說明한 것은 十七 八世紀에 同時로 發達한 唯理哲學이니 史家는 普通 此 時代의 哲學을 特히 組織的 쏘는 系統的 哲學이라 名한지라. 대개 此時代의 學者는 大하야는 天地萬有의 起源 本質로부터 小하야는 昆蟲 木石의 組織 構 造에까지 다 系統的으로 組織的으로 說明하야 宇宙間의 現象은 秋毫

---

86) 밀톤: 존 밀턴. 영국의 시인.
87) 쯔라이덴: 존 드라이든. 영국의 시인 극작가.
88) 포푸: 알렉산더 포프. 영국 시인 비평가.
89) 아듸쉰: 영국 작가.
90) 스틸: 영국 작가.
91) 스위푸트: 스위프트. 영국의 풍자 작가.

도 餘存이 無히 理論的으로 論究하지 안이하면 己하지 안이하얏스니 卽 時代의 特徵이 組織이나 系統이나 統一을 要求함으로부터 哲學 그것도 亦 如是 同一 傾向을 取하지 안이하면 己하지 안이하얏스니 英吉利의 홉부스(1588~1679),[92] 록크(1632~1704)[93] 等으로부터 佛蘭西 의 데칼트(1596~1631),[94] 和蘭의 스피노자(1632~1677),[95] 獨逸의 라이 푸닛쓰(1646~1726)[96] 等 單히 此等 哲學者의 姓名만 列擧하야도 當世 가 如何히 一組織 쏘는 大系統의 哲學的 時代임이 容易히 想像될지라. 언의 意味로 言하면 當世는 宛然히 哲學 全盛期의 觀이 有하나 吾人은 光彩 陵離한 此時代의 哲學에 眩惑하야 마참내 그 本質까지 錯看하면 안이될지니 卽 當世의 哲學은 그 根本에 在하야 知識萬能 쏘는 理性 萬能의 確信에 根着한 것임을 忘却하면 안이될지니 文藝復興期 以來 科學的 知識의 異常한 發達은 人心으로 하야금 不知不識 中 科學의 萬能 쏘는 人智의 萬能을 確信케 하야 苟히 人智의 向하는 바에 何物이 라도 그 光에 照耀되지 안일 것이 無하다는 確信은 漸漸 確乎不拔할 發達을 達한지라. 人智는 絶對的이니 宇宙間 萬有事物은 그 光에 照耀 되지 안이하는 것이 無하야 精神의 本質이나 宇宙의 深秘이나 靈魂의 ●玄이나 通히 理性에 照耀되야 그 神秘를 暴露하는 것으로 싱각한 故로 大地間에 苟히 理性으로써 推測하지 못할 것은 一個도 無하야 理性의 力은 絶對이오, 無限임으로 信하얏스니 此와 如한 傾向이 最初 의 唯理思想의 根本 精神이라. 이미 此와 如하도록 確乎히 理性의 絶對

---

92) 홉부스: 홉스.

93) 록크: 로크.

94) 데칼트: 데카르트.

95) 스피노자: 스피노자.

96) 라이푸닛쓰: 라이프니츠.

를 信하야 疑하지 안이한 故로 天地 그것 宇宙 그것도 理性의 規律에 準하야 理性的으로 秩序整然한 法則 原理에 支配되는 것, 안이라 大秩序 大規律이 바로 宇宙 그것인 줄로 싱각하야 一切는 理性이오, 規律이라 함이 當世 哲學의 根本 假定이니 此 根本 假定은 最初로부터 神聖不可侵이라 하야 更히 그 絶對性에 疑를 容하지 안이한 故로 此時代의 哲學만큼 獨斷的으로 批判을 缺한 것은 他에 類例가 無하니 即 苟히 知識의 判斷은 絶對로 信하야 當時에 在하야는 全히 其間에 批判을 挾할 餘地가 無하니라.

◎ 1922.4.16. (28)

第四章 唯理思想(속)

二. 唯理哲學의 發達(속)

그러면 當時의 哲學은 理論的으로 徹底的으로 宇宙의 深秘를 探究함으로 目的하얏는가 하면 表面으로부터 言하면 無論 그러할지나 當時의 哲學은 그 根本에 在하야 어듸까지라도 一定의 宗敎的 信仰을 假定한 것이라. 理性의 萬能이라는 確信과 同히, 가령 神의 存在이라든지 靈魂의 不滅이라든지 宇宙의 合法性이라든지 人間性의 尊嚴이라든지 此種類의 傳來的 信仰은 最初로부터 通히 哲學이 發生할 地盤이오 根據이니 此 地盤 根據의 上에 當時의 온갖 哲學이 發生하얏다 解釋되는 故로, 當時의 哲學은 純粹히 理性의 力만으로써 宇宙의 深秘를 探究한다는 것보담도 도리여 最初로부터 信仰이오, 假定인 根本

思想을 單히 理性的으로 合理的으로 整頓하고 統一함에 不過하다고도 批評될지니 卽 前段에 略述한 文藝와 同히 當代의 哲學도 內容的으로 보담은 도리여 形式的으로 絢爛의 趣를 示한 것으로 觀察되나니라.

當代의 哲學이 如何히 理性 本位主義이오 知識萬能主義인지는 次의 一例로 因하야도 明白한지라. 後段에 特히 說明함과 如히 十七世紀 以降으로 英吉利에는 實際 道德에 關한 解釋 乃至 主張이 特別히 發達 하야 倫理學의 發達은 宛然히 英吉利 思想에 獨特한 것임과 如한 觀을 呈한지라. 그러나 此等 多數의 倫理的 論說 中 十七世紀의 그것은 大抵 主智的 또는 知識 本位이라. 實際 道德까지도 통히 知識의 事件과 如히 싱각하얏스니 가령 當時의 有名한 學者인 헨리 모아(1614~1687), 샤무 엘 클라크(1675~1729) 等의 說에 據하건대 行爲를 支配하고 또 그 動力 이 되는 것은 知識이니 從하야 實際 道德은 통히 知識으로 因하야 決定되는 것이라 하며 單히 이것쑨 안이오 클라크 等에 據하면 個個 特殊한 地位에 處할 個個 特殊한 無數의 道德的 眞理는 가령 數學的 眞理와 如히 永遠한 過去로부터 永遠한 將來까지 不變不動의 形으로 宇宙間에 存在한 것이니 人類는 此 普遍的 眞理만 獲得하면 스사로 道德的으로 進步하는 者이라 하나니라.

實際 道德도 오히려 純知識으로 싱각하는 터인즉 온갖 것이 知識的 으로 理智的으로 싱각함은 當然한 것이라. 一切의 知識 또는 眞理 中 數學 또는 數學智는 가장 純粹한 것인 故로 天地 人生은 數理的으로 規律이 整然한 것이라 함은 當時 多數의 學者가 持한 普遍 見解이니 此와 如히 天地 人生을 數理的으로 解釋하야 가장 著名함은 和蘭의 有名한 哲學者 스피노자의 宇宙觀이니라.

스피노자의 唯理哲學은 實로 當時의 唯理思想을 代表한 것이니라. 그 主著인 〈에티카〉(倫理學)는 倫理學이라는 題目임에 不拘하고 哲學

의 全體를 收한 것이니 그 全體의 結搆가 全然히 數理的, 幾何學的이라. 몬저 公理 定理 原理 等을 立하고 各其 命題에 關하야 全然히 幾何學的으로 說明이나 說明을 試함은 가장 能히 時代의 風潮를 代表한 것으로 知名된 것이라. 數學이 몬저 根本 原理를 立하고 此 根本 原理로부터 一切를 演繹的으로 引出함과 如히 스피노자도 또한 宇宙의 唯一 本體이라는 槪念을 立하고 一切를 此 最高 槪念으로부터 演繹코자 試하얏스니 宇宙의 本體 또는 實證이라는 最高 槪念은 온갖 數學的 原理와 同히 直覺的으로 明確한 또 自明한 知識으로 認定되고 그리하야 此와 如한 自明한 原理로부터 演繹된 一切는 亦是 明確不可疑할 것임으로 싱각하얏스니 卽 스피노자에 在하야는 此 最高 實體는 自立自足의 圓滿한 絶對的 本體에 不外하니 此 絶對的 本體는 바로 神 그것이라. 그리하야 此 宇宙—卽 自然은 絶對的 本體의 發現이니 本體—神—自然—의 三槪念은 스피노자에 在하야는 元來 同一不二한 것이라.

◎ 1922.4.17. (29)

第四章 唯理思想(속)

二. 唯理哲學의 發達 (속)

神은 圓滿 完全의 存在를 意味하는 故로 宇宙的 本體 卽 自然으로 그 本質에 在하야 秩序的 規律的을 意味하나 理智的으로 條理가 整然한 絶對的 秩序가 宇宙의 實相이오, 또 宇宙가 다만 秩序의 本體일 뿐 안이라 人生 生活의 目的도 또한 知識的이오 理性的이니 대개 (스피

노자에 據하면) 人類 最高의 生活은 宇宙의 神秘를 宗教的으로 演繹하야 觀念함에 在한지라. 此와 如한 宗教的 態度를 스피노자는 神을 愛함이라 稱하니 神을 愛함이라 함은 스피노자에 在하야는 神의 深秘를 思議하고 宇宙의 奧妙를 冥想함에 不外한 것이라. 冥想的 歡喜는 어듸까지라도 此 哲學의 目的이니 吾人은 玆에 唯理思想이 가장 崇高하고도 또 가장 善美한 形으로 結晶한 것임을 認하지 아니치 못하리로다.

스피노짜와 并하야 十七世紀의 唯理哲學을 代表한 者는 獨逸의 라이프닛쓰(1646~1716)이니 單히 十七世紀의 쑨 안이오 思想과 밋 哲學의 歷史를 通하야 最大의 唯理哲學을 代表한 者는 實로 此 라이프닛쓰이라 謂하나니 從하야 그 哲學은 唯理思想의 結晶이라. 라이푸닛쓰 哲學은 〈모낫드〉 哲學이라 稱하니 彼는 宇宙는 無數 無限한 모낫드로부터 誠立한 것으로 싱각하며 그리하야 此 모낫드는 精神的 實在이라. 想念 쏘는 思惟가 그 本性이라 하니 즉 모낫드는 知識 쏘는 理智를 本質로 하는 實在에 不外한지라. 千差萬別의 온갖 事物은 다 特殊한 모낫드이니 低級의 모낫드는 不明瞭히 不確實히 事物을 想念하고 高級의 完全한 모낫드는 가장 明瞭히 쏘 가장 確實히 事物을 想念하니 從하야 知識의 明瞭와 不明瞭는 곳 實在의 價値 優劣의 標準이라. 最高한 人類生活은 宇宙의 實相을 가장 明瞭히 確實히 想念하고 思惟하고 瞑想함에 存하니라. 理智는 宇宙 最高의 實在인 故로 神은 쏘 一切의 모낫드에 宇宙 大調和를 與하는 最高의 理知에 不外하니 宇宙는 最高 理知를 俱有한 神으로 因하야 調和되고 統一된 것인 故로 現在의 宇宙는 理知로 因하야 想得할 最高善 最美의 世界이니 此 以上의 完全 圓滿한 世界는 想望하지 못할지라. 所謂 醜惡 罪業 等은 世界를 一局部로부터 觀한 結果이니 此를 全局으로 觀하면 諸惡은 다 諸善의 方便에 不過하다 하니 此가 라이푸닛쓰의 有名한 樂天觀이라. 彼는 唯理思想

의 代表者인 同時에 또 樂天主義의 代表者로도 見稱하니 樂天主義는 的確히 唯理思想과 密接한 關係를 有하니라.

三. 英國 啓蒙思想의 發達

啓蒙思想이라는 言語는 普通으로는 十八世紀 半의 佛蘭西의 思想界 乃至 獨逸 思想界에 適用된 名目이나 더욱 精確히 하면 十七世紀로부터 十八世紀에 亘하야 몬저 英吉利 思想界에 適用된 言語이라. 元來 啓蒙은 文字와 如히 在來의 思想 習慣上의 迷盲을 打破하고 光明을 與하는 意義이니, 文明史的으로는 特別한 知識의 發達을 意味한 것이라. 啓蒙期는 即 特殊한 意味의 知識 發達의 時代에 不外하니 佛蘭西와 밋 獨逸에 在하야는 此 知識의 發達이 十八世紀 中葉에 在하야 相當히 急激한 觀을 呈하얏스나 英吉利에 在하야는 文藝復興期 以前에 漸進 的으로 또 着實히 人智가 發達함으로 因하야 特히 啓蒙期로 區劃할 年代가 無한지라. 그러나 文明史的으로 觀察하건대 佛獨 啓蒙思想의 根源은 英吉利이니 啓蒙的 風潮의 特色은 英吉利에 在하야 가장 顯著 하고 濃厚하다 謂하지 안이하면 안 될지라. 안이라, 啓蒙的 風潮는 特히 英吉利 獨逸의 傾向이오 産物이라도 謂하니라.

知識의 發達은 文藝復興期 以來의 大이니 從하야는 啓蒙的 風潮가 前段에 概說한 唯理主義와 密接한 關係를 有함은 勿論이어니와 啓蒙 的 風潮이라는 境遇에는 特히 獨特한 意義가 有하니 此 獨特한 意義의 第一은 英吉利에 發達한 知識이 特히 經驗的이오 科學的이오 實在的 이라는 것이라. 哲學的인 唯理思潮가 佛獨 等 大陸 諸國의 傾向임에 對하야 最初로부터 特히 經驗的이오 苟히 空想에 流하지 아니한 것이 英吉利 思想의 特徵이니 뻬콘의 科學的 實驗的 主張은 어데까지라도

英吉利人 固有의 傾向이라. 十七世紀로부터 十八世紀에 亘하야 此 經驗的 風潮는 特히 一層 開發을 遂하얏스며 就中 經驗的으로 細密한 心理現象을 硏究함은 홉푸스와 밋 록크 以來 英吉利 學風의 特徵이니 十八世紀에 及하야는 所謂 聯想心理學派이라는 英吉利 特殊學派까지 發達하야 歐羅巴의 科學的 心理 硏究가 비로소 基礎를 定하기에 至하얏스니 一見에 茫漠의 觀이 有한 心理現象을 오히려 經驗的으로 科學的으로 硏究하기를 始하게 된 故로 自然現象은 勿論이오, 一切의 人事도 經驗的으로 心理的으로 細密히 觀察하는 것이 風潮를 成하야 苟히 確實한 事實 乃至 經驗이 아니면 採用하지 아니한다는 傾向이 漸漸 顯著히 發達하니라.

(가) 啓蒙思潮와 自然宗教: 그리하야 此 經驗的 傾向은 社會現象上에 如何한 影響을 及하얏는가 하면 吾人은 그곳에 明確히 啓蒙思潮의 特徵을 認하노니 대개 此 影響은 가장 廣博하고 쏘 深刻하다 謂하지 아니하면 아니될지라. 吾人은 此 風潮가 몬저 宗教의 信仰上에 深刻한 影響을 及함을 認하지 안이치 못하니 대개 宗教와 科學의 衝突은 歐羅巴에 在하야는 遠히 中世紀 來의 普通 現象이엿스나 英吉利에 在하야는 經驗的 知識이 가장 일즉 發達한 故로 傳來 宗教에 附隨한 各種의 迷盲謬信(미맹유신)을 排斥코저 한 傾向은 일즉부터 顯著하야 가령 文藝復興期의 末에 出現한 쳴프리의 하바트(1581~1648)와 如한 이는 바로 後代 自由 思索家의 先驅이라까지 見稱하얏스니 대개 彼는 傳來 그리스도 教의 附隨한 極端의 迷信을 排斥하고 理智가 認하야 正當하다는 範圍 內에 眞信仰을 限하야 合理的으로 理智的으로 整頓코저 한 最初의 學者이라. 此 合理的 宗教를 特히 自然宗教이라 稱함은 今日까지의 宗教가 教會이니 法王이니 함과 如한 오소리티(권위)에 依賴함을 排斥

하고 人心의 固有로 自然의 光인 理性을 宗敎의 根據로 할 것이라 唱道한 所以이니 故로 自然宗敎는 바로 合理的 宗敎의 義에 不外하니 하바트가 自然宗敎의 五大 綱領으로 數한 것은 左와 如하니라.

(一) 宇宙에는 반다시 唯一하고 最高한 實在가 存하니라.

(二) 此實在는 禮拜할 것이 안이라.

(三) 禮拜의 目的은 美德의 完成에 存하니라.

(四) 罪業은 懺悔로만 因하야 消滅되나니라.

(五) 未來에는 賞罰이 有하니라.

科學的 知識이 次第로 發達한 十八世紀에 及하야는 此 同一 風潮가 漸漸 堅固한 地盤을 得하야 理智의 光明으로 因하야 一切의 謬說迷盲을 排除코저 하는 傾向이 더욱 普及하니 트란드(1670~1723)로 因하야 建設되얏다는 有名한 데이슴과 밋 多數의 學者로 因하야 唱道된 自然宗敎는 卽 此와 如한 啓蒙的 風潮의 特産物에 不外한지라. 英吉利에 在하야는 知名하는 學者 思想家 間에 此와 如한 自然宗敎가 主張되야 此 宗敎的 信仰을 守하는 者는 從來의 宗敎的 束縛으로부터 解脫코저 努力한 故로 特히 自由思想家이라 見稱하고 그 思想은 特히 自由思想이라 名하얏스니 自由思想이라는 此와 如히 本來 宗敎上의 新思想에 不外한 것이라. 宗敎上의 此 自由思想은 문득 佛蘭西와 獨逸에도 波及하야 十八世紀의 最初에 在하야는 全歐洲에 一種의 風潮를 成하기에 至하얏스니 그리스도 敎 國인 歐洲에 在하야 此와 如함은 吾人의 想像하지 못할 大事이라.

第四章 唯理思想(속) - 三. 英國 啓蒙思想의 發達(속)

(나) 啓蒙思想과 政治的 自由主義: 啓蒙思潮의 第二 影響은 更히 政治 及 社會 方面에 發現하야 何事에든지 合理的임을 貴히 녁이는 英吉利人은 몬저 合理的임을 貴히 녁이는 英吉利人은 몬저 그 實際生活인 政治와 밋 社會 方面에 在하여 어듸까지라도 從來의 不合理를 退斥하고 合理的 進路를 取하지 아니하면 己하지 아니하얏스니 十七世紀의 內亂이나 共和政治이나 王政復古 等이 無非政治的 理想에 達코저 한 英吉利人의 努力이니 此 方面에 在하야 彼等은 몬저 合理的 立脚地를 得하지 못하면 己하지 아니한 것이라. 元來 가장 個人的 意識에 强한 英吉利人은 到底히 專히 政治 等에 滿足하지 못하고 어듸까지라도 强烈히 個人의 權利를 主張하야 己하지 아니하얏스니 록크로부터 多數의 著者는 政治의 本義는 어듸까지라도 民主的이라, 人民의 幸福을 增進하는 것이 專히 政治의 眼目이라 主張하니라. 一時 크롬웰의 共和政治로 因하야 人心의 動亂이 激甚한 結果 홉스와 如한 이는 그 反動으로 極端인 君主政治를 主張하얏스나 록크 以後의 多數 學者는 더욱 民主的에 傾하고 本來 個人的인 一般 英吉利人도 漸漸 民主的에 傾하야 마참내 英吉利에 在하야 歐洲 民主主義의 基礎가 確立되기에 至하얏스니 英吉利人은 實로 歐洲, 從하야 全世界의 民主主義의 建設者이라 稱하니라.

록크의 政治論은 그 哲學的 方面과 同히 當時의 英國 思想을 代表한 것이라. 此가 正히 歐羅巴의 將來에 波及한 政治的 自由主義의 淵源이니 民本的 自由主義는 實로 록크 政治論의 中心이라. 彼는 홉스의 絶對

論—即 君權 至上主義에 贊成하지 안이하얏스니 홉스도 元來 個人의 權利—人民 個人의 權利의 保護를 目的으로 하야 多數 個人이 契約的으로 自己의 權利를 一人의 君主에 讓渡함으로 因하야 國家가 成立된다 說한 故로, 契約上 쏘는 本質上 君主는 人民의 保護를 目的으로 하지 안이하면 안이된다 싱각하얏스나 다만 君權 萬能을 主張함으로 因하야 多數 國民의 贊意를 得하지 못한지라. 故로 록크는 몬저 斷然히 此等 絶對論에 反抗하야 生命 財産과 밋 人格의 權利는 各個人의 平等이오, 쏘 固有한 것이니 此 意味에 個人의 自由는 絶對 不可侵할 것이라 主張하니, 故로 록크는 個人의 自由는 全히 天賦의 本來的 産物이라 從하야 政治上의 主權은 本來 人民에 存하야 人民이 政治의 主體임으로 싱각하얏스나 다만 各個人이 各各 天賦의 權利를 主張하면 마참내 底止할 바를 知하지 못할 터인 故로 契約에 依하야 人民은 君主에게 統治權을 授與함에 不外하니 從하야 만일 君主가 人民의 權利를 圖하지 아니하는 時에는 君主는 君主로서의 本務를 盡하지 못하는 것인 故로 人民은 當然히 君主를 排斥하야도 關係가 無한지라. 畢竟 君主는 人民의 福利를 爲하야 設置한 機關이니 國法의 力에 依하야 尊貴한 것인 故로 國法에 違反하는 君主에는 何等의 權威도 無한지라. 君主로서 君主가 되지 못하면 王權은 當然히 本來의 所有者(人民)에 歸하는 것이라 하니, 此가 록크의 民本的 自由主義이라. 英國 憲法은 此等의 自由思想에 基하야 漸次 發達한 것임에 不外하니라.

(다) 啓蒙思想과 自然法: 民法 思想의 發達과 關聯하야 玆에 特히 注意할 것은, 文藝復興期 以來 次第로 發達하야 十七八世紀에 及하야 全歐에 普及한 彼 自然法에 關한 思想이니 玆에는 自然法의 起源과 밋 內容을 詳細히 說明할 必要가 無하도다. 和蘭의 有名한 法理學者

유고그리티우스(1583~1645)로 因하야 特別한 發達을 遂한 自然法의 思想은 英吉利에 在하야도 特히 흡스 록크 等으로부터 多數의 學者의 主張한 바이 되야 此 思想을 除外하고는 當時의 政治思想은 全히 想像하지 못하도록 普通 一般의 것이 된지라. 自然法은 元來 宗敎上의 神聖法 卽 宗敎法으로부터 區別된 것은 純粹히 自然 쏘는 人生에 關한 法律이나 此等의 法則(或은 天則)은 本來 理性 中에―國家 社會의 盛衰 興亡과는 關係가 無하고 도리여 그 等으로부터 獨立하야 純粹히 理性中에 寄留하는 不變 不動의 法則으로 싱각하얏스니 가령 흡스 록크 等에 據하면 衆個人이 團結하야 社會 쏘는 國家를 造成하고 그로 因하야 衆個人이 各各 安寧과 幸福을 享함은 대개 自然法의 命令이라. 自然法은 卽 人類의 理性이 必然的으로 指示 命令하는 一定 規律에 不外하니 가령 生命 財産의 安(全)固[97] 個人의 權利 社會의 安寧 等은 自然法이 命하는 가장 重大한 規律이라. 此와 如한 自然法은 無論 英吉利의 固有 思想은 안이엿스나 實際로 生活 就中 政治에 特殊한 能力을 有한 英吉利人에 在하야는 가장 興味가 深한 思想이니 此 自然法의 思想이 英吉利人의 政治思想에 深大한 影響을 與함은 更히 說明할 것도 無한지라. 後世 佛蘭西에 出現한 天賦人權論과 如한 것도 畢竟은 此種의 啓蒙思潮에 胚胎한 것임은 贅說을 要하지 안이할지니라.

---

97) 이 부분은 오식(誤植)이었을 것으로 추정됨.

◎ 1922.4.19. (31)

第四章 唯理思想(속)-三. 英國 啓蒙思想의 發達(속)

此로 因하야 吾人은 此의 一點에 注意하지 안이하면 안될지니 即 立憲君主政體 代議政에 賴하는 立憲政體는 政治生活에 特殊한 天才를 具備한 英國人 獨特의 創造 쏘는 産物이니 英吉利人은 立憲政體로 因하야 生活하고 立憲政體는 호올로 英吉利人으로 因하여야만 完全히 運用된지라. 即 立憲政體는 政治的 天才를 具備한 英國民의 血肉이오, 精神이니—將來에 如何히 變化할는지는 別問題이어니와 少하야도 過去에 在하야 그러함은 마침내 異論을 挾하지 못할지라. 英國 啓蒙思想은 即 此와 如히까지 深히 立憲政治와 關聯하야 立憲政治를 離하고는 마침내 啓蒙思想을 解釋하지 못하도록 되엿스니 啓蒙思想이 如何히 實際的임은 此로 因하야 明白할지니라.

(라) 啓蒙思想과 功利道德: 最後에 英國 啓蒙思想의 根本 特徵으로서 記憶될 것은 亦是 英國民에 固有한 十七八世紀의 英國式 道德思想—英國式 實利主義的 道德의 發達이니 吾人은 此等에 關하야도 詳細히 英國의 發達한 倫理思想을 解釋할 餘地가 無한지라. 深遠한 思想 感情이라든지 深刻한 觀念 乃至 信仰이라든지 此等은 決코 앙글로삭손의 特徵이 안이오 도리여 思想的으로는 簡單明瞭하야 바로 實際 生活을 能히 統一하고 支配할 道德이 英吉利人의 生命이니 即 個人의 幸福—個人의 實利 實益—이 英吉利人의 根本 傾向이라. 彼等의 道德은 畢竟 此 實利를 完全히 獲得코저 하는 器具에 不外한 것이니 그리하야 英吉利人의 根本 傾向을 言하면 彼等은 어대까지라도 個人主義的

이라. 人類는 出生時로부터 利己的이라 함은 홉스 以來 多數 學者의 定說이니 利己的이라는 것은 彼等으로 因하야 當然 또는 自然의 事로 싱각한지라. 록크와 如한 이도 人類를 當然히 利己의 主張者로 싱각하얏스니 利己說은 英吉利 倫理說의 特徵이라. 샵베리(1671~1713) 等이 强히 利他說을 主張함은 利己說이 넘어 一般 普通인 反動으로 觀할지나 此 利己主義는 個人을 爲하야 如何한 것을 要求하는가 하면, 簡單히 그 實利實益－倫理學上의 用語로써 하면 個人의 快樂 또는 幸福－從하야 社會 一般의 幸福－이 實際 道德의 目的이오, 此外에는 道德의 目的이 無함으로 싱각하얏스니, 所謂 功利－最大 多數의 最大 幸福－은 英國民 道德의 根本 精神이라. 어듸까지라도 實際的인 英國民은 道德的으로 實際이 되지 안이함을 得하지 못하얏스니 此와 如히 하야 功利道德과 結合한－또는 그 根本精神을 一히 한 英國 啓蒙思想은 徹頭徹尾 實際的 經驗的 功利的이오, 此 氣脈을 引한 佛獨의 啓蒙思想도 亦是 實際的 功利的이 되지 안이함을 得하지 못하얏스니 啓蒙思想은 그 根本에 在하야 어대까지라도 實際的이오 實利的임을 免치 못한지라. 獨逸에 發達한 啓蒙思想과 如한 것도 亦是 實際的이오 功利的임을 免하지 못하니라.

四. 佛國 自由思想의 發達

古典文藝의 脉이 佛蘭西로부터 英吉利에 傳함에 反하야 一般 啓蒙思想은 몬저 英吉利로부터 佛蘭西에 輸入하고 그로부터 更히 獨逸에 輸入한 觀이 有하니 玆에 吾人은 特히 自由思想의 發達이라 題하고저 하노라.

佛蘭西에 在하야는 政治上 並 宗敎上의 自由思想은 特히 顯著한 氣

勢를 備하야 精確히 言하면 廣義의 自由思想은 一般 啓蒙思想의 特産物이니 啓蒙思想은 卽 自由思想이라도 稱하는지라. 十八世紀에 佛蘭西 思想界의 基調는 大體에 在하야 前段에 記述한 英國 啓蒙思潮와 同一하나 民族的으로 觀察하면 앙글로삭손의 實着한 傾向에 比하야 라틴 系의 佛蘭西 民族은 顯著히 情熱的이오 論理的이오 空想的임으로부터 英吉利의 同一 啓蒙思想이 佛蘭西에 在하야는 顯著히 極端의 形을 取하야 政治的으로든지 思想的으로든지 全然히 面目을 異케 한 特徵을 帶하기에 至하얏스니 十八世紀의 初頃으로부터 顯著한 佛國의 自由思想(乃至 啓蒙思想)이 如何히 活潑한 것이며 坐 如何히 激烈한 것인지는 此 傾向이 發達하야 마참내 十八世紀 末에 在하야 그 著名한 大革命을 起함에 依하야도 明白할지라. 英吉利의 啓蒙思想이 어듸까지라도 着實함에 反하야 佛蘭西의 그것은 어듸까지라도 激烈이오, 破格이오, 情熱的이니라.

十八世紀 初로부터 猝然히 啓蒙思想(就中 自由思想)이 發達한 所以를 知하기 爲하야는 吾人은 無論 當時 佛蘭西의 狀態를 明確히 하지 안이하면 아니될지라. 由來 佛蘭西는 一面으로는 破格으로 싱각하도록 進步한 國이로되, 一面에 在하야는 가장 保守的인 傾向을 帶한 國民(專히 地方 小農民)을 混合한 國이라 稱하나니 英獨이 新敎的임에 反하야 佛蘭西가 頑强히 舊敎的임과 如한 것이 明確히 此 矛盾的 特徵을 證明하는지라. 從하야 世界 最高의 文明國으로써 見稱하는 佛蘭西로서도 그 內面에는 一切에 文明이나 進步에 反對하는 頑冥한 野蠻 愚昧를 包含하야 特히 宗敎上 並 道德上에 가장 甚한 現象이라. 古典的 文化는 겨우 一部 上流 人士에 限한 것은 國民的으로는 아즉 一般으로 盲昧野蠻(맹매야만)의 境을 脫하지 못하야 理智의 光이 容易히 國內의 荒野이나 深山에서까지 徹照하지 못하니라.

第四章 唯理思想 - 四. 佛國 自由思想의 發達

十八世紀 佛蘭西를 想像함에는 當時는 마침 루이 十四世의 支配 後임을 想起함만 無如하니 國民 一般의 愚昧와 頑冥에 基因하야 或은 그것에 如何히 하지 못하야 루이 十四世의 政治는 古今 官僚主義의 模範이라 稱하도록 極端으로 專制的이오 壓制的이라. 單히 政治的으로 專制的일 쑨 안이오 더욱 宗敎的으로 極端인 壓迫과 迫害를 肆行한 故로 루이 王朝의 政治는 思想 感情의 自由까지도 絶滅코저 한 極端의 暴政이니 官僚만이 人類이오, 國民은 全히 官僚의 奴隷에 不過하니라.

全體가 此와 如한 狀態임으로 因하야 一般 知識의 發達이나 政治上 並 宗敎上의 自由이나 從하야 一般 民主思想의 發達은 社會全體의 要求이오 쏘는 必然한 趨勢이니 何時까지라도 舊態를 繼續하지 못할 危殆한 形狀이 正히 十八世紀 初의 佛蘭西이라. 此時에 當하야 英吉利에 在하야는 前段에 略述함과 如히 一般 啓蒙思想의 發達이 가장 刮目의 觀이 有하야 政治上 並 宗敎上의 自由는 當然히 個人의 神聖한 權利로 認하기에 至하얏스니 英吉利의 此와 如한 風潮는 正히 此種의 風潮를 要望하는 佛蘭西에 輸入하지 안이함을 得하지 못한지라. 新思想의 참피온으로 指目되는 者는 爭先 英國에 渡하야 直接으로 自由思想을 輸入함을 宛然히 唯一의 事業으로 싱각하얏스니 그런즉 當時의 佛蘭西 啓蒙思想은 英吉利의 그것과 同히 자못 多岐이라. 吾人은 便宜上 次와 如히 區別하노니 卽 '第一 政治上과 밋 宗敎上에 自由思想 發達', '第二 極端인 唯理思想 쏘는 主智主義의 發達', '第三 唯理思想으로부터의 解脫'과 밋 '第四 獨逸 啓蒙思潮' 等이 是이니 以下 順次로 그

要點을 略說코저 하노라.

(가) 政治上 並 宗敎上의 自由思想: 極端인 官僚政治에 對하야는 反抗으로 政治上 並 宗敎上의 自由思想이 猝然히 權力을 高調함은 十分 明瞭히 그 意義가 理解되지 아니하면 아니될지라. 政治的으로 並 宗敎的으로 自由를 獲得함이 아니면 佛蘭西 民族은 何時까지라도 愚昧의 域을 脫하지 못할지오, 從하야 何時까지라도 一般의 進步를 期望하지 못할지니 政治的 並 宗敎的에 一切의 束縛을 脫함이 彼等에 在하야는 가장 希望하는 大事이라. 此 種類의 自由만 獲得하면 社會의 幸福과 人類의 進步는 可히 期待할 것이라 함이 當時의 樂天的인 또는 單純한 思想이니 此와 如한 樂天的 思想의 中心은 特히 說明할 것도 無히 彼 벌테르(1694~1778)와 및 몬테스큐(1689~1755) 等이나 就中 벌테르는 當時 自由思想의 中心으로 見稱하니라. 單히 佛蘭西 國內에서 쑨 안이오 全歐(英佛獨)的으로 벌테르가 當時 自由思想의 代表者임은 今日에 至하도록 가장 著名한 事實이라. 當時 多數의 新思想家가 先을 爭하야 英吉利의 啓蒙思想을 그대로 佛蘭西에 輸入함과 同히 벌테르도 親히 英國의 自由思想을 咀嚼(저작)하고 贊歎을 能히 措하지 못하야 그 熱烈하고 美妙한 詞藻를 借하야 盛히 佛蘭西에 宣傳함으로 因하야 自由思想의 烽火는 마치 進軍의 符號와 如히 歐洲大陸에 光輝를 楊하얏스니 벌테르가 如何히 全歐的으로 自由思想의 化身인지는 到底히 簡單히 說明하지 못할지라. 本來를 言하면 彼의 思想은 반다시 嶄新(참신) 또는 深刻을 特色으로 한 것이 안이오, 도리여 록크 以來 英吉利의 啓蒙思想을 자못 그대로 收容한 觀이 有하니 가령 彼의 思想 中 가장 哲學的으로 싱각하는 宗敎에 關한 思想 等을 見하야도 大體 토란드 以後의 合理的 宗敎이나 自然宗敎를 祖述한 것이오, 特히 新味를 加한

것이 안이며, 또 政治上의 思想도 大體 英國의 憲法政治를 그대로 輸入한 것이오, 반다시 嶄新을 極한 것이라고는 謂하기 難하니 故로 彼가 巴里로부터 放逐되야 或은 倫敦에 滯在하고 或은 獨逸國 못담 宮殿의 客이 되도록까지 自由思想의 化身이라 稱함은 그 思想이 嶄新 深刻하다는 것보담도 도리여 熱烈한 人格－徹頭徹尾 自由를 生命으로 하야 起立한 情熱的 人格의 力에 基因하얏다 謂하지 안이하면 안이될지니 卽 彼는 先天的 反官僚主義者로 一切의 束縛과 抑壓으로부터 免하는 것을 바로 人類의 幸福으로까지 싱각한지라. 그 銳利한 筆鋒은 當時 官僚主義者에는 甚히 恐怖한 것이니, 後年 大革命의 種子는 이미 彼의 手로 因하야 播種된 것이라. 벌테르와 並히 英國 憲法 政治의 精髓를 盛히 佛蘭西에 輸入한 이는 몬테스큐이니 名著〈萬法精理〉는 今日까지 自由思想의 宣傳者로 見稱하나니라.

◎ 1922.4.21. (33)

第四章 唯理思想 – 四. 佛國 自由思想의 發達

官僚主義에 對한 벌테르와 밋 몬테스큐의 惡戰苦鬪는 ——히 記述하기 難하도록 酷烈을 極한 것이라. 벌테르의 思想이 徹頭徹尾의 合理的 精神으로서 一貫함은 特히 吾人의 注意를 要하나니 此 自由의 天才로, 畢竟 時代兒로 마참내 唯理主義의 圈外에 脫하지 못하니라.

(나) 感覺主義 及 唯物主義: 唯理主義이나 主智主義의 思想은 佛蘭西에 在하야는 가장 極端의 形으로 進하야 그것이 마참내 感覺主義로

되고, 또는 唯物論의 形을 取하기에 至하나니라. 啓蒙思潮는 元來 無知에 對한 知識(또는 理智)의 發達을 意味한 것이니 몬저 英吉利에 在하야 쎼콘, 록크, 홉스 等을 源泉으로 하야 一般히 經驗的 知識이나 科學的 知識이 顯著한 程度로 發達함은 前段에 屢屢히 說明한 바이어니와 政治上과 밋 宗敎上의 自由思想과 同히 此 經驗的이나 科學的 知識도 英國으로부터 바로 佛蘭西에 輸入하야 十八世紀의 中葉에 在하야는 此 啓蒙的 思潮가 猝然히 高潮하기에 至한지라. 佛國에 此 風潮의 中心은 千七百五十一年으로부터 同七十二年에 亘하야 刊行된 有名한 『百科字典』98)의 普及이니 此 字典의 普及은 當時에 在하야는

---

98) 백과자전: 백과전서. 개방적인 태도로 과학과 사상의 진흥을 부르짖은 프랑스 계몽주의 사상가들의 위대한 문예 위업 가운데 하나이다(필로조프). 『백과전서』는 프랑스 혁명이 일어나기 전 수십 년 동안 프랑스의 정치·사회·문화·학문 모두에 커다란 영향을 미쳤다. 흔히 이 백과사전의 기고자들을 '백과전서파'라고 한다. 백과전서는 1728년 이프레임 체임버스가 런던에서 『사이클로피디아: 예술과학 대사전(Cyclopaedia: An Universal Dictionary of Arts and Science)』을 발간해 성공하자 이에 고무되어 제작되었다. 원래는 앙드레 르 브르통이 체임버스의 『사이클로피디아』를 번역해 5권짜리 프랑스어판으로 제작하려던 것이었으나 1745년 번역판 작업이 실패하자 번역판 제작계획을 확대해 독자적인 백과사전 제작에 착수하게 되었다. 그는 1745년 수학자 장 달랑베르를, 1746년에는 번역가이자 철학자인 드니 디드로를 이 계획에 끌어들였다. 1747년 디드로는 수학 분야를 제외한 모든 분야에 대해 총책임을 맡았으며, 수학 분야는 달랑베르(1758 사임)가 편집했다. 1751~77년 본문 4권과 삽화 도판 1권으로 된 5권이 더 발간되었고 1780년에는 색인 2권이 첨가되었다. 이 7권은 디드로가 편집하기를 거절했기 때문에 모두 다른 편집인들에 의해 제작되었다. 이 7권과 디드로가 만든 28권을 합해 2절판 35권으로 된 『백과전서』의 초판이 완성되었다. 『백과전서』는 모든 지식 분야의 새로운 조류를 대표하는 지식의 진열장이었다. 이 백과사전은 특히 진보적인 사상에 대해 매우 관용적인 자유주의 관점으로 유명했으며, 또한 과학과 기술을 혁신적으로 다룬 것으로도 정평이 나 있었다. 회의론적인 관점을 지니고 과학적 결정주의를 강조하며 당시의 입법·사법·종교 기관들의 폐해를 비판했던 『백과전서』는 당대 진보적 사상의 대변자로서 광범위한 영향을 끼쳤고 실제로 프랑스 혁명 발단에 사상적인 기초를 제공했다. 『백과전서』의 출간은 그 출발부터 보수적인 성직자들과 정부 관리들의 반대에 부딪혔다. 『백과전서』는 예수회의 검열을 받아야만 했고, 몇 권은 프랑스 최고행정재판소에 의해 발행정지(1752)되었으며 1759년에는 공식적인 비난과 함께 출판허가를 취소당했다. 이러한 사정은 그뒤로도 여러 해 동안 마찬가지였다. 디드로의 친구들은 그에게 사전제작을 포기하라고 종용했으나 그는 출판인들을 설득해 비교적 논란을 일으키지 않을 삽화도판책의 출판허가를 얻어내도록 하는 한편, 그의 나머지 본문 책들을 편집하고 인쇄했다. 1764년 디드로는 르 브레통과 식자공들이, 논쟁을 불러일으킬 만한 300여 페이지

대개 知識의 普及이라. 此 字典의 司宰者 데이데로(1713~1784)[99] 로부터 執筆者 짜란벨[100] 等은 無非 록크의 經驗思想에 立脚하고, 더욱 此 經驗思想을 一步(乃至 數步)를 進하야 純粹 感覺主義의 立脚地를 造하기에 至하니라. 一切의 精神活動은 全然히 外部로부터 經驗된 諸感覺을 單位로 하야 成立한 것이오, 精神活動은 卽 感覺的 知識의 總合에 不外하니, 感覺的 知識이 全體이오, 其外에 精神活動이라 名할 것이 無한지라. 感覺的 知識은 통히 外來的인 故로 畢竟 精神活動도 全히 經驗的이오, 決코 內面 自發的이 아니니라 함이 當時 普通의 見解이니 經驗主義와 唯理主義는 佛蘭西의 感覺主義에 至하야 더욱 極端인 主張에 至하니라.

唯理主義의 極端인 理論化(乃至 空想化)는 單히 感覺主義의 立脚地로

분량의 원고를 몰래 교정쇄에서 없애버렸다는 사실을 알아채고 낙망했다. 디드로와 달랑베르가 『백과전서』를 만들기 위해 모은 작가들은 처음에는 장 자크 루소와 돌바크 남작을 빼고는 비교적 알려지지 않은 사람들이었다. 그러나 『백과전서』의 명성과 비난이 커지면서 뛰어난 전문 기고가들을 끌어들일 수 있었는데 이들 가운데는 A. R. J. 튀르고, 볼테르, J. -F. 마르몽텔, 자크 네케르 등이 있었다. 정력적인 편집장이었던 디드로는 스스로도 철학·사회이론·직업 등을 비롯한 수많은 항목을 직접 기술했으며, 사실 이 위태로웠던 사업이 완수될 수 있었던 것은 디드로에게 강력한 추진력이 있었기 때문이다. 그는 또한 사전의 편집·제작에 필요한 3,000~4,000개의 도판 만드는 일을 직접 지휘 감독했다. 이 도판들은 상업미술과 그 발달 과정을 생생하게 보여주는 좋은 예들이다. 1782년에는 알파벳 순으로 배열한 초판과는 달리 주제별로 배열한 새로운 확대·개정판이 『주제별로 정리한 체계적인 백과사전(Encyclopédie méthodique ou par ordre de matières)』이라는 이름으로 출간되기 시작했다. 이 백과사전의 제작은 프랑스 혁명 기간 동안에도 계속되었고, 첫권이 나온 지 50년이 지난 뒤인 1832년에 맨 마지막권이 출간되어 총 166권으로 완성되었다. 〈다음백과〉

99) 데이데로: 디드로(1713~1784). 1745~72년 계몽주의 시대의 주요저작물인 『백과전서』의 편집장을 맡았다. 1745년 출판인 앙드레 르 브르통은 이 프레임 체임버스의 『사이클로피디아』의 프랑스판을 출판하려는 생각으로 디드로에게 제안했다. 디드로는 『백과전서』는 '합리적 사전'으로서 모든 학문과 예술의 본질적 원리와 응용을 뚜렷이 드러내고 있으며, 그 바탕에 있는 철학은 합리주의와 인간정신의 진보에 관한 믿음이 존재함을 간파하고, 학자와 성직자까지 모아 이일을 진행했다. 디드로는 『백과전서』 외에도 언어와 미학에 관심이 있었고, 수필도 발표했다. 〈다음백과〉

100) 짜란벨: 달랑베르.

만 될 쑨 안이오, 更히 數步를 進하야 마참내 唯物論이라는 가장 極端인 形式을 取하기에 至하얏스니 吾人은 玆에 唯物論의 學說을 敍述할 必要가 無하고 單히 라메트리(1709~1751),[101] 올바크(1723~1789)[102] 等의 姓名을 擧함으로써 足하다 하노라. 人生을 經驗的으로, 主智的으로, 機械的으로 解釋코저 할진대, 그 極端은 마참내 感覺主義 乃至 唯物主義에 達하지 안이하면 己하지 안이하리니, 唯物主義는 人生을 가장 經驗的으로, 가장 機械的으로, 가장 自然科學的으로 解釋한 것에

---

101) 라메트리: 프랑스의 의사. 철학자. 심리현상을 유물론적으로 해석하여 이후 행동주의를 발전시키는 기초를 마련했고, 근대 유물론 역사에서 중요한 역할을 했다. 랭스에서 의사자격을 얻었고, 레이덴에서 헤르만 부르하베(라 메트리는 그의 저서들을 프랑스어로 번역했음)에게 의학을 배웠으며, 프랑스 군의관으로 근무하기도 했다. 직접 병을 앓고는 심리현상이 뇌와 신경계통에서 일어나는 유기적 변화와 직접 관련된다고 확신했다. 이러한 생각을 담은『영혼의 자연사(Histoire naturelle de l'âme)』(1745)를 출판했으나 이 책을 비난하는 소동이 일어나 파리를 떠나야 했으며, 이 책은 공공 교수집행인에 의해 불살라졌다. 그는 네덜란드에서 유물론적·무신론적 견해를 더욱 대담하고 철저하게 전개하여『인간기계론(L'Homme-Machine)』(1747)이라는 매우 독창적인 저술을 출판했으며『행복론, 반세네카주의(Discours sur le bonheur ou l'anti-Sénèque)』에서는 이러한 원리에 바탕을 둔 윤리학을 제시했다.〈다음백과〉

102) 올바크: 프랑스 백과전서파 철학자. 무신론과 유물론의 대표적 인물이며 상속받은 재산으로 당시의 이름난 철학자들을 환대했다. 콩트 드 뷔퐁, J. J. 루소, 달랑베르 등 몇 사람의 경우 그 철학자들의 대담한 사변에 놀라 모임에서 빠져나갔다고 한다. 원래 독일 사람이었으나 재산을 헌납하고 프랑스 시민이 된 삼촌 F. A. 올바크를 따라서 디트리히(프랑스어로는 '티리'로 번역되기도 함)라는 성에 '올바크'를 붙였고 그 자신도 1749년 프랑스 시민으로 귀화했다. 올바크는 디드로의『백과전서(Encyclopédie)』중 376항목(독일판에서 번역한 것임)을 집필했는데, 대부분 화학을 비롯한 과학에 관한 것이었다. J. B. 미라보라는 이름으로 출판되어 가장 널리 알려진 책『자연의 체계(Système de la nature)』(1770)에서는 종교를 신랄하게 비웃고 무신론적·결정론적 유물론을 지지했다. 이 책에서 인과관계는 단순히 운동의 관계, 사람은 자유의지 없는 일종의 기계가 되었으며 종교는 해롭고 거짓된 것으로 통렬히 비난했다. 죽은 친구 N. A. 불랑제의 이름으로 출판한『가면 벗은 그리스도교(Le Christianisme dévoilé)』(1761)에서는 그리스도교를 이성과 자연에 모순되는 것이라고 공격했다.『사회체계(Système social)』(1773)에서는 의무를 자기이익으로 여기는 공리주의의 틀 안에 도덕과 정치를 놓았다. 올바크의 저작들은 단지 그와 함께 탁자에 앉아 있는 사람이 말한 의견의 메아리로 여겨질 만큼 비논리적이고 모순이 많았다. 볼테르는 이에 대해 응수할 필요를 느꼈지만, 괴테와 셸리는 이 저작들의 영향을 받았다. 천성적으로 자비심 많은 올바크는 1762년 추방된 예수회원들에게 자기 집을 제공함으로써 자신에 대한 개인적 반감을 없애기도 했다.〈다음백과〉

不外한지라. 吾人은 佛蘭西의 此 唯物主義의 裏面에는 單히 學說로서의 唯物論쑨 안이오, 在來의 頑冥한 理想的(乃至 空想的) 宗教와 밋 道德에 對한 反抗이 包含되얏슴을 十分 明瞭히 認하지 안이하면 안이될지니 靈魂을 語하고 來世를 語하야 그 獨斷說을 疑하는 者를 極度로 追究하고 壓迫하든 傳來 宗教는 自由인 新思想을 有한 者로 하야금 넘어 愚昧하고 쏘 넘어 憎惡하는 것이 더욱 그것이 官僚政治와 結托하야 極度로 民心의 自由를 束縛함에 至하야는, 到底히 容恕하지 못할 迷信 迷盲으로 外에 싱각하지 안이한지라. 靈魂의 否認, 唯物主義의 主張 等이 學說로서 價値를 有하얏다함보담도 도리여 頑冥한 時勢에 對한 反抗으로서 特殊한 歷史的 價値를 備하얏다 할지니라.

唯物論은 傳來 宗教에 對한 最高 反抗이나 此 事實과 關聯하야 吾人은 最前에 記述할 重要한 一事를 便宜上 玆에 附記코저 하노니 그것은 一般 知識의 發達과 共히 傳來 宗教에 對한 懷疑가 佛國에 在하야는 特히 曾前으로부터 發生하얏다 하는 一事이라. 英吉利에 在하야 도듸즘이나 自然宗教의 發達이 無論 一般 啓蒙思潮에 胚胎함은 前段에 이미 槪說한 바이로되 佛蘭西에 在하야는 此에 先하야 曾前으로부터 傳來 宗教에 對한 懷疑가 甚하야, 宗教的 懷疑이라 하면 바로 佛蘭西를 想像하게 되니, 就中 비엘베르(1647~1704)[103] 此種 宗教的 懷疑의 代表者임은 歐羅巴에 在하야 著名한 事實이라. 佛蘭西流의 銳利한 觀察眼으로써 觀하면 宗教的 信仰(特히 超自然的 奇蹟)은 如何히 하야도 科學的 理智와의 衝突을 避하지 못하얏스니 信仰은 畢竟 知識으로부터 獨立

---

103) 비엘베르: 미상. 17세기 프랑스에서 종교적 회의를 주장한 사람으로 설명되었으나 구체적으로 알 수 없음.

한 것이라, 知識은 信仰으로 하야는 자못 無用하다 함이 베르의 主張이오, 또 有名한 科學的 天才 쌔스칼(1626~1662)[104]도 大略 베르와 同一한 立脚地에 在하얏다 謂하니라.

◎ 1922.4.22. (34)

第四章 唯理思想 – 四. 佛國 自由思想의 發達

十七世紀에 在하야는 傳來 宗敎의 力은 그 重함이 오히려 磐石과 如하야 懷疑者도 此等 베르와 如한 主張함을 理論的에 不過하얏스나 十八世紀에 至 하야 普히 啓蒙思想이 高調함에 及하야는 그리하야 傳來 宗敎가 더욱 暴威를 肆함에 及하야는 이믜 前代와 如한 徹溫的 懷疑에 滿足하지 아니하고 바로 唯物論과 如한 가장 極端인 또 가장 難暴한 武器를 取하야 此에 反抗함에 至하얏스니 唯物論은 卽 傳來 宗敎에 對한 最後의 反抗이니라.

以上 感覺主義와 밋 唯物主義의 理論과 並하야 特히 玆에 記憶할 것은 此等 理論인 佛國 啓蒙家의 道德에 關한 主張이니 彼等의 道德說 은 亦是 『百科字典』 執筆家의 一人인 엘베시우스(1715~1771)[105]로 因

---

104) 쌔스칼: 파스칼. 근대 확률이론을 창시했고, 압력에 관한 원리(파스칼의 원리)를 체계화했으며, 신의 존재는 이성이 아니라 심성을 통해 체험할 수 있다고 가르치는 종교적 독단론을 설파했다. 직관론에 바탕을 둔 그의 사상은 장 자크 루소와 앙리 베르그송 및 실존주의자 등 후세의 철학자들에게 상당한 영향을 끼쳤다. 파스칼은 물리학자나 수학자로서뿐만 아니라 문학적 영감이 번득이는 예술가의 면모를 보이기도 했다. 이러한 다방면의 풍부한 재능은 아버지에게서 물려받은 것이기도 하다. 아버지 에티엔 파스칼은 세무 법원 판사이자 존경받는 수학자로서 자식 교육에 남다른 열정을 가졌던 것으로 알려져 있다. 파스칼은 1662년 뇌척수막염으로 의심되는 병에 걸려 죽었다. 〈다음백과〉

하야 代表되니라. 英國에 在하야도 홉스, 로크 等으로부터 多數의 學者는 人生은 本來 利己的인 것, 主義的인 것이라 主張하얏스나 此 利己的 道德觀을 佛國에 在하야 더욱 極端으로 唱導되야 人生은 出生時로부터 利己的 動物이라 함이 當時 普通의 見解이라. 故로 엘베시우는 道德이란 人生 本來의 主我主義를 完全히 發達케 함에 不外한 것이라, 所謂 同情이라든지, 慈悲이라든지, 博愛이라든지는 통히 利己心을 滿足케 하기 爲한 手段이오, 決코 人生의 本性이 안이라 하니, 此와 如히 當世의 啓蒙思想家가 異口同聲으로 利己主義를 主張함에는 種種의 深大한 理由가 有함을 看過하지 말지니 元來 利己說을 倫理學的으로 大缺點을 有한 것이나 彼等의 此와 如한 主張은 一面으로부터 見하면 또 時勢에 對한 不得己한 反抗임을 忘却하면 안이될지니, 卽 傳來 그리

---

105) 엘베시우스: 프랑스의 철학자·논쟁가. '필로조프'라고 불린 프랑스 계몽주의 사상가 집단에게는 부유한 접대자였다. 쾌락주의의 관점에서 육체적 감각을 중시했고 윤리학의 종교적 기초를 공격했으며 방만한 교육이론 등으로 유명하다. 왕비의 수석 시의의 아들로 태어나 1738년 왕비의 추천으로 징세관이 되었다. 1751년 결혼하여 관직을 사임하고 보레에 있는 자신의 소유지에 운둔했다. 그곳에서 시집 『행복(Le Bonheur)』을 썼고 그가 죽은 뒤 생 랑베르 후작이 그의 생애와 저작에 대한 설명을 첨부해서 이 시집을 펴냈다. 기념비적인 철학 저서 『정신론(De l'esprit)』(1758)도 썼는데 이 책은 나오자마자 커다란 악명을 얻었다. 이 책은 종교에 근거한 모든 도덕 형태를 공격했기 때문에 엄청난 비판이 쏟아졌으며, 특히 왕실의 특전에 힘입어 출간되었음에도 루이 15세의 황태자 루이까지 이 비판에 가세했다. 소르본대학은 유죄판결을 내렸고 이 책을 소각하라는 명령도 내려졌다. 이런 일은 '필로조프'들이 일찍이 겪어보지 못한 매우 심각한 사태였기 때문에 볼테르도 이 책이 진부하고 모호하며 오류에 빠졌다고 인정해야 했다. 장 자크 루소도 엘베시우스가 양심에 따라 자신이 내세운 원리의 허위성을 인정했다고 밝혔다. 엘베시우스는 3번씩이나 소환되어 자기 책에서 내세운 주장을 철회했다. 이때문에 계몽사상가들이 작업중이던 유명한 『백과전서(Encyclopédie)』의 편찬도 중단되었고 볼테르를 포함한 다른 사람들의 저작도 불태워졌다. 그러나 다행히도 엘베시우스는 1764년 영국을 방문했고 1765년에는 프리드리히 대왕 2세의 초청으로 베를린에 갔다. 같은 해 그가 돌아온 직후 '필로조프'들은 다시 호감을 얻게 되었고 엘베시우스는 보레에서 여생을 보냈다. 엘베시우스는 모든 사람에게는 배울 수 있는 능력이 똑같이 있다고 믿었다. 이러한 신념에서 그는 루소의 교육서 『에밀(Émile)』을 논박했고 『인간론(De L'homme)』(1772)을 저술하여 교육을 통해 인간문제를 해결할 수 있는 가능성은 무한하다고 주장했다. 〈다음백과〉

스도 教가 極度로 慈悲 博愛를 主張하나 그 主張이 深히 虛禮的임은 新思想家로 하야는 가장 不愉快한 傳習이라. 故로 彼等이 正反對로 利己說을 取함은 다만 그리스도 教에 對한 反抗일 섇 안이오, 바로 個人의 尊嚴을 主張하는 所以로 싱각하얏스며, 單히 그섇 안이라, 元來 啓蒙思潮의 本國에 在하야 强히 利己主義가 主張됨은 그 本來를 追究하면 在來로 甚히 無視된 個人의 權利와 尊嚴이 漸漸 明瞭히 自覺된 所以이니 個性의 自覺이 即 不完全한 利己說의 形을 取하야 出現함으로도 觀한 것이라. 個性 尊重은 歐羅巴에 在하야는 루네산스 以來 普通의 傾向이니 그것이 啓蒙思潮期에 在하야 次第로 發育하야 마참내 十八世紀의 佛蘭西에 至하야 一定한 理論的 形式을 取하야 出現하게 된 것이 아니라, 單히 理論的 形式섇 안이오, 十八 世紀 末의 佛蘭西에 在하야 個人主義가 如何히 高調에 達한지는 그것이 마참내 佛國 革命이 되야 暴發함에 由하야 極히 明白한지라. 永久間 極端인 官僚政治로 因하야 各種으로 蹂躪된 個人의 威嚴은 此時代에 至하야 처음으로 明瞭히 自覺되야 마참내 (後段에 說明함과 如히) 루소 等으로 因하야 神聖한 人權이라 主張하기에 至한 故로, 엘베시우스 等이 利己主義는 바로 當時 個人主義的 傾向의 全體를 代表한 것은 아니나 少하야도 此 全體的 思潮를 가장 無姿態인 쏘 가장 極端의 形으로 表現한 것이라. 그러나 當時의 利己主義 쏘는 個人主義가 如何히 幼稚하고 不完全한 것인지는 利己 生活과 社會生活—多數 個人의 集合인 團體生活—의 間에 何等의 矛盾 衝突을 認하지 아니하고, 個人生活이 바로 團體生活을 完成하는 것으로 空想함에 因하야 明白한지라. 政治上 自由만 得하면 文化는 바로 發達한다고 樂天的으로 單純히 싱각함과 同히, 個人生活만 完全히 하면, 바로 善美한 社會生活이 實現될 것이라고 樂天的으로 싱각하니라.

(다) 잔쟈크 루소: 物極則衰이라는 譬喩와 如히 第十七世紀 以來 永久히 歐羅巴 人心을 支配한 啓蒙思潮 乃至 唯理思想도 十八世紀 末에는 그 絶頂에 達하야 마참내 局面轉廻의 大機運에 觸하지 안이함을 得하지 못하얏스니 此와 如한 轉廻의 大機運을 造하는 者는 一面에 在하야 深히 啓蒙思想에 立脚하면서 一面에 在하야는 超然히 此 思想으로부터 解脫한 者이 안이면 안이될지니 十八世紀의 佛蘭西에 在하야 能히 此 大機運을 造出한 天才는 卽 잔쟈크 루소(1712~1778)[106] 其人이라. 루소는 卽 局面 轉廻의 大傾向을 代表한 天才이니 吾人은 玆에 詳細히 루소의 思想을 敍述할 餘地를 有하지 안이한 故로 다만 彼가 何故로 啓蒙思想으로부터의 脫却者인지 쏘 彼의 思想은 如何히 그 當時와 밋 後代에 深刻한 影響을 與한지 少하야도 此等의 點만은 玆에 注意하지 안이하면 안이될지라.

---

106) 장자크 루소(Jean-Jacques Rousseau, 1712년 6월 28일~1778년 7월 2일)는 스위스 제네바에서 태어난 프랑스의 사회계약론자이자 직접민주주의자, 공화주의자, 계몽주의 철학자이다. (일반의지, 평등, 공공선, 사회불평등 기원론 등) 루소에 대한 평가는 다채로운데, 평생 루소의 초상화를 서재에 걸어놓고 그를 흠모했다는 대철인인 칸트에 의하면 "나는 인식에 대한 무한한 갈증을 느낀다. 그것만이 인류에게 명예를 줄 수 있다고 믿었다. 그런 나를 루소가 옳은 길로 인도했다. 나는 그로부터 인민을 존경하는 법을 배웠다"라고 함으로써 왜 그가 『에밀』을 읽는 데 몰입해 한번도 빠지지 않은 산책을 걸러야 했는지 짐작하게 한다. 그의 특색은 18세기적인 사회 윤리를 가장 독창적으로 탐구한 점에 있으며, 근본 사상은 "자연은 인간을 선량·자유·행복하게 만들었다. 그런데 사회가 인간을 사악·노예·불행으로 몰아넣었다"라는 명제로 요약된다. 그가 쓴 모든 저작도 이 원리에 기초하여 개인과 사회를 회복하는 방법을 나타낸 것이다. 그의 영향은 철학·정치·교육·문학 전반에 걸쳐 깊이와 넓이에 있어서 그 유례를 찾아볼 수 없다. 그의 문학적 지위는 프랑스 낭만주의 문학자 볼테르와 함께 19세기의 대표적 작가로서, 계몽 사상가 중의 한 사람이다. 〈위키백과〉

第四章 唯理思想 - 四. 佛國 自由思想의 發達

몬저 彼는 如何히 하야 時代의 大勢인 啓蒙思想으로부터 脫却하얏
는지 第一期 巴里 生活에 在하야 後는 데이데로[107] 짜란벨[108] 等의
學者 思想家와 交遊하야 普通 意味의 啓蒙思想家이엇슴은 廣히 世間
에 稔知(임지)한 事實이라. 啓蒙思想의 精髓는 理智로써 一切를 律을
코저 하는 곳에 在하니 精神活動의 根本을 理智로 觀하고 人生의 一切
를 此 理智로 由하야 統率하고 調整코저 함이 一般 啓蒙思想의 特色이
라. 本章의 初에 槪說함과 如히 一切를 理智가 命하는 規律的 法則으로
因하야 調整하야 事物을 통히 法則化 規律化하지 안이하면 己하지
안이한다 함이 十七八世紀의 風潮이니 그런즉 一方에 在하야 學問이
나 思想이 前段에 槪說함과 如히 더욱 主知的으로, 感覺的으로, 機械的
으로, 唯物的으로까지 傾하야 漸漸 佛蘭西流의 微細 煩瑣에 進한 同時
에, 一方에 在하야 一般 制度 文物로부터 社會 各方面의 習俗에 至하기
까지 다 煩瑣하고 綿密한 規律 儀式에 束縛되야 所謂 佛蘭西式 文飾이
非常한 努力으로써 發達한 代에 繁文縟禮(번문욕례)의 弊風은 더욱 甚

---

107) 데이데로: 디드로(1713~1784). 1745~1772년 계몽주의 시대의 주요저작물인『백과전서』
　　의 편집장을 맡았다. 1745년 출판인 앙드레 르 브르통은 이프레임 체임버스의『사이클로피
　　디아』의 프랑스판을 출판하려는 생각으로 디드로에게 제안했다. 디드로는『백과전서』는
　　'합리적 사전'으로서 모든 학문과 예술의 본질적 원리와 응용을 뚜렷이 드러내고 있으며,
　　그 바탕에 있는 철학은 합리주의와 인간정신의 진보에 관한 믿음이 존재함을 간파하고,
　　학자와 성직자까지 모아 이일을 진행했다. 디드로는『백과전서』외에도 언어와 미학에
　　관심이 있었고, 수필도 발표했다. 〈다음백과〉
108) 짜랑벨: 달랑베르(1717~1783). 유명한『백과전서(Encyclopédie)』의 기고가·편집자로서 상
　　당한 명성을 얻기 전에는 수학자·과학자로서 명성을 얻었다. 〈다음백과〉

하야 이미 生命을 失한 法則 規律이 漸漸 虛禮虛儀로 變하기에 至하니 當時 此等의 風潮가 루소에 在하야는 隱然中 不自然 坐 不安의 感이 有하야 스사로 啓蒙思想에 立脚하면서도 中心에는 深大한 不安을 各하지 안이치 못한지라. 社會 萬般의 煩瑣한 規律이나 禮法이나 習俗이 畢竟 人生의 內生命에 幾何의 親密關係를 有한 것인지, 吾人이 스스로의 裏面에 感하는 感覺이나 觀念이나 理智의 動作이라도 單히 冷靜한 理智의 動作으로 觀하면 一層 深奧한 內生命－眞生命－自我 그것과 比較하야 果然 幾何의 高價를 備한 것인지, 精神活動의 根本은 果然 理智인지, 我의 本體는 果然 知識인지, 人生은 果然 다만 規律이나 法則의 總合인지, 元來가 다만 知識의 人이 아니오, 도리여 微妙한 더욱 深刻한 感情이나 欲望에 熱中한 루소로 하야는 啓蒙思想家가 人生을 이러토록 理智的으로 이러토록 乾燥無味하게 坐 이러토록 冷靜하게 觀함은 如何히 할지라도 冷酷 不自然 坐 全然히 不當함으로 外에 感하지 아니한지라. 만일 文明이란 單히 此와 如한 外面的 規律 法則 禮儀 作法 修飾에 不外하다 하면 그는 極히 外面的 坐는 皮相的이라. 吾人의 內生命과 果然 幾何의 關係를 有한지 極히 不明하다 謂하지 아니치 못할지라. 루소가 此와 如한 不安의 念을 抱한 時에 佛蘭西 學士院은 마침 文明과 道德의 關係에 就하야 懸賞文을 募集하니 루소의 胸中에는 急遽히 年來의 疑惑이 一時에 爆發한지라. 煩瑣한 虛禮虛儀를 特長으로 하는 近代 文明은 人生의 眞正한 內生命을 毁損할지언정 毫末도 培養하고 助長하는 것이 아니라 人類의 眞生命은 僞文明으로 因하야 自然의 正體로부터 邪路에 誘入하야 今에는 完全히 不自然한 誤途를 步하게 되얏스니 만일 人生의 進路를 何時까지라도 이대로 放任하면 吾人은 마침내 如何한 深淵에 沈溺할는지 測하지 못할지라. 主智主義의 現代 文明은 完全히 迷盲이오 邪道이니 吾人은 모름히 本

然의 人生으로 歸하지 안이하면 안이될지며, 僞文明의 規律이나 束縛이 絶無한 自然의 狀態로 歸하지 안이하면 안이될지며, 本然 그대로의 天眞爛漫한 生活로 歸하지 안이하면 안이된다 하니, 이것이 루소의 有名한 "自然으로 歸하라."는 絶叫이니라.

루소의 自然狀態이라는 果然 如何한 것인가. 全히 文明에 浴하지 안이한 無智 文盲의 自然이라는 것이 果然 有한 것인가. 此와 如한 狀態가 有하다 假定할지라도 吾人은 果然 能히 此와 如한 狀態에 再歸할가. 此等의 問題는 玆에 更論할 必要가 無하되, 다만 루소는 此로 因하야 啓蒙時代의 煩瑣한 主智的 文明으로 逃脫하야 비로소 天眞爛漫한 感情 本位의 生活로 入코저 한 者임을 注意하면 可한지라. 主智生活로부터 主情生活로―이것이 루소의 根本 主張이니 玆에 啓蒙思潮로부터의 解脫에 存在한 것이라. 一切의 啓蒙 文明을 否定하고 一層 深奧한 內生命에 立脚한 新文明을 造出코저 함이 彼의 本願이니 主智的 또는 機械的인 文明으로부터 一層 內的인 眞文明으로―吾人은 此間에서 時勢의 大廻轉을 認할 것이라. 휴마니티를 本位로 한 新文明―이것이 後에 至하야 或은 理想主義의 文明이라도 稱하고 或은 로만티시즘의 文明이라도 名하얏스니 後章에 詳述함과 如히 루소는 로만티시즘이라는 先驅者이라. 次時代의 大勢는 全然히 루소의 天才로 因하야 決定되얏다 하야도 過言이 아니니라.

◎ 1922.4.24. (36)

第四章 唯理思想 – 四. 佛國 自由思想의 發達

極히 曖昧多岐한 '自然'의 概念 中 玆에 다시 特筆할 重要한 一事는
人格에 關한 루소의 主張이니 卽 彼에 據하면 吾人에게로의 大事는
決코 彼理智이나 法則에 存한 것이 안이오, 專히 內生命 卽 人格에
存한 것이라. 僞文明으로 因하야 誤謬되지 안이한 天眞의 人格은 그
스사로 絶對의 尊嚴을 備하야 如何한 力으로써 할지라도 屈하지 못하
는 尊貴한 生命이라. (그리하여 루소에 據하면) 人類는 出生時로부터 自
然 그대로 尊貴하고 善美한 것이니 自然性을 完成만 하면 그곳에 스사
로 健全한 社會가 現出할지오, 또 人生은 本來 平等이라, 苟히 人生으
로써 出生한 者는 통히 現世에 在하야 生存할 絶對의 權利를 有하니
이것이 天賦의 權利이오, 또 自然 그대로의 尊嚴이라 하니, 루소의
有名한 天賦人權說의 由來는 玆에 存한 것이라. 前段에 屢屢히 說明한
個人主義의 思想은 루소의 天賦人權說에 至하야 特히 一段의 發達을
遂하얏다 稱하나니라.

루소의 天賦人權說은 啓蒙思想과는 全히 相違한 立脚地로부터 個性
의 尊嚴을 主張한 것이니 此 主張은 또 彼의 有名한 '社會契約說'과
關聯한 것이라. 社會契約說은 歐羅巴에 在하야는 最古로부터 行하얏
슨즉 루소의 主張은 特히 何等의 新味를 加한 것이 아니나 언제까지라
도 佛蘭西 當代의 官僚主義에 反抗하야 主權의 所在를 斷然히 人民으
로 斷定하고 因하야 近代 데모크라시의 基礎를 確實히 한 곳에 그
主張의 特色이 有하니 此에 데모크리틱인 主張이 當時에 如何히 深大

한 影響을 及한지는 佛蘭西 革命이 直接 루소의 天賦人權說의 刺激으로 因하얏다 判斷된 事를 見하야도 明白하니라.

　루소의 主張은 大體로 極히 單純하고 幼稚하고 坐 樂天的이니 人生을 出生時로부터 善美함으로 認하고 平等으로 斷定하고, 自由로 判斷함과 如함이 그 一例이라. 自然의 個性만 完全히 하면 그곳에 스사로 尊貴하고 善美한 人格이 生함으로 觀함은 樂天觀의 最著한 것이로되 此에 不拘하고 그 思想의 影響은 單히 佛蘭西에 안이라, 全歐的이오, 坐 單히 影響의 範圍가 廣博할 뿐 안이라, 그 深刻한 程度는 他에 類例를 見하지 못하얏다 하야 單히 吾人 칸트로 하야금 愕然(악연)케 하얏슬 뿐 안이라, 頃刻에 全歐의 思想界를 沸騰케 하야 마참내 佛蘭西 革命을 誘致하기에 至하얏스니 此를 싱각하건대 루소는 決코 尋常한 人이 아니오, 確然히 世界 歷史 廻轉의 鎖鑰(쇄첨)을 握한 偉人이니라.

◎ 1922.4.26. (37)

第四章 唯理思想 – 五. 獨逸의 啓蒙思想

　獨逸의 啓蒙思想은 歷史的으로 言하면 英佛로부터 輸入된 趣向이 有하야 英吉利의 그것과 如히 嶄新한 深刻한 趣味를 備하지 안이하고, 坐 佛蘭西의 그것과 如히 華麗한 活潑한 意氣를 備하지 안이하고 隱然中 外來的인 세콘드, 한드 式인 孤獨한 傾向이 有하되 亦如是 時代의 思潮로 一般 獨逸 産業發達에 隨하야 宛然히 本來的 傾向과 如히 鞏固한 地盤을 築城하기에 至하얏스며, 그뿐 안이오 獨逸의 啓蒙思想은

402

그 反動으로 燦爛한 로만티시즘, 尙古思想을 出한 故로 大略 그 本質을 記憶함은 로만티시즘을 理解하기 爲하야도 可히 缺하지 못할 것이니라.

十八世紀의 中葉으로부터 特히 發達한 獨逸의 啓蒙思想은 일즉 前代로부터 發達하야 來한 唯理思想으로 因하야 堅固한 地盤을 有한지라. 英國에 록크 흄 等의 經驗的 思想에 對하야 獨逸에서는 라이푸닛쓰, 벌프(167~754) 等의 唯理哲學이 次第로 發達하야 理智萬能 쏘는 知識 偏重의 風潮는 英國의 그것보담도 一層 顯著한 傾向을 備하얏스니 十八世紀에 獨逸의 思想界가 如何히 唯理主義에 浸潤한지는 當時의 最大 思想家인 칸트로도 오히려 唯理主義의 空氣中에 深呼吸을 行하야 容易히 그로부터 脫却하지 못한 一事로 觀하야도 明白한지라. 理性 萬能의 風潮는 일즉 十七世紀 以來의 傾向이니 此와 如히 唯理主義가 深히 地盤을 偏한 時에 直接 英國으로부터 쏘는 間接 佛國으로부터 그 英國式인 經驗的 實際的 巧利的 個人主義的 傾向이 盛히 入來하야 狹義의 啓蒙思想이 在來의 唯理主義와 合하야 一種 獨逸式인 啓蒙思想이 構成되기에 至하얏스니 吾人은 此 獨逸式인 啓蒙思想에 就하야 特히 精述할 必要는 無하나 그 內容에 在하야는 大略 英吉利의 啓蒙思想과 同하되, 佛蘭西의 그것과 如한 政治的 色彩를 缺하고 專히 學術과 밋 思想 方面에 經驗的인 功利的인 風潮가 顯著하얏스며, 英國 듸즘109)의 氣脈을 引한 宗敎上의 自由思想이 相當히 發達하야 平易한 流暢한 포퓨라인,110) 멘델스존(1729~1786)111) 哲學이 啓蒙期의 領袖

---

109) 듸즘(Deism): 영국 계몽주의의 하나인 이신론. 신은 세계를 창조했을 뿐, 그 이상의 자연법칙에는 개입하지 않는다는 사상.
110) 포퓨라인: 미상.

이오 一層 廣博한 方面에 在하야는 詩人 兼 評論家 렛싱(1729~1781)[112]
이 啓蒙思想을 代表하야 專히 文藝와 밋 宗敎에 亘하야 그 犀利(서리)
한 筆鋒을 揮하야 盛히 合理性 乃至 合法性을 主張하니라.

렛싱이 啓蒙思想의 代表者임은 그 名著로 見稱하는 『라오큰論』[113]

111) 멘델스존: 모세 멘델스존. 독일계 유대인 철학자·비평가·성서번역가·해설가. 유대인의
종교전통과 독일문화의 연결을 돕기 위한 계획을 세워 〈구약성서〉의 첫 5권인 '모세오경'
의 역서를 독일어로 쓰고 히브리어로 인쇄했다(1780~1783). 이무렵 그는 파문(破門) 교리
를 둘러싼 새로운 논쟁에 휘말렸다. 이 갈등은 그의 친구이자 그리스도교도인 빌헬름
폰 돔이 알자스의 유대인을 위해 탄원서를 써주기로 동의한 데서 비롯했다. 알자스 유대인
은 원래 멘델스존이 그들의 해방을 위해 직접 개입하기를 바랐다. 돔은 『유대인의 시민권
향상에 관하여(Über die bürgerliche Verbesserung der Juden)』(1781)에서 유대인의 해방을
탄원하면서도, 교인을 파문할 수 있는 유대 교회의 권리를 정부가 지지해야 한다는 역설적
인 말을 덧붙였다. 그결과 돔의 책에 대한 반발이 일어났고, 멘델스존은 이 반발에 맞서
싸우기 위하여 마나세 벤 이스라엘이 쓴 『유대인을 위한 변호(Vindiciae Judaeorum)』의
독일어 번역판 서문(1782)에서 파문을 비판했다. 익명의 작가가 모세 율법의 핵심을 파괴
했다고 그를 고발하자, 멘델스존은 『예루살렘: 종교권력과 유대교에 관하여(Jerusalem,
oder über religiöse Macht und Judentum)』(1783)라는 책으로 응수했다. 이 책에서 정부는
국민의 행동을 통제하기 위해서만 힘을 사용할 수 있을 뿐, 교회와 정부는 사상을 침범할
수 없다고 주장했다. 마지막 논쟁은 레싱이 스피노자의 범신론(汎神論)을 지지했다는 주장
을 둘러싸고 일어났다. 이 논쟁에서 멘델스존은 레싱을 옹호했지만 마지막 저서 『아침
(Morgenstunden)』(1785)에서는 라이프니츠의 일신론(一神論)을 지지했다. 7권으로 된 그의
전집은 1843~45년 출판되었다. 그의 아들 아브라함은 작곡가 펠릭스 멘델스존의 아버지이
다. 〈다음백과〉

112) 레싱: 고트홀드 에브라임 레싱(Gotthold Ephraim Lessing, 1729~1781). 독일극이 고전주의
극과 프랑스극의 영향에서 벗어나는 데 이바지했으며 지금까지도 중요한 가치를 지닌
첫 독일 희곡을 썼다. 그의 비평은 독일문단에 큰 자극을 주었고 보수적 독단론에 반대해서
종교적·지적 관용과 편견없는 진실 추구를 주장했다. 1746년 가을, 레싱은 라이프치히대학
교에 들어가 신학을 공부했으나 실제적인 관심은 문학·철학·예술 방면에 있었다. 곧 연극
활동에 빠져들었고, 희곡을 쓰기 시작했다. 레싱은 틀에 박힌 귀족풍의 프랑스극은 독일
정신과는 맞지 않는다고 주장하면서, 대신 독일적 성격에 부합되고 현실에의 충실성을
토대로 한 진정한 민족극을 쓸 것을 요구했으며 독일의 극작가들에게 셰익스피어를 모범
으로 삼을 것을 촉구했다. 늘 경제적으로 어려웠던 그는 극도의 가난 속에서 헤매다가
1766년에 방문한 적이 있었던 볼펜뷔텔에서 얼마 안 되는 보수를 받고 사서직을 맡았다.
말년에 이르러서도 그는 세계 종교의 역사에서 도덕의식의 발전을 보았고, 그로 인해
일체의 독단과 교리를 초월한 보편적인 형제애와 도덕적인 자유의 절정에 이를 수 있으리
라고 믿었다. 〈다음백과〉

으로 因하야도 明白하니 此藝術論의 根本精神은 依然히 古典的인 아리스토테레스의 模倣論이오, 一步도 그 以上에 出하지 못한지라. 藝術에 關한 彼의 思想은 全然히 合法性 쏘는 合理性을 根本으로 하고, 그 上에 立한 것이니라. '라오콘論'의 特徵은 詩는 時間的 藝術임에 對하야 繪畵는 空間的 藝術이라 說하고, 前者가 動的 藝術임에 比하야 後者는 靜的 藝術이라 主張한 點에 在하나 今人의 眼目으로 見하면, 此와 如한 類別 쏘는 對照는 詩와 繪畵를 單히 外面的으로 管理한 것이오 조금도 內面的 特徵에 接續하지 아니한 것이라. 詩와 繪畵에 關하야 아리스토테레스의 藝術論(自然의 模倣이 藝術이라는 論)이 그대로 렛싱의 思想이오, 彼는 一步도 古典思想의 上에 出하지 못하야 有名한 悲劇論 等에 在하야도 반드시 아리스토테레스를 脫却함으로는 觀하기 難하니 故로 此點에 在하야 彼는 어데까지라도 啓蒙思想의 代表者이니라.

그러나 彼의 有名한 著述 〈人類의 敎育〉에는 明確히 歷史的 觀察이 出現하야 此點에 在하야는 彼는 優히 普通의 啓蒙思想으로부터 脫却하얏다 謂할지라. 대개 此 著述은 宗敎의 歷史的 發達을 論한 것이니 歷史的 發達이라 함은 今日의 人으로 하야는 普通의 事이로되, 當時에 在하야는 자못 不明瞭한 事件이니 렛싱은 此點에 在하야 最初의 歷史的 觀察을 發達케 하야 最近代思想의 進步에 가장 直接인 影響을 與하

---

113) 레싱은 1760년 슐레지엔 지방의 군정장관인 타우엔치엔 장군의 비서로 브레슬라우에 갔고, 브레슬라우 도서관에서 철학과 미학을 공부하여 「라오콘: 회화와 문학의 한계에 관하여(Laokoon: oder über die Grenzen der Malerei und Poesie)」(1766)라는 뛰어난 논문을 탄생시켰다. 여기서 헬레니즘 시대(BC 1세기경)의 유명한 조각작품인 라오콘(뱀에 휘감겨 죽는 성직자 라오콘과 그의 아들의 모습)에 대한 해석을 둘러싸고 당대 예술사가 요한 빙켈만과 대립된 의견을 피력하면서, 레싱은 회화와 시문학의 기능이 근본적으로 다른 것임을 설명하려 했다. 〈다음백과〉

얏다 謂하는 것이라. 그러나 此名著는 宗敎의 發達을 道德의 發達로부터 解釋하고 更히 宗敎의 發達을 合理性이라는 方面으로부터 解釋한 것이니 此等의 點에 在하야는 렛싱은 全然히 英吉利의 듸즘의 氣脈을 受함과 如한지라. 全히 啓蒙思想으로부터 脫却함은 렛싱으로 하야도 決코 容易한 事業이 안이니 啓蒙思想은 民間에까지 普及하야 此로 因하야 社會의 各方面이 知識의 光에 照耀됨은 無疑하나 佛蘭西의 啓蒙思想이 後에는 甚히 外面的 皮相的으로 됨과 同히 獨逸의 啓蒙思想도 內容的으로는 자못 貧弱하고 淺薄하야 何時까지라도 永久히 同한 形體를 繼續하지 못하얏스니 卽 一般 社會의 風潮가 淺薄하게 되고 그 俗惡으로 化함에 從하야, 淸新한 思想 感情을 要求하는 靑年(有爲의 靑年)의 不滿足이 漸漸 高潮하야 在來의 啓蒙思想에는 滿足키 녁이지 아니하는 不安 懊惱의 氣分이 漸次로 社會 各方面에 擴大하얏스니 詩人 게테[114]의 有名한 '벨테르의 懊惱'는 實로 此等의 不安한 空氣中으로부터 産出한 것이라 謂하니라.

學者 思想家의 方面에도 次第로 啓蒙思想으로부터 脫却코자 하는 風潮가 高調하야 렛싱이 겨우 啓蒙思想으로부터 脫却코자 함과 如히 當時의 最大 唯理思想家인 칸트로 次第로 唯理思想이나 啓蒙思想으로부터 解脫하고 루소의 휴마니즘에 引導되야 마참내 理想派 思想의 大淵源을 成한 故로 吾人은 칸트를 尋常한 唯理思想家로 待遇하지 아니하고 도리여 次代의 아이데아리즘[115]과 밋 로만티시즘의 淵源으로 하야 別로히 次章에 敍述코저 하노라.

---

114) 게테: 괴테.
115) 아이데아리즘(idealism): 관념론. 이상주의.

第五章 로만티시즘

로만티시즘의 起源

第十八世紀의 末葉으로부터 十九世紀의 初期에 亘하야 그 期間은 極히 短少하나 가장 華麗하게 가장 少壯하게 더욱 가장 深刻한 意義를 人生 生活에 與한 歐洲 思想史上의 一大傾向 쏘 大風潮는 普通 로만티시즘이라 稱하야 廣히 世界의 思想史上에 가장 美麗한 一種의 에비소드를 成하얏스니, 十七八世紀의 唯理的 쏘는 古典的 傾向이 歐洲 全體의 風潮임과 同히 로만티시즘도 쏘한 明白히 英佛獨 全歐洲 全般에 亘한 運動 쏘는 風潮이니 唯理主義이라는 束縛으로부터 로만티시즘이라는 廣大한 自由 天地로 一般 歐洲人은 突進한 것이라. 一百年 乃至 一百五十年間 規律 專門인 唯理主義에 養育된 歐洲人은 十八世紀 末葉에 及하야 漸漸 一層 活潑한 그리하야 一層 自由인 空氣를 呼吸함을 期望하야 己하지 아니하더니 時勢가 次第로 變하야 佛蘭西 中原에 揚起된 大革命의 烽火는 廣히 歐洲 社會 生活上에 가장 活潑하고 自由로운 解放運動을 喚起한 因緣이라. 此 烽火를 目標로 하야 歐羅巴 全體에 健全한 行進 運動이 起하야 英佛獨을 通하야 産業上의 進步는 從來의 經過에 比하야 자못 刮目의 觀을 呈하야 唯理主義의 規矩로써는 到底히 拘束하지 못할 少壯한 活潑한 元氣—자못 盲目的인 靑年 氣銳의 破壞할 듯한 大元氣가 猝然히 社會 全面에 洪水와 如히 橫溢하야 一般 社會生活上에 從하야 廣히 思想 쏘는 人心上에 正히 一大 廻轉이 起하니라.

로만티시즘의 風潮를 硏究하기 前에 몬저 準備로 그 特徵을 생각하건대 로만티시즘은 第一로 前代의 唯理思想에 對한 反抗이라 할지니 則 前章 佛蘭西 自由思想 解說의 末段에 在하야 吾人은 잔자크 루소가 當然히 起하야 極端인 唯理思想의 束縛에 反抗하고 專히 自然이오 自由인 天眞이오 爛漫인 生活을 主張한 所以를 槪說하얏거니와 루소는 그 意味에 在하야 佛蘭西의 로만티시즘의 先驅者일 쑨 안이오, 廣히 全歐의 로만티시즘의 主唱者 先驅者 쏘 建設者이라. 卽 前章에 槪說함과 如히 當時의 極端인 煩瑣하고 不自然한 規律이나 傳習이나 儀禮나 道德에 深大한 不滿을 感하야 그 等에 一切 束縛되지 안이하는 自由生活을 主張함이 루소의 로만티시즘이니 彼는 一切의 規律이나 傳習에 反抗한 極端으로 도리여 無規律 放縱 天眞爛漫 그대로가 人生의 眞生活이라고까지 主張한지라. 啓蒙思想 그것 쏘 理智 그것은 바로 루소의 敵이오, 無規律 放縱이 도리여 眞生活로 싱각하얏스니 吾人은 몬저 此點에 留意하지 안이하면 안이될지라. 루소를 本源으로 하고 流出한 로만티시즘이 何故로 그러틋이 理智에 反對하고, 何故로 그러틋이 唯理思想 乃至 啓蒙思想에 反抗하얏는지 吾人은 모름히 몬저 此點에 注意하지 안이하면 안이될지니 何者오. 몬저 此點을 明瞭히 함으로 因하야 吾人은 바로 로만티시즘의 精神을 理解함을 得하는 所以이니라.

　唯理思想 쏘는 啓蒙思潮는 理性이나 理智를 主位로 立한 것으로부터 全體의 態度가 스사로 客觀의 規律이나 法則에 向하야 普히 客觀界에 眼目을 放하야 詳細히 秩序 法則을 觀察함에 深大한 興味를 感한 것이니 唯理思想의 此 態度에 比較하면 로만티시즘은 專히 主觀的이오 內面的이라. 唯理主義가 客觀界에만 眼目을 注하고 主觀의 內面生

活을 空虛에 遺棄함은 로만티시즘이 唯理思想에 對하야 가장 深히 不滿을 感하는 點이니, 唯理思想에 反抗하야 主觀의 內面生活을 深固케 하고저 함이 卽 로만티시즘의 精神이라. 故로 로만티시즘은 人生의 眞生活－人生의 最高 生活을 한갓 理智 또는 知識의 生活보담은 一層 內面的인 一層 主觀的인 方面에 求하고자 하얏스니 此와 如히 內面生活이 대개 何를 意味한지는 자못 困難한 問題이나, 一般으로 情熱이나 想像이 로만티시즘의 生命임은 今日로부터 見하면 到底히 掩蔽하지 못할 事實이니 卽 冷靜하고 無味한 知識보담도 哀樂無限의 情味를 感케 하는 情生活과 온갖 意味의 詩趣仙境을 無盡藏으로 造出할 想像 (創造)의 世界는 로만티시즘으로 하야는 가장 尊貴하고 가장 美한 것이로되, 唯理思想은 全然히 此와 如한 生活을 無視한 傾向에 不過함으로 싱각한지라. 온갖 方面에 情生活을 擴張하야 理想化, 白熱化하야 그곳에 或은 高하고 或은 美하며 或은 深하고 幽玄을 極하며 或은 奇怪히 神秘히 不可思議를 極한 世界를 想像함이 로만티시즘으로 하야는 第一 尊貴하고 善美한 生活로 싱각하얏스니, 로만的이라는 奇怪 不可思議를 意味하고 因하야 主觀의 世界에 온갖 眞味의 理想境을 造出코저 한 傾向이 바로, 로만티시즘이라 名한 것이니라.

◎ 1922.4.30. 구주사상의 유래(39)

第五章 로만티시즘 (속)

此와 如히 主觀的 또 情熱的인 로만티시즘이 啓蒙思想의 主知的 傾向에 反對하야 온갖 意味에 在하야 理性과 知識을 排斥함은 이믜 루소에 在하야 顯著한 傾向이오, 後의 로만티시스트에 在하야 더욱 顯著한 事實이나 同時에 또 로만티시즘은 온갖 意味의 아이데아리스틱(理想的)인 傾向과 가장 親密한 關係를 有한 것도 注意하지 안이하면 안이될지니 온갖 意味에 在하야 不完全한 現實世界와 現實生活은 로만티시스트에 在하야 가장 深大한 不滿足을 感케 된 바이니, 特히 唯理思想으로 因하야 乾燥無味化한 平凡 淺薄한 現實生活은 彼等으로 하야 더욱 忍耐하지 못할 것으로 感한 것이오, 더욱 啓蒙思想에 附着한 淺薄한 快樂主義的 道德은 로만티시스트에 在하야는 가장 深刻한 苦痛의 種子니 此와 如히 淺薄 浮靡(부미)한 現實世界에 深大한 不滿을 感하얏슴으로 하야, 로만티시스트는 그 代償을 主觀의 想像 世界에 求코저 함이라. 主觀的 想像 世界에 在하야는 彼等은 如何한 種類의 理想生活도 完全히 自由로 또 隨意로 創造하얏스며, 現實生活이 醜惡하면 醜惡할수록 彼等은 主觀世界에 더욱 尊貴하고 善美한 生活을 自在로 畵出한지라. 人生의 醜惡한 黑暗한 方面보다도 善美한 光明이나 充滿한 理想的 方面이 專히 로만티시스트로 因하야 注目되니 所謂 아이데아리즘(理想主義)과 로만티시즘은 二者를 分離하지 못하도록 親密하야 아이데아리즘을 包含한 意味의 로만티시즘—가장 單히 ●道主義를 主張한 아이데아 아리스틱인, 로만티시즘은 正히 十九世紀 初頭의 歐羅巴의 勢力이니라.

로만티시즘에 就하야 特히 注意할 것은 此 思想的 大運動이 一面에 在하야는 自初로 獨逸의 칸트 휘이테 等 哲學者의 協力에 賴함은 贅說할 것도 無하나 主로는 詩人 文學者의 運動이라는 一事이니 獨逸에 在하야는 게테, 시라116) 等으로부터 노바리스117) 수레겔118) 等이 此 運動의 中心이오, 英吉利에 在하야는 월드월스,119) 카알라일120) 等이

急先鋒이 되고 또 佛蘭西에 在하야는 뷕털 유고,121) 산트,122) 고체,123)

---

116) 시라: 실러(Johann Christoph Friedrich von Schiller, 1759~1805). 독일의 문호. 실러의 초기
비극은 정치적 억압과 전제적 사회 관습을 공격한 것이었으나, 후기 희곡들은 육신의
허약함을 초월하고 물리적 조건들을 극복하는 영혼의 내적 자유에 관한 내용이 주류를
이룬다. 1802년 귀족칭호를 받았다. 카를 사관학교를 다니며 엄격한 전제적인 규율 속에서
청년기를 보낸 실러는 최초의 희곡인 〈군도〉를 통해 숨 막히는 관습과 고위층의 부패에
대한 맹렬한 저항을 표현했다. 첫번째 주요 시극인 〈돈 카를로스〉에는 독특하게 울리는
약강 5보격 무운시의 음조가 처음으로 등장한다. 1794년 괴테를 만난 이후 두 사람은
계속 편지를 교환하며 우정을 나누었다. 시로 된 서문, 극적 프롤로그, 2편의 5막극으로
구성된 장대한 규모의 〈발렌슈타인〉에서 극작가로서의 그의 능력은 절정에 달했다. 이후
〈마리아 슈투아르트〉, 〈오를레앙의 처녀〉, 〈메시나의 신부〉, 〈빌헬름 텔〉을 연이어 발표했
다. 1805년 러시아를 주제로 한 희곡 〈데메트리우스〉를 쓰던 중 죽음을 맞았다. 〈다음백과〉
117) 노바리스: 노발리스(Novalis, 1772~1801). 독일의 작가. 후기 낭만주의 작가. 니더작센의
귀족계급에 속하는 신교 가문에서 태어나 가족이 전에 사용했던 이름 '노발리'를 본떠
자신의 필명을 붙였다. 청년시절 예나대학에서 법학을 공부했고(1790), 거기에서 실러와
사귀었다. 그뒤 라이프치히에서 공부하며 프리드리히 폰 슐레겔과 친교를 맺고 칸트와
피히테의 철학사상을 접하게 되었다. 1793년 비텐베르크에서 공부를 마쳤고 1796년 바이
센펠스에서 작센 정부 제염소의 회계 감사관으로 임명되었다. 말년에는 백과사전적인
연구, 관념론에 토대를 둔 철학체계 초안, 시작 등 왕성한 창작활동을 했다. 그의 생전에
출간되었던 단편집 『꽃가루』(1798)와 『신앙과 사랑』(1798)은 그의 정신세계의 폭을 잘
나타내주는 것으로서, 세계를 우화적으로 해석함으로써 시·철학·과학을 통합하고자 하였
다. 〈다음백과〉
118) 수레겔: 슐레겔(Friedrich von Schlegel, 1772~1829). 독일의 작가, 비평가. 초기 독일 낭만주
의 운동을 고취하는 많은 철학이념들을 창안했다. 모든 새로운 사상을 자유롭게 받아들인
그는 자극적인 〈아페르쿠스(Apercus)〉와 〈단편 Fragmente〉(〈아테네움(Athenäum)〉을 비롯
한 여러 잡지에 기고한 글)을 통해 풍부한 연구계획과 이론을 펼쳐보였으며, 보편문학·역
사문학·비교문학이라는 개념을 만들어냄으로써 깊은 영향을 주었다. 〈다음백과〉
119) 월드월스: 윌리엄 워드워즈.
120) 카알라일: 토마스 칼라일(Thomas Carlyle, 1795~1881). 칼라일은 에든버러대학교에 진학
하여 폭넓은 독서로 지식을 쌓았다. 수학에 소질이 있는 그는 수학 교사가 되었으나, 가르
치는 일이 적성에 맞지 않아 교사직을 포기했다. 그가 가장 좋아한 것은 독일 문학이었다.
특히 괴테를 숭배해 1824년에는 괴테의 『빌헬름 마이스터의 수업 시대』를 번역하여 출판
했다. 칼라일은 생활고에 시달리면서도 야심적인 역사책 『프랑스 혁명』을 1837년에 발표
하여 진지한 찬사와 대중적 성공을 얻었다. 역사를 '신의 경전'으로 보는 견해에 충실한
칼라일은 프랑스 혁명을 군주와 귀족계급의 어리석음과 이기주의에 대한 필연적인 심판으
로 간주했다. 1857년에 칼라일은 그의 또 다른 영웅인 프리드리히 대왕을 집중적으로
연구하기 시작해 〈프리드리히 대왕이라 불리는 프로이센 왕 프리드리히 2세의 역사〉를
발표했다. 〈다음백과〉
121) 뷕털 위고: 빅토르 위고.

메리메124) 等의 文藝家가 그 中心이오, 쏘 單히 文藝家가 中心이엇슬 샌 안이라 로만티시즘은 자못 全히 靑年의 力으로 因하야 惹起된 運動이니 此 運動이 絢爛을 極하도록 華麗함은 決코 偶然함이 안이니라.

루소는 로만티시즘의 先驅者이로되, 此 文藝的 運動은 大體로부터 論하면 몬저 獨逸에 發達하고 更히 英吉利에 繁榮하고, 英吉利로부터 佛蘭西에 到來하야 全歐의 大風潮를 成한 觀이 有한지라. 그러나 佛蘭西로 하든지 英吉利로 하든지, 다 그 國內에 固有한 로만틕인 傾向을 具備하야 此傾向이 機에 觸하야 各各 特殊한 形을 取하야 發達한 것임은 贅說(췌설)을 要하지 안이할지오, 同一한 로만티시즘이라 하야도 獨逸 佛蘭西 英吉利가 各各 面目을 異케 함도 쏘한 贅說을 要하지 안이할지니라.

嚴正히 謂하는 아이데아리슴(理想主義)은 無論 로만티시즘과는 相異한 것이라. 歐羅巴에 在하야도 아이데아리즘의 意義는 자못 複雜多岐하야 一定하지 아니하얏스니 가장 廣義로 言하면 理想主義(理想主義의 思潮)는 人生의 根本을 人道的 乃至 道德的으로 解釋하는 思潮를 意味한 것 換言하면, 深히 人類의 個性 乃至 人格의 尊嚴에 着眼하야 此個性의 尊嚴을 完成하고 主張함이 바로 人類의 最高 生活이라 敎한 것이 一般 理想主義的 思潮의 精神이라. 故로 嚴正히 謂하는 理想主義는 專히 道德的 乃至 人道的 傾向을 取한 것이니 그 顯著히 藝術的

---

122) 산트: 조르주 상드(George Sand, 1804년 7월 1일~1876년 6월 7일)는 자유분방한 연애로도 유명한 프랑스의 소설가이다. 본명은 오로르 뒤팽(Aurore Dupin)이다. 〈위키백과〉

123) 고체: 미상.

124) 메리메(Prosper Mérimée, 1803~1870). 프랑스의 극작가·역사가·고고학자.

傾向을 帶한 로만티시즘과는 스사로 精神을 異케 하얏스나 로만티시즘은 아이데아리즘과 極히 親密한 關係를 備하야 見法으로 由하야는 아이데아리즘의 一種으로도 解釋되나니 故로 本章에 在하야는 로만티시즘의 項目下에 便宜로 아이데아리즘을 揭括하야 로만티시즘을 解釋하는 一邊으로 아이데아리즘의 思想도 概說코저 함이니라.

◎ 1922.5.1. 구주사상의 유래(40)

第五章 로만티시즘 (속)

一. 獨逸의 로만티시즘

十八世紀의 中葉으로부터 十九世紀에 亘하야 獨逸은 正히 國運 發展의 第一期라. 푸로이센 王國이 후리드리히 大王[125]으로 因하야 스사로 全獨逸을 統率하야 國勢가 장차 大振코저 하는 時代에 在하야 더욱 佛蘭西 革命에 刺激이 되야 民心은 漸漸 淸新하고 自由로운 生活을 要求코저 하는 傾向을 示하야 國運의 中에는 明確히 大廻轉의 空氣가 漲溢한지라. 嚴正히 謂하는 로만티시즘을 概說함에 當하야 吾人은 몬저 一層 廣義인 아이데아리즘의 源泉을 略述하지 아니하면 안이될지니 로만티시즘은 此 아이데아리즘으로부터 別流로도 觀하나니라.

---

125) 후리드리히 대왕: 빌헬름 독일 황제.

(가) 아이데아리즘의 源泉

獨逸의 아이데아리즘의 淵源을 槪說함은 그것만 하야도 이미 複雜하야 決코 容易한 것이 아니라. 대개 十九世紀 初頭에 歐洲 아이데아리즘의 發達은 專히 獨逸의 아이데아리즘은 實로 全歐의 그것을 代表한 歐洲 文明史上의 最近代的 偉觀이라. 吾人은 玆에 精細히 獨逸의 아이데아리즘의 發生을 敍述할 餘地가 無하나 極히 寬大히 言하면 佛蘭西 革命은 種種인 方面에 革新의 氣運과 自由의 運動을 促進한 것이니, 後章에 說明함과 如히 十九世紀에 産業的 文明의 顯著한 發達도 그 本質을 論하면 佛蘭西 革命으로 因하야 喚起된 것이라 할지나 아이데아리즘과 밋 로만티시즘도 明確히 佛蘭西 革命으로 因하야 惹起된 時代의 風潮이라 할지니 從하야 아이데아리즘의 生命은 本來 어듸까지라도 自由이나 革新이라는 方面에 存하야 그 意味가 活潑한 革命的 精神을 具備한 것임은 贅言을 要하지 아니할지나 一層 直接으로 獨逸의 아이데아리즘의 發生을 考察하건대 吾人은 그것이 結局 獨逸 民族 乃至 獨逸 國運의 發達 쏘는 反映임을 認하지 아니치 못할지라. 獨逸 民族이 由來 아이데아리스틱인 쏘는 메타푸이지칼인 傾向을 備함은 近代의 初에 在하야 宗敎改革과 宗敎에 關한 諸戰爭이 專히 彼等으로 因하야 成就되고 쏘 實行됨에 明白하며, 쏘 佛蘭西 伊太利 等의 라텐 種族에 比하야 獨逸 民族이 一種 鄭重한 道德的 嚴肅性을 備함도 쏘한 著名한 事實이니 卽 獨逸의 아이데아리즘은 此等 獨逸 民族性의 自然의 傾向이라 解釋할지라. 獨逸 民族의 傾向이 佛蘭西 革命에 刺戟되야 一種 特別한 發達을 遂함이 當代의 아이데아리즘에 不外하니 英佛의 아이데아리즘은 多少 獨逸로부터 利殖된 傾向을 備하나라.

遠히 아이데아리즘의 淵源을 探究함은 아즉 勿論하고 近代 獨逸의 아이데아리즘의 起源 如何를 論하면 吾人은 바로 一面에 在하야 게테와 시라를 數하노니, 哲學的 思索의 方面에 在하야는 칸트는 分明히 近代 獨逸 理想派의 源流이오, 文藝的 方面에 在하야는 的確히 게테와 시라가 그 淵源을 成하니라.

　칸트(1724~1804)의 天才가 넘어 多方面임으로 하야 그 根本精神은 後世에 至하야 各樣의 批評을 受하야 一定하지 안이한 觀이 有하니, 無論 그 有名한 認識 批判은 彼가 後世에 遺한 大事業이라. 칸트는 스사로 深히 唯理思想에 拘束이 되면서도 獨斷派의 無批判的 態度를 退斥하고 人生의 認識에 一定한 界限을 與함은 此 方面으로만 하야도 彼가 明確히 獨斷的 唯理派의 束縛을 脫却함을 示한 것이니, 唯理派의 理智 萬能主義는 칸트로 因하야 그 根底로부터 破壞되니라.

◎ 1922.5.2. 구주사상의 유래(41)

第五章 로만티시즘(속) – 일. 독일의 로만티시즘 (속)

　그러나 칸트의 根本精神은 決코 認識批判쑨 안이오 루소의 휴마니즘(人道主義)의 影響은 칸트에 在하야 極히 深刻하야 認識의 批判보담은 人格의 完成(乃至 人道의 確立)이 吾人에 在하야 더욱 重大事로 싱각하얏스니 當時에 在하야는 淺薄한 快樂的 風潮가 社會 基調를 成하얏스나 칸트는 이에 斷然히 此 風潮에 反抗하야 一切의 快樂이나 幸福을 退斥하고 全히 人格의 完成이 人生의 眞生活임을 力說한지라, 卽 칸트에 在하야는 絕對로 善이라 稱할 것은 오즉 人格이라는 道德的 意志쁜이오, 富貴, 快樂, 權勢와 如한 것은 統히 外的의 것, 道德의 範圍外에 屬한 것이라 하야 一切로 排斥하고 專히 人格이라는 意志만을 立한 곳에 칸트의 嚴肅主義, 廣하야는 獨逸 民族의 嚴肅性이 存한 것이니 그런즉 칸트에 在하야는 道德的 意志는 一切를 支配하는 根本的 法則이라. 自然의 法則은 칸트로 하면 自然으로부터 吾人에 與한 것이 아니오, 反對로 吾人이 自然에 與한 法則임에 不外하며 此와 同히 道德的 意志는 全然 自主的이오 獨立的이라. 現世에 在하야 眞히 絕對이라 稱하며, 自由이라 名할 것은 호올로 道德的 意志쁜이니 道德的 意志는 一切의 法則을 與하고 쏘 支配하는 絕對者이라. 一切 立法의 根源 乃至 支配의 根源은 道德的 意志이라. 世界를 改造하고 支配하는 것은 一히 此 道德的 意志에 不外하니 道德的 意志의 進步 發達이 卽 人生의 實相이라 함이 칸트 哲學의 根本精神이라. 近來 獨逸의 理想的 思想은 實로 칸트의 此 根本精神으로부터 流出한 것이니 絕對的으로 主觀의 尊嚴을 立證한 곳에 近代 獨逸 理想思潮의 特徵이 存하니라.

此 理想主義의 傾向은 칸트의 直系者이라 稱하는, 휘피테(1761~1814)[126]에 至하야 더욱 明白하니 單히 理想派의 思想家로서뿐 안이오, 直接 獨逸 乃至 英吉利 로만티시스트에 가장 深刻한 影響을 與한 哲學者로서 휘피테는 바로 로만티시즘의 中心人이라 稱하니 事實 獨逸의 로만티시즘의 神髓는 휘피테 哲學을 理解하지 아니하면 到底히 會得하지 못할지니라.

---

126) 휘피테: 피이테.

휘피테 哲學의 神髓를 理解코저 할진댄 몬저 彼로 因하야 代表된 當時의 時代精神을 理解하지 안이하면 안이될지니 國運이 將次 크게 勃興코저 하는 時代임으로 하야 特히 少年 有爲의 人士는 內에 鬱勃(울발)한 銳氣를 感하야 何事이든지 장차 大有爲코저 하야 已치 안이한지라. 各人이 스사로 天才로써 任하야 天才의 發揚이 바로 眞生活임으로 생각하얏스니 卽 當代는 個性 그것에 가장 深大한 自信을 感한 時代이라. 吾人은 此點으로부터 휘피테의 根本精神을 能히 理解하나니 自我는 휘피테 哲學의 根本임으로 自我哲學은 휘피테 哲學이라 稱하니 칸트가 主觀 高潮의 精神을 가장 徹底的으로 表現한 것이 휘피테 哲學에 不外한지라. 換言하면 個性 乃至 主觀 乃至 天才 乃至 自我의 活動이라는 한갓 理智의 活動도 안이오 쏘 世俗 所謂 快樂이나 幸福을 追求하는 活動도 안이라. 휘피테에 在하야는 自我의 根本 活動은 칸트와 同히 徹頭徹尾 道德的이니 道德的으로 世界를 創造하고 支配하는 것이 自我 活動의 根本으로 생각한지라. 대개 휘피테에 在하야는 自我 (칸트의 道德的 意志)는 絶對 無限의 立法者(쏘는 創造者)이라. 積極的으로 一切를 支配하고 創造하는 것이 바로 自我의 本性으로 생각하얏스니 卽 自我의 無限에 亘하는 道德의 創造가 곳 人生 活動에 不外하다 하니 그런즉 휘피테에 在하야는 人生은 道德的 自我가 非道德的 世界를 征服하는 것이라. 道德的 戰鬪가 卽 人生의 實相에 不外하니 獨逸民族은 此와 如한 道德的 戰鬪를 爲하야 特히 被選된 民族이라 함은 어듸까지라도 自我 中心의 精神으로써 一貫된 휘피테의 主張이라. 自我 中心의 思想이 곳 로만티시즘의 因하야 立한 地盤이니라.

◎ 1922.5.3. 구주사상의 유래(42) - 일. 독일의 로만티시즘 (속)

게테(1749~1831)와 시라(1759~1805)의 二大 詩人이 칸트, 휘피테와 並하야 近代 獨逸 理想派 思潮의 淵源임은 更히 說明할 것도 無하니 오즉 理想派의 代表者일 샏 안이오 此 二大 詩人은 一面에 在하야 로만티시즘의 淵源인 故로 언의 方面으로부터 見하야도 特히 注意할 時代精神의 統率者이라. 吾人은 玆에 此等 二大 詩人에 就하야 詳細히 敍述할 必要가 無하고 다만 根本精神만을 指摘함으로써 足하다 하노라.

시라는 一面에 在하야 로만티시즘의 代表者이로되 此點은 아즉 勿論하고 彼가 十分인 意味에 在하야 아이데아리즘의 代表者임은 가장 著名한 事實이라. 彼는 深히 칸트를 私淑하야 칸트의 아이데아리즘을 十分 體得한 文豪이나 彼는 元來 아이데아리즘의 化現임은 쏘한 一點 無疑한 事實이라. 人生의 暗黑面이 반다시 彼에게 現하지 안이함이 안이나 彼에 在하야는 그 善美한 光明ㅣ 칸트의 所謂 絶對的 道德意志는 一切의 醜態도 醇化, 道德化, 光明化하는 本源이라. 絶對的 道德 意志는 칸트와 同히 一切에 對한 立法者이오, 支配者임으로 생각한 故로 시라는 쏘한 칸트와 同히 道德的 自由는 人生 活動 中의 가장 尊貴하고 善美한 것이니 理想的 善美한 人格의 完成이 第一 尊貴한 生活임으로 생각하얏스나 다만 칸트와 異한 것은, 칸트는 人生의 感情, 慾望, 情慾 等(肉)과 道德的 理性(靈)을 二元的으로 觀하야 慾望이나 情慾을 蹂躪할지라도 道德的 法則을 實現케 하는 것이 道德的 行爲이라 主張하얏스나, 此에 反하야 元來 詩人으로서 感情이나 情慾의 本質에 通한 시라는 此等의 自然性을 破壞하고 道德律을 立코저 함은 넘어

苛酷에, 넘어 峻嚴에 失한 것이라 하야 칸트의 二元 對立을 退斥하고, 도리여 自然의 性情과 理性을 調和─靈肉 二元의 調和를 力說한 點에 存하니 卽 人類의 自然의 感情이 스스로 道德的 理性의 命令에 合하야 感性과 靈性이 期하지 아니하고 서로 調和한 心的 狀態를 '善美한 靈魂'이라 稱함은 廣히 世間에 知하는 事實이라. 人類의 自然의 感情에나 情慾에 信任을 置하지 아니한 칸트는 此等의 自然性을 壓迫하고 道德律을 完全히 하는 곳에 眞道德이 存함으로 觀하얏스나, 시라는 自然의 性情이 道德化 되고 靈化되는 곳에 眞道德이 成立함으로 觀하야, 칸트는 一層 悲觀的에 傾하고, 시라는 一層 樂觀的에 傾하얏스니 卽 시라가 칸트보담도 一層 强히 理想的에 傾함이 明白한지라.

'善美한 靈魂'의 現實化는 要하건대 시라의 根本精神이니 現實의 理想化가 곳 彼의 道德觀이니라.

시라의 아이데아리즘이 此와 如히 純粹 率直함에 對하야 게테의 아이데아리즘은 그 輪廓(윤곽)도 大하고 쏘 全體가 深히 複雜深遠하야 簡單히 그 根本精神을 盡하기 難한지라. 人生 各自의 個性은 各各 千差萬別의 相違를 備하야 스스로 無限히 複雜하나 個性이라는 小天地는 그 中에 쏘한 無限한 形形色色의 傾向을 備한 것이니, 此와 如한 小天地는 시라가 싱각함과 如히 반다시 純粹하고 優雅한 理想的 一邊의 物이 안이오, 그 中에는 도리여 可恐可惡할 不純한 要素와 醜惡을 極한 動作까지 包含한 것이라. 안이라. 人生의 生活은 外面으로 觀察하면 此와 如한 醜惡한 元素와 暗黑한 現狀으로써 充滿함과 如히 見하나 (게테의 觀察에 據하면) 人生에는 오히려 一片 胱胱(?)한 美精神이 寄在하니 此美精神은 참 人生에 無限한 尊嚴을 與하는 力이라. 此精神을

備함으로 하야 비로소 人生은 神의 子이라 稱할 資格을 有한 것이니 게테의 此美精神은 칸트 시라 等의 그것과 如히 純粹 道德的 意志이라 함보담은 더욱 만히 宗敎的 情調를 加味한 一種 幽玄 神秘한 精神이라. 아리스토테레스의 엔테레카이아를 一層 神秘的으로 觀한 것이 게테의 美精神이니 人生은 卽 此와 如한 神秘한 靈魂의 活動이오, 此 靈的 活動이 참 尊貴한 人生의 生活로 싱각한 것이라. 게테 스사로를 象徵한 〈파우스트〉 代의 無限精神은 此와 如한 靈的 活動의 一標準에 不外하니라.

◎ 1922.5.4. 구주사상의 유래(43) – 일. 독일의 로만티시즘 (속)

單히 個性이라는 小宇宙에 就하야서쑨 안이오 天地이라는 大宇宙에 就하야도 同一한 것이니 小宇宙 그것도 이미 複雜하거든 況天地이라는 大宇宙가 極히 複雜多樣할 것은 엇지 多言을 要하리오. 小宇宙가 그 中에 여러 가지로 醜惡한 元素를 包含함과 同히 一大宇宙 中에는 無量無數한 不調和, 矛盾, 醜惡, 暗黑의 元素가 包含된지라. 此와 如히 無量한 不調和, 矛盾을 包含하얏스되, 그 全體上으로부터 觀하면 宇宙의 靈妙한 法則이 一切를 支配하야 無限히 奧妙한 精神이 全體를 觀徹하니 卽 有名한 〈파우스트〉 大序 프로로그의 言을 借하면, 메피스토페레스 流의 惡魔이나 사탄이 天地에 跋扈하되 此等도 畢竟 여호와 大神의 靈旨를 成就코저 하는 補具이라. 絶對 無限의 立脚地로부터 觀하면 依然히 靈妙 神秘한 神의 精神이 全體를 支配하는 것이니 永遠無窮한 福祉와 榮光은 항상 天地를 支配하야 休息할 時가 無하다 함이 게테의 確信이니라.

此와 如히 게테에 在하야도 시러보담은 甚히 複雜하나 大體에 在하야 天地 人生의 靈妙를 隨●하고 永遠의 理想을 謳歌한 點이 칸트와 휘피테 等 理想論者와 同히 어듸까지라도 그 根本精神이라. 칸트 휘피테로 因하야 獨逸의 思想界가 顯著히 深奧하고 强固함과 同히 게테 시라 等으로 因하야 그 基調가 더욱 靈化되고 理想化되얏스니 게테와 칸트의 勞力이 單히 獨逸 國內쑨 안이오 廣히 世界 大의 것이 됨은 가장 深히 吾人의 注意할 事이라. 獨逸 理想派의 勞力은 單히 獨逸的으로만 止하지 안이함이라.

(나) 로만티시즘의 發生

前段에 槪說한 아이데아리즘과 가장 親密한 關係를 有한 로만티시즘의 起源을 理解코저 할진대 吾人은 直接으로 此運動보다 先起한 스쓰름운트쓰랑(突進期의 意)127)의 眞相을 理解하지 안이하면 안이될지라. 로만티시즘은 此突進運動으로부터 産出한 것이니 스쓰름 운트 쓰랑그는 로만티시즘의 前驅로도 解釋할지니라.

第十八世紀 中葉에 起한 스쓰름 운트 쓰랑그는 前段에 略說한 獨逸 民族의 發達, 또는 自覺의 急激한 發現이나 就中 少壯有爲의 靑年이, 內에 充滿한 銳氣에 驅使되야 스사로도 明白히는 그 進路를 理解하지 못하고 다만 何事이든지 大有爲코저 한 急激한 自覺이 此 突進運動에

---

127) 스쓰름운트쓰랑: 슈투름 운트 드랑(독일어: Sturm und Drang) 또는 질풍노도(疾風怒濤)
18세기 후반에 독일에서 일어난 문학 운동이다. 1765년 경부터 1785년 경까지의 약 20년
동안이 이에 해당된다. 계몽주의에서 고전주의·낭만주의 시대에 걸쳐 과도적인 역할을
다한 문학·연극 운동이다. 〈위키백과〉

不外한 것이라. 故로 此 突進運動은 第一로 在來 唯理思潮에 對한 激烈한 反抗이니라. 루소가 一切의 理智를 退斥하고 情 生活의 自然에 一身을 委함은 此 스쓰름 期를 支配한 根本精神이니 彼等은 淺薄 皮相平凡 無味한 理智生活 어듸까지라도 如卽一版한 아모 變化도 無한規律 專門의 生活에 深切히 倦怠와 苦痛을 感한지라. 靑年時代 게테의 〈벨테르의 煩惱〉는 此 平凡無味한 生活에 自安하지 못하야 人生에 在하야 一層 多大한 情味를 嘗하지 못하면 차라리 自殺하야 此 苦痛으로부터 免함만 無如하다는 時代精神을 寫出한 著作에 不外하니, 故로 十七八世紀에 對한 反抗으로서 極端으로 一切의 理智를 退斥한 것이 此 스쓰름 期의 特色이오, 此 特色이 實로 後의 로만티시즘까지 連續한 것이니라.

極端으로 理智生活을 排斥흔 結果는 자못 無自覺으로 感情生活에 耽溺한 것이라. 아니라 最初 傳來의 法律, 習慣, 法律까지도 破壞하고 全히 何等의 新物을 造出코저 함이 스쓰름 期의 特徵이니 그 造出할 것이 何等의 物인지는 全히 不明하나 何等間 一切 傳來의 習俗을 破壞하고 一層 擴大한 自由 天地로 出코저 努力함이 當時의 特殊한 傾向이라. 靑年時代의 게테, 시라로부터 多數의 靑年 文藝家이며 感情哲學을 主張한 學者 아코피(1743~1813) 等에 至하기까지 此 傾向을 代表한 者는 자못 多數이니 此와 如히 하야 現狀 打破의 半盲目的 精神은 一時 非常한 努力으로써 突進하야 그 結果가 장차 雨가 될지, 風이 될지 前途를 容易히 測量하기 難한 氣勢를 示하니라.

로만티시즘은 果然 스쓰름 운트 쯔랑 그 運動으로부터 産出하얏도다. 로만티시즘만이 唯一의 結果는 안이나 少하야도 스쓰름 運動을

繼承한 直系는 明確히 로만티씨즘이니 此와 如한 順序에 在하야 發現한 로만티시즘의 根本精神을 明白히 理解코저 할진대 몬저 獨逸 로만티시즘의 建設者로 見稱하든 夭逝 天才 와켄로다(1773~1798)와 詩人 틔크(1773~1853)의 特徵을 明確히 함만 不如하니라.

◎ 1922.5.5. 구주사상의 유래(44)

一. 獨逸의 로만티시즘 (續)

理智이니 哲學이니 理論이니 하는 것은 全히 와켄로다의 關與한 바 안이라. 彼에 在하야는 此等의 生活은 全然히 厭惡하는 것이오 가장 所願하는 事는, 從하야 가장 高尙히 感한 事는, 全히 藝術의 殿堂에 進하야 그 深秘에 憧憬한 一事이니 彼에 在하야는 藝術은 決코 單純히 遊戲 娛樂物이 안이오, 도리여 吾人이 그 深秘한 精神에 浸潤하는 것이 世界 何等의 物호도 換하기 難한 高尙한 것으로 싱각하얏스니 卽 藝術의 宗敎化가 와켄로다의 精神이라. 藝術의 美는 單히 一時에 限한 류존이 안이라 卽 天地의 生命이오, 神의 榮光이니 從하야 藝術의 美는 無限히 高尙하고 尊貴하고 感謝할 것, 宗敎的인 敬虔의 淚로써 迎할 莊嚴한 것이라. "가장 美麗한 生命의 流는 專히 藝術과 宗敎의 合流로부터서만 注入되나니라." 藝術品의 賞玩은 神에 對한 祈禱에 不外하니, "藝術의 前에 跪하야 永久 無限의 愛를 賞함을 得하는 者"는 幸福이라. 그러나 現代에 在하야 此는 此와 如한 純粹한 藝術的 傾向이 全히 衰退하야 藝術은 오즉 輕薄者流의 玩具가 되얏슴은 何事이뇨. 近代의 初, 中世의 末에 在하야, 알푸레피트, 줄리(獨逸에 有名한 宗敎

的畫家) 等으로 因하야 出現한 엘스시아즘은 全히 一掃하야 形跡도 留하지 아니하얏스니 만일 昔日을 라파엘, 졸라가 再生한다 하면, 吾人은 何等의 物을 犧牲한다 할지라도 更히 可惜할 것이 無하다 함이, 와켄로다의 根本 精神이라. 藝術 中心, 感情 生活 高調, 理想的 兼 宗教的인 로만티시즘의 精神은 가장 能히 彼의 主張 中에 發現하니라.

此와 如한 와켄로다의 主張은 그 親友인 틔크로 因하여 完全하지 못하나 어느 程度까지 藝術品의 上에 實現하니라. 詩才에 在하야는 와켄로다보담 優한 틔크도 그 純粹 程度 乃至 敬虔的 宗教的 氣分에 在하야는 遙히 와켄로다에 劣하여 彼로 因하야 實現된 藝術品도 반다시 와켄로다의 主張을 完成한 것이 안이라. 그러나 어느 特殊한 方面에 在하야 틔크의 作品은 漸漸 로만티시즘의 根本 精神을 明白히 한 것이니 어느 特殊 方面이란 無他이라. 平凡 無味한 現實生活에 趣味를 失한 틔크는 此等의 無味乾燥한 現實世界를 棄하고 驀進的으로 自己 主觀의 奧底(오저)에 創造된 詩的 世界—遠히 現實을 離하고, 非夢非幻, 神變 不可思議한 藝術境에 進入함이니 卽 틔크는 現實의 世界보다도 도리여 멜펜(才談)의 夢幻世界를 戀慕하야 그 멜펜 全集의 序文에 此와 如한 文章이 有하니라.

우리는 반다시 信할 것만 信하는 것이 안이오, 間或 極히 可驚할 것을 追求하야 그것에 憧憬하며 그것을 歡樂하지 안이하면 已하지 안이하노니, 個中에는 或은 過去의 記憶이 歷歷히 反覆되며 或은 奇怪至極한 怨恨이 出現하며, 或은 特히 不可思議한 世界가 創造되야, 그 榮枯盛衰의 形狀이 眼前에 展開되는지라. 勿論 此等의 空想에는 아무 統一的 歸結이 無하고 까닭업시 起하얏다가 까닭업시 消하야 各樣의

影響이 無限히 往來하다가 도리켜 곳 消滅하니 (…中略…) 그런즉 吾人은 單히 他人의 經歷에쓴 안이오 他人의 夢에 耳를 傾함도 人類로서 義務가 안인지, 事實 吾人은 統히 夢中에 在한 것이 안인지.

하니, 틔크가 專히 藝術의 三昧境에 進入한 心地는 此로 因하야 明白한지라. 非夢似夢인 멜펜의 世界가 果然 온갖 로만티시스트가 目的으로 하는 世界인지는 甚히 疑問이나 少하야도 藝術의 三昧境에 一切를 忘却코저 한 傾向은 明白히 當時의 로만티시스트에 共通한 特徵이라 謂할지니라.

◎ 1922.5.6. 구주사상의 유래(45)

一. 獨逸의 로만티시즘 (속)

(다) 로만티시즘의 發達

로만티시즘은 專히 藝術的 傾向이나 一層 正確히 言하면 藝術, 哲學, 宗教를 總合하야 一團을 作한 廣義의 文化運動에 不外한 것이라. 故와 켄로다, 틔크 等으로 因하야 建設된 로만티시즘은 亦是 年少 氣銳한 藝術家, 哲學家, 宗教家 等 온갖 方面으로 因하야 더욱 그 精神을 發達하기에 至하얏스니 卽 批評家로서 후리도리피 슈레겔(1772~1829), 宗教家로서 슈라이엘 마헬(1768~1834), 哲學者로서 세링(1775~1854) 等은 各個의 方面으로부터 로만티시즘을 發達케 한 諸人이라. 特히 노바리스의 文字로 因하야 有名한 팔덴벨그의, 레오폴드(1772~1801)는 獨逸

로만티시즘의 中心 人物이라 謂하니라. 로만티시즘에 理論的 根據를 與한 후리도리피 세레겔에 據하면 로만티시즘은 當時의 三大 精神으로부터 成立하얏스니, 第一 휘이테 哲學, 第二 게테의 '빌헬름 마이스타' 傳奇的 小說, 第三 佛蘭西 革命이 是라 하니, 卽 휘이테의 自我哲學—主觀哲學은 獨逸 로만티시즘의 根據이니, 自我 乃至 主觀의 創造——一切의 創造로서의 自我의 高調가 곳 로만티시즘의 根本 精神이라. 그러나 휘이테 哲學과 로만티시즘의 相異한 點은 휘이테의 主觀은 어듸까지라도 倫理的 또는 道德的이니 世界의 道德的 征服이 最高의 人生으로 推立함에 對하야, 로만티시즘은 自我 乃至 主觀의 活動을 專히 藝術的으로 解釋하야 不完全한 現實界의 藝術化, 卽 美化를 最高한 人生이라 主張한 點에 在하니라. 휘이테 哲學과 並하야 게테의 藝術主義를 採用한 곳에 로만티시즘의 特色이 有하니, 換言하면 휘이테의 主觀哲學의 內容인 道德的 活動을 除去하고, 게테의 藝術 活動으로 代入한 것이 卽 로만티시즘의 精神이라. 슐레겔이 特히 佛蘭西 革命의 精神을 此에 加함은 로만티시즘은 社會에 一大 革和을 惹起한 新人生觀임으로 싱각한 所以일지니, 卽 슐레겔에 據하면 自我는 어듸까지라도 創造의 本體이니 藝術美의 創造가 그 特徵이오, 或은 愛情 또는 戀愛가 主觀의 中心 活動으로도 解釋하니, 從하야 휘이테의 道德化에 對하야 一切 現實의 藝術化 乃至 愛化가 人生의 眞姿이라. 안이라. 人生은 반다시 此와 如하지 안이하면 안이 될지라. 無味乾燥는 且置하고 無限한 矛盾 缺點의 充滿함이 現實의 世界이니 此와 如한 不完全한 世界가 藝術 乃至 愛情의 水로 因하야 淸淨化하야 現實 그대로 此 地上에 尊貴하고 微妙한 파라다이스를 實現케 함이 로만티시즘의 精神에 不外하다 하니, 슐레겔의 藝術至上主義의 本意가 玆에 明白하니라.

슐레겔과 並하야 그 親友인 슈라이엘 마헬은 專히 宗敎의 方面으로부터 로만티시즘의 精神을 發揮하니라. 前述한 獨逸의 아이데아리즘을 爲始하야 여러 로만티시즘의 宣傳者는 誰某이든지 宗敎와는 極히 親密한 關係를 備하얏슬 쓴 안이라, 一種 深秘的인 宗敎─條約 瞭然한 理智로써 到底히 捕捉하지 못할 深奧 不可思議인 宗敎的 氣分의 充滿함이 特히 獨逸 로만티시스트의 特色이라. 후리도리피 수레겔은 規律이 整然한 古典 文藝를 有限의 文學이라 定義하고, 不可思議 深秘 無限의 擴大 進步를 宇宙의 精神으로 觀한 近代 文藝(特히 로만티시즘의 文藝)를 特히 無限이라 定義하니, 無限과 深秘는 로만티시즘의 精神이라. 此 思想과 氣分을 除去하고는 로만티시즘은 想像하지 못할지니, 一種의 深秘敎가 卽 로만티시즘이라도 謂하니라.

◎ 1922.5.7. 구주사상의 유래(46)

一. 獨逸의 로만티시즘 (속)

수라이엘 마헬은 當代의 此와 如한 深秘敎的 傾向을 代表한 者이니, 此로 因하야 로만티시즘이 더욱 深秘하게 됨은 多言을 要하지 안이할지라. 대개 唯理主義의 宗敎觀에 據하면 吾人이 能히 絶對의 境遇에 進入함은 理智의 力을 賴하는 所以이니 宗敎도 쏘한 理智의 事에 不外하다 하나, 수라이엘 마헬은 此等 唯理主義의 宗敎를 退斥하고 一面에 在하야는 直覺을, 一面에 在하야는 感情(쏘는 情緖)을 宗敎의 機關으로 解釋하니, 가령 無限의 神을 把捉하야 依賴함은 理性의 動作보담은 도리여 直覺과 感情으로 因하야 行하든 것이니 吾人은 情緖的으로 或은 直覺的으로만 神을 觀하고 쏘 信할지라. 故로 宗敎이라는 '無限

者를 直覺하는 것’ 或은 ‘無限者를 感하는 것’이니 分析的인 理智와
如한 것은 到底히 此 絶對境에 達하지 못하는 것이오, 宇宙의 無限한
大調和를 情的으로 ‘戀想’하는 것이 卽 眞宗教에 不外하다 하니, 그런
즉 宇宙의 靈妙인 無限者를 直觀하고 冥想하고 坐 絶對的으로 歸依함
이 人生 最高의 生活이니 로만티시즘은 畢竟 此와 如한 深秘한 生活을
主張하고 鼓吹함에 不外하다 하니, 坐한 明白히 수라이엘 마헬의 로만
티시즘의 絶對觀이니라.

　同一한 로만티시즘의 精神을 哲學的으로 表現함은 當代의 哲學者
세링이니 가장 嚴正한 意味에 在하야는 세링은 로만티시즘의 眞正한
代表者이라. 吾人은 玆에 세링의 哲學을 詳論할 必要가 無하되, 그
哲學의 中心은 有名한 自然哲學—自然에 關한 哲學에 在하다 謂하노
니 自然은 다만 自然科學者가 管理하는 死物的 現象—何等의 生命을
備하지 안이한 死物質의 作用이 안이오, 奧妙한 絶對者의 出現, 無限의
生命을 備한 絶對者의 심플(表象)이라 主張한 곳에 세링의 自然哲學의
精神이 存한지라. 山河이나 草木이나 四時이나 無非活生命(무비활생
명) 그것이니 그대로의 形姿에 在하야 自然이 卽 藝術이라 함이 세링
哲學의 神髓이라. 此와 如히 로만티시즘은 一種의 徵象主義이오 坐
一種의 藝術主義이니 此等의 見地로부터 進하야 세링은 更히 로만티
시즘의 絶對境을 解釋코저 한지라. 人生 精神, 從하야 宇宙 精神의
動作을 三種으로 區別하니, 知識과 行爲와 直覺이 卽 是이라. 此를
文化的으로 論하면 吾人에는 哲學과 道德과 藝術이 有하나, 哲學은
知識에 偏하고, 道德은 行爲에 偏함에 反하야 藝術은 知識과 行爲를
總合한 最高活動이니 此 藝術活動만이 참 絶對的 態度이라. 卽 藝術의
絶對境에 在하야는 온갖 分裂, 온갖 對立은 總合하야 一切를 包括하는
一大 調和의 妙境이 實現되나니 로만티시즘은 此와 如한 絶對境을

眼目으로 한 것임에 不外한 것이라 하니, 藝術至上主義－藝術을 道德보담도 坐 實行보담도 高尙히 觀한 極端인 로만티시즘의 主張이 玆에 至하야 더욱 그 極端에 達하니라.

만일 獨逸 로만티시즘의 完成을 論하면 吾人은 반다시 로만티시즘 最大의 詩人 노바리스를 推하지 안이치 못할지라. 彼는 實로 獨逸 로만티시즘의 具體化 坐는 權化이라 稱하야 前에 擧한 와켄로다의 純潔한 情熱的인 性情에 非凡한 詩的 天才를 加한 것이, 노바리스이니 自己 스사로 說明하지 못할 不可思議한 深秘한 憧憬에 捕捉되야 中心으로부터 深秘한 理想의 光을 追하야 己하지 안이함이 短促하나 彼의 一生이 하인리히 폰 오스타진겐(傳記小說의 主人公)은 恒常 深秘한 '春花'의 幻影에 引導되야 何等의 深秘한 一大 光明을 捕捉코저 하야 己하지 안이하얏스며 히아틴테(히아신스 花이라는 멜펜의 主人公)는 亦是 深秘 不可思議한 少女를 求하야 深山幽谷에 彷徨하얏스니 그 深秘한 '春花'이나 '少女'는 노바리스가 一生을 求하야 己하지 안이한 로만티시즘의 精髓－深秘한 理想 그것에 不外한지라. 彼가 求하야 己하지 안이한 理想의 光은 普通으로 謂하는 光明 燦爛한 理想이 아니오, 普通의 推量, 言說 超絶한 從하야 到底히 說明하지 못할, 坐 極히 熱烈한 魔力을 有한 深秘한 理想이니, 此와 如한 意味에 在하야 그 有名한 '夜의 讚頌을 唱하야 白晝의 光에 對하야 暗夜의 光을 讚美하얏스며, 그 스사로의 哲學을 '魔的 理想論'이라 名하얏스니 此等 暗夜의 光 乃至 魔的 理想은 온갖 로만티시스트가 求하야 己하지 아니한 理想이니 로만티시즘의 精神은 卽 此 理想에 不外한 것이라. 當時의 로만티시즘이 如何히 想像의 世界 坐는 詩의 世界에 深入한지는 容易히 推測될지니, 現實 坐는 實行世界보담도 微妙한 高尙한 理想 乃至 想像世界가 如何히 彼等을 感케 하얏나뇨. 此와 如히 彼等은 專히 深秘한 理想에 憧憬

한 곳으로부터 로만틱이라는 言語는 次第로 不可思議 奇怪한 것, 更히 荒唐無稽한 것과 同一視됨에 至하니라.

◎ 1922.5.8. 구주사상의 유래(47)

一. 獨逸의 로만티시즘 (속)

본래의 로만티시즘은 그 本流에 至하야 遙히 本道를 脫線한 邪路에 陷하지 아니함을 得하지 못하얏스나 正確한 意味의 로만티시즘이 甚히 淺薄한 當世의 思潮 感情을 深大케 하고 또 理想化, 純化한 功績은 永久히 思想史上에 特筆할 것이니라.

二. 英佛의 로만티시즘

英佛의 로만티시즘은 獨逸의 그것과 如히 顯著한, 深秘한, 幽玄한 形狀으로 發達하지 못하얏스며 特히 哲學的인, 冥想的인 點에 在하야 英佛은 顯著히 獨逸에 及하지 못함으로 觀察되나니라. 그러나 十九世 紀 初에 在하야는 千篇一律의 低調인 啓蒙的 傾向을 打破하고, 淸新한, 堅强한, 深奧한 엣소넷트의 生活을 求하는 傾向은 單히 獨逸쑨 안이오, 實로 歐洲 一般의 風潮이라. 몬저 英吉利의 文壇과 思想界를 槪觀하건 대 로만티시즘이라는 顯著한 運動은 가령 外國인 獨逸로부터 輸入된 形跡이 有하다 할지라도 十八世紀 末로부터 十九世紀 初에 亘하야 이미 明確히 國內 一般의 風潮가 되야 彼 一定한 格律을 堅守하야 一步도 그 外에 出함을 許하지 안이하는 古典의 文藝는 漸漸 그 勢力을

失하고, 自然의 感情－法則, 規律의 束縛을 受하지 안이하는 自然의, 또 强烈한 感情을 歌하는 詩歌가 次第로 世間의 注目을 惹起하얏스니 此 意味에 在하야 크바(1731~1800)와 반즈(1759~1796) 等의 自然詩人은 英國 로만티시즘의 先驅者이라 稱하니라. 特히 크바, 반즈까지를 數할 것이 無하고, 英吉利는 섹스피아를 出産한 本國이니 섹스피아 그는 바로 로만티시즘의 本源－古典的 規律에 束縛되지 안이하고 自由自在로 自然의 感情을 歌한 로만티시즘의 本源이라 稱하며 (事實 섹스피아는 獨逸에서든지 佛蘭西에서든지 로만티시즘의 本源으로 尊重하고 模倣하니라.) 또는 單히 文壇쑨 안이오 藝術界, 思想界에 在하야도 英吉利 固有의 實際的, 啓蒙的 風潮는 牢乎不拔(뇌호불발)의 根柢를 有하얏스나 亦是 千篇一律의 風潮에 滿足하지 아니하고 銳意로 아이데 아리스틱인 精神을 取入코저 한 傾向이 次第로 顯著 發達하니라. 文壇에 在하야는 몬저

◎ 1922.5.9. 구주사상의 유래(48)

  이. 英佛의 로만티시즘 (속)

◎ 1922.5.10. 구주사상의 유래(49)

  이. 영불의 로만티시즘(속)

第六章 最近代 思潮

現實思潮: 茲에 最近代라 名함은 大凡 十九世紀의 中葉 조금 以前으로부터 世紀末을 經하야 最近의 世界 戰爭에 至하기까지 約七八十年間을 意味한 것이라. 最近의 大戰亂을 機會로 하야 世界 歷史는 今에 大廻轉을 達코저 하니 戰爭 前의 傾向—茲에 所謂 最近代 思潮—는 當然이 大戰亂에 至하기까지의 前提이오, 兼하야 쏘 當然히 大戰爭 後 世界思潮의 地盤도 되고 淵源도 될 것이니 此 意味로의 最近代 思潮는 그 內容이 자못 複雜多岐하야 簡單히 그 全體를 槪括하기 難하나 此 複雜한 最近代 思潮의 核心을 明瞭히 하야 的確히 그 根本精神을 會得함은 當然히 文明史 硏究의 目的이 아니면 아니될지니라.

◎ 1922.5.11. 구주사상의 유래(50)

第六章 最近代 思潮(속)

十八 世紀의 思潮를 啓蒙的 쏘는 唯理的으로 槪括하고 十九世紀 初頭의 思潮를 理想的 쏘는 로만틱으로 槪括함과 如히 最近代의 複雜한 思潮를 如何히 槪括하야 簡結할지는 자못 困難한 問題이니 대개 ●意味의 槪括은 바로 最近代 思潮의 核心을 明瞭히 할 所以이라. 槪括의 如何가 바로 全體를 捕捉하는 意味가 되니 此와 如한 意味에 在하야 最近代 思想은 或은 自然科學으로, 或은 工藝的으로, 或은 物質的으로 形容이 되고, 更히 懷疑的 乃至 世紀末的으로도 槪括이 되야 其間에 반다시 一定한 解釋이 無한지라. 此等 槪括은 다 相當히 眞實한 解釋일

지나 吾人은 一層 廣博한 立脚地를 取하고 쏘 一種 特別한 意義에 在하야 最近代 思想을 理實的 쏘는 現實的 思潮로 概括코저 하노니, 玆에 所謂 現實的이라 함은 單히 科學的 쏘는 工藝的 傾向샌 안이오 廣히 社會 方面의 實際的 傾向도 合하고 更히 這等의 實際的 傾向으로부터 結果하는 各種 複雜한 思潮의 分脈도 意味한 것이라. 即 가장 廣義의 現實主義가 最近代 思潮의 核心이라 解釋되는 것이니 吾人은 以下에 順次로 此 意義를 明白히 하고저 하노라.

　現實主義의 內容을 明白히 하기 前에 吾人은 此等 風潮 由來의 大略 을 明白할 必要가 有하도다. 十八世紀의 啓蒙思潮에 對하야 로만티시 즘이 出現함과 如히 로만티시즘에 對하야 何故로 現實思潮가 發生한 지, 現實思潮가 發達함에는 個中에 如何한 近因 쏘는 遠因이 存在한지 此等의 疑問을 揭載할 時에 吾人은 最近代 現實思潮는 決코 偶然 쏘는 突發的이 안이오, 그 由來한 바 極히 深遠함을 認하노니, 何者오 하면 最近代의 現實思想은 特히 十九世紀에 在하야 發生한 것이 아니오 其實은 文藝復興期로부터의 本流가 特히 十九世紀에 在하야 特別의 發展을 遂한 것임에 不外한지라. 文藝復興期의 特徵은 無論 複雜하얏 스나 中世紀의 出世間的인, 超自然的인 傾向에 對하야 어듸까지라도 現實에 執着하야 自然 生活을 發展케 함이 그 根本이오, 精神이나 即 自然科學的 知識을 根據로 하야 人類의 自然 生活 쏘는 現實 生活을 擴大코저 함이 歐洲 近代 文明—特히 루네산스 當時의—基調이라. 歐 洲 文明의 基礎는 일즉 루네산스의 當時에 在하야는 固定되얏스되 다만 歐洲 文明의 此 本流는 何等의 抵抗이 無히 直進的으로 發達한 것이 안이오, 十六七世紀 內亂時代와 宗派 競爭時代는 宛然히 歐洲 文明을 再次 中世紀의 昔日로 引還함과 如한 觀까지도 有한지라. 그러

나 十八世紀에 在하야는 此 本流는 明白히 第一段의 發達을 遂하야 所謂 啓蒙思想의 形을 取하야 全歐洲를 風靡하기에 至하얏스니 十九世紀의 現實 思想이 그 實質에 在하야는 바로 十八世紀의 連續이오 發達임은 兩時代의 特徵을 比較하야 考究하면 一點 疑訝할 餘地가 無한지라. 英吉利에 發生한 經驗的, 科學的, 實際的, 社會的, 政治的 傾向은 明白히 十九世紀 文明의 先驅이니, 英佛의 此 啓蒙思潮를 除하고는 吾人은 到底히 最近의 文明을 理解하지 못할지라. 十八世紀의 啓蒙思潮는 極히 迅速히 發展하야 아조 歐洲 文明의 基礎를 堅固히 하고 마참내 佛蘭西 革命에 極하야 잠간 그 急速한 步調를 緩慢히 하니라.

爾來 啓蒙思潮는 文藝復興期의 境遇와 同히 반다시 一直線으로 進行한 것이 안이오, 啓蒙思想과 並하야 쏘는 此와 關聯하야 唯理思想 쏘는 古典 思想이 發達하야 十九世紀의 最初에 在하야는 佛蘭西 革命에 對한 反抗까지도 자못 强烈하니라. 啓蒙思想이나 唯理思想은 甚히 感情生活이나 理想生活을 無視한 嫌이 有한지라. 於是乎 十八世紀 末로부터 十九世紀 初에 亘하야 猝然히 理想主義의 思潮와 로만티시즘이 勃興하니 此等 理想主義의 思潮이나 로만티시즘이 그 本來의 性質에 在하야는 반다시 루네산스 以來의 現實的 傾向과 相反한 것이 안이오, 도리여 啓蒙思潮이나 唯理主義의 缺點을 補足하야 此 文明的 本流를 더욱 豊富히, 深刻히 發達케 하고저 한 것이라. 그러나 理想思潮와 로만티시즘이 그 本流에 至하야는 漸漸 空漠疏雜에 流하야 現實的 事實을 無視하고 次第로 荒唐奇怪에까지 陷코저 한 傾向이 顯著하니라.

◎ 1922.5.12. 구주사상의 유래(51)

第六章 最近代 思潮(속)

理想思潮의 絶頂에 達하얏다 稱하는 헤겔 哲學은 이믜 그 極端인 理想思潮—宇宙 全體를 論理의 進行으로 觀한 思想—의 中에 明白히 現實思潮로의 轉步를 示하야 現實의 社會生活이 바야흐로 宇宙 靈魂 의 實現으로 싱각하얏스니 그런즉 十九世紀의 現實 思想은 少하야도 그 最初에 在하야는 漸漸 空疎 放漫에 流한 理想思潮와 밋 로만티시즘 에 對한 反抗으로 解釋되나니라. 後段에 多少 詳說함과 如히 十九世紀 의 中葉 以前의 現實思想의 勃興은 專히 前代의 理想思潮와 밋 로만티 시즘에 對한 反抗인 觀을 呈하야 온갖 理想이나 哲學은 空想으로서 退斥되고 現實의 確實한 事實만 人生에 在하야 價値가 有한 것으로 싱각하야 前代의 思想 哲學이나 로만티시즘은 一擧 社會로부터 驅逐 된 觀까지 有한지라. 此와 如히 하야 佛蘭西 革命에 極한 啓蒙的 風潮 는 十九世紀에 至하야 更히 陣容을 一新하야 世界에 出現하얏스니, 루네산스 以來의 文明的 本流는 玆에 至하야 特히 第三段의 發達을 遂하니라.

그러나 吾人이 誤解하면 안이될지니 最近代의 現實思潮는 決코 單 히 前代의 理想思潮에 對한 反動쑨 안이오 루네산스 以來 文明的 本流 의 發展이 바로 最近의 現實的 傾向에 不外하니 此와 如한 現實的 傾向 이 空疎한 理想思潮에 刺激됨은 多言할 必要가 無하나 此 現實的 潮流 發達의 主因을 論하면 歐羅巴 全體의 社會生活의 發達이 是이라. 最近 代 思潮의 遠因은 無論 루네산스 以來의 現實的 傾向 就中 英佛에 發達 한 啓蒙的 傾向이나 特히 그 近因-直接 最近代 思想 發達의 地盤이

되고 原因이 된 것을 探究하면 大略 次와 如한 것을 數할지니라.

一. 現實思潮의 地盤

第一. 佛蘭西 革命: 十八世紀의 啓蒙的 傾向은 前段에 槪說함과 如히 十八世紀 末의 佛蘭西 革命에 極하얏스나 十九世紀 現實思潮의 直接 因緣은 亦是 佛蘭西 革命임으로 觀察되는지라. 無論 佛蘭西 革命은 루소로 因하야 代表된 天賦人權說의 精神에 基하야 人類의 自由 平等 博愛 平和를 目的으로 한 社會改造의 大運動이라. 個個人을 自由 平等 의 人이라 하야 人으로서의 眞生活을 全人類에 與코저 함이 佛蘭西 革命의 精神이니 故로 佛蘭西 革命은 人類의 歷史가 有한 以來 처음 行한 社會 改造의 大運動이라. 從來 不合理 不公平한 社會組織을 根本 으로부터 改築하야 人類生活로서의 眞社會生活을 造成코저 함이 此 革命의 根本精神이나 無論 佛蘭西 革命은 바로 此 理想을 成就하지 못하야 革命은 專히 政治的이오 社會的 經濟的에는 普及하지 못하고 數十年間 革命에 對한 反動까지 出現하야 社會改造의 根本精神까지 破滅할는가 하는 疑懼가 有하니라. 그러나 最近代 現實思潮로의 推移 는 明白히 佛蘭西 革命으로 因하야 起한 變化이니 此 革命이 無하얏스 면 十九世紀의 現實思潮는 맛참내 發達하지 못하얏슬지라. 何者오 하 면 最近代의 現實思潮는 바로 佛蘭西 革命의 根本精神의 發達이니 온 갖 最近代的 傾向은 모도 此 革命의 根本精神으로부터 流出하야 在來 의 모든 理想 信仰 習俗 等을 放擲하고 現實의 事實에 基한 眞生活을 建設코저 함이 佛蘭西 革命의 精神이라. 그리하야 最近의 現實思潮는 바로 此 根本精神을 實現코저 함에 不外하나 就中 個性의 尊嚴은 社會 變動의 根本 動機이니 十九世紀의 現實思潮는 다 此 根本精神으로부

터 流出한 故로 最近의 世界 戰爭이 將來에 在하야 二十世紀의 新文明을 造出하는 것이라 하면 佛蘭西 革命은 宛然히 最近의 世界 戰爭의 導火線으로도 解釋되나니 佛蘭西 革命을 機軸으로 하야 世界 歷史는 正히 一大 廻轉을 遂하니라.

◎ 1922.5.13. 구주사상의 유래(52)

第二. 一般 社會生活의 發達: 歐羅巴의 産業은 無論 文藝復興期 以來 徐徐히 發達하얏스나 十九世紀 初에 在하야 産業上 工藝上의 發達은 急遽히 顯著하야 將來의 進步가 無限할 氣勢를 示한지라. 科學上의 發明과 並하야 各種 工藝上의 機械가 發明됨에 及하야 從來의 産業組織에 徐徐히 根本的 變動이 起하얏스며 다만 産業組織에 變動이 起하얏슬 쭌 안이라 一般 人類의 生活—特히 實生活에 絶對한 變動이 起하야 從來 甚히 無視되고 輕視되는 物質生活은 次第로 勢力을 高調하니 人類의 欲望은 此 方面에 在하야 더욱 擴大코저 하는 氣勢를 示하야 前代에는 專히 精神文明이 主張이 되고, 物質文明은 도리여 輕侮의 態度로써 排斥이 되더니 十九世紀에 入하야 二三十年을 經過한 際에 在하야는 甚히 缺陷을 感하기에 至하야 物質文明의 解放과 밋 發達은 正히 當面의 主要 問題와 如히 싱각하야 文藝復興期 以來 쎄콘 等으로 因하야 主張된 自然 利用의 文明은 此頃에 至하야 비로소 現實인 事實 問題로 出現하게 되니 此와 如히 하야 一般 人類 生活上에 從來 未所有의 一大 變動이 起하야 在來의 文明은 통히 僞物로 싱각하니 現實思潮는 正히 此와 如한 實生活의 地盤上에 發達되니라.

一般 産業의 發達과 並하야 玆에 特히 注意할 것은 十九世紀의 前半

期에 在하야 特別한 進步를 遂한 敎育의 普及이니, 敎育의 普及은 元來 啓蒙思潮의 自然의 結果이라. 啓蒙思潮의 擴大와 共히 歐羅巴의 敎育 은 漸次 進步하얏스나 嚴密한 意味에 普通敎育은 漸漸 此頃으로부터 實現하야 普通敎育의 發達은 一般 民衆의 知識을 擴大하야 學問의 普 及—啓蒙思潮의 發達—은 十九世紀에 入하야 特히 顯著하고 民衆의 自覺은 次第로 高調하야 푸로레타리아 階級은 부르조와 階級에 對하 야 次第로 挑戰的 態度를 取하기에 至한지라. 十七八世紀 以來 英吉利 에 發生한 民主的 傾向은 더욱 그 範圍를 擴大하야 將次 全歐를 席捲코 저 하는 氣槪를 示하얏스니 最近의 現實思潮는 此와 如한 民衆의 自覺 을 地盤으로 한 傾向에 不外하니라.

第三. 英國 經濟的 思潮: 最近代 現實思潮의 發生地는 專히 佛蘭西와 英吉利의 兩國이니 佛蘭西 革命과 並하야 英國의 經驗的 坐한 實際的 風潮가 스스로 最近代 思潮의 基調를 成함은 가장 注意할 事實이라. 元來 英國은 啓蒙思想의 發生地인 故로 此 地盤으로부터 自然히 最近 代의 經驗的 坐는 實際的 傾向을 發達한 것이나 此 實際的 傾向이 歐洲 全體에 顯著한 影響을 與함은 가장 注意할 事實이라. 最近代의 英國은 어듸까지라도 政治的 經濟的 工藝的 殖産的 富國的이니 英語의 시뷔 리세손(文明)이 獨語의 물쓸(文化)에 對하야 一層 物質的인 意味를 備한 것도 明白히 全體의 實際的 特徵을 示한 것이라. 더욱 英國은 無限大의 植民地를 占領하야 實生活上 가장 豊富한 實例를 世界에 示함은 그 影響이 及하는 바이 가장 深刻하다 謂할지며 다만 實際的 影響쑨 안이 오 直接으로 思想 感情上의 影響도 坐한 暗暗裡에 顯著하니라. 벤담, 밀, 아담 스미스 等의 政治 經濟論으로부터 쌴진, 스펜사 等의 經驗的 思潮는 十九世紀의 中葉 以來로 歐洲의 大勢를 支配하얏스니 況且 英

國流의 簡明한 道德說—實利論 乃至 功利論이 歐洲 思想界에 顯著한 影響을 與함이며, 又 況 英國의 實際的 精神의 半面으로 觀하는 米國이 十九世紀에 入하야는 次第로 世界 文明의 進行에 顯著한 影響을 及함이오, 此와 如히 하야 世界思潮는 마참내 現實的으로 傾하지 아니함을 得하지 못하니라.

二. 現實思潮의 發生(佛蘭西)

以上 最近代 現實思潮의 發生의 遠因과 밋 近因을 槪說하얏스나 此와 如히 複雜한 諸因에 基하야 發生한 現實思潮는 最初 如何한 形을 取하야 出現하얏스며 쏘한 如何한 形을 取하야 進步하고 發達하얏는지 吾人은 玆에 그 大體의 順序를 明確히 하고저 하노라.

前段에 이미 說明함과 如히 十九世紀의 現實思潮는 몬저 佛蘭西와 밋 英吉利에 發生하얏스나 佛蘭西는 特히 幾度의 革命의 後를 受하야 바로 最近代 思想의 搖籃地가 되얏스니 몬저 現實思潮 發生의 順序를 觀하건대 그 根本精神은 어듸까지라도 人類의 自由 平等에 立脚하야 從來의 不公平 不平等한 社會組織을 改하야 民衆의 福利, 平和를 樹立할 新生活을 創造코저 하는 一點에 在한 故로 民衆的 意義의 社會 改造는 最近의 現實思潮의 出發點이라. 그리하야 民衆의 福利를 目的으로 하는 社會 改造는 如何한 方法으로 因하야 實現하는가 하면, 第一에는 몬저 自然科學의 發達을 俟하지 안이하면 안이될지니, 쎄콘이 일즉 喝破함과 如히 自然의 利用은 國利民福의 本源이니 自然科學에 基한 知識은 곳 力에 不外한 것이라. 將來의 社會生活의 進步는 專히 科學的 知識의 普及에 竢(준)할 것이라 하니 此가 最近代의 最初의 主張이니라.

◎ 1922.5.14. 구주사상의 유래(53) (속)

그러나 單히 科學的 知識의 普及만으로는 社會生活의 改造 進步는 容易히 期하지 못할지오, 知識的, 學理的 進步와 並하야 實際的으로 積極的으로 社會生活을 改善할 方法을 講究하지 안이하면 안이될지라. 從來의 社會는 貴族이나 플죠아(부르조와) 階級만의 社會이엿스나 푸로레타리아 階級이 大多數인 以上에는 自然히 此 大多數의 位置가 昇進하야 此等의 民衆이 幸福을 呈하도록 社會生活이 改善되지 안이하면 안이 될지니 卽 廣義의 社會主義的 傾向은 科學的 知識의 進步와 並하야 現實思潮 發生의 最初의 特徵이라. 自然科學과 社會主義와는 最近代 思潮의 本傾向이니 最近代 思想은 此 兩 傾向의 結合을 特産物로도 觀하는지라. 從하야 또 自然科學과 社會主義(一層 廣博하면 社會改善主義)는 極히 親密하야 自然科學을 基調로 하는 工藝를 分離하면 社會主義는 想像하기 難하며, 또 社會 改善의 目的을 除外하면 當時의 自然科學은 全히 無意味이라. 故로 自然科學과 社會主義와는 十九世紀 文明을 産出한 父母이라고도 稱하나니라.

(가) 산시몬: 此와 如한 風潮를 代表한 者는 佛蘭西에 在하야 몬저 산시몬(1760~1825)을 先驅로 하고 오규스트 콩트 等의 學者로부터, 純粹 社會主義의 方面에 在하야는 휴리에(1772~1837), 루이색란(1811~1882), 풀톤(1809~1865) 等이 諸人이라. 其中 산 시몬은 實로 十九世紀 思想의 先驅이라도 稱하며 淵源이라도 呼하는 者이니 近代 實徵的 思想의 建設者이라. 實徵主義는 자못 現實主義와 同義이니 實徵的이라는 言語는 처음, 산 시몬으로 因하야 使用되얏다 謂하니라. 산 시몬은 반다시 偉大한 學者는 아니나 近代文明을 實徵的으로 引導한 點에

在하야 佛蘭西 文明史上 쏘는 思想史上에 重大한 位置를 占領하얏스며 그 思想에는 二個의 重要한 主張이 包含되얏스니 一은 社會生活의 改造에는 반다시 自然科學의 進步를 要한다는 主張이오, 一은 社會主義에 關한 最初의 主張이 是라. 산시몬의 意見에 據하건대 世界 文明은 將來 斷然히 科學的이나 工藝的 發達이 十九世紀의 文明이 안이면 안이 될지오, 社會生活의 改善은 몬저 科學的 知識에 依하지 아니면 안이된다 하니 此 意味에 在하야 彼는 自己의 周圍에 巴里의 工藝學校 醫學校 等의 學者 知友를 會集하야 科學的 知識의 普及에 全力을 傾하얏다 하며, 쏘 彼의 社會主義的 思想은 歐羅巴에 最初의 思想임으로 하야 今日로부터 見하면 極히 幼稚한 것에 不過하나 彼의 社會生活의 改善은 多數 民衆 卽 勞働者 位置의 改善에 在하다 喝破하고 勞働者의 位置를 高케 할진대 宜乎 生産의 分配를 公平케 할 方策을 講究함을 要한다 主張함은 明白히 將來 社會主義의 先驅이니 彼가 英吉利의 오웰이나 彼의 彼에 出現한 후리에 等과 共히 歐羅巴 社會主義의 建設者이라 稱함은 決코 偶然이 안이라.

(나) 콤드: 산시몬의 現實的 思想을 더욱 學理的으로 쏘 組織的으로 大規模的으로 發達케 하야 因하야 世界에 實證主義의 根據를 學理的으로 堅固케 한 者는 無論 산시몬을 師事하든 哲學者 오규스트 콤트(꽁트)이라. 콤트의 實證主義的 思想(現實思想)은 英吉利의 實際的 思想과 並하야 十九世紀 現實思潮의 根柢이니 吾人은 茲에 콤트의 思想을 精細히 推究할 必要가 無한지라. 그 思想에는 種種의 缺點, 弱點이 有함은 辨明하지 못할 事實이며, 쏘 彼는 深遠한 思想家가 안임도 明白하되 文明史上 乃至 思想史上에 高位를 占한 所以는 산시몬의 境遇와 同히 彼는 世界 思潮의 本流를 前代의 理想主義的 傾向으로부터 斷然

히 現實主義的 傾向으로 移轉하얏다는 大任을 畢함이라. 即 世界思潮
는 콤트를 機軸으로 하야 大廻轉을 遂하얏슴으로도 觀하니 玆에 此思
潮家의 大功績이 有하니라.

콤트의 思想 中 가장 注目할 點은 此亦 산시몬의 境遇와 同히 第一은
科學的 知識을 人類 生活의 根柢로 하고저 한 一事이라. 彼에 在하야는
反理想的 傾向 乃至 空想的 傾向이 더욱 顯著하야 그 有名한 世界文明
史觀은 마침내 十九世紀의 科學的ㄷ 傾向을 堅固케 한 것이니 何者오
하면, 世界 歷史의 第一期 神學時代와 第二期 哲學時代(半空想時代)는
이믜 過去裏에 埋葬이 되고 十九世紀는 正히 第二期로서 實證의 時代
에 進하야 世界 歷史는 今에 大廻轉에 臨한지라.

◎ 1922.5.16. 구주사상의 유래(54)

實證時代는 即 科學時代이니 科學的 知識이 一切 人類生活의 基礎
가 된 時代를 意味함이라. 空想이나 理想時代는 이믜 過去하고 우리
人類에 가장 確實히, 가장 現實로 經驗되는 事實만이 吾人에 價値가
有한 것이오, 經驗 以上 坐는 以外의 想像이나 附加物은 斷然히 排斥할
것이니 實證的이라는, 即 此와 如한 經驗的인 確實한 事件에 不外한
것이라. 人類生活에 意義가 有한 것은 오즉 此等 實證的 乃至 科學的
知識이니 科學的 知識을 基礎로 한 社會만이 비로소 能히 眞實한 幸福
에 達한다 하니 그런즉 콤트에 在하야는 所謂 藝術, 宗敎, 哲學 等이
別로 高價의 物이 안이엿슴은 勿論이라. 彼는 晩年에 至하야 此 缺點을
覺하고 初期와는 反對로 一種 情熱的인 로만티시즘에 傾함은 廣히
世間의 稔知(임지)하는 事實이니라.

그러나 콤트 思想의 中心은 科學的 知識의 尊重보다 도리여 社會思想에 在하다 謂하나니 대개 前代까지는 宗敎 乃至 政治가 學者 思想家의 中心 問題이엿스나 콤트는 산시몬의 精神을 受하야 社會 그것을 學問과 밋 思想의 中心 問題이라 主張하니, 換言하면 政治의 形式이나 宗敎의 種類는 甚히 問할 바이 아니오, 多數 民衆의 生活 程度의 如何가 思想上의 根本 問題이라. 온갖 學問이나 硏究의 窮極 目的은 畢竟 社會生活의 進步이니, 社會生活의 進步를 除外하면 一切는 다 無意味한 것이라. 人類 歷史의 第一期인 神學時代에 在하야는 權力主義, 專制主義 乃至 軍國主義가 繁榮하고, 第二期인 哲學時代에 在하야는 思想上의 絶對論이나 防禦的 軍國主義가 繁榮하얏스나 此는 이미 過去의 遺物이오, 將來의 社會生活을 確實히 自然科學을 基礎로 한 工藝的 文明上에 建設하지 아니하면 아니 될지라. 科學的 乃至 實證的 時代는 卽 工藝的 時代이니 將來의 文明은 當然히 工藝的 時代이라. 工藝的 文明은 多數 民衆의 平和的 進步를 意味하는 故로, 工藝的 平和主義가 從來의 軍國主義를 代하지 아니하면 아니된다 하니 콤트에 在하야는 工藝的 平和主義上에 建築한 社會生活의 進步가 一切의 目的이오, 從하야 또 社會學은 彼에 在하야 一切 學問의 極端이오, 目的이니 近代의 社會學은 콤트로 因하야 비로소 그 基礎가 完定되니라.

콤트가 實際的으로는 社會主義 建設 運動에 參加하지 아니하얏스나 社會生活의 改善이 無論 彼의 本意인 故로 그 思想이 自然 社會主義 問題에 接觸한 것이니, 多數 勞働者의 位置를 進함은 當面의 急務이라. 此를 爲하야 온갖 改造와 努力이 必要함으로 싱각하얏스니 當時의 他 社會主義者와 同히 콤트에 在하야도 敎育은 勞働者의 位置를 進함에 必要不可缺한 것이라.

吾人은 玆에 佛蘭西 初期의 社會主義者의 主張을 細述할 餘地가 無

하도다. 十九世紀의 後半期의 社會主義와 異하야 初期의 人은 대개 理想的 社會主義者라 稱하니 대개 初期의 社會主義者는 산시몬이 代表함과 如히 單純한 意味에 在하야 社會 改善主義者에 不外한지라. 그리하야 多數 勞働者의 進步—生産의 公正한 分配이며 敎育—은 當時의 社會主義者에 據하면 반다시 現在 社會組織과 矛盾하는 것이 안이오, 도리여 서로 充分히 調和할 것이라, 樂天的 傾向은 彼等에 普通이니 共産主義까지라도 現在의 制度로 因하야 行하야 多數 民衆의 進步는 大困難이 無히 容易하게 實現될 것으로 싱각하얏스니, 루이 푸란의 思想이 後에 라살에 影響하고 풀톤의 無政府主義的 傾向이 後代에 深刻한 反響을 與함도 著名한 事實이라. 後段에 附記할 英吉利의 오엔 等과 並하야 此等의 諸人이 歐羅巴 社會主義의 建設者임은 後世까지 永久히 記憶될 事實이니라.

◎ 1922.5.18. 구주사상의 유래(54)[128]

三. 現實思潮의 發生(英吉利)

以上은 佛蘭西의 十九世紀 思想의 發生을 略述한 故로 以下는 英吉利의 同思想의 發生을 觀察코저 하노라. 英吉利는 本來 實際主義 思想의 本國인 故로 十九世紀의 現實主義의 發達은 바로 傳來의 思想 傾向을 一層 顯著히 發達케 함에 不外하니 此와 如한 英國 固有의 傾向을 가장 代表的으로 發達케 함은 前段에 이믜 指摘함과 如히 벤담(1748~

---

128) 5월 18일자 기사는 본래 55회이나 54로 기록하였음. 이하 동일함.

1832), 스쵸트 밀(1806~1873) 等으로부터 純粹 科學 方面에 在하야는 進化論의 建設者인 촬스 짜앤(1809~1882), 乃至 하바트 스펜사(1820~1903) 等이라. 此 諸人 等에 就하야도 吾人은 精細히 그 學說이나 主張을 檢査할 必要가 無한즉 다만 此 諸人等이 廣히 全歐洲 思潮에 影響을 及한 主要點만을 紹介코저 하노라.

(가) 벤담: 思想的으로 觀하면 벤담은 專히 功利主義의 建設者이라. 政治와 밋 法律의 實際的 立脚地에 立하야 幸福 乃至 功利가 社會生活의 目的이라 主張함이 벤담이니, 學說로서의 缺點의 如何는 勿論하고 專히 實行 實益의 方面으로부터 社會生活을 觀察한 곳에 彼의 努力이 有하니 實際生活은 實利와 幸福에 不外함으로 싱각한지라. 況且 벤담의 有名한 最大多數의 最大幸福을 主張하야 社會 多數의 幸福을 人類生活의 目的이라 함이리오. 彼의 思想이 實際의 社會改善主義者와 通한 바이 有함은 勿論이니라.

(나) 스쵸트·밀: 佛蘭西의 콤트와 英吉利의 스쵸트 밀은 十九世紀 思想의 創設者로 서로 酷似한 地步를 占하얏스니 事實 此 二人이 서로 氣脈을 通하야 實證主義의 宣傳에 努力함은 또한 著名한 事實이라. 콤트의 思想이 自然科學 尊重과 社會改善의 二方面으로부터 觀察함과 同히 밀의 思想도 亦是 此 兩方面으로부터 觀察하얏나니 何者오 하면, 彼의 歸納的 論理學은 그 本體가 바로 英國 經驗思想의 가장 精巧한 表現이오, 兼하야 十九世紀의 經驗的 思潮의 가장 重大한 淵源이라. 文藝復興期에 在하야 쎄콘으로 因하야 主張된 經驗主義가 가장 完全한 形을 取하야 밀의 論理學에 發達한 것이니 前代의 唯理主義 理想主義 等이 根本의 一原理로부터 個個의 事實을 演繹함에 反하야 밀이

個個 特殊의 事實을 總合하고 그 事實로부터 最高의 原理를 歸納코저 함은 宛然히 前代의 思想 思潮를 除斥하고 十九世紀는 모름직이 經驗的이 될 것이오, 科學的이 될 것이오, 歸納的이 될 것이라 宣傳한 것이니, 밀의 歸納的 論理學이 一現한 後로 콤트 實證論의 影響과 並하야 十九世紀의 歐洲 學術界와 思想界는 確實히 그 本質을 規定한 觀이 有한지라. 科學的 乃至 經驗的 潮流는 澎湃(팽배)히 歐羅巴의 思想界를 漲溢하야 經驗的 事實이 全體이오, 經驗的 事實이 안인 것은 通히 空想으로 排斥됨에 至하얏스니 此와 如히 하야 自然科學 並 自然科學思想의 進步는 참 豫想 外의 氣勢를 묻하니라.

밀의 經驗的 思想을 觀察하는 時에 吾人은 此 理論을 가장 完全한 形으로 實現한 것이라 하야 짜윈의 進化論을 聯想하지 아니치 못하노라. 에복매킹인 著述〈種의 起源〉의 公布가 千八百五十九年이라 하면 此 著述의 影響은 專히 十九世紀의 後半期임을 知할지오, 더욱 此等의 大著述은 十九世紀의 歐洲民 아니라 英國民이 産出한 것인즉 十九世紀가 如何히 速히 科學的 쏘는 經驗的 風潮에 充滿된지는 此로 因하야 容易히 推察될지라.

◎ 1922.5.19. 구주사상의 유래(55)

짜윈의 進化論이 如何히 深刻하고 普遍的인 影響을 當時 社會에 與한지는 참 豫想 外이라 謂하나니, 單히 當時 學術界쑨 안이오, 廣히 社會 方面에까지 그 影響이 波及하야 자못 底止할 바를 知치 못하노라. 대개 全歐羅巴는 콤트 밀 等으로 因하야 主張된 科學主義 乃至 經驗主義를 짜윈의 〈種의 起源〉이라는 著述로 因하야 目前에 具體的

으로 此를 觀한 것이니, 何者오 하면, 따웬 以前에 在하야는 人類의 本質이나 社會生活도 現今의 狀態가 太古로부터 存在한 것, 더욱 一切 人類生活의 起源에 關하야는 마츰내 說明하지 못할 神秘—神의 動作 —이 有함으로 싱각하더니 따웬은 그 獨特한 忍耐와 勤勉的인 經驗을 積하야 純粹 科學的으로, 學理的으로, 合理的으로 一切 人類 生活의 起源과 發達—從來는 到底히 說明하지 못할 것으로 싱각한 現象을 純粹히 科學的인 立脚地로부터 他에 何等의 補助도 假하지 안이하고 全然히 合理的으로 解釋하야 說明코저 試한지라. 自然淘汰를 根本的으로 한 彼의 進化論이 其中에 幾多의 缺點을 含有하얏다 할지라도 가장 具體的으로 또 가장 活潑히 科學의 力을 表彰함은 世界의 全人類에 마참내 消滅하지 못할 深刻한 印象을 與하야, 今에는 科學的으로 說明하지 안이하면 안이된다는 科學的 說明에 違反하는 것은 統히 空想이 안이면 안이된다는 傾向이 暗黙間에 全歐羅巴에 波及하야 事實과 眞理를 一切 價値의 中心으로 싱각한지라. 況且 하바트 스펜사가 따윈과 並하야 一切 事物, 一切 現象, 一切 社會의 進化를 全然히 經驗的으로 立論함이리오. 經驗的 風潮는 此와 如히 하야 全歐洲的 風潮가 된 것이니라.

그리하야 以上 槪說한 經驗主義 乃至 歸納主義는 無論 스촤트 밀의 半面이로되 彼에는 오히려 重大한 半面이 存在하니 그 半面이라는, 無論 實際的인 社會改善을 意味하는 것이라. 元來 벤담의 功利主義에 立脚하야 社會生活의 實際的 改善을 目的으로 한 것이나 晩年에 至하야 밀은 더욱 社會的으로, 實際的으로 傾하얏스나 그 社會觀은 普通 社會改良家의 意見보담도 一層 廣博하고 또 一層 高尚한 것이니 卽 그 社會觀은 一言으로 能히 自由主義이라 名할지라. 個人 乃至 個人的 精神의 自由인 發達이 社會生活의 目的이니 온갖 社會組織은 다 此

目的을 實現하는 것이 안이면 안이될지라. 此 意味에 在하야 彼는 自由인 代議政治를 主張하얏스며 此 意味에 在하야 彼는 民衆的 輿論이 少數 個人의 自由를 奪하면 아니된다 主張하얏스며, 此 意味에 在하야 彼는 女子의 獨立－男子와 絶對的 同等을 主張하얏스며, 此와 如히 하야 彼는 勞動問題가 將來 容易하지 아니한 重大問題가 될 것까지도 豫言하얏스니 社會改善의 思想의 如何히 밀의 哲學의 根本인지를 容易히 推察할지니라.

(다) 로바트 오덴: 以上 十九世紀 初葉에 英吉利의 現實思想의 發生을 槪觀하얏스나 吾人은 此點에 在하야 英國 最初의 社會主義者로서의 로바트 오엔(1771~1785)을 記憶하지 안이하면 안이 될지라. 彼의 最初의 思想은 全然히 慈善的 意味에 社會救濟—特히 勞働者 救濟—이니 現在 制度下에서 바로 此 救濟事業을 行코저 함에 不外하니라. 彼가 晩年에 北米 一地에 共産主義를 實行코저 하야 失敗하고 單히 著述로 因하야 自己 意見을 發表함에 及하야 共産主義的인 社會主義觀이 漸漸 明確한 形을 取하기에 至하얏스니 彼의 影響이 如何히 深刻한지는 千八百三十八年에 出現한 民權黨主義이라는 民權 擴張 運動이 專히 오엔 派로 因하야 行한 事에 據하야도 明白하니라.

(라) 婦人 解放: 英國에 此等 社會運動의 事實과 並하야 吾人이 特히 記憶할 것은 當時로부터 漸漸 頂大한 社會問題가 된 婦人解放의 主張이 是니, 此는 前段에 擧한 밀이 絶對한 意味에 男女同等權을 主張함에 徵하야도 明白한지라. 吾人은 玆에 婦人運動의 歷史를 敍述할 餘暇가 無한즉 다만 十九世紀의 婦人問題는 最早히 英國에 發達한 後 漸次 佛蘭西 獨逸 其他 北歐에 傳播한 것임을 注意함에 止하노라. 社會主義

問題와 同히 婦人問題는 最初에 顯著히 理想的 樂天的이엇스나 時를 追하야 複雜하게 되고 困難하게 된 觀이 有하니 社會主義思想과 結合하야 婦人問題가 如何히 複雜하게 發生한지는 別로 特殊한 研究를 要하는 問題이니라.

◎ 1922.5.20. 구주사상의 유래(56)

(마) 國家主義 問題의 發端: 十九世紀 初期 現實 思想의 發生에 關聯하야 玆에 特히 附記할 것은 現實思想의 發達과 並行하야 國家主義의 勢力이 次第로 高調한 一事이라. 佛蘭西 革命을 乘하야 나폴레온이 歐羅巴 天地를 蹂躪함은 文明史上에 種種의 意味로 解釋되니 卑近히 解釋하면 武力的으로 佛蘭西의 勢力을 擴張하얏다 觀할지나 一層 深遠히 解釋하면 全歐洲 卽 世界的 社會政策 實行의 手段으로도 觀할지라. 그러나 그는 如何히 하든지 佛蘭西 革命 以來 一方에 在하야는 世界政策의 機運이 漸漸 動하기 始함에 反하야 一方에 在하야는 宛然히 그 反對로 英佛獨露伊墺의 諸國이 各各 富國强兵의 策을 立하야 國家의 存立과 强大를 圖함을 最高의 政治로 싱각하야 最初에는 一國의 防禦를 爲한 武備가 後에는 列强 競爭을 爲하는 軍備로 發達하얏스며 特히 獨逸 聯邦은 비스막의 手로 因하야 一個 强大한 帝國이 되야 가장 露骨로 帝國主義를 標榜하야 列强에 對峙코저 한 故로 十九世紀에 在하야는 現實主義의 發達과 並하야 獨逸이 항상 帝國主義의 原動力이라, 佛蘭西 革命으로 因하야 樹立되고저한 自由 平等主義는 獨逸의 帝國主義로 因하야 沮止되고 破壞된 觀이 有하니 自由 平等과 帝國主義의 對立이 더욱 獨佛이 境을 接하야 서로 對立함은 實로 一種의

偉觀이라. 帝國主義의 發達은 思想史的으로는 深大한 意味를 有한 것이니 今에 詳細히 說明할 餘暇가 無하나 그것은 畢竟 現實主義의 一種이니 帝國主義와 現實主義의 間에는 極히 密接한 關係가 有하다 謂하지 안이하면 안이 될지라.

四. 現實思潮의 發達(獨逸)

(가) 自然科學의 發達: 第十八世紀의 後半期에 在하야 英吉利의 啓蒙思想이 佛蘭西에 在하야 가장 顯著한 發達을 遂하야 本國인 英吉利보다도 一層 活潑한(또 往往히 極端的인) 形式을 取함과 同히 最初로 英佛에 發生함으로 觀하는 最近 現實思想은 十九世紀의 中葉 以前 獨逸에 在하야 非常한 發達을 遂하야 英佛의 그것보다도 一層 活潑 顯著한 思想界를 現出하기에 至함은 吾人이 玆에 明確히 記憶하지 안이하면 안이 될지라. 十八世紀의 末로부터 十九世紀의 中葉 以前에 亘하야 歐羅巴는 宛然히 最近代 自然科學 發達의 地盤이니 一般 工藝界가 徐徐히 發達한 事實과 並하야 當時는 自然科學上의 新發見이 相繼하야 行한 稀有한 時代이라. 佛蘭西의 大化學者 라보아제(1743~1794)는 일즉이 分量的 研究法을 化學에 應用하야 物質은 決코 生滅하는 것이 안이오 種種의 變化가 有함에 不拘하고, 同一의 分量은 항상 그 同一의 分量을 維持하는 것인 所以를 明示하얏스며, 또 物質 變化의 機械的 說明(分量的 說明)은 獨逸의 有名한 化學者 리비히(1803~1873)로 因하야 一層 明確하기에 至하니라.

一切의 物質 變化——一切의 自然現象—을 何等의 神秘 不可思議한 活力으로 因하야 動함으로써 觀하지 안이하고 純粹히 機械的으로, 더욱 必然한 法則에 從하야 純粹 分量的으로 變化하는 것으로 觀함은,

450

前에 촬스 따윈이 擧한 進化論과 並하야 最近代 自然科學의 發達에 精確한 地盤과 根據를 與함은 實로 獨逸의 醫師 兼 物理學者 로바트 마이야(1814~1878)이라. 最近代 自然科學의 根本原理인 에넬기 不滅則은 獨逸의 此 物理學者로 因하야 비로소 精確히 建設된 것이로되 此 마이야와 並하야 獨逸에 在하야는 伯林大學의 物理學 敎授 헤롬풀쓰(1821~1894), 英吉利에 在하야는 物理學者 줄(1818~1889) 等이 다 각 方面으로부터 마이야와 同一한 發見에 到達하얏다 하니, 卽 此等 諸家의 硏究에 據하면 物質은 그 變化로 因하야 一見 消滅함과 如하나 事實은 決코 不然하야 다만 形質의 變化쑨이오 分量은 決코 失하지 아니하는 것이라. 熱이 運動으로 變코저 하나, 運動이 熱로 變코저 하나, 形狀은 異할지라도 에넬기의 分量에 生滅이 有한 것은 아니오, 原因과 結果의 關係는 等量의 에넬기 形狀의 變化에 不外하니 此와 如하야 物質的 에넬기는 決코 理由가 無히 生滅하는 것이 아니오, 도리여 不生不滅 等量의 에넬기가 此 宇宙間에 存在하다 함이 自然科學의 根本 假定이라. 에넬기 不滅則은 卽 自然科學이 因하야 立하는 地盤이오, 基礎이니 不生不滅의 에넬기 量의 因果的 測量이 곳 最近代의 自然科學에 不外하니라.

◎ 1922.5.21. 구주사상의 유래(57)

物質的인 에넬기의 分量 乃至 機械的 說明은 猝然히 聞하면 넘어 抽象的에 遍하야 그 意義를 十分 明確히 하기 難한 感이 有하나 此 簡單한 思想은 實로 最近代에 在하야 人心에 革命的 變化를 與한 新思想이라. 自然界는 통히 機械的 에넬기 量의 必然的 變化로 觀하야 生物

이나 乃至 人類까지도 다 自然法에 支配된다 함이 最近代의 自然科學이오, 에넬기 量 變化 以外의 온갖 神秘 不可思議, 로만티시즘 等이 自然界를 支配한다 함은 통히 在來의 幼稚한 空想에 不過한지라. 不可思議인 活力이나 偶然的인 變化를 夢想하는 者는 이미 過去의 舊人이오 機械的 에넬기 量의 變化를 精確히 測定하는 者라야 오즉 新人이라. 오즉 에넬기 量을 精確히 測定하는 者가 참 智者이오 他意味의 智者는 다 舊式인 空想家에 不過하다 함이 마이야 等으로 因하야 發見된 에넬기 不滅則의 直接 影響이니라.

에넬기 不滅則이 自然科學과 一般 工藝界에 與한 效果는 가장 刮目에 値한 것이니 自然科學은 此로 因하야 盤石의 基礎上에 置하고 工藝界는 此로 因하야 漸漸 活氣를 帶한지라. 더욱 此時까지 人心을 支配한 아이데아리즘 並 로만티시즘의 末派의 思想에 比較하면 自然科學的 精神은 眼前에 直接으로 可驚할 效果를 示하얏스되 哲學的 推究이나 아이데아리즘은 直接으로 何等의 效果도 與하려 안이하얏으니 此空想 虛無 意義임에 比較하야, 彼는 直接으로 無限의 善美한 希望을 與하지 안이하면 己하지 안이한지라. 此와 如히 하야 自然科學的 風潮는 猝然히 高調하야 前에 英佛에 在하야 實證的 傾向을 取하야 出現한 것이 今에는 (特히 獨逸에 在하야) 自然科學的 쏘는 自然法律的이라는 가장 具體的인 形을 取하야 發展하기에 至한 故로 抽象的인 쏘는 空想的인 哲學이나 人生觀은 遽然히 그 勢力을 失하고 具體的인, 經驗的인, 實證的인, 科學的인 傾向이 자못 一切임과 如히 싱각한지라. 로만틕 哲學의 絶頂에 達하얏다든 헤겔의 死는 正히 千八百三十一年이니 此 時期를 區劃線으로 하야 헤겔 哲學(前代 哲學의 代表)은 遽然히 勢力을 失하야 昔日 全盛의 影을 留하지 못하야 온갖 理想的 쏘는 로만틕인 哲學이나 人生觀, 文藝 等—具體的 實驗的인 科學的 知識이 안인 것은 통히 空想 無意義로서 退斥이 되기에 至하니 此等의 風潮가 正히 十九 世紀 半에 獨逸 思想界의 傾向이니라.

(나) 唯物論의 再興: 此와 如한 時代에 在하야 獨逸에 邊然히 唯物論 이 勃興함은 當時 自然科學 尊重의 風潮가 如何히 旺盛함을 證明할지라. 칼 포흐트(1817~1895), 모레숏트(1822~1893), 류드위히 뷰히나(1824 ~1899) 等은 獨逸 唯物論의 代表者이니 此 諸家의 唯物論은 單히 理論 으로 하야는 十八世紀에 出現한 佛蘭西의 唯物論과 比較하야 幾何의 進步를 示한 것이 안이로되 오즉 當時 獨逸에 在하야 此等의 唯物論이 猝然히 勃興함은 宛然히 時代의 趨勢를 語하는 것이니 文明史的으로 吾人은 個中에 深大한 興味를 感하지 아니함을 得하지 못하는도다. 대개 唯物論은 決코 自然科學의 必然, 科學의 必然的 産物이 안이라, 嚴正히 言하면 自然科學은 純粹히 物質現象만 處理하는 것이오, 精神 現象과 如한 것은 全然히 關與할 바이 아니어늘 唯物論은 物質現象만 이 眞의 實際이오, 精神現象과 如한 것은 實로 物質現象에 不過하다 主張하니 此는 明確히 純粹 自然科學의 立脚地를 離하야 更히 一步를 獨斷世界로 進함이 안인지. 가장 理論的으로 唯物論을 主張하얏다는 뷰히나에 據하면 精神現象이라는 畢竟 腦細胞 組織의 運動이오, 物質 現象 外에 別로 精神現象이라 名할 것이 存在할 理가 無한지라, 物質運 動은 全體이니, 具體的인 物質運動을 明確히 하면 人生은 스사로 明瞭 히 解釋된다 하니 此는 自然科學으로써 一切를 說明코저 하는 도구 마[129)가 안인지. 自然科學이 自然科學의 範圍 內에 在한 以上에 그 說明과 解釋은 確實하나 一步를 그 範圍 外에 脫하야 精神現象의 有無

---

129) 도구마: 도그마. 독단.

를 論하기에 至함은 이미 自然科學이 아니오, 自然科學을 基礎로 한 獨斷에 不過한지라. 廣大하고 複雜한 人生을 偏히 物質運動—에넬기의 機械的 變化만으로써 解釋한다 함은 理論的으로는 到底히 許하기 難한 獨斷이니 故로 單純히 理論的 方面으로부터 言하면 唯物論은 物質現象만을 觀하고 他의 一切를 觀하지 아니한 獨斷이라. 그러나 文明史的으로 쏘는 思想史的으로 觀察하면 當時의 唯物論은 明確히 時代의 風潮를 代表한 것이니 唯物論은 單히 自然科學 尊重의 風潮쑨 안이오, 明確히 在來의 思想의 根本의 橫在한 弱點을 暴露하고 指摘한 哲學이라. 在來 思想의 弱點이란 何를 謂함이뇨. 一切의 存在 乃至 一切의 生活의 基礎에는 物質現象이 存함은 無疑한 事實이로되 此 物質的 基礎는 此時까지 자못 全然히 度外視되고 專히 抽象的인 精神活動만이 注意된 것이 是이라. 現에 人類生活은 極히 複雜한 것이로되 그 베시스[130]에는 物質運動이 存在하니 物質的 現象—生理的 化學的 變化를 度外하고는 人類生活은 到底히 想像하지 못할지라. 唯物論은 明確히 此 根本事實에 念及한 것이니 人類 生活로부터 一切 現象의 基礎에는 반다시 物質的 勢力이 作用하는 所以를 明白히 한지라. 몬저 此物質的 基礎를 明白히 하지 아니하면 온갖 說明과 解釋은 無意味하다 함이 唯物論의 根本精神이니 唯物論이 如何히 當時의 現實的인 쏘는 具體的인 傾向을 代表한지는 此로 因하야 大略 明白할지라. 畢竟 唯物論은 온갖 空想과 無意義를 排斥코저 하는 運動에 不外하니라.

---

130) 베시스: 베이스. 기초.

◎ 1922.5.22. 구주사상의 유래(58)

(다) 헷켈131): 唯物論의 勃興과 關聯하야 玆에 獨逸 이에나 大學132)
生物學 敎授 에룬스트 헷켈(1834~1910)의 唯物論的 人生觀이라. 헷켈
은 元來 獨逸 싸윈 學者로 進化論이 그 專門이나 時勢의 風潮에 動하야
生物 進化의 方面으로부터 一種 唯物論的인 人生觀을 建設하니 此 人
生觀이 時代의 風潮에 合하야 一時는 獨逸 思想界의 中心 人物의 一人
으로까지 數하기에 至한지라. 一時 非常히 流行한 그 著述 〈世界의
隱語〉는 世界 各國語로 飜譯되야 今日까지 오히려 一種의 勢力을 維持
하니라. 無論 헷켈의 人生觀 乃至 宇宙觀은 반다시 唯物論이라고는
斷定하지 못할지니 彼는 物質과 에넬기는 最初로부터 相卽不斷하는
것이라. 物質은 반다시 에넬기를 寄在케 하고 에넬기는 반다시 物質에
寄在함으로 싱각하야 彼 스사로의 立脚地를 도리여 모니즘(一元論)이
라 名하니라. 그러나 헷켈에 在하야는 物質 에넬기와 心的 에넬기의
間에 何等 根本的인 區別이 無하고 心的 에넬기는 徐徐히 物質 에넬기

---

131) 헤켈(Ernst Haeckel, 1834~1919): 독일의 생물학자. 진화론자. 1866년 자연계의 질서와
조직에 관한 전체 지식을 의미하는 '생태학'이라는 학문을 제시하였음. 생태학은 동물과
생물적인 그리고 비생물적인 외부세계와의 전반적인 관계에 대한 연구이며, 한걸음 더
나가서는 외부세계와 동물 그리고 식물이 직접 또는 간접적으로 갖는 친화적 혹은 불화적
관계에 대한 연구라고 볼 수 있다. 헤켈이 내린 생태학의 정의는 오늘날까지 생물학자에
의해 인정되고 있다. 1834년 2월 16일의 프러시아(지금의 독일)의 포츠담에서 태어난 헤켈
은 베를린대학과, 뷔르츠부르크 대학에서 의학과 과학을 공부하고, 1865부터는 예나(Jena)
대학의 동물학 교수로 재직하다가 1909년에 은퇴하였다. 그의 사상에서 전환기를 맞이한
것은 1860년 독일어로 번역된 찰스 다아윈(Charles Darwin)의 『종의 기원』을 읽고부터이
다. 1868년에, 유명한 독일의 과학 저널은 *Protamoeba primitiva*라는 학술적 이름을 가지고
상상의 모네라에 관한 그림 30개 이상을 실은 73쪽 분량에 달하는 그의 고찰을 실었다.
이 '생명체 입자(life particles)'는 실제 존재하지도 않았음에도 불구하고, 분열에 의해 생식
하는 등 그의 상세한 묘사와 정교한 그림은 전부 허구에 의한 것이었다. 1876년 『창조의
역사』를 출간하였다.

132) 이에나 대학: 예나 대학.

로부터 進化 發達함으로 싱각한 故로 彼의 根本 傾向이 依然히 唯物論的(少하야도 物質本位的)임은 辯證하지 못할 事實이라. 精神現象과 物質現象을 比較하야 物質現象은 항상 基礎的인 것 또는 本源的인 것으로 싱각하니 此 意味에 在하야 彼의 人生觀은 如是 時代의 風潮를 代表한 것이니라.

(라) 實證論者: 以上은 專히 自然科學과 唯物論의 勃興을 略述한 것이니 無論 此等은 여러 自然科學에 從事하는 者로 因하야 代表된 傾向이로되 도리켜 當時 直接 思想界에 活動한 哲學者, 思想家 方面은 어떠한가 하면, 此亦 自然科學者와는 異途를 取하야 亦是 現實的인, 實證的인, 具體的인 方面으로 前進하니라. 第十九世紀 中葉 조금 以前에 在하야 그러틋 全盛을 極한 헷켈 哲學도 마참내 勢力을 失함은 前에 이미 記述함과 如하거니와 헤켈 哲學의 瓦解는 單히 헤켈 哲學의 瓦解가 아니오, 實로 理想派 哲學의 瓦解이니 廣義의 精神界 乃至 思想界는 漸漸 此時까지의 抽象的인 空疎한 理想思潮에 饗飽(향포)하야 次第로 實質的인, 實證的인 또는 自然科學的인 方面으로 前進하니 此間 時勢 變遷 推移는 狀態가 極히 微妙하고 從하야 文明史家에 在하야는 極히 興味 深大한 것이라. 헤켈의 沒後 所謂 헤켈 學徒가 左右 兩黨에 分함은 著名한 事實이니, 此 事實은 空然히 時代의 變遷을 揭示한 쌔로 미터이라. 右黨에 屬한 가령 엘드만 또는 로젠크란쓰 等은 헤켈 哲學은 그리스도 敎의 傳來的 敎義에 一致한 것이라 說하고, 左黨에 屬한 者는 헤켈 哲學은 到底히 普通의 信仰과는 一致하지 아니하고 도리여 此와 衝突한다는 急進的 思想을 抱하니 右黨은 穩和派이오 左黨은 急進派이라. 그리하야 此 急進派에 屬한 者는 時勢의 推移에 屬하야 헤켈 哲學으로부터 離하야 次第로 實證的인, 事實的인, 具體的인 方面으로

前進하야 가장 急進的인 또한 가장 顯著한 形態에 在하야 當時 現實思潮의 代表者가 되니 此等 急進派의 思想은 가장 能히 當代의 思潮를 說明할 것이라. 짜윈, 스트라우스(1808~1874), 류드위히 포이엘바하(1804~1871), 칼 말스(1818~1883), 其他 펠듸난드 라살(1825~1864) 等은 此 急進派의 ●●한 者이니 吾人은 彼等의 思想에 就하야 玆에 簡單히 敍述코저 하노라.

(마) 스트라우스: 歐羅巴에 思想問題의 中心은 一面에 在하야는 宗教問題이오, 一面에 在하야는 政治問題이니 時代의 推移와 共히 宗教와 政治에 關한 思想은 變遷하고 宗教와 政治에 關한 思想의 變遷은 곳 時代精神의 變遷을 示한 것이라. 대개 歐羅巴에 在하야는 少하야도 今日까지는 宗教는 一切 思想 信仰의 根本이오 中心이니 宗教思想의 變遷은 곳 人類의 根本思想의 變遷에 不外한지라. 그런즉 스트라우스는 몬저 傳來 信仰의 自由 批判으로부터 出發하야 傳來의 그리스도 敎의 敎權이나 歷史는 到底히 近代人의 實證的 思想과 一致하지 못하나니 知識과 信仰은 가령 헤겔의 主張함과 如히 決코 調和할 것이 안이라, 實證的 知識으로부터 見하면 그리스도 敎는 迷盲과 矛盾의 結晶에 不過하다 하니, 스트라우스는 此와 如히 傳來 그리스도 敎를 批判하고 終末에는 一種의 萬有神敎的 信仰을 主張하다가 晩年이 近함에 從하야 더욱 實證的으로, 急進的으로 進하얏다 하니라.

◎ 1922.5.23. 구주사상의 유래(59)

(바) 포이엘바하: 그러나 宗教問題에 關하야 劃 時代的인 思想을

揭하고 因하야 時勢로 하야금 急遽히 實證的으로 進케 한 者는 無論 포이엘바하 其人이라. 純粹 思想 方面에 在하야 自然科學者와 並하야 新現實主義 쏘는 實證主義를 代表한 者는 此 포이엘바하이니 그 思想을 簡單히 摘論하면 神과 宗敎에 關한 問題를 純粹 心理的으로 쏘는 人類學的으로 處理한 點에 在하니라. 至今까지는 宗敎이든지 神이든지 넘어 超越的으로, 理想的으로 乃至 抽象的으로 싱각하야 가령 神은 絶對 最高의 理智이오 쏘 宇宙의 窮極 原因이니, 人智는 마참내 此와 如한 最高 理念에 達하지 아니하면 已하지 안이한다 함이 神에 關한 在來 普通의 思想이라. 卽 神에 關한 思想이 至今까지는 甚히 理智的 쏘는 知識的임과 同時에 쏘 甚히 超越的, 理想的이니 (從하야 甚히 空想的이니) 포이엘바하는 此偏 理想的인 쏘는 甚히 空想的인 神學에 가장 不滿足을 感하야 宗敎이나 神은 決코 그러한 離世間의 抽象的의 것이 안이오, 도리여 가장 人生에 近한 人間的의 것이 안이면 아니 될지니 卽 神이든지 宗敎이든지 人生을 離한 一個의 槪念 쏘는 理念이 아니오, 人生과 가장 親密한 關係를 有한 具體的인 것이 안이면 아니된다 함이 포이엘바하 哲學(神學의 根本 動機)이라. 此와 如히 하야 彼는 神이나 宗敎이라 함과 如한 槪念으로부터 出發하지 아니하고, 가장 直接 쏘 具體的인 '人生'이라는 事實로부터 出發하야 神이나 宗敎가 有한 後의 人生이 아니오, 人生이라는 根本 事實이 存在함으로 하야 神이나 宗敎가 産出한 것이라 싱각하야 포이엘바하는 이믜 世間의 知함과 如히 神에 關하야 此와 如히 判斷하니라. 卽 神은 本來 人生의 感情 쏘는 慾望 乃至 希望으로부터 産出한 것이니 神이 人類를 造한 것이 아니오, 反對로 人類의 心理가 神을 産出한다 하니, 포이엘바하의 此 解決은 細細히 說明할 것도 無히 全智이라든지 全能이라든지 愛이라든지는 人生의 慾望에 理想인 故로 此 慾望的 理想을 實在化한 것이 卽 神에

不外한지라. 此와 如히 하야 神은 直接 人生으로 因하야 造한 가장 人生的인 것에 不外하다 함이 포이엘바하의 結論이니 吾人은 此觀에 在하야 그 結論의 眞僞보담도 몬저 그 思想의 根本 傾向에 注意하지 아니하면 아니 될지라. 單히 포이엘바하샏 아니오 當時의 新思想家(特히 헤켈 左黨의 急進派)는 槪念보담은 事實로, 普遍보담은 個別로, 推想보담은 具體로, 知識보담은 感情 쏘는 慾望으로, 理想보담은 實際로 向하야 進하는 傾向을 備하야 此와 如한 傾向을 取함을 明白히 人類의 進步로 싱각한 故로 포이엘바하가 人生的 慾望을 宗敎의 根本으로 觀함은 一切를 가장 具體的으로, 事實的으로, 實證的으로 싱각한 所以이니 當時의 現實 思潮가 가장 深奧한 形을 取하야 玆에 出現함으로도 觀하니라. 神의 本質에 觀한 彼의 思想은 아즉 未熟 不徹底를 免하지 못하얏다 할지라도 少하야도 彼는 神과 宗敎를 高遠한 天上으로부터 地上에, 아니라 人生心理의 根柢에까지 引下하얏스니 此에 그 現實思想의 特質이 存하나 晩年에 近함에 從하야 더욱 如何히 實證的으로, 具體的으로 傾한지는 人生을 더욱 經驗的으로, 事實的으로 解釋코저 努力함에 據하야 明白한지라. 經驗的 쏘는 事實的샏 아니오 이믜 世間에 知함과 如히 彼는 "人生을 먹는 것"이라고 解釋하야 次第로 唯物論的으로 物質的으로까지 傾하얏스니 人生을 唯物論的으로까지 解釋하지 아니하면 마참내 滿足하지 못한 것이니라.

◎ 1922.5.24. 구주사상의 유래(60)

(사) 스팀나: 포이엘바하는 同一 傾向을 取하야 他方面에 在하야 社會運動 並 思想界의 巨物이 된 칼 맑스를 瞥見하기 前에 吾人은

헤겔 左黨의 急進派와 同一 方向을 取하고 더욱 此等의 人人보담 一層 極端의 急進的 傾向을 示한 本名 카스카 슈미트(1806~1856), 文壇的으로는 막스 스팀나로서 知名된 極端的 個人主義者를 回顧하지 안이하면 안이 될지니 個人主義的 思潮에 關하야는 後段에 別히 評論이 有한 故로 玆에는 當時의 急進派에 普通인 傾向만을 指摘하고저 하노라. 이미 世間에 知함과 如히 스팀나는 最近에 極端的 個人主義者이라. '我'라는 一個人만의 眞의 實在者이오, 社會이니 人類이니는 更히 此를 觀할 必要가 無한지라. 世界는 我 一人을 爲하야 存한 것이니 我는 一切의 人, 一切의 物을 我를 爲하야 犧牲케 하야도 關係가 無하니, 個人을 立하고 個人을 發展케 하는 것이 人生의 目的이라 하는 것이 스팀나 一派의 主張이라. 萬一 當時의 風潮를 不察하고 卒然히 此等의 主張을 聞하면, 何人이라도 그 過激하고 極端인 事에 驚하지 안이할 者가 無하야 個人이 全體이라 함과 如함은 자못 狂人의 囈語(예어, 잠꼬대)이라 할지로되 時勢의 風潮로부터 言하면 此等 極端인 主張도 決코 全然히 無意味함은 안이니 대개 當時는 어디까지라도 反動의 時代— 前代 理想主義에 對한 反動의 時代이라. 온갖 超越的인 것, 抽象的인 것, 槪念的인 것, 理想的인 것, 空漠的인 것은 다 排斥이 되고 아모쪼록 實證的인 것, 具體的인 것, 個別的인 것, 事實的인 것을 取코저 함이 當代의 風潮이라.

그리하야 在來의 理想思潮는 專히 社會이라든지, 人類이라든지 人道이라든지 하는 普通 槪念만에 重을 置하고, 個人의 存在 쪼는 權威는 幾何의 重도 置하지 안이한지라. 無論 初期의 로만티시즘은 처음에 個人의 尊嚴을 確認하얏스나 全體로서는 理想思潮는 社會이나 國家를 爲하야 個人을 犧牲으로 하야 顧하지 아니한 것이니 個人의 權威는 오히려 十分 確立하지 못한지라. 스팀나는 卽 此等 理想風潮에 反抗하야 起한 者니 至今까지와는 反對로 社會와 人類를 貶하고 偏히 個人의 存在만을 意義가 有케 하고저 하야, 彼는 敢然히 立하야 次와 如히 絶叫하니라. 吾人은 이미 神이라는 傳來의 亡靈을 驅逐하고 '彼岸' 또는 '未來'의 空想을 勇敢히 埋葬하얏거날 世人은 神이라는 亡靈의 代에 亦是 空漠하고 抽象的인 '人類'이라는 槪念을 '探出'하야 本尊과 如히 尊崇하야 '個人'으로서의 人類가 안이오, 全人類로서의 人生이 彼岸의 모토이라. 그러나 此와 如한 人生은 前의 神과 如한 空漠한 槪念이 抽象的으로만 存한 것이니 世間은 此와 如히 하야 오히려 '人生' 또는 '社會'이라는 亡靈에 惱殺되는 것이라. 만일 一次 此等의 空想은 靈을 拔除하면 吾人은 다만 赤裸한 '個人'이라는 眞實在 眞事實을 認할 뿐이니, '我'는 無忘한 眞實在이라. <u>我와 如히 直接으로 眞實로 確實한 것은 無한 故로 我는 卽 一切이니 온갖 他物은 我를 爲하야 存在</u>함으로 觀하야도 何等의 不可가 有하리오. 個人을 無視하고 人類 또는 社會를 論함은 當初로부터 順序를 逆한 空想이라 함이, 스팀나의 本意이라. 그러나 彼는 어듸까지라도 直接的 事實的이라는 實證的 立脚地에 立하야 單히 그 立脚地만으로부터 自己의 論理를 極端까지 進한 者에 不外한지라. 極端 個人主義의 是非는 아즉 別問題로 하고 스틸나가 亦是 時代 風潮에 刺戟이 되야 如何히 極端으로 一片의 論理를 立한 지를 推察할지니 時代는 어데까지라도 現實的이오 實證的이니라.

以上 吾人은 自然科學界와 並하야 純粹 思想 方面에 實證的 傾向을 略述한 故로 更히 進하야 此同 一 傾向으로부터 起한 社會主義 思想의 勃興을 槪觀하지 아니하면 아니될지라. 獨逸에 在하야 살, 맑스 等으로 因하야 統一되고 組織된 社會主義的 思潮는 全世界의 社會 組織에 가장 深刻한 影響을 及한 決定的 勢力이니 故로 吾人을 項을 改하야

此 決定的 勢力의 大勢를 瞥見코자 하노라.

◎ 1922.5.25. 구주사상의 유래(61)

五. 獨逸 社會主義的 思潮

社會主義 思想이 몬저 英佛에 發生함은 前段에 이믜 槪說함과 如하거니와 此 社會主義的 思想은 十九世紀 中葉의 獨逸에 在하야 一層 活潑한, 그리하야 組織的인 形을 取하야 그 勢力이 更히 英佛에 及하고 또 廣히 全世界에 波及하기에 至하얏스니 獨逸에 在하야 此와 如히 急遽히 社會主義가 勃興함은 時勢 影響의 結果임은 勿論이어니와 一層 徹底的으로 言하면 實際의 社會 狀態가 此等 思想의 勃興을 不得已케 한 것이라. 大槪 十九世紀 中葉은 마침 社會生活上 未曾有의 變化가 出現한 時代이니 卽 大規模의 機械工業이 처음으로 發達함을 因하야 至今까지 手工에 依하야 生活하든 者는 漸漸 生活의 方法을 失하고, 地方의 小農이나 職工 等은 奔走히 都會地에 移轉하야 生活의 方法을 求코저 하니, 玆에 社會生活이 歷史上 未曾有의 混亂 狀態가 生하야 所謂 資本家는 勞働者를 아모조록 廉價로 使用코저 하는 故로 多數의 勞働者는 겨우 飢餓를 免하기 爲하야 苦役에 服하지 아니함을 得하지 못하야 工藝的 文明이 進步할사록 此等의 混亂 狀態는 더욱 甚하니, 此와 如한 時代에 在하야 社會主義的 思想이 非常한 勢力으로 써 發達함은 決코 偶然이 아니라.

(가) 맑스와 라살: 吾人은 玆에 獨逸 社會主義의 發達을 追跡할 餘地

462

가 無하며 또 맑스, 라살 等의 思想을 的確히 解說할 餘地도 無한 故로 專히 思想 方面에 關係가 有한 限度에 在하야 單히 그 方面으로부터 觀한 諸家의 主張을 簡單히 批判함에 止하노라. 이믜 前段 스토라우스, 포이엘바하 等에 在하야 明瞭함과 如히 헤켈 左黨의 急進派는 在來의 槪念的인 思想에 反抗하고 그 反對로 具體的인, 個人的인 物質的인 傾向을 取하야 進하야 具體的으로, 物質的으로 될수록 各種의 判斷은 더욱 事實하고 確實할 줄로 싱각하니라. 맑스이든지 라살이든지 最初 는 熱心인 헤켈 學徒임으로 하야 全히 恩師의 感化를 忘却하지 못하고 또 脫却하지도 못하니라. 헤겔은 宇宙 人生을 絶對 理念의 進步 發展으 로 觀하야 絶對的 理念이 唯一 眞實在이니 此 唯一 眞實在가 論理的으 로 發展 進步하는 狀態가 卽 宇宙 人生에 不外하다 하니라. 맑쓰는 直接 포이엘바하의 影響을 受하야 宇宙의 眞實在가 槪念的인 理念이 라 함은 到底히 信하지 못하야 此等의 槪念的 空想을 捨하고 偏히 赤裸裸인 事實만을 捕捉코저 努力하얏스나 헤겔 哲學에 在하야 永久 히 磨滅하지 아니한 眞理는 此 宇宙 人生을 항상 變化하야 已하지 아니하는 歷史로 觀한 點이니 理念의 變遷 또는 歷史이라 함과 如한 것은 疑問이로되 一層 具體的인, 基礎的인 事實의 變遷 또는 歷史가 人生임은 到底히 否認하지 못할 것이라 함이 맑쓰의 생각이라. 그리하 야 포이엘바하와 同히 物質生活이 비로소 一切의 基礎的 事實로 觀하 고 因하야 人生은 物質生活의 歷史에 不外하다고 斷定하얏스니 그 有名한 唯物史觀은 此와 如한 順序로 成立한 것이라. 그리하야 唯物史 觀을 맑쓰 哲學의 中心이나 此 中心 哲學과 並하야 同一히 重要한 맑쓰의 他思想도 玆에 記憶하지 아니하면 아니 될지라.

巴里에 漂迫 中 맑쓰가 佛蘭西의 社會主義者 플톤, 루이부란 等의 感化를 受함은 本章의 初에 記述하얏거니와 永久間 放浪生活은 彼로 하야금 더욱 急激한 思想을 抱케 하니라. 그러나 맑쓰는 가장 銳敏하고 쏘 가장 組織的인 쏘한 科學的인 頭腦를 有한 一種의 天才이라. 社會主義가 맑쓰에 至하기까지는 單히 實際上의 傾向 쏘 運動이오, 何等 理論的 根據를 備한 것이 아니니, 從하야 맑쓰는 처음으로 社會主義에 科學的 쏘는 哲學的 根據를 與한 者이라 謂하니라. 彼가 後年 〈資本論〉에 在하야 論述한 主意는 가장 簡結한 形에 在하야 千八百四十七年 그 親友 후리도리히 엥겔(1820~1895)와 協力하야 公布한 〈共産主義者 宣言〉 中에 主張되얏스니 此 宣言의 主意는 要컨대 大凡 此의 三點에 歸하니라.

◎ 1922.5.26. 구주사상의 유래(62)

第一. 剩餘價値論: 此는 何人도 旣知함과 如히 資本家는 勞働者에 支拂하지 아니하는 不當의 富를 所有한다는 原理이니라. 勞働者는 多大한 勞力으로 僅少한 報酬를 受하나니 彼가 與하는 勞働價値는 彼가 受하는 報酬보담도 太高하야 報酬를 除하고 彼의 勞力에는 오히려 剩餘의 價値가 有하거늘 資本家는 不法하게 此 剩餘價値를 專有하야 勞力에 相當한 支拂을 하지 아니하고 剩餘價値를 蓄積하야 巨萬의 富를 誇하는지라. 資本家의 所有한 土地 財産은 畢竟 永久間 不法하게 專有한 剩餘價値이니 彼等은 多數의 勞働者가 與한 勞力을 公然히 自己의 所有로 하는 것이라 하니, 맑쓰의 此 剩餘價値論은 리칼드(1771~1823, 英吉利의 經濟學者)의 雇價의 法則(勞働者가 受하는 雇價는 僅한 赤裸裸한 生活을 維持할 少額에 不過하니라)에 基함은 此亦 世間의 周知의 事이니라.

第二. 唯物史觀: 맑쓰 哲學의 中心은 어데까지라도 此 唯物史觀에 在하니라. 槪念的 理念의 變遷이 人生이 아니오 人生은 도리어 物質 生活의 歷史를 根本으로 하는 것임에 不外하니 換言하면 人類生活의 基礎는 衣食住의 直接 生活에 存하니 生產物의 分配 如何가 人類의 全生活을 決定하는 根本이라. 政治는 人類 生活의 第一義가 아니오, 物質에 關한 基礎生活이 根本이니 此 根本生活의 如何에 依하야 政治 는 決定되는 것이오, 同一한 意味에 在하야 道德이라는 現象도 物質生 活의 如何에 依하야 決定되는 問題이라. 生產의 分配만 正當하면 道德 과 如한 것은 自然히 確立되며 宗敎 乃至 哲學과 如한 文化도 專히 唯物生活의 如何에 依하야 決定되는 問題이니 온갖 文化는 다 物質生 活上의 一 裝飾品에 不外한지라. 此와 如히 하야 人生은 곳 物質生活의 歷史이니 物質生活의 歷史를 除去하고는 人生의 歷史는 想像하지 못 할지라. 物質이 全體이오, 道德이나 道德은 僅히 副產物이라 하니라.

◎ 1922.5.27. 구주사상의 유래(63)

第三 階級 戰爭論: 人生은 此와 如히 하야 物質生活의 歷史이라. 그리하야 資本制度가 何時까지라도 自由競爭下에 行하는 以上 資本家 對 勞働者의 爭鬪, 풀조아(부르주아) 階級에 對하는 푸로레타리아 階級 此 階級間의 爭鬪는 마참내 終熄할 時가 無할지니 人生의 歷史는 古來 로 此와 如한 階級 戰爭의 歷史이라. 今日까지의 政治이나 宗敎는 資本 家 階級이 勞働者 階級을 壓迫하고 統御코저 한 手段이니 多數 民衆은 少數 資本家로 因하야 全然히 束縛되고 抑壓된 것이니라.

맑쓰가 理論的으로 社會主義를 建設하든 時에 펠듸난드 라살이 實際的으로 獨逸 社會黨을 組織하야 政治的으로 華麗한 活動을 開始함은 著名한 事實이라. 라살에 據하면 國家는 單히 消極的으로 民衆의 安寧을 維持하는 것이 아니오, 一層 積極的으로 多數 民衆을 高級인 文化 生活로 引導할 責任을 擔負하얏스며 또 此時까지의 資本主義이나 自由競爭主義의 下에 在하야 勞働者의 雇價는 何時까지 經過하도록 高케 할 餘地가 無한 故로, 國家는 가장 大規模인 形式으로 社會政策을 實行하지 아니하면 아니된다 하니 라살의 國家社會主義의 精神은 實로 此에 胚胎하니라.

맑쓰의 社會主義論에 關하야는 玆에 批評을 試할 餘地가 無하나 맑스이나 라살의 主張뿐 아니오 통히 社會主義는 固定한 理論 또는 哲學이 아니라 刻刻으로 變遷하는 實際的 運動이니 맑스 去後 이믜 數十年을 經過한 今日에 在하야 오히려 社會主義가 極히 複雜한 變遷 進步를 遂함을 見하야도 社會主義가 活實際的 運動임은 明白한지라. 맑스 社會主義論의 結論으로도 畢竟은 勞働者를 糾合하는 實際 運動에 不外하니 卽 맑스는 통히 國家 區別을 撤廢하고 全世界의 勞働者에 向하야 人類를 爲하야 起하라, 起하야 世界的 勞働者 組合을 造하라, 그리하야 此等 組合이 全世界를 支配하는 政治 團體가 되라 主張하얏스니 그런즉 社會主義는 是非의 批評은 別問題로 할지라도 實際的으로 最大의 力을 備한 運動—他의 如何한 力도 不及할 가장 廣博하고 가장 强大한 社會的 勢力됨은 今日에 이믜 疑訝할 餘地가 無하며 그뿐 아니라 社會主義의 根本 精神은 多數 民衆의 進步를 目的으로 하는 社會改良에 存하니 此와 如한 道德的 兼 宗敎的 精神은 何等의 批判을 要하지 아니하도록 尊貴하고 善美한 것이니 社會主義 運動의 强處는

實로 此點에 存하니라. 吾人은 歐洲 最近代 文明 乃至 思想의 變遷을 回顧하는 時에 十八世紀 末葉 以來 民衆의 進步를 目的으로 하는 社會 改善 運動은 歐洲 近代 文明의 中心 傾向인 것을 認하지 안이함을 得하지 못하며 從하야 社會主義 運動은 歐洲 近代 文明의 中心 傾向이니 近代 文明은 마참내 社會主義 運動을 究極하지 아니함을 得하지 못하노라.

그러나 맑스의 主張 乃至 哲學은 十九世紀의 最大 産物의 一임은 無疑하나 포이엘바하나 스칠나 等의 反動兒와 同히 極端으로 唯物主義에 傾한 缺點이 有함은 到底히 否認하지 못할지라. 物質生活이 온갖 生活의 基礎임은 勿論이로되 全生活을 規定하는 것은 오즉 物質쑨이라고는 謂치 못할지어날 物質的 生活만 適當히 行하면 道德 學術 藝術 宗敎 等은 自然히 充分히 發達한다 함도 畢竟 精神文明을 輕히 하는 偏見에 不過하니라. 人生은 결코 포이엘바하가 放言함과 如히 單히 '먹는 動物'이 아니오, 同時에 感도 有하고 慾도 有하고 哭도 有하고 笑도 有한 動物이니 故로 全體의 文化生活이 密接으로 物質과 結合하야 그로 因하야 全生活이 가장 複雜히 規定되고 決定됨은 마참내 否定하지 못할 事實이로되 다만 맑스가 物質生活을 온갖 基礎라 明示함은 그 銳利한 直觀이라 謂하지 안이하면 안이 될지라. 맑스主義의 此 中心 缺點에 基하야 胚胎한 幾多의 難點이 有함은 否認하지 못할지니 맑스를 學하는 者는 항상 此點에 注意함을 忘却하면 안이 될지니라.

◎ 1922.5.28. 구주사상의 유래(64)

(나) 社會黨과 및 講壇 社會主義者: 玆에 다시 附記할 것은 라살과 및 맑스 等으로 因하야 組織된 獨逸 社會共和黨은 爾後에 幾多의 變遷이 有하얏스되 英佛米 其他의 勞働者 團體와 氣脈을 通하야 더욱 그 勢力을 擴張하야 戰爭 前에 在하야는 獨逸 帝國疑懷에 一百 以上의 代議員을 送하기에 至하얏스니 十九世紀의 後半期를 通하야 獨逸을 爲始하야 英佛伊露 諸國에 社會主義 運動이 如何히 進步 擴大한지를 推察할지며 特히 獨逸에 在하야는 官僚系에 對하야 此 運動이 더욱 顯著하야 有名한 베벨, 리푸네히트 等의 領袖들은 終生, 社會共和黨의 發達에 努力하나라. 更히 玆에 記述할 것은 베벨 等의 實際 生活에 對하야 獨逸에서는 講壇 社會主義者이라 稱한 名人의 活動이 자못 盛大한 것이니 所謂 講壇 社會主義이라는 伯林大學 敎授 몰라와 및 륜펜大學 敎授 쌕렌타노 等을 筆頭로 하야 多數의 大學 敎授(專히 經濟學 敎授)들이 熱心으로 社會 政策의 實行을 主張함이라. 所謂 英吉利의 만체스타 學派가 自由主義(國家는 個人의 商工業에 關涉하지 안이하고 어데까지라도 自由放任主義를 取할 것이라는 主張)를 揭함에 對하야 國家는 도리여 積極的으로 社會主義를 實行할 것이라 主張함이 獨逸의 講壇 社會主義者이니 社會政策이라는 것이 時代의 問題가 되야 此 方面의 思想 發達이 極히 刮目에 値함은 時勢가 如何히 實際的으로 쏘는 社會主義的으로 進한 것을 語하니 此와 如히 하야 十九世紀 後半期를 通하야 現實的 傾向은 더욱 激甚하나라.

六. 文藝思潮

(一) 自然主義 文藝: 自然科學의 勃興과 社會主義 思想의 發達과 並하야 十九世紀의 後半期(或 精確히는 世紀末)에 在하야 全歐에 通한 思潮 쪼는 大運動이 된 것에 文藝思想이 有하니라. 由來 文藝는 가장 深重히 時代精神을 代表하고 쪼 新時代精神을 造出하는 것이나 十九世紀 後半期의 歐洲 文藝와 如히 가장 能히 時代精神을 說明하고 쪼 新時代精神을 造出한 것은 他에 類例를 求하기 難하며 그뿐 아니라 世紀末의 歐羅巴 文藝는 過去의 宗敎, 道德, 藝術에 對하야 將來의 新藝術 道德 宗敎를 提供하는 것으로써 世間이 文藝에 對한 期待는 極히 深하고 쪼 强하야 文藝의 流行은 자못 時代의 風潮임과 如한 觀을 묻하얏스며 就中 佛蘭西와 밋 獨逸에 在하야 所謂 新興文藝의 流布는 가장 盛大를 極하고 쪼 此等 舊歐羅巴에 對하야 瑞典[133] 諾威[134] 等의 스칸듸나뷔 아로부터 쪼 露西亞는 가장 斬新하고 쪼 가장 深刻한 新文豪를 提供하야 新興 文藝의 覇權은 正히 歐羅巴로부터 北歐의 新歐羅巴로 移轉한 觀이 有하니라. 이부센스토린드벨피를 爲始하야 도스토에이후스키 톨스토이 等의 名은 今歐의 人心을 그 根柢까지 感激케 하며 振動케 하는 力을 有하야 一切의 思想問題는 宛然히 文藝를 中心으로 하야 流出함과 如한 觀이 有하니 그런즉 世紀末의 文藝는 社會主義 思想의 發達과 並하야 文明史上 가장 注意할 現象이니라.

文藝는 由來 個人的(個人的 特徵을 說明하는 것)인 故로 十九世紀 後半

---

133) 서전(瑞典): 스웨덴.
134) 낙위(諾威): 노르웨이.

期에 現出한 歐洲 文藝는 極히 複雜多岐하야 容易히 그 全般을 槪括하기 難하니라. 그러나 强히 此等 複雜한 文藝를 總括하면 二種으로 分類함을 得하나니 曰 自然主義 文藝, 曰 自然主義 以外와 밋 以後의 文藝가 是이라. 自然主義 文藝는 專히 佛蘭西와 밋 獨逸에 發達하고 繼續하야 全歐에 擴張하얏스나 佛蘭西에 發達한 自然主義와 獨逸에 發達한 自然主義의 間에는 相當한 大 徑庭이 有하야 一例로 論하지 못할지라. 그러나 此를 大觀하면 各種의 自然主義 文藝는 直接 自然科學的 精神으로부터 發達한 것이니 그 意味에 在하야 亦如是 時代精神의 反映임은 勿論이니라.

◎ 1922.5.29. 구주사상의 유래(65)

(가) 寫實派 文藝: 文藝上의 自然主義를 理解코저 할진대 몬저 此에 先한 寫實主義를 理解하지 안이하면 안이 될지라. 寫實主義는 文字와 如히 現實의 生活을 寫實코저 하는 것이니 勿論 前代의 로만티시즘이나 理想主義에 對한 反動이라. 誇張이나 空想 理想이 前代의 文藝의 特徵임에 對하야 現實의 生活을 現實대로 아모조록 精確히, 綿密히 寫出코저 한 것이 寫實派이니 佛蘭西에 在하야는 몬저 발싹(1799~1850), 스탄달(1783~1842), 도데(1840~1897) 等으로 因하야 寫實派의 小說이 發達하니라. 발싹은 當代의 現實生活 그대로 精密히 寫實함을 目的으로 하고 그를 爲하야는 創造的 才能보담도 도리여 分析的 才能을 主로 하얏다 하니 綿密精繪 反覆 觀察 等이 彼의 特徵이라. 非凡한 勉强과 多作으로 가장 有名하나 過去의 時代를 想像的으로 空想한다는 것은 발싹 以來로 全廢되엇다 하며, 스탄달도 쏘한 伊太利의 上流

470

社會와 當時의 戰爭(나폴레온이 關係한 戰爭) 쏘는 自己의 實生活을 寫實的으로 書한 作家이니 多數에는 歡迎이 無하얏스나 有識者로부터 十分 許與한 奇才이라.

플조아시(부르주아)를 嫌惡하고 貴族的으로 高히 自己를 標置하야 孤獨의 生活을 送함은 後에 니이체에 深刻한 影響을 與한 點이니, 此點으로부터 言하면 彼는 도리여 로만티시스트이오, 쏘 도데는 쏘라 其他 自然派와 가장 親近한 關係에 在하얏스되 반다시 自然派에 進하지 아니하고 亦如是 발싹 等과 同히 廣義의 寫實主義를 取하얏스니 寫實의 材能에 合하야 精微한 想像을 有함이 그 特徵이니라.

此와 如히 하야 寫實主義는 亦是 自然科學의 精神에 立脚하야 事實 쏘는 眞實을 畵出함을 目的으로 하나 그 弊害는 한갓 外面의 瑣事를 綿密히 寫出함에 力을 費하야 動輒 事物의 深妙한 精神을 逸함에 在하며, 쏘 寫實派의 作者가 어데까지 實生活을 精確히 實寫한지도 無論 疑問이로되, 如何間 寫實派가 自然科學의 精神에 立脚하야 在來의 온갖 誇張 空想 虛僞 等을 排斥하고 專히 客觀的 眞實을 目的으로 함은 單히 文藝上의 形式 問題에 止하지 안이하고 廣히 人生의 思想 感情上에 가장 具體的으로 現實的 精神을 鼓吹하야 前代의 空疎한 로만티시즘이나 理想主義에 對한 反抗은 더욱 激甚하니라.

(나) 佛蘭西의 自然派 文藝: 此와 如히 寫實主義가 一般 文壇의 思潮가 된 時에 所謂 自然主義 文藝는 此 寫實派 文藝 中으로부터 起한지라. 대개 寫實主義는 自然主義의 先驅이니 自然主義 文藝는 寫實派 文藝의 一種에 不外하니라. 佛蘭西에 在하야 最先으로 自然主義의 文藝를 唱道함은 勿論 에밀 쏘라(1840~1902)이오, 此 以外에는 모파산(1850~1893), 곤쿨 兄弟(1822~1896)의 小說 作家 等을 此 唱道者 中에

加할지며, 更히 一層 廣義로, 有名한 小說 作家 규스타푸 푸로벨(1821~1880)과 如한 이도 또한 此中에 數하나니 此等 佛蘭西 小說 作家는 所謂 初期의 自然主義者로 世紀末에 至하야 此等 自然主義者의 主張은 宛然히 全歐를 支配함과 如한 盛觀을 呈하나니라. 吾人은 玆에 詳細히 文藝上 自然主義의 主張 또는 理論을 敍述하고 批評할 餘地가 無하나 極히 槪括的으로 言하면 次의 二點은 明白히 自然主義 文藝의 特徵이니라.

◎ 1922.5.30. 구주사상의 유래(66)

(ㄱ) 自然主義가 前段의 寫實主義와 根柢를 同히 함은 無論이나 更히 自然主義가 寫實主義로부터 異한 點을 擧하면 自然主義는 自然科學의 精神과 밋 方法을 寫實主義보다도 一層 嚴格으로 一層 徹底的으로 採用하고 利用한 點에 存하니, 自然科學의 精神과 方法을 그대로 文藝上에 適用함이 卽 自然主義에 不外하니라. 自然科學의 特別한 方法은 多數의 事實을 歸納的으로 實驗的으로 觀察하야 그로부터 一定한 法則을 引出함에 存한 故로 此 方法을 文藝에 適用하야 될 수 잇는대로 主觀의 理想이나 傾向을 挾하지 아니하고 多數의 事實대로 純粹 客觀的으로, 經驗的으로, 아니라 도리여 實驗的으로 考察코저 함이 自然主義이라. 쏘라(졸라)에 據하면 文藝品은 決코 想像이나 直覺으로 因하야 製作될 것이 아니오, 專히 分析과 實驗에 賴하지 아니하면 아니 될지니 가령 此에 一 主人公이 有하거든 몬저 그 祖先이 如何한 體質 또 氣質의 人인지, 또 如何한 階級에 屬하얏스며 如何한 職業에 從事하는지, 또 如何한 境遇에 生長하얏스며 現在 如何한 境遇 中에

472

生活하는지 所謂 미류(一 周圍의 環境)의 實際는 如何한지 此等의 事實
을 歸納的으로 實驗的으로 考査하면 藝術家는 最初로부터 何等의 善
想을 要하지 아니하고 實驗的으로 스사로 主人公의 體質 氣質 事業
傾向 發展을 能히 推定할지라. 대개 쏘라에 據하면 遺傳은 近代 科學의
最大 發見이니 人類는 그 祖先으로부터 必然的으로 體質과 밋 氣質을
遺傳하야 錯誤가 無하다 하며 此와 如히 하야 쏘라는 쏘 綜合的 쏘
創造的 方法 보담은 專히 分析的 쏘는 實驗的 方法으로 因하야 藝術品
의 製作을 行코저 하얏스며 從하야 藝術은 科學이니, 科學的이 안인
以上 그 藝術은 眞價를 備하얏다 謂하지 못할지라. 人生의 온갖 것이
科學化된 時代에 在하야 藝術만이 호올로 舊態를 墨守할 理由가 無하
다 함이 쏘라의 主張이라. 쏘 가령 콘돌 兄弟가 共同하야 一篇의 小說
을 完成하기까지에는 歷史家 쏘는 科學者이라도 三舍를 避하도록 夥
多한 事實의 蒐集과 考察에 非常한 心力을 費함은 今日까지도 有名한
事實이라. 實際 彼等은 온갖 人生의 體質 卽 生理的 組織만 明確히
하면 人物의 如何는 스사로 決定되는 것이니 人生의 觀察이라 함은
그 生理 方面의 觀察에 不外하다 싱각하얏스며, 쏘 푸로벨은 本來 로
만틱인 傾向을 帶하얏스되 될 수 잇는 대로 主觀的 傾向을 排斥하고
嚴正히, 冷靜한, 公平한 客觀的 描寫로 因하야 事實을 오즉 事實대로
乃至 眞理를 眞理대로 寫出코저 努力하얏스니 有名한 〈보봐리 夫人〉
은 此 種類의 代表作이라 稱하니라. 곤쿨 兄弟와 同히 彼도 쏘한 歷史
的 事實의 蒐集 整理에 多數의 時日을 費함은 此亦 著名한 事實이니라.
　此와 如히 第一期의 自然主義者는 極力 主觀을 混雜하지 안이한 純
粹 客觀的 描寫에 種種의 難點이 包含됨은 明白한지라. 一物 쏘는 一人
에 就하야 그 諸事實을 客觀的으로 觀察할지라도 그 諸事實 中의 何者
에 重을 置하며 從하야 諸事實을 如何히 整理하고 調和함은 專히 主觀

의 動作이오, 決코 客觀的이라 謂하지 못할지며 特히 如何한 種類의 事實을 重히 할 것은, 한갓 客觀的 事實의 描寫로부터는 不明한지라. 그러나 此 客觀描寫의 모트가 此等까지 誇張的인 裝飾的인 描寫를 排斥하고 事實 乃至 眞理를 專히 한다는 高尙한 傾向을 誘致한 功績은 多大하니 다만 文壇에 在하야 眞實히 尊重될 뿐 아니오, 此 風潮가 一般 人心을 支配함은 모름히 注目할 事實이라. 此와 如히 眞實히 尊重된 結果, 遠過去의 事實보담 專히 觀察에 直接인 現在의 事實(近代生活)이 廣히 文藝上에 在하야 尊重됨은 此亦 偶然한 現象이 안이라.

◎ 1922.5.31. 구주사상의 유래(67)

(ㄴ) 自然主義는 單히 藝術品의 形式에 關한 主張뿐 아니오, 兼하야 쏘 그 內容에 關한 主張이나 或은 此 內容論은 반다시 自然主義의 必然的 結論이 아니오, 도리여 一步를 空想 獨斷의 世界로 進한 것으로도 觀하나니 自然主義의 內容論이란 無他이라. 온갖 人類의 生活을 自然科學이나 唯物論的으로 解釋하야 人生을 甚히 暗黙的으로 悲觀的으로 觀察한 傾向을 意味한 것이니, 가령 쏘라는 事實의 公平한 觀察을 모토로 하면서도 肉體的 乃至 甚하면 獸的 方面만이 人生의 本性임과 如히 解釋하야 로만티시즘이 所謂 心靈的 方面을 高調함에 反하야 專히 物質的 方面을 闡明코저 하야 赤裸裸인 肉慾의 描寫가 宛然히 人生 生活의 描寫임과 如히 싱각하얏스며, 모파산도 쏘한 一種 纖細한 筆致를 ●하얏스되 動輒 人生을 獸慾 一邊의 物과 如히 解釋하고 從하야 人生을 虛妄하고 悲哀한 것과 如히 觀察하얏스며 푸로벨도 쏘한 人生 生活이 浮華하고 無意味함과 就中 中産 階級의 虛僞 虛榮에 驚하

야 深히 人生의 無聊하고 虛妄함에 絶望하야 一種 深刻한 斷念主義에
싸지 沈溺하니 此와 如히 하야 當時의 自然主義者가 耽하야 人生의
暗黑面을 描寫함은 專히 此時까지 理想派로 因하야 그 光明面의 高調
됨에 反抗한 所以이오 반다시 自然主義의 必然的 結果이 안이로되
다만 自然科學的 風潮가 前段에 敍述한 唯物論이나 物質的 傾向을 誘
致함과 同히 文藝上에도 亦 如是 同一 傾向을 造한 것이니 吾人은
此點에 在하야 自然主義 文藝가 流布한 人生觀에 注意하지 안이하면
안이 될지라. 唯物論이 人生을 機械的으로 必然的으로 싱각함과 同히
自然派로 因하야 人生은 偏히 可想할 自然力에 支配되는 悲慘한 것으
로만 싱각하고 人生의 自由라 함과 如한 것은 要컨대 一片의 空想에
不外한 것으로 信한지라. 다만 飲食하고, 다만 睡眠하고, 다만 齷齪(악
착)하다가 마참내 死하는 것이 人類의 一生이오, 그 中에 何等 尊貴한
意味도 無하고 生을 全히 할 價値도 無하고 寂寞, 暗黑, 悲哀 此가
人生 全體에 不外하다 하니, 無論 一切의 自然派가 此와 如히 主張한
것은 아니로되 此等 蕭冷(소랭)한 人生觀은 自然派 文藝가 與한 必然의
結果이라. 此와 如한 人生觀의 正否는 別問題로 하고 自然派文藝가
如何間 眞面目으로 人生을 考察케 하기에 至함은 社會現象으로서 文
藝가 如何히 重要한 位置를 占한지를 證明하니라.

◎ 1922.6.1. 구주사상의 유래(68)

(다) 獨逸 自然派 文藝: 佛蘭西 自然派 文藝 就中 쏘라의 主張은 가장
深刻한 影響을 獨逸에 及하니라. 안이라 獨逸에 及하얏다 함보담도
巴里에 留學한 獨逸의 靑年이 쏘라의 變化를 受하고 本國에 返하야

自然主義의 文藝를 鼓吹한 것이니 獨逸은 當時에 마참 가장 自然科學
的으로 發達한 時代인 故로 自然主義 文藝는 宛然히 燎原의 火와 如히
頃刻에 全文壇을 風靡하얏스며 또 當時는 맛참, 붓센, 도스도엡스키,
톨스토이 等의 著作이 人心을 振動하는 時임으로 自然派 文藝는 非常
한 勢力으로써 全社會에 普及하니라. 獨逸에 發達한 自然主義 文藝도
無論 複雜多岐하야 一例로 論하기 難하나 自然科學的 精神에 基하야
어데까지라도 事物의 眞相을 捕捉하지 안이하면 已하지 안이한다는
意氣에 在하야는 온갖 것에 共通이라. 獨逸에 在하야는 佛蘭西와 如히
肉慾의 描寫와 如한 一方面에만 傾하지 아니하고 廣히 人生의 眞相에
徹底코저 하는 傾向이 顯著하야 眞理 事實 人生의 眞相이 自然主義의
理想이니 文藝는 科學과 協力하야 此 理想을 實現할 것이라 主張하니
故로 獨逸에 在하야 이 事實이나 眞實에 反對하는 空想이나 虛僞의
排斥이 가장 顯著하야 前代의 아이데아리즘, 로만티시즘 等은 統히
眞實을 虛飾한 誇張이오 空想에 不過한다 하야 排斥한지라. 일즉 獨逸
文化의 矜式으로서 또 獨逸 國民詩人으로써 崇拜하든 시라도 一切히
空想家로서 리아리스틱인 게테도 一時는 理想家로서 排斥하야 理想
家이라는 言語는 空想의 別名이오, 特히 獨逸 文壇(從하야 一般 思想界)
에 特殊한 現象은 新思想家 또는 新代의 靑年을 截然的 舊思想家 또는
舊代의 老人으로부터 區別함이니 所謂 新思想의 衝突은 다만 文學의
好材料일 쑨 안이오, 一般 民心을 通하야 舊套를 脫하고 新奇로 移코저
하는 風潮가 極히 顯著하야 前代의 理想的 傾向은 全히 排斥하고 偏히
現實的인, 自然主義的인 風潮가 民心을 支配하야 自然主義 文藝로 因
하야 民心이 全然히 一轉步함은 到底히 無疑한 事實이라. 千八百八十
九年 自然派를 代表한 詩人 하우푸토만(1862~)이 伯林劇場에 '日出前'
을 登場케 한 時의 新舊 兩派의 爭鬪는 가장 具體的으로 當時의 風潮를

說明한 것이로되 다만 纖細한 感情을 備한 하우푸토만은 本來 全然히 自然主義의 主張者이 안이오 그 素質에 在하야는 도리여 로만틱인 傾向을 豊富히 具備한지라. 그 有名한 著作 〈職工〉이 甚히 社會主義的 쏘는 自然主義的이로되 別히 쏘 〈沈種〉(?)과 如한 極端으로 로만틱인, 심보리칼인 作도 出하얏스나 此는 且置하고 獨逸의 自然派는 大體에 在하야 리디칼인 態度를 取한 것으로부터 통히 舊思想을 排斥하고 新思想으로 輻輳코저 하는 傾向이 特히 顯著하얏스며 此와 如히 하야 쏘 獨逸 自然派는 實際的 態度에 在하야는 더욱 社會主義 運動과 合致 하야 後에는 自然主義 運動은 자못 區別하기 難하도록까지 一致 協力 하기에 至하야 社會主義인 點이 往往히 獨逸 自然派의 特徵이라 稱하 니라.

七. 自然主義 以外와 및 以後의 文藝

(一) 世紀末 文藝의 特徵: 自然主義 以外의 文藝이라 하야도 劃然히 自然派 文藝와 區別이 되고 쏘는 特히 自然派 文藝의 發達한 國 以外에 特異한 文藝가 發育한 것이 안이오, 自然派 文藝와 其外의 世紀末 文藝 는 到底히 劃然히 區別하지 못할지라. 自然派 文藝는 世紀末 文藝의 主要한 것이오, 其外의 世紀末 文藝는 다 何等의 意味에 在하야 自然主 義的 色彩를 帶하얏스되 다만 그 顯著한 特徵에 就하야 便宜를 爲하야 此를 區別하면 專히 北歐 天地에 出生한 詩人, 가령 諾威의 大劇 詩人 이부센(1828~1906)[135]으로부터 同國의 詩人 부룬손(1832~1910) 乃至 瑞典의 大詩人 스토린드벨피(1849~1912) 等으로 因하야 代表된 北歐

---

135) 이부센(1828~1906): 입센.

文藝, 쏘는 近代 露西亞의 大詩人 도스토엡스키(1821~1881), 톨스토이 (1828~1910) 等으로 因하야 代表된 近代 露西亞 文藝 等은 便宜上 狹義 의 自然派 文藝 以外의 物로 看做할지라.

◎ 1922.6.2. 구주사상의 유래(69)

가령 스토린드벨피와 如한 이는 親히 獨逸의 自然派 文藝와 交遊하 고 쏘 自然派 文藝家로 自任하며, 이부센과 如한 이도 獨逸 自然派로 因하야 崇拜되고 師事되얏스되 吾人은 오히려 能히 狹義의 自然派로 부터 區別할지라. 此點에 在하야 吾人은 몬저 次의 事項에 注意하지 안이하면 안이 될지니 此等 北歐—瑞典, 諾威와 밋 露西亞를 包含한 北歐의 詩人 等은 單히 北歐의 詩人으로서 北歐의 天地에만 勢力을 振動한 者이 안이오, 그 勢力은 자못 全歐에 波及하야 世紀末의 歐羅巴 는 正히 此等 北歐 詩人 等으로 因하야 代表됨이 是이라. 이부센의 勢力을 特히 獨逸과 밋 英吉利를 風靡하고 獨逸의 劇壇은 一時 全히 이부센化됨과 如한 觀이 有하얏스며 쏘 深刻함과 悽慘함을 極한 도스 토엡스키와 밋 톨스토이의 文藝는 가장 深大한 影響과 力을 西歐 全體 에 及하야 西歐의 思想界는 一時 此等의 深刻 文藝에 對하야 茫然自失 의 狀態를 呈하얏다까지 傳하니 世紀末 思想은 論하면 스칸듸나바 思想 쏘는 露西亞 思想에 不外하야 西歐의 思想界는 자못 全히 北歐化 되니라.

前代 理想派의 思潮에 反抗하야 人生의 善美한 光明 方面보다는 專 히 그 暗黑方面에 注意하고 從하야 一般 人生에 對하야 深刻한 悲觀 쏘는 哀感을 懷한 點에 在하야 此等 北歐의 文藝는 그 情調를 全히

自然派 文藝와 同一히 하얏스며 極端인 理想派에 對하야 어데까지라
도 現實的인, 非로만틱인 態度를 取한 點에 在하야 온갖 世紀末 文藝는
다 그 撲를 一히 하얏스니 精確히 言하면 人生의 暗黑面의 觀察과
如함은 後의 自然派는 專히 이부센, 도스토엡스키 等으로 因하야 教授
되얏다 하야도 過言이 안이라. 狹義 自然派의 觀察은 動輒 그 範圍가
特殊 方面에 限하얏스되 此에 反하야 人生生活의 根本으로부터 가장
深大한 規模로 人生의 弱點 또는 暗黑面을 忌憚이 無히 暴發하야 讀者
로 하야금 悚然히 震慄(진율)케 함은 此等 北歐 詩人이 與한 深刻한
文藝이니 自然派의 描寫로 因하야 吾人은 人生에 對하야 一種의 嘔吐
를 感함에 反하야 深刻한 文藝로 因하야 吾人은 가장 深大한 恐怖와
動搖를 感하도다. 이부센은 專히 社會生活에 附着한 人生의 弱點을
指摘하지 못할 遺傳的으로 世襲的으로 人生 生活에 附着하야 容易히
拔去하지 못할 可恐할 病魔, 亡靈, 群集 對 少數者의 社會問題, 婦人問
題 —노라 劇으로 因하야 全歐羅巴에 動搖를 與한 婦人問題, 其他 新舊
思想의 衝突, 社會主義 問題, 自覺問題 等 一一히 數하지 못할지오,
또 單히 社會上의 問題뿐 안이라 微妙한 人生 問題가 이부센의 가장
巧妙한 劇的 天才로 因하야 歷歷히 活物과 如히 公衆의 面前에 提出되
얏스니 嚴格한 意味에 全歐의 自覺 問題는 實로 이부센으로 因하야
提出되얏다 할는지—少하야도 이부센 劇으로 因하야 人生問題가 漸
漸 嚴肅히 眞面目으로 됨은 無疑한 事實이니 이부센 式 思想은 忽然히
全歐에 漲溢하얏스며, 이부센의 勢力에 比較할 것은 아니로되 瑞典의
文豪 스트로린드벨피가 언의 特殊 方面으로부터 가장 深刻한 觀察과
懷疑(或은 자못 全破壞)를 人生에 與함은 此亦 著名한 事實이니 文豪
스스로의 悲慘한 經驗을 根本으로 하야 兩性問題上에 가장 深刻한
疑問과 懷疑를 投한 者가 스토린드벨피이라. 이부센이 女性에 光明을

認함에 反하야 女性을 衆惡의 本, 온갖 人生의 疾病, 病魔의 根本으로 觀함이 此 文豪의 特殊한 位置이니 兩性의 結合으로부터 成立한 社會生活에는 마참내 些少의 光明도 認치 못하니라.

◎ 1922.6.3. 구주사상의 유래(70) / 러시아 문예

이부센과 밋 스토린드벨피 等과 並하야 가장 深刻한 人生觀을 行함은 도스토엡스키와 밋 톨스토이 等으로 因하야 代表된 近代 露西亞 文藝이라. 이부센이나 스트린드벨피의 思想을 簡單히 敍述하기 難함과 同一 —

◎ 1922.6.4. 구주사상의 유래(71)

狹義의 自然派—少하야도 自然派의 本派가 甚히 絶望的이오 破壞的임에 反하야 이부센, 톨스토이 等은 그 根本精神에 在하야는 決코 그러케 絶望的이 안이오 가령 現在 人生의 光明이나 理想이 見出되지 안이할지라도 如何한 手段을 盡하든지 如何한 努力을 續하든지, 何等의 尊貴한 生命—人生 進步의 目標될 尊貴한 生命을 認하거나 造出함이 吾人에 在하야 必然의 途이오, 또 自然의 進路임으로 싱각하야 가령 現實의 人類 生活을 淺薄한 것일지라도 이대로 朽敗(후패)하거나 沈衰(침쇠)하도록 人生의 根本 生命은 浮薄한 것, 醜惡한 것이 아니오, 人生의 心底에는 必然 尊貴한 閃光—自由인 精神이 寄留하얏슬지니 此 精神을 興起하고 緊張케 하면 人類 生活에는 오히려 尊貴한 未來가

存할지니 如何한 方法을 盡하든지, 如何한 努力을 積하든지 吾人은 몬저 此 新生命을 明瞭히 하지 아니하면 아니된다 함이 世紀末 文藝의 根本 基調이라. 廣義의 世紀末 文藝에는 가장 深刻한 懷疑와 苦悶과 哀調가 宛然히 根本 特徵임과 如히 그 全體를 色彩하얏스나 此 懷疑이나 苦悶이나 오즉 懷疑하기 爲하야는 懷疑, 苦悶하기 爲하야는 苦悶이 아니오, 實은 尊貴한 新人生을 創造코저 하는 懷疑이오 苦悶이니 一層 適切히 言하면 廣義의 世紀末 文藝家는 狹義의 自然派와 如히 忍從的인 斷念主義에 自安하지 못하고 彼等의 精神의 內面에는 不絶의 煩悶과 苦惱와 不安이 深히 潛伏하얏스니 此 不安과 苦悶은 絶望的이라 함보담은 도리여 荒冷한 人類 生活 中에 何等의 新生命을 見出코저 하는 苦悶, 何等의 新生命을 見出하지 안이하면 到底히 自安하지 못하는 不安과 苦悶에 不外한지라. 絶對로 絶對的인 態度에는 懷疑도 無하고 不安도 無하니 懷疑가 深刻하고 不安이 激烈함은 根本으로 自己 救濟 쏘는 人類 救濟를 爲하는 努力이 熱烈한 所以이라. 此 根本 努力이 無하면 此와 如히 激烈한 懷疑나 苦悶은 無할 줄노 싱각하노라.

   (…中略…)

◎ 1922.6.5. 구주사상의 유래(72)

   톨스토이가 新人生 쏘는 新宗敎의 理想에 向하야 邁進한 思想家임은 更히 玆에 記述할 必要가 無한 著名한 事實이라. 小說이나 文藝에 從事함을 衷心으로 不肯하고 바로 新人生의 探究에 突進함이 톨스토이 一代의 傾向이니 언의 意味로 言하면 彼는 西歐의 物質的 乃至 純粹工藝的 文明에 對하야 反抗의 態度를 取하야 半東洋的인, 宗敎的

인, 素朴한 深秘的 人生觀에 向코저 하는 傾向을 備하얏스며 더욱 西歐에 發生한 社會主義 乃至 共産主義는 原始 그리스도 敎의 信條에 合致하는 政策임으로 腐敗 墮落을 極한 露西亞의 貴族階級에 絶望한 톨스토이는 此等 社會政策을 基礎로 하고, 基礎上에 그리스도 敎의 無我的 信條를 實行코자 하얏스니, 톨스토이의 此 主張이 果然 幾許이나 實現된지는 別問題이오 少하야도 彼가 新人生 建設을 爲하야 非常한 努力을 費함은 廣히 世間의 所知의 事實이라. 故로 此點으로 言하면 彼가 가장 熱烈한 理想家 쏘는 理想主義者라고도 觀하니라.

(…中略…)

(二) 總括: 吾人은 玆에 온갖 世紀末 文藝의 特徵을 敍述할 餘地를 有하지 아니하얏스니, 이부센, 스토린드벨피, 도스토엡스키, 톨스토이 等을 瞥見함만으로도 世紀末 文藝가 如何히 歐羅巴의 思想界와 密接한 關係를 有한지를 推察할지라. 世紀末 以降 思想界에 文藝의 勢力이 如何히 重大하게 된지 此點이 特히 吾人의 注意를 要하는 것이라. 대개 新哲學 新宗敎 新道德 等은 아즉 産出하지 아니하야 直接으로 人生을 感하고 生活을 指導하고 社會를 統率하는 것은 文藝 以外에 適當한 機關이 無한지라. 그리하야 이부센, 톨스토이 等이 全歐 思想界에 及한 影響은 極히 廣汎하고 쏘 深刻하야 全歐의 思想界는 此等 文藝家의 力으로 因하야 甚히 面目을 一新하얏다고도 評하니 卽 歐洲의 思想界가 現實主義의 大潮流로 하야 甚히 物質的으로, 唯物的으로, 功利的으로, 實利的으로 傾한 時에 此等 世紀末의 大文豪는 廣히 人生 生活이라는 立脚地로부터 生活 全體를 觀察하야 物質的, 實利的 問題와 並하야 더욱 深刻한 精神問題 乃至 理想問題가 存함은 極히 痛切히,

또 具體的으로 敎하얏다 謂하니라. 이부센, 톨스토이 等이 現出하야 歐羅巴 思想界에는 明白히 劃時代的 新氣運이 出現하야 舊文明 舊思想—幼稚한 理想思潮이나 宗敎 道德 等—은 衰退하고 人生은 장차 그 根本으로부터 一新히 되지 안이하면 안이 된다는 覺醒的인 自覺的인 氣運이 漸漸 顯著히 動하얏스나 다만 吾人은 如何한 途를 取하야 前進할가 하는 具體的인 目標에 至하야는 오히려 漠然하야 定形을 見함에 至하지 못하고 온갖 것이 暗中摸索의 狀態에 在한지라. 그리하야 그것이 또한 世紀末 文藝의 特徵이니라.

八. 世紀末 哲學

(一) 世紀末 哲學의 特徵: 前段에 在하야 甚히 多方面인 온갖 世紀末 文藝에 涉하지 못함과 同 意味로 吾人은 哲學의 方面에 在하야도 無論 全體에 涉하지 못하고 玆에는 單히 가장 代表的인 것을 槪觀함에 不過하노라. 本來를 言하면 專히 理智的인(理論의 形式에 因한) 哲學은 思想史的으로 論하면 文藝에 一步를 後하야 發生한 順序이나 世紀末 哲學은 그 本質이 甚히 文藝와 類似하고 境遇에 依하야 同一한 故로 期間에 發生上 前後는 認하지 아니하얏스니 大體의 傾向으로부터 言하면 十九世紀 中頃으로부터 始하야 一時에 넘어 熱烈히 唯物論이 勃興한 故로 世紀末에 近함에 從하야 全體의 哲學界는 稍히 反抗의 氣勢를 帶하야 칸트에 再歸하야 新理想主義에 立脚함이 아니면 眞正한 新人生觀에 到達하기 難하다 主張하기에 至하얏스며 單히 哲學의 世界에 在하야썐 아니오, 新理想主義 또는 新로만티시즘이라는 氣運은 世紀末에 近함에 從하야 宛然히 全社會의 風潮임과 如히 盛하야 前段에 槪觀한 世紀末 文藝의 傾向은 이미 明白히 此 風潮를 示함으로도 觀하

니라.

◎ 1922.6.6. 구주사상의 유래(73)

　無論 新理想主義라 할지라도 的確히 理想主義의 定形을 取한 것이 아니오, 쏘 無論 前代의 理想主義를 그대로 繼承한 것도 안이라. 深히 現實主義에 立脚하고 更히 그 基礎上에 建築한 新意味의 理想主義에 不外하나니 다만 世紀末 哲學이 다 同一한 傾向을 取한 것은 아니오, 어데까지라도 現實主義로서 直進코저 한 哲學도 多數 見出하얏스니 從하야 新理想主義이라는 言語는 單히 大體의 漠然한 傾向을 表示하는 符號에 不過하니라. 世紀末의 主要한 哲學으로서 吾人은 次와 如한 種類를 數하노니 第一 專히 英米에 發達한 프라그마티즘, 第二 佛蘭西의 규요, 特히 獨逸의 니이체로 因하야 主張된 價値 本位의 哲學, 第三 벨그손 等의 生命哲學, 此外 獨逸의 新칸트 派의 新理想哲學이 發達함은 世間 周知의 事實이니라.

　(二) 푸라그마티즘: 亞米利加의 위리암 젬스와 밋 존주위 等 또 英吉利에 在하야는 시라 等으로 因하야 唱道된 푸라그마티즘(實際主義)은 的確히 世紀末 哲學界의 一種의 偉觀이라. 프라그마티즘의 哲學이 專히 英米에 發達함이 몬저 吾人의 注意를 惹起하나니 대개 푸라그마티즘은 반다시 新理想主義라든지 쏘는 로만티시즘의 哲學으로 看做할 것이 아니라 몬저 認識論에 立脚하야 古來의 哲學, 就中 理想主義의 哲學에 附隨한 眞理論과 밋 絶對論을 極力 排斥한 곳에 푸라그마티즘의 新 主張이 存하니라. 眞理의, 眞理인 標準은 明瞭 自明 何等의 矛盾

도 包含하지 아니한 것이라 함이 古來 普通의 眞理論이나 푸라그마티
즘은 此等 空漠한 眞理說을 將來의 哲學이 되지 못하는 것이오, 眞理에
는 眞理로서의 非眞理로부터 區別될 確實한 標準이 無하면 안이된다
主張하며 또 人智는 통히 相對的 또는 待對的이오 決코 絶對的이 되지
못하나니 絶對의 眞僞라 함은 오즉 神의 世界에서만 言할 것이오,
人間界에 在하야는 온갖 것이 相對的이 아니면 아니된다 함이 또한
푸라그마티즘의 主張이로되 다만 人智의 相對的이라 함은 決코 푸라
그마티즘의 特殊한 主張이 아니오, 도리여 그는 온갖 經驗派 哲學의
精髓임은 勿論이라. 故로 此 意味에 在하야는 푸라그마티즘은 純粹한
經驗哲學이니 經驗哲學의 一種이 푸라그마티즘으로 發展한 것이라
謂할지며 更히 觀察點을 擴張하야 論하면 十九世紀에 現實 思想의 異
常한 發達은 此를 哲學의 方面으로부터 觀하면 經驗主義—經驗은 一
切 事物을 産出하는 根據로 觀하는 經驗主義—의 異常한 發達이라 謂
치 아니하면 아니 될지니 現實 思想과 經驗派 哲學은 異名同義이라.
從하야 十九世紀에 在하야 經驗主義의 哲學이 푸라그마티즘이라는
顯著한 形을 取하야 發達함은 極히 自然한 順序이라 謂할지라. 안이라
此點에 在하야 更히 觀察點을 變하야 論하면 英國 固有의 啓蒙思想은
無論 가장 顯著한 現實思想 또는 經驗哲學이니 經驗哲學은 바로 英國
思想의 精髓인 故로 푸라그마티즘은 即 英國 經驗哲學이 特殊한 形을
取하야 發達한 것이라 批判하지 아니하면 아니 될지니 英國 固有의
經驗思想이 時代 現實的 傾向의 刺激을 受하야 一種 特別한 形을 取하
야 出現한 것이 곳, 푸라그마티즘인 故로 푸라그마티즘과 英國 固有의
功利主義와는 其間에 極히 親密한 關係가 有하야 功利主義的 精神을
分離하고는 푸라그마티즘을 理解하지 못할지라. 푸라그마티즘의 實
利 또는 實用은 英國 傳來의 功利 또는 實利에 不外하니 此 意味에

在하야 푸라그마티즘은 쏘한 功利主義가 經驗論的 形式을 取한 것에 不外하니라. 대개 푸라그마티즘의 中心 主張은 온갖 眞理의 標準은 結局 實用 쏘는 效用에 在하지 아니하면 아니 된다는 點에 存하니 換言하면 한갓 明瞭이라든지 自明이라는 것이 眞理의 標準이 안이오, 眞理이라는 結局 人生 生活에 實用을 致하는 것이 實利를 與하는 것이라. 從하야 實利 實用을 致하지 아니하는 것은 卽 非眞理에 不外하다 批判하니 眞理도 結局 一種의 實用的 價値이라 함이 푸라그마티즘의 中心 主張이니라. 푸라그마티즘의 道德哲學도 結局 功利主義의 發達한 것임에 不外한지라. 人生 生活을 各種 慾望의 爭鬪로 觀하야 一切의 禁慾을 整理하야 最高의 統一과 調和를 與하는 곳에 眞正한 幸福이 成立된다 主張하니, 卽 푸라그마티즘의 道德觀은 에데까지라도 功利的이니 功利主義 以外 쏘는 以上에 마참내 別種의 精神을 見出하지 못하니라.

◎ 1922.6.7. 구주사상의 유래(74)

此와 如이 푸라그마티즘은 英國 實利思想이 一種 特別한 發達을 遂한 것이나 世紀末 哲學의 一種으로서 的確히 獨特의 新味와 意義를 備하니라. 經驗思想 乃至 功利思想을 가령 一方面으로부터일지라도 極히 精銳하게 表明한 곳에 此哲學의 新味가 存한 것이나 다시 精確히 言하면 歐洲 傳來의 舊思想을 破壞하고 全然히 新文明을 造出한 것이라는 것에 此哲學의 力이 存하니 換言하면 푸라그마티즘은 相當히 激烈한 破壞性을 包含한지라. 古來의 絶對論이오 眞理論은 푸라그마티즘의 立脚地로부터 觀하면 통히 宇宙 人生의 秩序이나 變化를 다

一定한 鑄型 中에 封入하야 何等의 自由와 變化를 許하지 아니하는 限定的인 宿命的인 人生觀에 不外하야 宇宙의 行動이나 人生의 進步이나 다 絶對的 運命에 限定되야 更히 新進步와 自由를 許하지 아니함이 古來의 絶對論이라 主張하니 此와 如히 하야 푸라그마티즘은 極力으로 絶對論을 非難하고 攻擊하야 此를 破壞하지 아니하면 已하지 아니할 氣勢를 示한지라. 대개 舊文明 또는 舊思想은 專히 絶對論에 胚胎함으로 싱각하야 絶對論의 破壞는 곳 舊文明의 意味를 破壞한 것이라. 舊文明 舊思想은 破壞되고 온갖 것이 新히 建設되지 아니하면 아니 될지니 實用的 精神에 立脚하야 全히 新文明이 造出되지 아니하면 아니 된다 함이 푸라그마티즘의 新主張이로되 다만 如何한 新文明이 造出됨에 關하야는 푸라그마티즘은 아즉 具體的으로 그 內容을 示하지 못한지라. 今日의 푸라그마티스트(가령 亞米利加의 주위와 如한)도 오히려 此點에 關하야는 아즉 未知數임을 免하지 못하나 푸라그마티즘은 그 立脚地가 現實的이오 經驗的임으로 하야 將來 此 方面에 在하야 進步 發達의 餘地를 備함은 明白하니 最近 現實主義의 反抗이라 함과 如한 것은 푸라그마티즘에 在하야 반다시 致命的 打擊이 아니니라.

(三) 니이체 價値哲學: 前段에 順序를 追하야 槪說함과 如히 十九世紀의 主要한 思潮는 如何하든지 現實的, 自然科學的, 工藝的이니 世紀末 文藝는 此 現實思潮에 立脚하얏스나 現實思潮만에는 滿足하지 못하고 一層 廣博하고 또 自由인 生活에 到達코저 하는 苦悶이 顯著하니 物이 極하면 반드시 反動의 勢가 高調하는 것이라. 現實思潮도 마참내 此와 如한 反抗을 免하지 못하나니라. 勿論 現實主義는 人類의 基礎 生活을 擴大하고 또 鞏固히 하는 것임으로 人生 生活에는 如何히 할지라도

不可缺할 大方針이니 工藝的 文明, 民衆的 文明, 社會 改善 等의 現實的 傾向을 度外視하고는 將來의 人生 生活의 進步는 想像하지 못할지라. 基礎 生活이 몬저 定하고 然後에 文化의 發達을 期할지니 此 意味에 在하야 現實主義는 人生 生活의 進步에 在하야 必須 不可缺할 進路이라. 그러나 人生에는 此와 如히 切迫한 生活問題—밥 問題와 並하야 決코 閑却하지 못할지로되 어느 意味에 在하야는 도리여 一層 重大한 問題가 有하니 포이엘바하는 人生을 먹는 動物이라고 定義하얏스나 그는 畢竟 一面 觀察에 不過한 것이라. 何者오 하면, 人生은 飮食함과 共히 感하고 坐 思하는 動物이라. 먹는 것이 가장 直接인 要求이나 만일 吾人에 感하고 坐 思한다는 것이 無하면 人生이 과연 먹는 것을 要求할는지 자못 疑問이니, 故로 人生은 感하는 時에는 먹는 同時에 感하는 動物이라 謂할지니라. 此와 如히 하야 坐 人生은 가장 痛切히 밥을 要求하는 時는 가장 痛切히 感하고 慾하고 思하는 것이니 此와 如히 하야 人生은 決코 밥만으로 生活하는 것이 안임이 明白한지라. 吾人에는 一層 主觀的인 精神問題, 一層 內的인 生命問題, 一層 直接인 自我問題가 餘存하니, 몬저 此 方面이 解決되지 안이하면 가령 基礎生活의 方法만이 確立한다 할지라도 人生은 如何히 하지 못할 것이 안인가. 主觀生活의 充實은 物質生活의 充實보담도 더욱 痛切하지 안이한가 함이 滔滔(도도)한 現實思潮에 對한 反抗의 聲이니라.

(가) 규요의 價値哲學: 案하건대 此와 如한 反動의 勢는 宛然히 十八世紀 末에 在하야 啓蒙思潮 乃至 唯物思潮에 反抗하야 猝然히 彼 理想思潮가 高調함과 同 意味의 것이라. 思想 感情이 甚히 客觀的이 되면 그곳에 主觀的인 反動이 起하지 안이함을 得하지 못하나니 이믜 佛蘭西에 在하야는 十九世紀 初로부터 此와 如한 主觀的 反動이 漸次 氣勢

488

를 高調하야 世紀末에 至하야는 彼 短命의 天才 규요(1854~1888)[136]로 因하야 자못 代表的인 形을 取하기에 至하얏스니 卽 규요는 物質生活의 擴大이라는 것보담은 專히 人格의 擴張 進步이라는 것에 重을 置하야 普通 彼의 哲學은 特히 價値의 哲學이라 稱하야 니이체가 價値哲學의 先驅者로 看做된지라. 대개 규요는 人生에 最高의 價値는 人生의 生命力을 高케 하며, 深케 하며, 强케 함에 在하니 生命力을 高케 하며 深케 하며 强케 함이 더욱 大하면 價値는 더욱 大하고, 이에 反하야 그 程度가 小하면 小할수록 價値는 더욱 小함으로 싱각하얏스니 人類의 生命力—人格—이 가장 高케 되고 深케 되는 狀態이라는 것은 규요에 在하야 대개 如何한 狀態인가 하면, 極히 簡單히 言하면 人類가 가장 强하게 社會的으로, 協同的으로 同情的으로 發達한 狀態이니 此와 如한 狀態에 在하야 人類의 生命은 가장 美麗한 光을 放하는 것으로 싱각한지라. 此와 如히 하야 규요에 在하야는 十分 充實한 生活이 一

---

[136] 장 마리 귀오(Jean-Marie Guyau, 1854~1888). 프랑스의 철학자이자 심리학자. 미학, 사회학, 교육학, 종교 등 수많은 분야에 많은 글을 남긴 그는 결핵으로 고통 받으며 짧은 인생을 살았으나 시간감각을 설명하는 훌륭한 이론을 만들어냈다. 지식인으로 평생을 살면서 짧은 삶을 보상하기로라도 하듯 다른 사람들보다 두 배나 많은 일들을 경험했던 것 같다. 그에게 가장 큰 명성을 안겨준 『시간에 대한 사상의 기원(*La genèse de l'idée de temps*)』은 그가 세상을 떠난 지 2년 후인 1890년에 발표되었다. 일반 활자 크기로 50쪽이 조금 넘는 이 책은 그가 1885년에 『철학리뷰(*Renue Philosophique*)』에 발표한 글을 토대로 쓴 것이다. 미숑(Michon)과 두 명의 학자들은 귀요의 사망 100주기를 맞아 그의 생애를 설명한 머리말과 함께 이 책의 주해판을 내놓았다. 귀요는 시간에 대한 이론에서 가장 기본적인 비유로 공간을 이용했다. 기하학적인 공간이 아니라 원근법으로 표현되는 공간, 즉 관찰자의 눈에 비친 공간이었다. 시간에 대한 각자의 경험은 '내적인 광학(internal optics)'이었다. 화가가 원근법을 이용해서 공간을 정돈하듯이, 기억도 시간 속에서 우리가 경험한 일들을 정돈한다. 기억은 우리의 의식에 깊이를 준다. 기억 속의 질서가 깨지는 순간, 꿈속의 이미지가 아주 미세하게 바뀔 때처럼 시간감각이 사라져 버린다. 귀요는 갑자기 기면 상태에 빠진 한 학생의 사례를 인용했다. 그 학생은 걱정이 된 친구들이 깨우는 바람에 금방 잠에서 깨어났는데, 그 짧은 시간에 이탈리아를 여행하는 꿈을 꾸었다. 꿈속에서 도시, 사람, 기념물, 개인적인 경험 등이 연달아 등장했기 때문에 그는 자신이 몇 시간 동안 계속 꿈을 꾸었다고 생각했다. 출처: 다우베 드라이스마, 『나이들수록 왜 시간을 빨리 흐르는가』, 에코리브르, 2005.

切의 目標오 標的이니 充實한 生活에만 眞正한 滿足과 悅樂이 伴한다 主張하니라.

◎ 1922.6.8. 구주사상의 유래(75)

규요의 哲學은 반다시 嶄新한 것이 안이로되 다만 그 價値哲學이 니이체의 價値哲學에 發達하야 一時 歐羅巴 思想界에 非常한 努力을 振張한 곳에 吾人의 注意할 點이 有하니라. 규요의 哲學이 규요 스사로의 內經驗의 表現이라 함과 如히 或은 그것보담도 勝하야 深奧한 人格的 經驗으로부터 湧出한 것이 니이체의 哲學이니 이 니이체의 哲學에 在하야는 哲學과 藝術은 同一物이라. 彼의 哲學이 窮極 幾許의 價値를 備한 것인지는 別問題이오 少하야도 玆에 人生의 深奧한 內經驗으로부터 出한 活哲學이 有하니 그 哲學은 大體에 在하야 反動的인 것—時代에 在하야 反抗的인 것인 故로 吾人은 此로 因하야 世紀末의 歐洲 思想을 그 最深한 內面으로부터 가장 具體的으로 觀察하노니, 니이체 哲學의 結局의 價値는 如何하든지 單히 此方面으로부터만 觀하드리도 그것이 深大한 興味을 吾人에 與하는 것임은 到底히 否認하지 못할지니라.

(나) 唯物主義에 對한 反動: 후리드리히 니이체(1844~1900)가 世紀末 思想界에 位置는 자못 顯著하고 쪼 特殊하니라. 各樣의 意味에 在하야 그 思想 感情은 露西亞의 톨스토이의 그것과 比較 對照하건대 톨스토이와 니이체는 甚히 그 經路를 異케 하얏스나 共히 時代의 反抗兒로 各各 自異한 形態로서 世紀末 思想을 反映한지라. 톨스토이는 이믜

前段에 述함과 如히 西歐의 唯物論, 自然科學的 風潮에 對하야 深大한 嫌惡의 情과 反抗心을 有하야, 自然科學的으로 如何한 物質이나 物素의 性質이 明白히 되고, 또 온갖 組織이나 機械의 特質이 如何히 明瞭히 될지라도 만일 가장 主要한―吾人에 在하야 가장 重要한 生活의 本義가 明白하지 안이하면 幾多 科學上의 發見이든지 學術上의 發明이든지 結局 吾人에 幾許의 價値가 有하뇨. 自然科學者는 生命의 要素를 한갓 化學的으로 計算하는 것만 知하고, 대개 生命이란 무엇이며 人生이란 무엇인가 하는 問題에 就하야는 자못 何事도 싱각하지 아니한지라. 西歐의 工藝的 物質的 風潮는 人類 生活을 各樣의 物質的으로 唯物的으로, 野獸的으로, 虛無的으로 引導하야 자못 人生이 무엇인 것은 全혀 敎하지 안이하고, 오즉 目前의 便利와 밋 快樂, 此가 近代文明이 附與한 唯一의 結果이니 人生의 眞意義는 此로 因하야 더욱 掩蔽되고, 誤解되기에 至하야 今에 滔滔한 物質文明은 漸漸 深히 人生을 邪路로 引導하는 中이 안인가. 歐洲 文明은 此로 因하야 腐敗 墮落의 淵에 沈溺코저 하지 안이하는가 함이 西歐의 物質文明에 對한 톨스토이의 反抗이니라.

니이체는 物質文明 그것을 톨스토이와 如히 排斥하지 안이하니라. 彼는 深히 現實思潮에 養成되야 强히 現實에 執着하야 決코 空想인 로만티시즘에 走하지 안이하고 神은 이믜 死하얏다 公言하야 온갖 過去의 空想이나 理想이나 로만티시즘을 放擲하고 偏히 現實의 生活에 立脚코저 努力하얏스며 單히 그쁜 안이라 彼는 또 近代科學의 發達에 對하야도 深大한 同情을 有하야 科學의 力을 借하야 人生의 進步를 明瞭히 하고저까지 싱각하얏스나 結局 十九世紀 科學的 文明에 對하야는 톨스토이와는 多少 相異한 意味로 熱烈한 反抗者가 되야 物質이

나 科學이나 知識이 惡하다는 것은 아니로되 가장 緊要한 生命―內的
生活을 忘却하고 物質이나 知識에 最高 價値를 與함은 正히 價値 顚倒
의 甚한 것이니 十九世紀 文明의 墮落이 그곳에 在한지라. 人生에 在하
야 知識은 尊貴한 것이로되 抽象的인, 論理的인 그리하야 生命을 失한
知識은 決코 人生의 精神도 아니오, 生命도 아니라. 씨리사 文明의
末葉에 在하야 소크라테쓰가 科學的 知識을 人生의 最高로 敎함은
彼 歐羅巴 文明을 根本으로부터 邪路로 引導한 것이오, 더욱 最近代
콤트, 밀 等으로 因하야 主張된 實證論과 如한 것은 人生의 內生命에는
조금도 接觸하지 안이하고 한갓 皮相의 知識을 積累하야 所謂 實證哲
學은 畢竟 弊布에 手工을 施함에 不過하니 此와 如히 哲學에 何等의
權威가 有하뇨. 人類보다는 物質을 貴히 하는 哲學에 最初로부터 權威
의 有할 理가 無하며, 그쑌 안이라 近代의 科學的 工藝的 文明은 淺薄
한 功利主義―便益과 快樂을 人生의 最高 價値로 觀하는 幸福主義와
密接으로 關係하야 功利主義는 科學的 文明을 要求하고, 科學的 文明
은 功利主義에 立脚하야, 此와 如히 現代의 大勢는 통히 目前에 便利한
것, 愉快한 것, 苦痛이 無한 것, 安樂한 것만 追求하고 조금도 苦痛이
隨伴하는 것, 男子스러운 努力을 要求하는 것은 통히 不自然 不條理라
하야 排斥하는 傾向을 示하야 人心은 高貴한 것을 追求코저 아니하고
오즉 이지, 고잉만이 人生의 本道와 如히 싱각하야 實利的 쏘는 科學
的 文明은 人心을 專히 輕薄으로, 懦弱으로 引導하지 안이하면 己하지
안이하니 此等의 文明은 決코 眞文明―尊貴한 文明이라 看做하지 못
할지라. 吾人은 此와 如한 文明 中에서 眞人生을 見出할 줄노 싱각하
지 못한다 함이 現代 文明에 對한 니이체의 第一 反抗聲이니라.

◎ 1922.6.9. 구주사상의 유래(76)

(다) 民衆主義에 對한 反抗: 톨스토이는 所謂 貴族階級에 出生하얏스나 貴族階級의 暴狀 無力함에 嫌焉하야 바로 平民階級, 赤裸裸한 自然의 生活을 營爲함으로 想像한 農民階級에 投하야 그곳에서 天眞 爛漫한 眞人生을 見出코저 하얏스니 換言하면 腐敗한 少數 貴族社會를 棄하고 多數 民衆의 中에 虛僞하지 안이한 民衆 政治 쏘는 民衆 經濟—卽 民衆의 自治制가 톨스토이의 理想이오, 目的이라. 平民의 精神 中에는 僞文化의 力으로 因하야 苛酷을 受하지 아니하는 眞生活이 潛在함으로 톨스토이는 信하야 疑하지 아니하얏스나 此點에 在하야 니이체와 甚히 面目을 異한지라. 이믜 世間에 廣知함과 如히 니이체는 少數 天才主義의 主張者이오, 多數 民衆主義에 對하야 激烈한 反對者이니 何故로 彼는 天才主義를 謳歌하는지 吾人은 몬저 深히 此點에 注意하지 아니하면 아니 될지라. 彼는 決코 오즉 少數임으로 하야 少數를 謳歌함이 아니오 쏘 多數임으로 하야 漫然히 多數를 反對한 것이 아니라. 彼는 先天的으로 高貴한 人格의 謳歌者이오 追求者이니 此點에 在하야는 彼는 어데까지라도 嚴正한 意味의 理想主義者이오 쏘 로만티시스트이라. 此와 如한 立脚地에 立한 니이체의 眼中에는 그 當代의 민중의 傾向은 甚히 異狀 野卑를 極한 것이니 高尙한 人格의 發展에는 甚히 危險한 것으로 映하니라.

이믜 前段에 槪說함과 如히 社會主義的 運動은 十九世紀 初로부터 徐徐히 發達하얏스나 特히 獨逸에 在하야는 同世紀 中葉으로부터 官僚主義에 對한 反抗運動이 더욱 氣勢를 振하야 千八百七八十年頃에 至하야 獨逸 社會黨은 旭日의 勢를 示하는 隆運에 達한 社會主義運動 쏘는 民衆主義的 運動에 對하야 漸漸 一種의 反抗運動—官僚主義的인

頑冥한 것과는 스사로 種類를 異이 한 一種의 反抗運動이 起하얏스니 그는 無他이라. 多數 民衆으로부터 少數 識者를 區別코저 하는 傾向이 是이라. 本來를 言하면 此等 反動 乃至 傾向은 民衆運動에 對하야는 必然的으로 起할 것이오, 從하야 또 반다시 니이체로부터 始한 것은 아니라. 佛蘭西 革命 後 猝然히 民衆運動이 勃興한 際에 民衆運動이 자못 愚劣하얏슴으로 識者 中에는 進하야 此 民衆運動에 參加함을 不肯하고 도리여 名譽가 有한 孤獨을 守하야 世俗을 白眼視하고 호올노 自己를 尊貴히 하고 高尙이 한 傾向이 顯著하얏스며 特히 文藝家이나 思想家에 此 種類의 傾向이 顯著하얏스니 가령 當時의 詩人 文學者 스탄달, 보드렐, 푸로벨 等이 皆是라. 彼等은 單히 衆愚로부터 自己를 分離코저 試하얏슬 쑨 아니오, 積極的으로 此等 衆愚에 對한 敵이라. 푸로벨과 如한 이는 풀조아의 中産階級에 對하야도 오히려 深刻한 侮蔑의 感을 抱하얏스며 就中 스탄달은 니이체의 先驅者ㅣ니, 니이체가 私塾한 先驅者이라고짜지 見稱하야 深히 俗惡한 衆愚를 憎하고 쏘 特히 精神的, 貴族的 趣味를 備하야 貴族的인 强者는 賤劣인 多數 衆愚를 指導하고 統率할 義務가 有함으로짜지 싱각하얏스며, 쏘 이부센이 少數 天才 對 多數 衆愚의 問題에 對해 苦悶함도 著名의 事實이라. 衆愚의 力은 無制限으로 擴大하야 少數 天才는 항상 此에 壓迫되고 磨滅됨을 免하지 못할지라. 民衆의 力이 大하면 大할수록 社會는 더욱 俗惡化하야 天才는 마참내 絕跡하게 될는지도 不知한다 함이 이부센의 煩悶이오 後에 英吉利의 스촤트 밀 等도 此 少數者 對 多數 民衆의 問題는 如何히 하야 解決하지 아니하면 아니 될 重大問題라 力說하얏스니 대개 밀에 據하면 英國의 社會的 輿論은 極히 데스포틱인 力을 備하야 如何한 것이라도 此에 對抗하지 못한다 싱각하니라.

以上의 敍述로 因하야 니이체가 何故로 民衆에 反抗한지 그 意味가 大略 明白할지라. 니이체는 多數 民衆을 到底히 濟度하지 못할 愚鈍의 集團으로 싱각하야 民衆을 敎育하야 그 文化의 程度를 高케 하고저 함은 到底히 空想家의 妄信에 不過한 것이라. 平等은 近代文明의 目標이나 本來를 言하면 人類의 天分은 甚히 不平等이니 識者가 無識者를 支配하고, 强者가 弱者를 支配하고, 優等者가 劣等者를 支配함은 事物의 當然 쏘는 必然한 道理라. 無識者나 弱者는 元來 識者나 强者에 支配되고 統率되게 造成된 것이니 此에 自治를 許하고 自制를 與코저 함은 도리여 彼等의 存在와 平和를 攪飢하고 彼等을 苦痛에 陷함에 不外한지라. 이믜 카알라일이 觀破함과 如히 今日까지 何世 何時에 在하야도 社會를 指導하고 人生을 統率하야 新歷史를 與한 者는 항상 少數의 天才이니 少數의 天才가 無하얏스면 今日까지의 歷史的 進步는 全히 期望하지 못하얏슬지라. 統率者와 彼統率者가 有함으로 하야 비로소 社會는 成立하는 것이라. 統率者이나 治者 卽 識者, 賢者는 항상 社會의 少數者이니 衆愚의 力으로써 此를 壓迫하면 社會生活은 마참내 破滅하고 말지라. 極言하면 到底히 濟度할 餘地가 無한 衆愚는 如何하든지 社會의 鹽이 되고 光이 되는 少數 偉人만이 人生에 大意味를 有한 것이니 從하야 社會는 衆愚를 爲하야 存在한 것이 안이오 專히 少數 偉人을 爲하야 存在한 것임으로도 싱각할지라.

◎ 1922.6.10. 구주사상의 유래(77)

衆愚로 하야금 社會의 勢力을 擴張케 함은 도리여 少數 偉人을 殺함이오 同時에 社會의 文化를 退步케 하고, 滅亡케 함에 不外한 것이라.

今日과 如히 民衆이 無憚忌(무탄기)으로 跋扈하기에 至하야서는 人類 生活의 紀綱이 漸弛하고 데카단의 風潮가 漸高하야 社會生活이 마참내 壞廢(괴폐)할 危機에 迫한 非常한 徵候가 안인가 하니 니이체의 反抗의 態度는 大略 此와 如한 것이니라.

多數 民衆을 全히 侮蔑한 니이체의 態度에는 深히 批判될 點도 有하니 民衆運動이 마치 니이체가 指摘함과 如한 弱點을 有함도 明白한 故로 民衆主義者로 니이체의 發告에 對하야는 十分 重大한 注意를 하지 안이하면 안이 될지니라.

(라) 個人主義의 發達: 吾人은 此點에 對하야 特히 世紀末에 發展한 個人主義를 大觀함이 便宜함으로 信하노라. 대개 普通으로는 니이체는 最近代 個人主義의 代表的 主張者로, 個人主義는 니이체에 至하야 가장 顯著한 發達을 遂함으로 싱각하나니 故로 正當히 言하면 個人主義이라는 大問題는 니이체의 敍述을 離하야 特히 別項目下에 收拾할지나 玆에는 다만 便宜上 니이체에 關聯을 付하야 그 大體를 槪觀코저 하노라.

歐洲 近代思想과 個人主義는 넘어 終錯한 問題이오 쏘 서로 極히 密接한 問題이니 見法으로 因하야는 個人主義는 近代 文明을 代表한 中心 思想으로 싱각하나 吾人이 近代文明에 在하야 個人主義라는 言語를 聞하는 時에 그것은 決코 單純 一樣의 意味를 抱한 言語가 안이오, 近代文明의 複雜함과 如히 個人主義이라는 槪念도 極히 雜多한 意味를 包含한 것임을 忘却하면 안이 될지라.

極히 重大히 言하면 近代文明 乃至 思想의 變化와 共히 個人主義의 內容은 變化하고(或은 精確히 言하면 個人主義의 變化와 共히 近代思想은

變化하고) 또 國民性을 異이 함으로 因하야 多少 個人主義의 意味도 異히 하니 몬저 總括的으로 歐羅巴의 近代 文明이 個人 解放의 文明, 個人의 自由를 尊重한 文明이라는 境遇의 個人主義는 가장 廣汎한 또 가장 近代文明과 密接한 意味의 個人主義라. 普通의 境遇에 在하야는 此語는 專히 此 意味에 用하는 것이니 即 專히 루네산스 當時에 在하야 主張된 個人主義가 그것이라. 이믜 루네산스에 在하야 略述함과 如히 伊太利 自由 都市의 發達이라든지 몬틘의 主張에 在하야 明白함과 如히 當時의 個人主義라는 要하건대 가장 廣義에 在하야 또 特別한 意味를 包含하지 아니하고 單히 個人의 自由가 重要하다 함에 不外한 것이라. 一層 精確히 言하면 社會의 進步를 爲하야, 또 人生의 發展을 爲하야는 個人을 그 特徵에 從하야 十分 活動케 함이 必要이니 社會의 進步는 오즉 個人의 自由의 活動으로 因하야 成就된다 함이 가장 廣義의 個人主義인 故로 此意味에 在하야는 個人主義이라는 廣히 個人의 活動을 尊重히 한다는 意味에 不外하니라. 代表的인 몬틘의 主張을 見하야도 個個의 無限 多樣의 特徵을 各各 發揮케 함이 大自然의 本義임으로 個性의 多樣임으로 하야 그만큼 大自然은 複雜함을 示하는 것이라 하니, 此와 如한 廣義의 個人主義—即 個性의 自由 解放은 直接으로는 文藝復興 當時 以來 歐洲 近代文明은 此와 如한 意味의 個人主義의 直接 發現으로도 解釋할지니, 畢竟 近代 歐洲人은 傳來 宗敎 道德 等의 劃一的 典型으로써 此를 律함에는 넘어 强烈한 個性—個人的 生命을 備한 民族이니 此 個人的 生命을 徐徐히 發展케 한 것이 即 歐羅巴의 近代文明으로 解釋하나니라. 近代 歐洲 民族이 大槪 如何히 强烈한 個性을 備한지는 或은 宗敎的으로, 或은 政治的으로 그 個性의 自由를 爲하야 항상 貴重한 血潮를 流함으로 因하야 明白하니, 宗敎 改革을 爲始하야 十六七世紀에 行한 宗敎戰爭은 다 個人의 自由—個

人의 信仰의 自由를 爲한 戰爭이오, 坯 近代 歐洲 民族이 항상 治者 坯는 國王 等의 暴政에 對하야 反抗하야 就中 英國民과 如히 着着히 民主 本義의 政治를 實現함은 此亦 個人의 自由를 爲한 努力이라. 自由이라는 言語가 最初는 專히 宗敎上의 意味에 使用되얏스나 後에는 廣히 人文 進步의 標語가 되야 特히 歐羅巴의 思想界에 在하야 가장 中心的인, 가장 深刻한 道德의 命令으로 發展함은 모름히 吾人이 注意할 點이라. 自由와 如히 歐洲 文明의 特徵을 가장 端的으로 坯 深히 表現한 言語는 無하니 近代 歐洲 文明의 特徵은 此 自由라는 一語로 因하야 盡하얏다 하야도 決코 過言이 안이라. 그리하야 此와 如한 意味의 自由는 畢竟 個人의 自由를 意味한 故로 個人의 獨立이라는 것이 如何히 近代 文明의 核心인지를 容易히 此를 想像할지니라.

◎ 1922.6.11. 구주사상의 유래(78)

更히 個人主義이라는 思想은 十七八世紀의 英吉利에 在하야 特殊한 內容을 取함으로 觀察하니라. 個人의 生命 財産과 밋 思想은 本來 自由인 故로 아모쪼록 此에 關涉하지 안이함이 可함은 勿論이오, 도리여 個個人의 特徵을 發揮케 하야 十分 活動케 함이 社會進步의 根本으로 싱각한 點은 자못 全히 루네산스 時代와 無異한지라. 此 意味의 廣博한 個人主義的 傾向은 歐羅巴에 在하야 더욱 英吉利 民族의 特徵으로 싱각하니, 何者오 하면 잉글로 삭손은 此 意味에 在하야는 歐洲 民族 中 가장 個人主義的인 所以이로되 다만 十七八世紀에 在하야는 此 廣義의 個人主義的 傾向에 一種 特別, 亦是 잉글로 삭손 式의 特別인 意味가 加함으로 싱각하니 그는 無他이라. 이미 前章 英國 啓蒙思潮의

敍述에 在하야 瞥見함과 如히 彼等 英國人에는 特히 實利 實益이라는 功利의 思想이 發達하야 因하야 自己의 實利를 圖한다는 意味의 利己主義的 傾向이 强하야 利己는 一切 人生의 行爲의 根本 動機이라. 人生의 行爲는 要컨대 利己이라는 目的을 爲하는 手段에 不外함으로 信함이니 卽 當時 思想의 常識에 依하면 人生은 本來 利己 專門의 動物이니 利他이라는 것도 畢竟은 利己의 目的을 達코저 하는 手段에 不外한 것이라. 從하야 個人 個人이 各各 巧妙히 利己의 目的을 達하는 곳에 社會의 秩序가 存在한다 함이 英國 啓蒙思想의 根柢에 深히 存在한 人生觀이니 卽 個人主義이라는 思想은 前段에 說明한 廣義의 外에 人生은 本來 利己的인 動物, 利己를 一切 行爲의 動機로 하는 것이라는 意味가 包含되얏스니 만일 此 思想을 十分 發達케 하면 個人의 實利가 一切의 目的인 故로 온갖 他物이나 他人은 다 自己의 目的을 爲하는 手段에 不外한 것이라고 主張할지라. 無論 英吉利에 在하야는 此思想이 그러케 極端까지는 發達하지 안이하얏스나 個人 本位 쏘는 利己 本位上에 社會의 秩序는 圓滿히 維持되는 것임으로 信하니 英國民이 如何히 個人의 獨立과 밋 自由에 强烈하며 兼하야 쏘 如何히 實利的 功利的인지는 此로 因하야 容易히 想像되는지라. 英國에 在하야는 最近代 스콰트 밀 等에 至하기까지 오히려 此等 意味의 個人主義的 傾向이 强烈하니라.

玆에 다시 附記할 것은 佛蘭西 革命 前後의 個人主義 思想은 大體에 在하야 英吉利의 啓蒙思想 그것과 類似함이 是이라. 革命 前의 佛蘭西 啓蒙思想은 쏘한 이믜 前章에 槪說함과 如히 英吉利의 그것을 一層 極端으로 理想化한 것이니 極端인 利己主義는 當時 思想界의 一般 風潮이라. 루소에 發達한 天賦人權說도 오히려 此 極端인 傾向을 免하지

못하니라.

更히 十八世紀末 獨逸 로만티시즘 勃興 當時에 個人主義이라는 思想은 英吉利의 그것과 更히 多少 相異한 內容을 取하기에 至하니라. 로만티시즘과 밋 理想主義는 種種의 意味에 在하야 人格 쏘는 個性의 理想化를 目的으로 한 風潮이니 個性은 或은 道德的으로, 或은 藝術的으로 一切 事物의 創造의 本源이라. 各 個人은 種種의 意味에 在하야 다 各其 天才이라 함은 當時 普通의 主張인 故로 가령 수라이엘 마헬 等이 唱道함과 如히 當時의 個人主義이라는 精確히 하면, 個性 發揮主義―善美한 天才 發揮主義, 卽 個性 尊重의 傾向에 不外한 것이라. 英吉利에 在하야는 顯著히 功利的 內容을 加한 것이 獨逸에 在하야는 甚히 人格化하고 理想化하얏스니 無論 此等 意味의 個人主義는 團體主義―個人이 안이니 團體의 利益 쏘는 本質을 目的으로 하는 傾向―와는 何等의 不調和도 起하지 안이하는 것임으로 싱각하니라.

◎ 1922.6.12. 구주사상의 유래(79)

以上은 十九世紀 初까지의 個人主義의 傾向이나 此의 如한 意味의 個人主義―主義로 하야서보담은 도리여 實際的 傾向으로 하야서―가 近代 歐羅巴 文明의 核心임으로 싱각한지라. 그러나 十九世紀末 社會的 變動이 激烈함을 因하야 歐羅巴의 個人主義는 更히 或은 라듸칼[137]인 形을 取하고 或은 쏘 特殊한 內容을 帶하기에 至하니 個人主義의 開展이라 稱함이 是이라. 吾人은 此點을 本文에 返하야 專히 이

---

137) 라듸칼: 급진적.

제 關聯하야 考察코저 하나 此에 在하야 亦是 前에 槪說한 本名 카스파 수밋트인 통칭 막스 스칠나—最近代 個人主義 主張의 代表者로 觀하는 스칠나를 再次 瞥見하지 아니하면 아니 될지라. 스칠나의 個人主義는 今日까지 出現한 中에는 가장 라듸칼인 것 쏘 가장 徹底的인 것이니 그 主張이 公明됨은 十九世紀 半 以前이나 當時에 在하야는 아즉 世間으로부터 注意되지 안이하고 世紀末에 至하야 니이체 等의 個人主義가 唱道됨에 及하야 비로소 世間의 注意를 惹起하기에 至하얏다 하니라.

(스칠나의 개인주의 중략)

◎ 1922.6.14. 구주사상의 유래(80)

此와 如히 하야 니이체는 廣히 世間의 所知와 如히 少數 天才—所謂 哲人 쏘는 超人이 人類生活의 目的이오 多數 民衆은 此 哲人 쏘는 超人을 造出코자 하는 手段에 不外하다까지 極言하얏스니 此와 如히 하야 쏘 近代의 個人主義는 니이체의 로만틕인 英雄主義에까지 開展하니라.

(마) 博愛主義에 對한 反抗: 最後에 니이체가 그리스도 道德에 反抗함은 此亦 著名한 事實이라. 니이체가 生來 精神的 貴族的 趣味의 人인 것, 스스로 弱者인 故로 도리여 强者가 되기를 希望한 것, 此等은 玆에 細論할 것은 아니로되 如何間 歐羅巴의 近代 道德은 온갖 人類를 다 可憐한 弱者로 觀하야 人類는 互相 扶助하야 波蘭이 多한 此 人生을 無難히 通過할 것이라 敎함에 至하얏스니 換言하면 各人이 各各 男子

의 面目을 發揮하야 毅然히 各各 獨立하야 行步한다는 것보담은 反對로 同情에 依하야 서로 感恤하면서 僅히 集團的(群奇的)으로 行步하려함이 그리스도 敎 道德의 敎이라. 故로 그리스도 敎 道德은 弱者 쏘는 奴隷의 道德이오, 此 道德 卽 貴族的 道德이, 안이라 同情 博愛는 弱者 쏘는 奴隷가 互相 扶助하는 連鎖에 不外하다 함이 니이체의 時代 觀察이니 吾人은 此點에 在하야도 니이체는 톨스토이의 奇妙한 對照를 認하지 아니함을 得하지 못할지라. 톨스토이가 더욱 그리스도 敎 道德을 發揮하야 人生을 救濟하는 것은 오즉 愛가 有할 쭌이라 主張함에 對하야 니이체는 毅然히 强者 道德—權力 意志의 道德을 主張하야 人生을 大케 하는 것은 호올노 力이 有한 意志쭌이라 하니, 此點으로부터 니이체는 現代 文明을 데카단의 文明—病者의 文明이라 罵倒하니라. 톨스토이는 全人類를 瞥觀하야 一切 人生을 救濟코저 함이 懇切함에 對하야 니이체는 어대까지라도 로만틱으로 善美한 天才에만 注意하야 因하야 人類는 모름히 强할 것이라만 主張하얏스니 吾人은 此 二人의 天才로 因하야 世紀末 文明이 各各 相異한 兩方面으로부터 觀察되는 것에 注意하지 안이함을 得하지 못할지라.

産業的 變化의 結果 現代人이 甚히 實行的이 되고 利己的이 되야 社會的 結合—人과 人의 親和力이 顯著히 減少함은 掩諱(엄휘)하지 못할 事實이니 톨스토이는 專히 此方面을 觀察하얏스나 同時에 쏘 現代人이 道德的으로 小弱하게 됨도 此亦 否認하지 못할 事實이라. 英雄的인 莊嚴한 風氣는 地를 拂하야 滅亡코저 하니 니이체가 此方面에 注意를 加함도 決코 無益이라 謂하지 못할지라.

此와 如히 하야 吾人은 니이체에 在하야는 所謂 新로만티시즘의 傾向이 顯著함을 認하노라.

(四) 벨그손 生命哲學: 佛蘭西 現代 哲學者 앙리 벨그손의 哲學은 的確히 現代에 在하야는 出色한 主張이오, 또 니이체와는 別種 意味에 在하야 現實主義 就中 唯物主義에 對한 反抗으로부터 觀察하나니 專門의 哲學者로부터 觀하면 벨그손 哲學은 各樣의 方面으로부터 考察되고 批判될지나 玆에는 專히 時代의 關係로부터 此 哲學의 特徵을 槪論함에 不過하노라.

몬저 哲學 方法論에 在하야 벨그손은 時代의 推移를 暗示하니라. 獨逸 理想派의 哲學이 倒壞한 以來 精確한 科學的 硏究法은 온갖 學術의 基礎가 되야 從하야 哲學이라도 嚴正히 科學的이 안이면 안이 된다 主張하야 科學의 結果를 基礎로 하고 科學的인 方法에 依하야 論理的으로 一切의 結論을 引導함이 哲學의 本領으로 싱각하얏스니 卽 哲學도 時代의 影響을 受하야 極度로 現實化 實證化한지라. 그러나 벨그손은 十九世紀의 此風潮에 反抗하야 몬저 哲學은 모롬히 直觀的이 될 것이라 主張하니 대개 벨그손에 據하면 普通 所謂 知識 常識과 밋 科學的 知識은 그 本來의 起源과 밋 그 性質로부터 論하면 機械的인 物質現象의 測定을 目的으로 한 것이니 此를 物質現象 以外에 適用코저 함은 最初로부터 適用의 方法을 誤한 것이라. 哲學은 單히 物質現象을 管理할 科學이 아니니 科學의 目的物을 物質現象이로되 哲學의 目的物은 그것과는 全히 面目을 異이 하는 生命이라. 生命은 創造와 內的 活動을 精髓로 하나니 從하야 直覺的(또는 本能的)임과 精神的임은 生命의 本質이로되 科學的 知識은 本來 物質現象 測定을 爲하야 造한 것인 故로 分析的으로 機械的으로 物質現象을 能히 測定할지라도 總合的으로 生命現象을 觀察하지 못하는 것이라. 創造的인, 直觀的인 生命은 亦是 創造的인 直觀的인 能力, 所謂 直觀의 作用으로 因하야서만 理解되고 會得되나니 故로 哲學은 分析的 科學이 아니오, 總合的 直觀의 學이라 함이 벨그손이 哲學에 就한 解釋이라. 哲學의 此 解釋은 全然히 科學, 特히 自然科學으로 因하야 拘禁되고저 하는 哲學을 解放하고 此를 一種 特別한 地位에 歸還케 함으로 觀하나니 一種 特別한 地位이라는 無他이라. 哲學을 宇宙와 밋 人生에 對한 全體的 態度로 觀하야 哲學의 本質을 純理論的보담은 차라리 全人格的 또는 直觀的으로 解釋함이 是이라. 此는 古 플라톤을 爲始하야 多數 著名한 哲學者가 取한 態度이니 純科學的 解釋에 對하야 哲學 本來의 面目임으로 觀한 것이라. (現에 벨그손은 그러케 解釋하니라.) 그런즉 벨그손의 此 解釋은 人生에는 普通의 科學的 知識 以上에 更히 廣博하고 更히 複雜한 能力이 有함을 示한 것이니 吾人은 모름히 物質的인 機械的인 小天地로부터 一層 廣大하고 自由인 大天地에 飛躍할 것을 敎함으로도 觀하나니 極端인 現實主義에 對한 反抗이니 이믜 此點에도 發現하니라.

◎ 1922.6.16. 구주사상의 유래(81)

그러나 벨그손 哲學의 根本 特徵은 無論 生命現象을 物質現象으로부터 區別하야 從來 明白히 됨보담도 一層 精確히 그 本質을 解釋한 點에 存하니라. 吾人은 玆에 벨그손 哲學을 講究할 餘地가 有하지 안이하얏스며 또 講究할 必要도 無한즉 오즉 벨그손으로 因하야 生命現象이 裁然히 物質現象으로부터 區別된 것을 記憶하면 足한지라. 대개 十九世紀에 在하야 온갓 것이 自然科學化, 物質化된 結果, 一切의 生命現象 就中 精神現象까지가 甚히 物質的으로 싱각되야 物質로부터 區

別된 生命의 特徵이 何處에 在한지 자못 不明瞭하게 된 觀이 有하니 極端인 自然派의 文藝가 人類 生活을 全然히 機械的으로 管理코저 한 것으로 하야도 此 一事는 明瞭한지라. (…中略…)

(五) 新칸트 派 哲學: 英米의 푸라그마티즘, 佛蘭西의 규요, 벨그손 等의 生命哲學과 並하야 獨逸에 在하야는 니이체의 外에, 新칸트 派의 哲學이 多少 世間의 注意를 惹起하얏스니 말불휘 派의 코헨, 나롤프 等, 또 뮌델반드, 릭카트, 홋쌀 等으로 因하야 代表된 哲學이 是이니라. 此派의 哲學은 大部分 認識論과 밋 論理에 關한 硏究인 故로 玆에 詳細히 그 傾向을 示하기 難하나 다만 此等 哲學의 根本 基調가 亦如 時代 思想과 密接한 關係를 有한 것만은 玆에 注意하지 아니하면 아니 될지라. 獨逸國에 在하야는 十九世紀의 中葉 以來 自然科學的과 밋 唯物論的 傾向이 더욱 强하야 그로 因하야 哲學은 自然科學化 또 唯物化되니 此와 如한 極端인 傾向에 覺醒하야 칸트에 再歸하야 그곳으로부터 新스타트를 進코저 함이 此等 新칸프派의 學者이라. 몬저 認識論에 立脚하야 로만티시즘이나 唯物論에 陷하지 아니하고 公平히, 堅實히 칸트가 進코저 하든 路를 通過코저 함이 此學派이니 卽 彼等의 哲學의 根本에 이믜 時勢에 對한 一種의 反抗이 有함을 知할지라. '칸트에 返하라.'는 宛然히 一世紀 前의 '自然에 返하라.'와 似한 것이니라.

◎ 1922.6.18. 구주사상의 유래(82)

新칸트 哲學派는 칸트 哲學의 出發點에 歸還하야 新히 哲學의 方面을 定코저 한 故로 認識論이라는 出發點 以上에는 아즉 幾許간 具體的

으로는 步武를 進하지 아니하고 오즉 大體가 新意味에, 新理想主義的 色彩에 濃厚함은 칸트에 立脚한 學派로서 가장 自然인 傾向이나 就中 윈델바드, 릭카트, 훗쌀 等이 甚히 칸트 哲學의 精神을 體得하야 事實 과 原理 外에 價値 또는 價値 批判이 存함을 明白히 함은 思想史上 모롬히 注意될 重要한 事件이라. 彼等 特히 自然科學이 管理하는 事實 과 밋 普通의 判斷(論理的 判斷)의 外에 "此와 如하지 아니하면 아니된 다." "그러치 아니하면 아니된다."이라는 價値와 밋 價値 判斷(情意 判斷)이 存함은 비로소 롯쎄로 因하야 明白히 되얏다 傳하나, 此 見地 를 一層 廣히 應用하야 科學은 事實의 學을 意味하고, 哲學은 價値의 學을 意味하얏다 說하야 哲學의 本領을 純粹理性, 純粹道德과 밋 純粹 美感의 三大 價値를 管理하는 것이라 主張함은 的確히 新칸트學派의 功績이라 謂하지 아니하면 아니 될지니, 대개 此點에 在하야도 吾人은 前段 뻴그손 哲學에 就하야 論述함과 同一한 意味를 反覆하지 안이함 을 得하지 못할지라. 時勢가 넘어 現實的으로, 自然科學的으로 傾하야 自然科學의 本領만은 漸漸 明白히 되얏스나 反對로 哲學의 本領은 漸 漸 曖昧하게 되야 自然科學化된 哲學에는 哲學으로서의 獨立의 意味 가 無하게 되니 於是乎 新칸트 學派가 科學의 本領 以外에 哲學 特殊의 本領을 明白히 함은 自然科學의 奴隷가 되고저 한 哲學을 將次 그 本然의 位置에 返케 한 所以라 謂하지 안이하면 안이 될지니, 吾人은 玆에도 時代의 思潮에 對한 小反動을 認하지 아니함을 得하지 못하노 라. 다시 最後로 玆에 附記할 것은 此等 新칸트 派의 運動에 先하야 라이푸리히 大學의 心理學 敎授 분트 가에바와 밋 췌이나 等이 遺存한 實驗心理學을 大成하야 近代 心理學으로 하야금 儼然한 一個의 基礎 學科가 되게 한 一事이라. 自然科學의 發達에 對하야 온갖 精神科學의 基礎될 心理學에 新地盤을 與함은 精神現象의 特徵을 明白히 하기 爲

하야 가장 重要한 事業이라 謂하지 아니하면 안이 될지니 故로 분트는 벨그손에 先하야 精神現象을 嚴密히 物質現象으로부터 區別코저 努力한지라. 哲學上과 밋 人生觀上 분트가 新칸트派와 類似한 立脚地를 取하야 大體에 在하야 現實主義를 基礎로 한 理想主義의 方面으로 進함은 이믜 世間 廣知의 事實이니라.

附 前後의 思想界

吾人은 本書에 在하야 順次로 敍述함과 如히 十九世紀는 特別한 意味에 在하야 現實主義 쏘는 工藝主義의 時代이라. 그러나 世紀末에 近함에 從하야 此 時代思潮에 對한 反動의 氣勢는 漸漸 高調코저 하야 少하야도 工藝主義의 文明만으로는 到底히 滿足하지 못한다는 不平과 苦悶은 자못 世紀末 思潮 全體에 通한 特色이라. 그러나 歐羅巴 文明은 全體로서는 어데까지라도 工藝主義 乃至 物質主義의 特徵으로써 驀進하야 富國强兵이 國際間 競爭의 窮極 目的이니 此와 如히 하야 二十世紀의 初에 在하야 有史 以來 未曾有의 大戰爭이 爆發한지라. 今日에 在하야는 開戰의 責任이 何國에 存한지 그것은 追求할 必要가 無하나 國際間의 物質的 競爭은 어대까지라도 此 大戰爭의 根本 動機이라. 戰爭의 結果가 破壞이오, 破滅임은 無論이나 今回의 大戰과 如히 破壞의 慘狀을 極함은 未曾有일지라. 物質上의 富는 勿論 今日까지 建築한 制度 文物 等까지 자못 餘蘊(여온)이 無히 根柢까지 破壞되고 粉碎되얏도다. 아니라 오즉 制度 文物쑨 아니오 次代의 文明을 造出할 多數의 壯丁-活文明까지가 餘蘊이 無히 地下에 埋去하야 歐羅巴 天地는 目今 秋風이 搖落하야 荒漠凄凉이 轉하야 世界의 破滅을 想倒케 하는 狀態가 有하야 思想上의 問題는 姑捨하고 焦眉의 生活問題가 十

匝(십잡) 二十匝(이십잡: 이십번)으로 現在 歐羅巴人의 周圍를 環繞하야 糧食이나 石炭의 缺乏이 더욱 此 悲慘한 狀態를 强케 하야 獨逸이 將來 獨立國으로서 建設될는지까지도 疑問이 되며, 佛蘭西의 疲弊는 或은 獨逸보다도 悲慘하다 謂하며, 安泰를 誇張하는 英國도 今에는 累卵의 危와 如한 地盤上에 立하야 將來의 歐羅巴가 畢竟 如何히 되는지 現在의 歐羅巴에 將次 美麗한 未來가 有할는지 今日에는 그것까지도 疑問이니라.

◎ 1922.6.21. 구주사상의 유래(83)

形勢가 此와 如히 切迫함을 因하야 今에 歐羅巴 天地―延하야 全世界는 焦眉의 生活問題 直接의 衣食住 問題로 因하야 全然히 惱殺되는지라. 經濟問題와 밋 政治問題가 主惱이오, 其他 道德 宗敎 藝術 等의 問題는 時勢와는 無關係인 閑問題로 싱각하고, 糧食問題이나 勞動問題에 心神을 勞하야 온갖 方面에 在하야 生活改造, 社會改造의 叫號가 더욱 喧藤(훤등)하야 人類의 實生活을 그 根柢로부터 改築하지 아니하면 己하지 아니할 氣勢가 漸漸 顯著하야 宛然히 火災이나 地震 後 大破壞 大慘狀을 整理코저 混雜함이 今日 世界의 實狀이라. 於是乎 歐羅巴의 思想界―延하야 全世界의 思想界는 今後에 장차 如何히 될가 하는 疑問이 起하니라.

此 疑問에 對하야 現今에 次와 如히 싱각하는 者가 多하도다. 今日은 가장 切迫한 生活問題의 世上이라. 밥 問題가 全體이오 一切인 故로 가장 現實的인 經濟問題이나 政治問題 社會問題가 今日 問題의 主腦

이오 文藝 哲學 宗教 等의 理想問題는 今日의 時勢에는 이믜 適合하지 아니하야 純粹한 意味의 思想問題 理想問題의 時代는 過去하고 時勢는 極度로 現實的이 되고 實際的이 되얏스니 深히 此點에 留意하지 아니하는 者는 마참내 時代에 落伍됨을 忘하야서는 안이 된다고.

時代가 極度로 現實的이오 實際的임은 論者의 說을 俟하지 아니하고 明白한지라. 前後 大破壞 大慘狀의 後를 受하야는 此와 如히 現實的일 外에 他途가 無할 터이로되 吾人은 時代가 甚히 現實的임은 그것이 반다시 純粹 實際的 傾向만을 意味하고 嚴格히 謂하는 思想問題이나 理想問題는 全然히 無關係이오, 쏘 敢히 此와 如한 問題를 不必要하다는 意味가 안이라 純實際問題 쏘는 純事實問題가 思想問題 쏘는 理想問題로부터 分離하야 單獨으로 成立하야 存在한 줄노 싱각함은 甚히 誤解이니 純事實問題는 항상 思想問題 쏘는 理想問題와 聯關하는 것이라. 事實을 離한 理想이 想像하기 難함과 同히 全히 理想을 離한 事實도 想像하지 못할지라. 極端으로 現實的 時代이라 할지라도 全然히 思想問題이나 理想問題를 離하지 못하나니 吾人은 此 事實을 現在의 世界的 狀態로부터 充分히 證明하노라.

（…中略…）

◎ 1922.6.22. 구주사상의 유래(84)

●● 사실과 가치판단=미래 문명의 사상 예측(개성의 발전, 창조를 강조하면서 마무리함)

그런즉 今日의 所謂 實際問題는 다만 外面에 暴露한 대로의 事實이오 何等의 思想 또는 理想을 合하지 아니하얏다 함은 事物의 皮相만을 觀察하는 近眼者의 解釋이라. 極度로 現實的인 時代에 在하야도 全然히 事實쁜이오 何等의 思想에도 伴하지 안이하얏다는 것은 想像하지 못하나니 事實과 理想의 人生에 在하야는 항상 現在하는 實在이오, 人生은 決코 事實만에 面한다는 것이 아니라, 從하야 今日은 純粹히 經濟問題, 社會問題의 時代이오, 思想問題, 哲學문제, 文藝問題, 宗敎問題의 時代가 안이라 함은 到底히 斷言하기 無하니 事實과 理想이라는 熟語가 耳에 逆한다 하면 吾人은 玆에 改하야 事實과 價値이라는 熟語를 用코저 하노라. 本書의 卷末에 記함과 如히 처음으로 人生에게 事實과 價値의 兩面이 竝存함을 明白히 함은 獨逸 最近代의 哲學者롯 세이라 하나 此 重大한 兩方面의 竝存을 一層 明確히 함은 新칸트派의 功業이라. 人生에 在하야 事實은 勿論 重大 且 必然하나 人生生活은 事實쁜 아니오, 價値 批判이 人生生活의 精髓이니, 온갖 事實은 吾人으로 因 하야 價値的으로 批判되는 것이라. 價値的 批判을 하지 안이하는 事實은 少하야도 人生에 在한 眞事實이 안이니 밥 問題가 人生에 在하야 無論 最重大한 根本的 事實이나 此 重大한 根本的 事實이라도 單獨 根本的 事實로서는 成立하지 못하고 반다시 特定의 價値判斷으로 因하야 特殊한 形式으로 批判되고 意味를 附함이 되지 안이하면 안이될지라. 價値 批判은 人生의 精髓이니 此를 除外하면 人生은 滅亡하고 已할지니라.

그런즉 가장 實際的인 生活問題가 切迫한 時에 在하야서도 人生은 決코 事實로서의 生活問題만으로 進할 것이 아니오, 人生이 人生으로서 生存하는 以上에 價値 批判 또는 理想的 判斷은 항상 事實判斷과

並存하지 아니함을 得하지 못하나니 吾人은 此點으로부터 本書 最近代 思潮의 初에 在하야 暗示한 事件을 今에 다시 反覆하지 아니하면 아니될지라. 卽 吾人은 前에 最近의 世界的 大戰爭은 宛然히 佛蘭西 革命을 大規模로 함과 如한 것이라 謂하노니 無論 그 스켈[138]로부터 言하면 兩者는 比較가 되지 못하나 舊文明이 破壞되고 新文明이 造出된다는 點으로부터 論하면 本質로도 今回의 戰爭은 前代의 佛蘭西 革命과 類似한지라. 佛蘭西 革命은 歐洲思想界에 如何한 變化를 起하얏는가 하면 此點도 前에 精述함과 如히 直接으로는 專히 彼社會改造를 標榜하야 出現한 各種 現實思潮 特히 社會主義와 밋 經濟 社會 政策 等이 急激의 勢로써 發達하고 同時에 他面에 在하야는 루소, 칸트를 本源으로 하야 出現한 理想主義와 밋 로만티시즘의 發達을 觀하얏스니 卽 佛蘭西 革命을 動機로 하야 現實思潮와 理想思潮는 其間에 先後의 別은 有할지라도 共히 歐羅巴의 思想界를 風靡한 것이라. 一層 精確히 言하면 現實思潮는 無論 그 主流가 될지로되, 單히 그것만으로는 革命 後의 思想界를 滿足하지 못한 故로 亦是 革命의 刺激을 受하야 猝然히 理想派 思潮가 高調함은 人類生活에는 自然 또 必然의 現象으로서 決코 偶然視할 事件이 아니니 吾人은 玆에 事實과 價値의 並存이 人生의 所以의 實例를 見出하지 아니함을 得하지 못하노라. 人生이 마침내 赤裸裸인 事實만으로 滿足하지 못함은 世紀末의 文藝 哲學 等이 온갖 苦悶을 經하야 漸次 理想的으로만 됨으로 傾함을 觀하야도 容易히 證明되나니 現實主義와 理想主義와는 畢竟 人類生活의 兩方面이라. 人生은 마침내 一方面으로는 立하지 못하나니라.

---

138) 스켈: 스케일.

小革命(佛蘭西) 後의 思想界는 大體 此와 如한 傾向이라 하면 大革命 －戰後 思想界의 傾向도 그 詳細는 到底히 豫言하지 못할지나 大體에 在하야는 亦如是 人類生活에 必然한 徑路를 取하야 前進할 것임으로 判斷하지 아니함을 得하지 못할지니 卽 大戰爭이 겨우 終結된 今日에 在하야는 人心은 專히 直接 眼前의 生活問題에 忙殺하야 자못 何等의 餘地도 無하나 이믜 今日과 如한 極端으로 現實的인 時勢에 在하야도 人類生活은 一定의 價値批判 乃至 理想으로 因하야 指導됨은 前段에 이믜 指摘함과 如한지라. 그런 卽 大戰後에 在하야도 世界의 思想界는 早晚間 新意味의 思想 乃至 理想을 確立하고 그로 因하야 統率되고 指導될 것은 必然 不可避할 運命이라 謂하니, 將來 世界 民族의 基礎 生活이 改造가 되고 革新이 되는 時에는 그곳에 必然的으로 亦是 新意 味의 理想的 思潮가 勃興할 것은 必然의 勢이라. 人類生活의 永續하고 또 繁榮하는 以上 思想이나 文藝이나 哲學이나 宗敎가 新活氣로써 出現한 것은 마침내 必然 또 必至의 運命으로 看做하지 안이하면 안될 지니라.

그런즉 今日 目前의 事實에 眩惑하야 人生은 經濟와 政治뿐이오 文藝 哲學의 時代는 永久히 過去이라 放言함은 넘어 近眼的인 淺薄한 速斷이라. 今日과 如한 混亂한 時代에 在하야도 吾人은 人生의 發達 乃至 變遷은 어대까지라도 永遠히 無限임을 想하지 아니함을 得하지 못하노라.

그런즉 未來의 思想界는 대개 如何한 方面으로 向하야 發展할가. 此를 今日에 在하야는 容易히 豫言하지 못할 大問題이라. 오즉 未來 世界 思想의 基調만은 今日에 이믜 明確하야 到底히 動搖할 것이 안임으로 싱각하노니, 世界 思想의 基調란 無他이라. 特히 近代 歐羅巴 文明의 基調이니 個人 쏘는 個性의 自由와 및 發達이라 함이 是이라. 今日까지의 文明의 키-노-트가 此 根本精神임과 如히 今後의 文明의 키-노-트도 依然히 此 根本精神이 안이면 안이될지니 民衆 無限의 個性이 各各 新光을 放하야 各各 宏大한 充實을 示하는 곳에 未來의 新生活이 有하고 思想이 有하고 理想이 有한지라. 新意味의 個性의 發展 乃至 創造는 確的히 未來 世界 文明의 根本 基調일 줄노 信하노라.

世界의 如何한 國으로 쏘 如何한 民族으로 由하야 此와 如한 新文明 이 創造될는지 此는 今日에 아즉 未知의 問題이니 未知의 問題임으로 그만큼 各人 各民族의 興味와 努力을 惹起하는 重大問題이니라.

(完)

기획 단국대학교 일본연구소 HK+ 사업단

김세종	단국대학교 일본연구소 HK연구교수
허재영	단국대학교 교육대학원 교육학과 부교수(일본연구소장, HK+ 사업 연구책임자)
김태훈	단국대학교 일본연구소 HK연구교수
윤지원	단국대학교 일본연구소 HK연구교수
민현식	서울대학교 국어교육학과 교수
강문식	서울대학교 규장각 한국학연구원
황종원	단국대학교 철학과 교수

지식인문학총서(지식사회화1)

지식의 확산과 공유
[부록] 『동아일보』 소재 '구주 사상의 유래'

© 단국대학교 일본연구소 HK+ 사업단, 2019

1판 1쇄 인쇄__2019년 05월 30일
1판 1쇄 발행__2019년 06월 05일

기 획__단국대학교 일본연구소 HK+ 사업단
지은이__김세종·허재영·김태훈·윤지원·민현식·강문식·황종원
펴낸이__양정섭

펴낸곳__도서출판 경진
　　　　등록__제2010-000004호
　　　　이메일__mykyungjin@daum.net
　　　　사업장주소__서울특별시 금천구 시흥대로 57길(시흥동) 영광빌딩 203호
　　　　전화__070-7550-7776 팩스__02-806-7282

값 35,000원
ISBN 978-89-5996-253-2 93000